edition suhrkamp 2337

*Neue Sozialwissenschaftliche Bibliothek*
*Herausgegeben von Josef Esser*

Welche Auswirkungen die Globalisierung auf Krieg und Frieden hat, wurde in der sozialwissenschaftlichen Literatur bislang kaum thematisiert – trotz der Terroranschläge vom 11. September. Diese Lücke wird nun durch dieses Buch geschlossen; es zeigt, daß sich auch die internationale Sicherheitspolitik im Umbruch von der nationalen zur postnationalen Konstellation befindet. Der erste Teil des Buches bietet einen lehrbuchartigen Gesamtüberblick über wichtige Theorien zu den Ursachen von Krieg sowie zu erfolgversprechenden Friedensstrategien. Er gibt damit den Stand des Wissens wider, wie er sich für eine bestimmte historische Phase (nämlich die nationale Konstellation) entwickelt hat. Kontrastiert wird dies durch den zweiten, den zeitdiagnostischen Teil des Buches, der von der Sicherheitspolitik in der postnationalen Konstellation handelt. Anhand der Konflikte in Somalia, Haiti, Bosnien und Afghanistan werden aktuelle Gewaltformen und kollektive Interventionen reflektiert, um sie an die sozialwissenschaftliche Theoriebildung anzubinden.

Michael Zürn, geb. 1959, ist Professor für Politikwissenschaft an der Universität Bremen und Sprecher des Sonderforschungsbereichs »Staatlichkeit im Wandel«.
Bernhard Zangl, geb. 1967, ist Wissenschaftlicher Assistent an der Universität Bremen.

# Frieden und Krieg

*Sicherheit in der nationalen und postnationalen Konstellation*

Bernhard Zangl/Michael Zürn

Suhrkamp

edition suhrkamp 2337
Erste Auflage 2003

Originalausgabe

Satz: Jung Crossmedia, Lahnau
Druck: Nomos Verlagsgesellschaft, Baden-Baden
Umschlag gestaltet nach einem Konzept
von Willy Fleckhaus: Rolf Staudt
Printed in Germany
ISBN 3-518-12337-8

1 2 3 4 5 6 – 08 07 06 05 04 03

# *Inhalt*

## *Teil II*
## *Von der nationalen zur postnationalen Konstellation?*

# Vorwort

Mit dem Fall der Berliner Mauer sahen manche Beobachter der Weltpolitik den »ewigen Frieden« nahen. Andere hingegen glaubten, daß sich nach dem Wegfall der disziplinierenden Wirkung des Ost-West-Konfliktes die »alten Kriege« wieder einstellen würden. Annähernd 15 Jahre später zeigt sich, daß weder die einen noch die anderen die Zukunft von Krieg und Frieden angemessen vorhergesagt haben. Weder ist Europa wieder der altbekannten europäischen Machtpolitik und Kriegslogik verfallen, noch konnte der Friede zuverlässig gesichert werden – noch nicht einmal in Europa. Statt dessen haben neue Kriege – insbesondere Bürgerkriege – in Bosnien und im Kosovo, aber auch in Somalia, Ruanda oder Sierra Leone mit ihrer unfaßbaren Brutalität die Welt schockiert. Darüber hinaus wird der Friede heute durch einen neuen Terrorismus gefährdet. Nine-Eleven (09/11) hat dies schlagartig verdeutlicht.

Das vorliegende Buch setzt sich mit der Frage nach Krieg und Frieden in der nationalen und der postnationalen Konstellation auseinander. Es führt in die klassischen Theorien über Krieg und Frieden zwischen Staaten ein und gibt somit einen Überblick darüber, wie internationale Sicherheitspolitik für gewöhnlich in der nationalen Konstellation verstanden wurde. Darüber hinaus will es aber auch die neuartigen Kriegsgefahren und Friedensbedrohungen analysieren, um die Entwicklungen in der Anwendung kollektiver Gewalt in der postnationalen Konstellation besser verständlich zu machen. Ursprünglich sollte anhand der Frage nach Kriegsursachen und Friedensbedingungen in die Theorien der internationalen Politik eingeführt werden. Doch je mehr sich zeigte, daß diese Theorien nur mehr bedingt geeignet sind, die aktuellen Kriege angemessen zu analysieren und die Friedensbedrohungen von heute zu erfassen, wurde der einführende erste Teil des ursprünglichen Vorlesungsmanuskripts um einen zweiten eher zeitdiagnostischen Teil ergänzt. Dabei haben wir insbesondere versucht, die internationale Sicherheitspolitik von heute im Kontext eines umfassenden Wandels zu verstehen, der sich, getrieben durch die sogenannte Denationalisierung oder Globalisierung, bereits seit den 1970er Jahren in der internationalen Wirtschafts-, Umwelt-, Menschenrechts- und Kommunikationspolitik angedeutet hat.

Damit entstand ein Vorlesungsmanuskript, das sich – so glaubten wir zunächst – einfach zu einem Buch für die *Neue Sozialwissenschaftliche Bibliothek* ausbauen lassen sollte, in der genau diese Kombination aus Lehrbuch und Zeitdiagnose systematisch entwickelt werden soll. Doch dann kam der 11. September 2001 mit den Terroranschlägen von New York, Washington und Pennsylvania. Da sich nicht nur 09/11, sondern auch der darauf folgende Kriegszug gegen den Terrorismus fast nahtlos in unsere – anhand der Bürgerkriege etwa im ehemaligen Jugoslawien entwickelten – Grundüberlegungen zur Sicherheitspolitik im 21. Jahrhundert einfügte, haben wir uns schließlich entschlossen, die neuen Friedensbedrohungen und Kriegsgefahren, die mit dem transnationalen Terrorismus verbunden sind, in das Buchmanuskript systematisch einzuarbeiten.

Das Buch hat dabei enorm durch die fortwährende Diskussion mit unseren Kollegen am Institut für Interkulturelle und Internationale Studien (InIIS) der Universität Bremen profitiert. Insbesondere Ulrich Schneckener und Gregor Walter haben praktisch das gesamte Buchmanuskript einmal gelesen und uns mit ihren Kommentaren gezwungen, unsere Gedanken präziser zu fassen und genauer zu belegen. Darüber hinaus haben Andreas Hasenclever von der Hessischen Stiftung für Friedens- und Konfliktforschung (HSFK) in Frankfurt am Main und Markus Jachtenfuchs von der International University Bremen (IUB) uns mit ihren Kommentaren geholfen, unseren Gedankengang zu schärfen. Außerdem haben sie uns auf wichtige Literaturstücke aufmerksam gemacht. Auch Josef Esser von der Universität Frankfurt hat als Herausgeber der *Neuen Sozialwissenschaftlichen Bibliothek* durch seine Kommentare das Buchmanuskript deutlich vorangebracht. Ihm ist es zu verdanken, daß die verschiedenen Theorien über Krieg und Frieden nun einigermaßen gleichberechtigt dargestellt werden. Außerdem hat er uns den zeitlichen Aufschub gewährt, der notwendig war, um nach den Terroranschlägen vom 11. September 2001 diese Friedensbedrohung und die damit verbundenen neuen Kriegsgefahren in das Buch einbauen zu können. Schließlich sind Peter Arnhold und Martin Vahl zu nennen, die nicht nur bei der technischen Herstellung des Buchmanuskripts eine große Hilfe waren, sondern uns auch bei der Beschaffung von Datenmaterial tatkräftig unterstützt haben.

# Einleitung: Die Lehre von Krieg und Frieden im Zeitalter der Globalisierung

Über die Konsequenzen der Globalisierung oder gesellschaftlichen Denationalisierung wird heftig diskutiert. Es gibt nur wenig grundlegende Institutionen der Moderne, von denen nicht behauptet worden ist, daß sie durch die Globalisierung geschwächt, unterminiert, verändert oder zumindest betroffen sind. Das Ende der Demokratie ist konstatiert worden, über das Ende des Nationalstaates wird spekuliert, und manche erwarten das Ende des europäischen Wohlfahrtsstaates in naher Zukunft. Welche Auswirkungen die mit der Globalisierung verbundene Pluralisierung von Grenzen auf Krieg – in vielerlei Hinsicht die wirkungsmächtigste Institution der Moderne – und Frieden hat, wird hingegen kaum thematisiert. Und dies obwohl manche Effekte geradezu evident sind, wie die Terroranschläge in New York, Washington und Pennsylvania vom 11. September 2001 so unnachgiebig gezeigt haben. In dem Maße, wie Ereignisse an einem beliebigen Ort der Welt Auswirkungen auf viele weit entfernte Orte der Welt haben, stellt sich die Frage nach Krieg und Frieden anders.

Die folgenden Sätze aus dem Osterspaziergang in Goethes Faust sind ganz offensichtlich in einer anderen Zeit geschrieben worden:

> »Nichts Bessers weiß ich mir an Sonn- und Feiertagen,
> Als ein Gespräch von Krieg und Kriegsgeschrei,
> Wenn hinten, weit, in der Türkei,
> Die Völker aufeinanderschlagen,
> Man steht am Fenster, trinkt sein Gläschen aus
> Und sieht den Fluß hinab die bunten Schiffe gleiten;
> Dann kehrt man abends froh nach Haus
> Und segnet Fried' und Friedenszeiten.«
> (Teil 1, Verse 860-871)

Wenn auch weniger lyrisch, so erscheint folgende Schlagzeile vom August 1990 in einer Lokalzeitung in Coventry in Nordengland zumindest zeitgemäßer:

> »Irak greift Kuwait an – Buspreise steigen«

Diese Schlagzeile ist ebenso zynisch, wie es Goethes Worte sind. Während der große Dichter seinen Faust den Krieg als Unterhaltung betrachten läßt, reduziert die Schlagzeile einen brutalen Krieg auf den Anstieg von Energie- und mithin auch Buspreisen. Trotz aller Egozentrik, die diese Schlagzeile vermittelt, macht sie doch deutlich, daß im Zeitalter der Globalisierung Kriege im Ausland die Lebenswelt vieler Menschen im Inland beeinflussen und nicht mehr aus der Distanz mit der Attitüde der Erbauung betrachtet werden können. Dies gilt jedoch nicht nur für Kriege, sondern zunehmend auch für andere Sicherheitsfragen wie Umweltprobleme (Tschernobyl), Menschenrechtsverletzungen (Kosovo), organisierte Kriminalität (Mafia), Terroranschläge (New York und Washington) und Hungersnöte (Somalia).

Es soll in diesem Buch in systematischer Weise gezeigt werden, daß sich im Zeitalter der Globalisierung die Frage nach Krieg und Frieden in neuer Weise stellt und dementsprechend die Sicherheitspolitik einen grundlegenden Wandel erfährt. Zu diesem Zweck werden wir in einem ersten Teil die wichtigsten Erkenntnisse über die Ursachen des Krieges zwischen Staaten sowie wichtige Friedensstrategien zusammentragen, indem die zentralen Theorien internationaler Beziehungen systematisch vorgestellt werden. Dabei geht es weniger darum, in die Theorien über Krieg und Frieden erschöpfend einzuführen. Der erste Teil des Buches bietet vielmehr eine auf die zwischenstaatliche Kriegs- bzw. Friedensproblematik fokussierte Einführung in die Theorien internationaler Beziehungen mit Lehrbuchcharakter. Der innerstaatliche Krieg und innerstaatliche Friedensbedingungen werden dabei zunächst nur gestreift. In diesem ersten Teil zeichnet sich mithin ein Modell von Krieg und Frieden ab, das typisch für die nationale Konstellation ist. Dieses Modell werden wir im zweiten Teil des Buches dann mit realweltlichen sicherheitspolitischen Entwicklungen im Zeitalter der Globalisierung konfrontieren, um die gegenwärtigen Veränderungen so möglichst kontrastscharf erfassen zu können. Der zweite Teil des Buches ist insofern eher zeitdiagnostisch, als er sich mit neuen Kriegen und der entsprechend veränderten Friedenspolitik befaßt. Dabei wagen wir im Ergebnis die These, daß die herausgearbeiteten Veränderungen Ausdruck eines tieferliegenden Übergangs von der nationalen zur »postnationalen Konstellation« (Jürgen Habermas) sind, welcher nach veränderten Theorien über Krieg und Frieden verlangt.

Unsere Überlegungen im *ersten Teil* folgen der Überzeugung, daß die politikwissenschaftliche Teildisziplin der Internationalen Beziehungen spätestens im Zeitalter der Globalisierung nicht mehr eng geführt werden kann. Die Kernproblematik der Wissenschaft von den internationalen Beziehungen ist heute breiter anzulegen als die der Überwindung des *Sicherheitsdilemmas*. Es geht inzwischen um viel mehr als »nur« um die Frage, wie international in Abwesenheit einer Zentralinstanz, also in Abwesenheit eines Weltstaates, die Verhinderung des Krieges zwischen Staaten gesichert werden kann. Es geht heute auch um ein generelles *Governancedilemma*,[1] auch und gerade unter dem Aspekt der Sicherheit. Wie kann in einer sich globalisierenden Gesellschaft und in Abwesenheit eines Weltstaates eine ausreichende politische Steuerung erhalten werden? Wie können in einer sich vergesellschaftenden Welt ohne übergeordnete Zentralinstanz materieller Wohlstand, soziale Gerechtigkeit und ökologische Nachhaltigkeit miteinander vereint werden? Diese beiden großen Themen der Teildisziplin der Internationalen Beziehungen – das Sicherheits- und das Governancedilemma – sind allerdings lange Zeit seltsam getrennt verhandelt worden. Während die einen nach den Ursachen des Krieges und den Bedingungen des Friedens suchten und die Theorie der Abschreckung verfeinerten, haben die anderen die Bearbeitung von Interdependenzproblemen durch internationale Organisationen und Institutionen untersucht.

Doch nicht nur bei den Themen, sondern auch in der konzeptionellen Perspektive gibt es in der politikwissenschaftlichen Teildisziplin der Internationalen Beziehungen eine eigentümliche Trennung. Auf der einen Seite steht die *staatsorientierte Perspektive* internationaler Beziehungen, die meist mit dem politischen Realismus verbunden wird und Regierungen von Staaten als die zentralen Akteure internationaler Politik sowie das Handeln zwischen mehr oder weniger in sich geschlossenen Staaten als den zentralen Untersuchungsbereich betrachtet. In dieser Sichtweise konstituieren Internationale Beziehungen ein eigenständiges aka-

1 *Governance* ist begrifflich von *Government* genauso zu unterscheiden wie das Regieren von der Regierung unterschieden werden muß. Damit wird darauf verwiesen, daß nicht jedes Regieren hierarchisch durch eine Regierung erfolgen muß, sondern auch horizontales bzw. netzwerkartiges Regieren möglich ist.

demisches Fach, das – wie andere akademische Disziplinen auch – durch einen eigenen Untersuchungsbereich und durch entsprechende Fragestellungen geprägt ist. Die Ausklammerung gesellschaftlicher Akteure ist in dieser Perspektive so stark verankert, daß die Rede von der internationalen Gesellschaft eine internationale Staatengesellschaft meint. Die *gesellschaftsorientierte Perspektive* internationaler Beziehungen, die vor allem mit dem politischen Liberalismus verbunden ist, hebt hingegen auf zunehmend transnationale Verflechtungen und Interdependenzen zwischen nationalen Gesellschaften ab und fragt insbesondere nach den Implikationen für die Steuerungsfähigkeit politischer Institutionen. In dieser Perspektive weichen die Grenzen zwischen verschiedenen Staaten auf, und gleichzeitig verbinden sich öffentliche und private Akteure in Politiknetzwerken. Damit vermengen sich Untersuchungsbereich und Fragestellung der Internationalen Beziehungen mit anderen sozialwissenschaftlichen Fächern. Die Theorie internationaler Politik wird hier zunehmend als Bestandteil einer allgemeineren Gesellschaftstheorie gesehen.

Lange Zeit ging nun die thematische Orientierung am Sicherheitsdilemma eine Wahlverwandtschaft mit der staatsorientierten konzeptionellen Perspektive ein.[2] Diese Vereinseitigung im Studium von Krieg und Frieden war schon in der nationalen Konstellation künstlich, in der postnationalen Konstellation wird sie zunehmend hinderlich. Deshalb werden wir zum einen nicht zuletzt anhand von Theorien, die eng mit der Frage nach dem Governancedilemma verbunden sind, versuchen, Licht auf die alte Frage nach Krieg und Frieden zu werfen. Zum anderen geht es uns in einem weiteren Schritt darum, Krieg und Frieden aus einer gesellschaftsorientierten Perspektive zu analysieren. Nur in dieser Kombination kann geklärt werden, inwieweit sich Krieg und Frieden – und die internationale Sicherheitspolitik allgemein – in der postnationalen Konstellation anders darstellen als in der nationalen Konstellation.

Im *zweiten Teil* dieses Beitrags zur Neuen Sozialwissenschaftlichen Bibliothek wird die These einer grundlegenden Transformation von der nationalen zur postnationalen Konstellation und ihre Auswirkungen auf die Frage nach Krieg und Frieden entfal-

2 Wichtige Ausnahmen aus jüngerer Zeit sind beispielsweise Buzan/Wæver/Wilde (1995), Daase (1999), Joas (2000), Kaldor (2000), Mann (2000).

tet und diskutiert. Die nationale Konstellation, welche in der zweiten Hälfte des 20. Jahrhunderts in der sogenannten OECD-Welt in ihrer Blüte stand, zeichnete sich dadurch aus, daß sich nationale Gesellschaften nach Innen als Nationalstaaaten organisierten und sich nach Außen von anderen ebenfalls in Nationalstaaten organisierten Gesellschaften klar abgrenzten. Für die nationale Konstellation ist somit eine national definierte Trennung von Außen und Innen konstitutiv. Dementsprechend bündelten sich in der nationalen Konstellation die vier grundlegenden Bausteine politischer Ordnung – die wahrgenommenen Problemlagen, das Regieren, die Ressourcen und die Prozesse politischer Legitimation – komplett auf der nationalen Ebene. So stellten im Sicherheitsbereich andere *Nationalstaaten die zentrale Bedrohung* dar, und das primäre internationale Sicherheitsproblem war der Krieg zwischen Staaten. Dieser Problemlage entgegneten Nationalstaaten durch *nationales Regieren*, das auf die Verteidigung der territorialen Integrität des Staates zielte. Dabei setzten die Staaten exklusiv auf *national finanziertes und organisiertes Militär* sowie das staatliche Gewaltmonopol. Und die Staaten konnten sich darauf verlassen, daß aufgrund des *Souveränitätsprinzips*, mit dem sich Staaten gegenseitig als Staaten anerkannten, die externe Einmischung in innere Angelegenheiten als illegitim erachtet wurde.

In der postnationalen Konstellation scheinen sich diese vier konstitutiven Elemente politischer Ordnung zumindest in der OECD-Welt grundlegend zu wandeln. Die zentralen *Sicherheitsprobleme haben sich transnationalisiert*: nicht mehr Kriege zwischen Staaten, sondern transnationale Sicherheitsprobleme wie der neue Bürgerkrieg und der neue Terrorismus bestimmen die aktuelle Sicherheitslage. Die Transnationalisierung von zentralen Sicherheitsproblemen hat wiederum dazu beigetragen, daß es zu einer partiellen *Supranationalisierung des Regierens* in internationalen Sicherheitsinstitutionen wie der UNO gekommen ist. Internationale Sicherheitsinstitutionen können gegen Staaten vorgehen, die für transnationale Sicherheitsbedrohungen verantwortlich gemacht werden. Das Regieren in den Sicherheitsinstitutionen bleibt allerdings trotzdem schwierig und kontingent, weil die dafür notwendigen *finanziellen und militärischen Ressourcen weiterhin national* bei den Staaten gebunden bleiben. Internationale Sicherheitsinstitutionen können nur dann wirksam ihre

Regierungsaufgaben wahrnehmen, wenn mächtige Staaten bereit sind, sie finanziell und militärisch zu unterstützen. Daß dies heute möglich geworden ist, hängt seinerseits mit der *Transnationalisierung von Legitimierungsprozessen* zusammen. So kann in der postnationalen Konstellation eine sich zunehmend transnationalisierende Öffentlichkeit solchen Staaten, die als Gefahr für die internationale Sicherheit wahrgenommen werden, das Recht entziehen, sich auf das Interventionsverbot zu berufen.

Da sich die vier konstitutiven Elemente politischer Ordnung nicht mehr alle beim Staat auf der nationalen Ebene bündeln, sondern sich in der Tendenz auf unterschiedliche Ebenen – der transnationalen, der supranationalen und der nationalen – verteilen, gerät die internationale Sicherheitspolitik – so die These – in der postnationalen Konstellation zu einer Mehrebenenpolitik, die sich von der Einebenenpolitik der nationalen Konstellation grundlegend unterscheidet. Insbesondere die bislang ausschließlich national definierte und durch den Nationalstaat zementierte Trennlinie zwischen Außen und Innen verschwimmt. Dies hat weitreichende Konsequenzen für die Lehre von Krieg und Frieden und für die Sicherheitspolitik. Dementsprechend gilt es die in der politikwissenschaftlichen Teildisziplin der Internationalen Beziehungen gängigen Theorien auf den Prüfstand zu stellen und nach Möglichkeiten ihrer Modifizierung und Erweiterung zu suchen, die den gegenwärtigen Transformationsprozessen gerecht werden.

Beide Teile dieses Bandes der Neuen Sozialwissenschaftlichen Bibliothek sind von der Überzeugung getragen, daß sozialwissenschaftliche Theoriebildung und soziale Prozesse in einem permanenten Prozeß der gegenseitigen Beeinflussung stehen. Dementsprechend handelt das vorliegende Buch sowohl von den Internationalen Beziehungen (großgeschrieben) als auch von den internationalen Beziehungen (kleingeschrieben). Was ist der Unterschied? Sprechen wir von den »Internationalen Beziehungen« (großgeschrieben), so wird damit die entsprechende Teildisziplin der Politikwissenschaft bezeichnet. Ist hingegen von den »internationalen Beziehungen« (kleingeschrieben) die Rede, so ist damit der Gegenstand, nämlich die Politik in den internationalen Beziehungen gemeint. Die Disziplin und ihr Gegenstand werden vielfach durch denselben Begriff benannt und vornehmlich durch die Groß- bzw. Kleinschreibung unterschieden. Wie sich die Sozialwissenschaften mit dem Sozialen und die Naturwissenschaften mit der Natur befassen, so werden in den Internationalen Beziehungen (großgeschrieben) internationale Beziehungen (kleingeschrieben) – oder genauer: die Politik in den internationalen Beziehungen – analysiert. Das Buch beinhaltet sowohl eine Geschichte des Gegenstandes internationale Sicherheitsbeziehungen über Zeit – also eine Geschichte der internationalen Sicherheitspolitik – als auch eine Geschichte der Disziplin über Zeit – also eine Geschichte der Theorie über Krieg und Frieden. Aufgrund dieser Herangehensweise kann gezeigt werden, wie die Geschichte der internationalen Politik die Theorie der internationalen Politik beeinflußt hat, und umgekehrt, wie die internationale Sicherheitspolitik durch die Theorien über Krieg und Frieden beeinflußt wurde.

Es ist diese wechselseitige Beeinflussung von Gegenstand und Disziplin, die jede Sozialwissenschaft grundlegend von den Naturwissenschaften unterscheidet. Während die Naturwissenschaften als Disziplin einen Gegenstand, nämlich die Natur, betrachten, der traditionell in seinen Gesetzmäßigkeiten über Zeit als weitgehend unveränderbar betrachtet wurde, haben es die Sozialwissenschaften mit einem Gegenstand, nämlich dem Sozialen, zu tun, dessen Gesetzmäßigkeiten sich über Zeit verändern. Demnach wurde in den Naturwissenschaften zumeist davon ausgegangen, daß eine Gesetzmäßigkeit (Naturgesetz), die sich heute als falsch erweist, schon immer falsch war. Die Gesetzesaussage der Aristotelischen Physik, daß schwere Körper immer schneller zu Boden fallen als leichte Körper, war demnach schon immer falsch. In den Sozialwissenschaften hingegen muß berücksichtigt werden, daß eine Gesetzmäßigkeit, die heute als falsch gelten muß, einmal richtig gewesen sein kann, und umgekehrt eine Aussage, die heute richtig ist, einmal falsch gewesen sein mag. Die auf die Kantsche Philosophie zurückzuführende Gesetzmäßigkeit, daß Demokratien untereinander keine Kriege führen, erscheint heute richtig, kann aber künftig falsch sein (vgl. z. B. Teusch/Kahl 2001). Während also die Naturwissenschaften mit ihren Theorien den unveränderbaren Gesetzmäßigkeiten der Natur nachstellen, haben die Sozialwissenschaften mit ihren Theorien die veränderbaren Gesetzmäßigkeiten des Sozialen zu berücksichtigen. Jede Veränderung einer Theorie in den Naturwissenschaften dient also der besseren Erfassung eines gegebenen Gegenstandes. In den Sozialwissenschaften sind Theorien hingegen häufig deshalb zu modifizieren, weil es Veränderungen des zu untersuchenden Gegenstandes gegeben hat.

Um die für die Sozialwissenschaften kennzeichnende wechselseitige Beeinflussung von Gegenstand und Disziplin zu verstehen, gilt es, ein Weiteres zu beachten: Während in den Naturwissenschaften die Disziplin ihren Gegenstand nicht verändern kann, beeinflussen die Sozialwissenschaften soziale Beziehungen. Die Fallgeschwindigkeit eines Steines blieb durch den Wandel von der Newtonschen zur Einsteinschen Physik relativ unbeeindruckt. Der Stein richtet sich nicht nach der herrschenden Theorie. In den Sozialwissenschaften können Theorien jedoch ihren eigenen Gegenstand verändern. Das von Kant formulierte Gesetz, daß Demokratien untereinander keine Kriege führen, ist gerade in den letzten zwei Jahrzehnten verstärkt anerkannt worden und hat die Außenpolitik der USA zumindest unter Präsident Clinton und auch die neuere bundesdeutsche Außenpolitik nachhaltig beeinflußt. Das Gesetz des zwischendemokratischen Friedens mag somit sogar zu einer *self-fulfilling prophecy* – einer sich selbst erfüllenden Vorhersage – geworden sein (Risse-Kappen 1995). Für die Sozialwissenschaften gilt also, daß Theorien unter bestimmten Umständen den Gegenstand, den sie beschreiben, verändern können.

Es zeigt sich mithin, daß jede theoretische Auseinandersetzung mit der Frage von Krieg und Frieden nicht gleichsam naturwissenschaftlich überzeitliche Triebkräfte aufzuspüren hat, sondern historisch kontextualisierte Theoriebildung sein sollte. Falls wir uns nun im Zeitalter der Globalisierung tatsächlich im Übergang von der nationalen zur postnationalen Konstellation befinden, dann mögen sich auch die Bedingungen und die Ausdrucksformen von Krieg und Frieden verändert haben. Unsere Zielsetzung ist es daher, im ersten Schritt in die wichtigsten Theorien des klassischen Krieges in der nationalen Konstellation einzuführen, um vor diesem Hintergrund in einem zweiten Schritt das »Neue« der Kriege und Friedensbemühungen in der postnationalen Konstellation zu analysieren.

Konkret behandeln wir im ersten Teil das Thema Krieg und Frieden, wie wir es aus der nationalen Konstellation kennen. Die Frage nach Krieg und Frieden bezieht sich in der nationalen Konstellation, die in unserer Konzeptualisierung mit dem westfälischen Frieden von 1648 ihren Anfang nahm, primär auf Konflikte zwischen Staaten. Dem innerstaatlichen Krieg sowie innerstaatlichen Friedensbedingungen werden wir deshalb im ersten Teil nicht systematisch nachgehen. Es geht im ersten Teil vielmehr um die Frage, unter welchen Bedingungen Staaten einen friedlichen Umgang miteinander aufrechterhalten können und was sie in den Krieg miteinander treibt. Die Disziplin der Internationalen Beziehungen hat, basierend auf den beiden »Urtheorien des Realismus und des Idealismus«, die wir in *Kapitel 1* vorstellen wollen, v. a. vier große und heute noch bedeutsame Theorien hervorgebracht, um die Frage nach Krieg und Frieden zu beantworten: das sind der Neorealismus, die liberale Theorie internationaler Politik, der rationalistische Neoinstitutionalismus und der Sozialkonstruktivismus. Marxistische Theorien über Krieg und Frieden – im wesentlichen Imperialismustheorien – sind von ihrer Grundargumentation überraschenderweise der liberalen Theorie internationaler Politik so ähnlich, daß sie in dem entsprechenden Kapitel mit vorgestellt werden.[3]

Die genannten Theorien werden üblicherweise als konkurrierende Erklärungsangebote verstanden, und es ist viel geschrieben worden, um zu entscheiden, welche dieser Theorien die Kriegsausbrüche und Friedensschlüsse seit 1648 am besten erklärt. Ein derartiges Unterfangen ist hier nicht vorgesehen. Uns geht es in den Kapiteln 2 bis 5 vielmehr darum zu zeigen, daß die vier großen Theorien über Krieg und Frieden bereits innerhalb der nationalen Konstellation in ihrer historischen Bedingtheit zu verstehen sind. Gemäß unserer Argumentation in *Kapitel 2* stellt der Neorealismus von der Mitte des 17. Jahrhunderts bis zur Mitte des 19. Jahrhunderts, also im Zeitalter des Absolutismus, ein großes Erklärungspotential bereit. Außerdem bleibt bis heute richtig, daß Krieg und Frieden gerade außerhalb der OECD-Welt der hochentwickelten Staaten immer auch die Machtfrage beinhaltet. Die liberale Theorie internationaler Politik erweist sich – so wer-

3 Neomarxistische Arbeiten aus dem Umfeld der Dependenztheorie (z. B. Frank 1969) oder der Weltsystemtheorie (Wallerstein 1974) werden nicht berücksichtigt, da sie primär die Frage der Unterentwicklung von Staaten der sogenannten Dritten Welt (nicht Fragen nach Krieg und Frieden) thematisieren (vgl. hierzu den Band von Georg Simonis (i. E.) in der *Neuen Sozialwissenschaftlichen Bibliothek*). Neo-Gramscianische Arbeiten werden hingegen im Kapitel über den Sozialkonstruktivismus mit behandelt.

den wir in *Kapitel 3* argumentieren – insbesondere für das Zeitalter des Imperialismus in der zweiten Hälfte des 19. Jahrhunderts und das Zeitalter der beiden Weltkriege in der ersten Hälfte des 20. Jahrhunderts als erklärungsstark. Ähnliches gilt für die entsprechenden marxistischen Imperialismustheorien. Bis heute bleibt richtig, daß innerhalb wie außerhalb der OECD-Welt innenpolitische Faktoren mit in Betracht gezogen werden müssen, um Krieg und Frieden und den Umstand, daß demokratische Staaten untereinander keine Kriege führen, zu verstehen. Der rationalistische Institutionalismus, den wir in *Kapitel 4* beleuchten, erfaßt die Periode vom Ende des 19. Jahrhunderts bis zum Ende des Ost-West-Gegensatzes und dabei insbesondere das Zeitalter der Institutionalisierung recht gut. Bis heute trifft zu, daß auch Weltpolitik nicht ohne Berücksichtigung ihrer institutionellen Grundlagen behandelt werden kann. Der Sozialkonstruktivismus ist schließlich gemäß unserer Argumentation in *Kapitel 5* besonders geeignet, um die Entwicklungen in (West-) Europa in den 80er und 90er Jahren sowie das Ende des Kalten Krieges verständlicher zu machen. Ideen und soziale Konstruktionen werden gerade in der OECD-Welt auch in Zukunft von zentraler Bedeutung für das Verständnis von Krieg und Frieden bleiben. Indem die vier großen Theorien von Krieg und Frieden in ihrer historischen (und auch räumlichen) Bedingtheit dargestellt werden, ergibt sich gleichsam als Nebeneffekt eine Kriegs- und Friedensgeschichte der internationalen Beziehungen. Dabei ist jedes dieser Kapitel gleich aufgebaut: Nachdem wir in die jeweilige Theorie anhand ihrer je spezifischen Interpretation des Ost-West-Konflikts eingeführt haben, werden die ihr zugrundeliegenden Prämissen sowie die damit verbundenen Hypothesen über internationale Politik systematisch behandelt; erst danach werden wir jede der Theorien auf die historische Epoche anwenden, in der sie als besonders erklärungsstark gelten darf.

Der zweite Teil des Buches handelt von den Entwicklungstrends, die auf eine postnationale Konstellation hindeuten und die damit verbundene Neukonstituierung der Frage nach Krieg und Frieden. Obgleich alle vier großen Theorien von Krieg und Frieden erhebliche Differenzen aufweisen, darf nicht übersehen werden, daß sie eine gewichtige Gemeinsamkeit besitzen. Alle vier Theorien treffen die Annahme, daß der Krieg wie der Frieden vornehmlich durch klar voneinander abgegrenzte nationale Gesellschaften, welche sich in Staaten organisieren und sich in anarchischen Strukturen begegnen, bestimmt wird. Insofern beziehen sie sich allesamt auf den spezifischen historischen Kontext der nationalen Konstellation. Um nun abzuschätzen, inwiefern diese Theorien noch erklärungstauglich sind, werden wir in *Kapitel 6* zunächst verdeutlichen, wie die Globalisierung die nationale Konstellation herausfordert und auf eine postnationale Konstellation hindeutet. Verschiedene sozialwissenschaftliche Diskurse über die Konsequenzen der Globalisierung aufnehmend fragen wir zunächst allgemein, inwiefern der Staat im Zeitalter der Globalisierung durch neue Problemlagen herausgefordert wird, wie sich das Regieren verändert, wo die dafür notwendigen Ressourcen angesiedelt sind und wie sich die zentralen politischen Legitimierungsprozesse transformieren. Dabei wird die These vom Übergang von der nationalen zur postnationalen Konstellation außerhalb des Sicherheitsbereichs anhand von Beispielen aus dem Wirtschafts-, Umwelt- und Kommunikationsbereich beleuchtet.

Sodann wollen wir in den Kapiteln 7 bis 9 verdeutlichen, daß die für das Zeitalter der Globalisierung typischen Transformationsprozesse bei den Problemlagen, dem Regieren, den Ressourcen und den Legitimierungsprozessen auch im Sicherheitsbereich zu beobachten sind. Dementsprechend werden wir in *Kapitel 7* zeigen, daß heute eine Transnationalisierung zentraler Sicherheitsprobleme zu beobachten ist, daß Krieg und Frieden also nicht mehr ausreichend als eine zwischen- oder innerstaatliche Problematik darzustellen sind. In *Kapitel 8* werden wir argumentieren, daß sich mit der Transnationalisierung zentraler Sicherheitsprobleme eine partielle Supranationalisierung des Regierens in internationalen Sicherheitsinstitutionen verbindet. Weiterhin wird in *Kapitel 9* versucht zu zeigen, daß die Staaten die Ressourcen, die für das Regieren in internationalen Sicherheitsinstitutionen zentral sind, unter nationaler Kontrolle behalten. Somit bleiben internationale Sicherheitsinstitutionen von Staaten und deren Ressourcen abhängig. Gleichzeitig diskutieren wir in *Kapitel 9*, wie sich die Legitimierungsprozesse, von denen wiederum die Staaten zunehmend abhängig sind, parallel zu den Problemlagen transnationalisiert haben.

Nachdem somit aufgrund der Analyse der vier zentralen Elemente der nationalen Konstellation unsere These entfaltet wurde, daß es auch in bezug auf Krieg und Frieden einen Trend zur postnationalen Konstellation gibt, wollen wir abschließend in *Kapitel 10* diskutieren, inwiefern die klassischen Theorien internationaler Sicherheitspolitik heute noch tauglich sind, um internationale Sicherheitspolitik verständlich zu machen. Dabei werden wir einige erste Vorschläge unterbreiten, wie diese Theorien zu modifizieren sind, um die auch in der postnationalen Konstellation wichtige Frage nach Krieg und Frieden befriedigend beantworten zu können.

Bei alledem darf die Frage nach Krieg und Frieden nicht zu der in der Modernisierungstheorie stillschweigend gemachten Annahme einer gewaltfreien Zukunft führen. Es geht darum, Theorien darzustellen, die sich vom Fortschrittsoptimismus der einfachen Modernisierungstheorie freimachen, ohne apokalyptische Vorstellungen zu predigen, nach denen uns in Zukunft vermehrt barbarische Kriege bevorstehen (vgl. Knöbl/Schmidt 2000). Es sollte deutlich werden, daß der Übergang von der nationalen in die postnationale Konstellation zwar die Gefahr zwischenstaatlicher Kriege reduzieren mag, aber gleichzeitig »neue Kriege« (Kaldor 2000) mit sich bringt, die mit den »alten Theorien« nicht mehr erfaßt werden können. Der Krieg wird also auch Bestandteil einer postnationalen Konstellation sein – nur wird es ein anderer Krieg sein.

# Teil I

# Theorien der Internationalen Beziehungen in der nationalen Konstellation

# 1. Realismus und Idealismus als »Urtheorien« der Internationalen Politik

## 1.1 Der Melische Dialog als Geburtsstunde der Wissenschaft von den internationalen Beziehungen (Thukydides)

Es ist die Berichterstattung von Thukydides (1959) über den Peloponnesischen Krieg, die als Geburtsstunde der Theorie der Internationalen Beziehungen angesehen werden kann. Athen führte an der Spitze des Attischen Seebundes seit 431 v. Chr. Krieg gegen Sparta und den Peloponnesischen Bund. Einer der Höhepunkte in dem umfangreichen Buch von Thukydides ist die Schilderung des Schicksals der Melier. Die Melier waren zu Beginn des Krieges allianzpolitisch an die Spartaner gebunden. Nun stand aber eine weit überlegene athenische Kriegsflotte vor den Toren der Stadt und drohte mit der Belagerung und Vernichtung, falls die Melier nicht dem Attischen Seebund beitreten würden.

Die Abgesandten der Athener bestimmten gleich zu Beginn den ihrerseits forschen Ton der Verhandlungen:

»Wir allerdings gedenken unsererseits nicht mit schönen Worten – etwa als Besieger der Perser seien wir zur Herrschaft berechtigt oder wir müßten erlittenes Unrecht jetzt vergelten – endlose und unglaubhafte Reden euch vorzutragen ...« (§ 89)

Demgegenüber versuchten die Melier die athenische Forderung abzuweisen, indem sie an die Moral und das Rechtsempfinden der Athener appellierten:

»Schwer dünkt es allerdings auch uns, wißt wohl, gegen eure Macht und das Schicksal, wenn es so ungleich steht, anzukämpfen. Dennoch trauen wir, daß das Geschick uns um der Gottheit willen nicht benachteiligt, weil wir rein und gegen Ungerechte stehn.« (§ 104)

Der Appell der Melier wird von den Athenern jedoch zurückgewiesen:

»Je nun, an der Gunst der Götter soll es, denken wir, auch uns nicht fehlen. Denn nichts, was wir fordern oder tun, widerspricht der Menschen Meinung von der Gottheit und Gesinnung gegeneinander. Wir glauben nämlich, vermutungsweis, daß das Göttliche, ganz gewiß aber, daß alles Menschenwesen allezeit nach dem Zwang seiner Natur, soweit es Macht hat, herrscht. Wir haben dies Gesetz weder gegeben noch ein vorgegebenes zuerst befolgt, als gültig überkamen wir es, und zu ewiger Geltung werden wir es hinterlassen, und wenn wir uns daran halten, so wissen wir, daß auch ihr und jeder, der zur selben Macht wie wir gelangt, ebenso handeln würde. Vor den Göttern brauchen wir also darum nach der Wahrscheinlichkeit keinen Nachteil befürchten.« (§ 105)

In diesem Dialog verbergen sich bereits die beiden Urtheorien der Internationalen Beziehungen: der sogenannte Realismus, der hier von den Athenern vertreten wird, und der sogenannte Idealismus, dem die Melier anhängen. Diese beiden Theorien stecken gewissermaßen die Beschäftigung mit den Internationalen Beziehungen in der nationalen Konstellation ab (Menzel 2001). Beide verbindet die Überzeugung, daß internationale Politik von der Innenpolitik grundsätzlich unterschieden werden muß, da sie nicht in hierarchische, sondern vielmehr in anarchische Strukturen eingebettet ist. Als anarchisch werden die Strukturen des internationalen Systems bezeichnet, weil es über den jeweiligen Akteuren keine zentrale Autorität gibt. Während in nationalen politischen Systemen die Sicherheit jedes einzelnen Akteurs gegenüber anderen Akteuren durch die zentrale Autorität des Staates zumindest prinzipiell garantiert werden kann, darf sich im internationalen System kein Akteur auf eine zentrale Autorität verlassen, die seine Sicherheit garantieren würde. Vielmehr muß jeder Staat selbst für seine Sicherheit sorgen. Diese bereits bei Thukydides angelegten Prämissen verweisen auf die für die nationale Konstellation typische kategoriale Trennung zwischen Innen- und Außenpolitik, die erst die Theorie internationaler Beziehungen als eigenständigen Bereich konstituiert und die grundlegende *Gemeinsamkeit* von Idealismus und Realismus benennt.

In der konkreten Analyse internationaler Politik in der nationalen Konstellation *unterscheiden* sich Realismus und Idealismus freilich fundamental (Nye 1993, Menzel 2001). Während der Realismus Staaten als die zentralen Akteure im internationalen System ansieht, betrachtet der Idealismus Gesellschaften als die zentralen Akteure, die im internationalen System durch Staaten vertreten werden. Während der Realismus argumentiert, daß aufgrund der anarchischen Strukturen im internationalen System die Staaten (oder staatsähnliche Akteure) – wie das antike Athen – zwangsläufig eine Machtpolitik betreiben, die sich gegebenenfalls über grundlegende Normen und Werte hinwegsetzt, unterstreicht der Idealismus, daß auch in den anarchischen Strukturen des internationalen Systems die Machtpolitik der Staaten – wie von den Meliern gefordert – durch Normen, Werte und die Vernunft begrenzt werden kann. Während der Realismus annimmt, daß die anarchischen Strukturen des internationalen Systems kaum verändert werden können, gilt für den Idealismus, daß diese anarchischen Strukturen überwunden werden müssen. Während dementsprechend für Idealisten[1] wie die Melier die Möglichkeit gegeben ist, aus der vielfach in Kriege mündenden Machtpolitik auszusteigen, betonen Realisten wie die Athener, daß eine solche Möglichkeit nicht besteht und Kriege mithin nicht grundsätzlich vermeidbar sind. Während für den Realismus eine Politik des Mächtegleichgewichts die einzige Möglichkeit darstellt, Kriege zumindest vorübergehend zu verhindern, betont der Idealismus, daß insbesondere eine Demokratisierung der Staaten den Frieden dauerhaft sichern kann. John Herz faßt den Gegensatz zwischen idealistischem und realistischem Denken folgendermaßen:

»›Politischer Idealismus‹ (...) ist für jene Art des politischen Denkens charakteristisch, das die aus dem Sicherheits- und Machtdilemma erwachsenden Probleme entweder gar nicht erkennt oder sie nur als unwesentlich ansieht (...). Selbst wenn sich ein solches Denken nicht darauf beschränkt, ein Ideal oder eine ›Utopia‹ zu zeichnen, sondern gegebene Fakten analysiert, bleibt es in unserem Sinne idealistisch, solange diese Analyse entweder die Macht- und Sicherheitsfaktoren außer acht läßt oder lediglich den Weg für die konsequente Ausarbeitung des rationalen Ideals zu finden sucht. (...) ›Politischer Realismus‹ (...) charakterisiert jede Art des politischen Denkens, die in dieser oder jener Form, manchmal in unvollständiger, manchmal in übertriebener Weise, die Auswirkungen der in der Gesellschaft auftretenden Sicherheits- und Machtfaktoren auf das politische Leben erkennt und in Rechnung stellt« (Herz 1959: 33).

Es zeigt sich deutlich, daß die Debatte zwischen Realismus und Idealismus wie schon bei Thukydides insbesondere durch die Frage nach Kriegsursachen bzw. nach Friedensbedingungen genährt wurde. Im 20. Jahrhundert waren es dementsprechend vor allem die beiden großen Kriege – der Erste und der Zweite Welt-

1 Es gilt der übliche Hinweis, daß der Verwendung der männlichen Form als Oberbegriff für Frauen und Männer keine diskrimierende Intention zugrunde liegt.

krieg –, die nicht nur die Internationalen Beziehungen als Disziplin hervorgebracht, sondern auch das »Kräfteverhältnis« zwischen Realismus und Idealismus bestimmt haben.

**Zum Begriff
»Krieg und Frieden«**

Krieg ist die Anwendung physischer Gewalt durch Kampfverbände. Es lassen sich grob vier Typen von Kriegen unterscheiden: (1) Kriege zwischen Staaten (klassischer Krieg) wie beispielsweise der Erste Golfkrieg zwischen dem Iran und dem Irak; (2) Kriege zwischen verfeindeten nicht-staatlichen Akteuren innerhalb eines Staates (Bürgerkrieg) wie beispielsweise der jahrelang anhaltende Krieg verschiedener religiöser Gruppen im Libanon; (3) Kriege zwischen einem Staat und einem nicht-staatlichen Akteur innerhalb des Staatsgebietes (Anti-Regime-Krieg und Terrorismus) wie zum Beispiel der Krieg der Sandinisten gegen die Somoza-Regierung in Nicaragua; (4) Kriege, die ein Staat gegen einen nicht-staatlichen Akteur auf einem fremden Staatsterritorium führt (Interventionen), wie beispielsweise der Krieg der Türkei gegen die Kurden im Irak.

Frieden in den internationalen Beziehungen definiert sich als die Abwesenheit physischer Gewaltanwendung. Frieden ist demnach der Zustand des Nicht-Krieges (ebenso wie Krieg der des Nicht-Friedens). Es lassen sich zunächst zwei Typen von Frieden unterscheiden: (1) Der negative Frieden ist durch die bloße Abwesenheit physischer Gewalt durch Kampfverbände gekennzeichnet. (2) Der positive Frieden zeichnet sich hingegen durch die Abwesenheit sowohl physischer als auch struktureller Gewalt, mithin durch Gewaltfreiheit und Gerechtigkeit aus (Galtung 1971). Da die Unterscheidung zwischen positivem und negativem Frieden wenig handhabbar ist und den Friedensbegriff drastisch ausweitet, wird statt dessen häufig zwischen einem stabilen und einem instabilen Frieden unterschieden. (1) Beim instabilen Frieden wird im Verhältnis zwischen Akteuren die Möglichkeit der Gewaltanwendung durch Kampfverbände stets bedacht. (2) Herrscht zwischen Akteuren hingegen ein stabiler Frieden, so wird von allen Parteien der wechselseitige Einsatz von Kampfverbänden grundsätzlich ausgeschlossen (Boulding 1978). In diesem Sinne war der Frieden des Kalten Krieges zwischen den USA und der UdSSR ein instabiler Frieden, der Frieden zwischen Frankreich und Deutschland ist hingegen nach dem Zweiten Weltkrieg ein stabiler Frieden geworden.

## 1.2 Der Erste Weltkrieg und der Idealismus in den Internationalen Beziehungen (Wilson)

Der Erste Weltkrieg war ein schrecklicher Krieg, der ca. 15 Millionen Menschen das Leben kostete.[2] Erstmals in der Geschichte setzten die Kriegsparteien eine der fortgeschrittenen Industrialisierung entsprechende Kriegsmaschinerie ein. Der Krieg wurde deshalb nicht mehr nur mit Gewehr und Kanone an der Front geführt, sondern durch den Einsatz etwa von Giftgas erheblich verschärft und durch den Einsatz von Flugzeugen weit hinter die Front getragen. Doch trotz größten Einsatzes von Mensch und Material brachte der Krieg keiner der Kriegsparteien auch nur annähernd die Verwirklichung ihrer Kriegsziele. Der Krieg kannte zwar mit Deutschland und Österreich Kriegsverlierer und formal gesehen mit Frankreich, Großbritannien und den USA Kriegsgewinner, genutzt hat der Krieg aber weder der einen noch der anderen Seite. Insofern kann dieser Krieg als ein Prachtbeispiel für die »Torheit der Regierenden« (Tuchmann 1984) gelten.

Wie konnte es zu diesem Krieg kommen? Aus der Sicht des Idealismus war der Krieg das Ergebnis einer durch den Realismus geprägten Machtpolitik, aufgrund deren die Großmächte in Europa – Großbritannien, Frankreich, Rußland, Deutschland und Österreich-Ungarn – jeden Machtzugewinn des anderen als Bedrohung auffaßten, der sie ihrerseits mit weiteren Machtanstrengungen begegneten, welche wiederum als Bedrohung aufgefaßt wurden. In diesem Machtkampf hatte der relative Machtgewinn Deutschlands gegenüber Großbritannien dazu geführt, daß sich Großbritannien als bislang stärkste Macht in Europa bedroht fühlen mußte.[3] Großbritannien bildete deshalb mit Frankreich

2 Damit ist er bis heute nach dem Zweiten Weltkrieg der Krieg mit den meisten Opfern. Die unrühmliche Rangliste der blutigsten Kriege wird vervollständigt durch die Napoleonischen Kriege mit 4,4 Millionen, den Korea-Krieg mit 3 Millionen, den Krieg in Kambodscha mit 1,5 - 3 Millionen, den Vietnamkrieg mit 2,5 Millionen und den spanischen Bürgerkrieg mit 2 Millionen Toten.

3 Die Bezeichnung von kollektiven Akteuren in der internationalen Politik durch Ländernamen ist der staatsorientierten Perspektive inhärent. Hinter dem Gebrauch dieser Ländernamen verbirgt sich zwar meist die Vorstellung, daß es sich um die befugten Entscheidungsträger in den jeweiligen Ländern handelt. Die Verwendung einer differenzierenden Begrifflichkeit erscheint in dieser Perspektive nicht notwendig, da die für die Außenpolitik verantwortlichen exekutiven Entscheidungsträger als exklusive Akteure

eine Allianz. Dadurch fühlte sich Deutschland wiederum bedroht, zumal sich Rußland ebenfalls dieser Allianz anschloß. Deutschland, das sich nur auf die Allianz mit Österreich stützen konnte, fürchtete die Bedrohung durch einen Zwei-Fronten-Krieg und sah sich gezwungen, eine noch rücksichtslosere Machtpolitik zu verfolgen. Dabei machte es sich Großbritannien durch seine Flottenpolitik, Rußland durch seine Balkanpolitik und Frankreich durch seine Marokkopolitik zum Gegner, so daß es am Ende tatsächlich zunehmend umzingelt war. Deutschland hatte zwar kein unmittelbares Kriegsinteresse, nahm jedoch an, daß die Bedrohung durch Frankreich, Großbritannien und Rußland weiter wachsen würde. Insbesondere fürchtete man, daß Rußland seine Mobilmachung verbessern würde, so daß der (Schlieffen-)Plan, im Kriegsfalle erst nach einem schnellen Sieg im Westen die Truppen nach Osten zu verlegen, zunehmend schwieriger realisierbar erschien. Dementsprechend war Deutschland daran interessiert, daß ein Krieg, wenn er schon unvermeidbar sei, lieber früher als später stattfinden solle. 1914 dann löste das Deutsche Reich den Ersten Weltkrieg aus, als Österreich einen Krieg gegen Serbien anzettelte (Nye 1993: 58-70).

Dieses Machtspiel, das eine Spirale wechselseitiger Bedrohungen schürte, mündete schließlich im Krieg. Aus der Sicht des Idealismus, der sich ideengeschichtlich u. a. auf Rousseau, Kant, Bentham und Mill stützte,[4] galt es, die Logik der Machtpolitik zu unterbinden, um weitere derartige Kriege zu verhindern. Insbesondere der damalige US-Präsident Woodrow Wilson, selbst Politikwissenschaftler, machte sich dafür stark, daß die Politik des Gleichgewichts der Mächte, die den Krieg nicht verhindert hatte, durch eine neue *Friedenspolitik* ersetzt wird. Der alten Machtpolitik der Staaten wurde im Idealismus von Wilson die Vorstellung einer Gemeinschaft der Völker entgegengesetzt, die zum einen den Krieg als Mittel der Politik ächtet und zum anderen den Frieden durch einen Völkerbund sichert. Der *Völkerbund* sollte dazu beitragen, daß das Prinzip der nationalen Souveränität

angesehen werden. Wenn wir uns dieser Begrifflichkeit anschließen, so dient das ausschließlich zur authentischen Wiedergabe dieser theoretischen Perspektive.

4 Die genannten Philosophen unterstreichen, daß sich in sozialen Handlungszusammenhängen kollektiv vernünftige Ergebnisse einstellen können.

durch das Prinzip der kollektiven Sicherheit überlagert wird. Durch den Völkerbund sowie die ihm angegliederten internationalen Organisationen sollte es dem Idealismus zufolge den Staaten ermöglicht werden, ihre kriegsförderliche Machtorientierung zugunsten einer friedensförderlichen Normorientierung aufzugeben. Dabei sollte der Völkerbund das Gewissen der Gemeinschaft der Völker bilden, das die Staaten davon abhält, entgegen dem Willen der Völker den Frieden aufs Spiel zu setzen. Dem lag die Vorstellung zugrunde, daß es nicht die Völker sind, die Kriege verursachen, sondern lediglich Staaten, die sich über den Friedenswillen der Völker hinwegsetzen. Deshalb betrachtete der Idealismus neben der Gründung des Völkerbundes v. a. die *Demokratisierung* der Staaten als zentrale Friedensbedingung. Wilson rechtfertigte dementsprechend den Eintritt der USA in den Ersten Weltkrieg als Mittel der langfristigen Friedenssicherung durch Demokratisierung:

»We (...) fight thus for the ultimate peace of the world and for the liberation of its peoples (...), for the rights of nations great and small and the privilege of men everywhere to choose their way of life and obedience. The world must be made save for democracy. Its peace must be planted upon the tested foundations of political liberty« (Wilson 1917: 15).

Der Völkerbund sollte aber auch unabhängig von der Demokratisierung eine friedensstiftende Wirkung entfalten. Er sollte das Forum für eine die Völkergemeinschaft vertretende Weltöffentlichkeit werden. Diese Weltöffentlichkeit würde dann dafür sorgen, daß alle Staaten gezwungen sind, sich dem Friedenswillen der Völkergemeinschaft unterzuordnen. Dieser Gedanke beruhte auf zwei Überzeugungen: daß die Weltöffentlichkeit zum einen immer den Frieden dem Krieg vorzieht und zum zweiten den Frieden auch dann durchsetzen kann, wenn die Staaten in den Krieg ziehen wollen. Es bestand die heute naiv anmutende Überzeugung, daß die Weltöffentlichkeit erstens immer recht hat und zweitens dieses Recht auch durchsetzen kann. Als typisch (wenn auch extrem) kann hier die Aussage von Woodrow Wilson gelten (die er allerdings in bezug auf die Byran-Verträge gemacht hat):

»The sum and substance [of these treaties is] that whenever any trouble arises the light shall shine on it for a year before anything is done; and my prediction is that after the light has shone on it for a year, it will not be necessary to do anything; that after we know what happened, then we will know who was right und who was wrong.« (zit. nach Carr 1964: 32).

Der Völkerbund wurde nach dem Ersten Weltkrieg den Vorstellungen von US-Präsident Wilson weitgehend entsprechend zwar auf der Pariser Friedenskonferenz 1919 gegründet, doch die US-Beteiligung am Völkerbund scheiterte am Widerstand des amerikanischen Kongresses (Pfeil 1976). Auf der Pariser Friedenskonferenz wurde darüber hinaus die Wissenschaft von der internationalen Politik institutionalisiert, um insbesondere die Ursachen von Kriegen und die Bedingungen für Frieden zu erforschen. Auf Betreiben von Wilson vereinbarten die USA und Großbritannien am 30. Mai 1919 die Gründung je eines wissenschaftlichen Instituts zur Erforschung der internationalen Beziehungen in beiden Ländern – dem heutigen Royal Institute of International Affairs in London und dem Council of Foreign Relations in Washington. Diesem Beispiel folgten ähnliche Institutsgründungen in anderen europäischen Ländern. So wurde im Jahre 1920 die Deutsche Hochschule für Politik in Berlin und kurz darauf das Institut für Auswärtige Politik in Hamburg gegründet (vgl. Meyers 1991: 222, 1981). Diesen Gründungen gemein war der Gedanke, daß der Friede zu kostbar sei; »als daß man ihn den Politikern und Diplomaten allein überlassen konnte« (Ernst-Otto Czempiel, zit. nach Meyers 1991: 222).

Der Erste Weltkrieg hatte dementsprechend nicht nur dazu geführt, daß der Idealismus als ein konkurrierendes Deutungssystem zum bis dahin vorherrschenden Realismus etabliert wurde und somit Einfluß auf die Politiker selbst gewann. Er hatte auch zur Folge, daß die Internationalen Beziehungen mit ihren Theorien über Krieg und Frieden als Politikwissenschaft institutionalisiert wurden. Der Zweite Weltkrieg wurde dadurch jedoch nicht verhindert.

## 1.3 Der Zweite Weltkrieg und der Realismus in den Internationalen Beziehungen (Morgenthau)

Der Zweite Weltkrieg übertraf die Schrecken des Ersten Weltkriegs noch bei weitem. Er kostete etwa 35 bis 50 Millionen Menschen das Leben. Dieser Krieg, dessen Brutalität lediglich durch die nationalsozialistische Judenvernichtungspolitik noch in den Schatten gestellt wurde, war u. a. deshalb so besonders grausam, weil sich die Kriegsparteien aufgrund der fortgeschrittenen Industrialisierung einer Kriegsmaschinerie bedienen konnten, die jene aus dem Ersten Weltkrieg an Effektivität noch bei weitem übertraf. Während im Ersten Weltkrieg Panzer und Flugzeuge nur vereinzelt zum Einsatz kamen, war der Zweite Weltkrieg gerade durch den massiven Einsatz von Panzerfahrzeugen und Flugzeugen gekennzeichnet. Der Krieg wurde dadurch nicht nur an der Front noch grausamer, er konnte mit diesen Waffen auch hinter die Front getragen werden. Der größere Teil der Opfer waren nun Zivilisten, nicht mehr Soldaten. Je nach Schätzung erreichte der Anteil der Zivilisten an den gesamten Opfern im Zweiten Weltkrieg 50-80 Prozent. Zu Beginn des 20. Jahrhunderts lag der entsprechende Anteil noch bei 10-20 Prozent. Mit dem Einsatz der ersten Atombomben durch die USA gegen Japan in Hiroshima und Nagasaki erreichte diese Entwicklung in den letzten Kriegstagen ihren (bisherigen) traurigen Höhepunkt.

Wie hatte es nach den Erfahrungen des Ersten Weltkriegs zu einem Zweiten Weltkrieg kommen können? Aus der Sicht des Realismus war der Krieg das Ergebnis einer durch den Idealismus geprägten Politik des *Appeasement*, aufgrund deren die Westmächte der Machtpolitik Deutschlands nach der Machtübernahme durch die Nationalsozialisten nicht entschieden entgegentraten (Taylor 1961). Anstatt durch den Machtzuwachs Deutschlands aufgeschreckt zu werden und diesem mit einer entschiedenen Machtpolitik zu begegnen, hatten sich die USA aus der internationalen Politik in Europa zurückgezogen, während die Regierungen in Frankreich und in Großbritannien das nationalsozialistische Deutschland teils gewähren ließen und teils gewähren lassen mußten. Dadurch wurde aus der Sicht des Realismus das Gleichgewicht der Mächte derart gestört, daß Hitler und seine Gefolgsmänner hoffen konnten, mit einer auf Krieg setzenden Machtpolitik nicht nur die im Ersten Weltkrieg verlorenen Gebiete zurückzugewinnen, sondern darüber hinaus neue zu erwerben, um möglicherweise sogar die Weltherrschaft zu erringen.

Das Deutsche Reich konnte es sich also erlauben, 1936 das Rheinland wiederzubesetzen und 1938 Österreich »anzuschließen«. Die Politik des *Appeasement* wurde insbesondere von Großbritanniens Premierminister Chamberlain zu ihrem Höhepunkt geführt, als Hitler 1938 das Sudetenland unter Inkaufnahme eines Krieges besetzen wollte. Um einen Krieg zu verhindern, stimmten die britischen Vertreter 1938 in München der Einverleibung des Sudetenlandes durch Deutschland zu. An die Grausamkeiten des Ersten Weltkrieges erinnernd erklärte Chamberlain:

»When I think of those four terrible years and I think of the 7 million young men who were cut off in their prime and 13 million who were maimed and mutilated, the misery and suffering of the mothers and fathers, sons and daughters, I must say that there are no winners in a war, but all losers. It is those thoughts which make me feel that it is my prime duty to strain every nerve to avoid repetition of the Great War in Europe« (zit. nach Nye 1993: 93).

Doch als Deutschland 1939 auch die übrige Tschechoslowakei einnahm, war die Appeasement-Politik am Ende. Die Regierungen in Frankreich und Großbritannien realisierten, daß sie der nationalsozialistischen Machtentfaltung entgegentreten mußten, um zu verhindern, daß auch Polen angegriffen würde. Hitler hatte jedoch bereits mit Stalin einen Pakt über die Aufteilung Polens unterzeichnet und befahl seinen Truppen 1939, auch Polen einzunehmen. Deutschland hatte damit eine Machtstellung erreicht, die es ihm erlaubte, bereits 1940 Norwegen, Holland, Belgien und sogar Frankreich mit Erfolg zu überfallen und zu besetzen. Daß Deutschland den Krieg trotzdem verlor, lag aus der Sicht des Realismus nur daran, daß Hitler seine Machtressourcen überschätzte, indem er 1941 den Krieg auf die Sowjetunion ausdehnte und den Vereinigten Staaten den Krieg erklärte (Nye 1993: 82-89).

Die Politik des *Appeasement* hatte aus der Sicht des Realismus den Zweiten Weltkrieg verursacht, zumindest jedoch begünstigt. Es galt nun, die »Realität« der internationalen Politik wieder so zu erkennen, wie sie ist, nicht so, wie sie den Idealisten gemäß sein sollte. Insbesondere Hans J. Morgenthau (1963) und Edward H. Carr (1964) trugen mit ihrer Kritik des Idealismus dazu bei, daß der Realismus, der sich ideengeschichtlich an Thukydides, Machiavelli, Bodin und Hobbes anlehnte,[5] zur dominanten Theorie

5 Diese Philosophen betonen, daß sich soziales Handeln stets an Macht orientiert, so daß in sozialen Handlungszusammenhängen kollektiv vernünftige Ergebnisse vielfach verfehlt werden.

der internationalen Politik werden konnte. Dabei haben die von Morgenthau formulierten Grundsätze des politischen Realismus, die die Anthropologie von Reinhold Niebuhr (1953) aufnahmen, besondere Prominenz gewonnen. Nach Morgenthau (1963) ist Politik epistemologisch betrachtet von objektiven – also von subjektiven Wahrnehmungen unabhängigen – Gesetzmäßigkeiten beherrscht. Diese objektiven Gesetzmäßigkeiten sind nach Morgenthau nicht zu verändern – also von Raum und Zeit unabhängig –, so daß eine Politik des Realismus versuchen sollte, sich der Realität dieser Gesetzmäßigkeiten anzupassen, anstatt wie in einer durch den Idealismus geprägten Politik diese Gesetzmäßigkeiten negierend ein utopisches Ideal zu verfolgen.

Die Realität der internationalen Politik erschließt sich aus einigen wenigen ontologischen *Prämissen*. Die wichtigste Prämisse des Realismus von Morgenthau ist, daß es in der *Natur des Menschen* liegt, nach *Macht* zu streben. Aufgrund dieser unveränderbaren Natur des Menschen bleibt Politik – nationale wie internationale – stets ein Kampf um Macht. Dabei unterscheiden sich nationale und internationale Politik aber grundlegend. Zum einen kann sich aufgrund der anarchischen Strukturen des internationalen Systems dieser Machtkampf dort weitgehend ungebremst entfalten (Morgenthau 1963: 59-69). In der internationalen Politik sind es zum anderen ausschließlich Staaten, die in diesen Kampf um Macht eingreifen können. Somit lautet die realistische Kernaussage: Nur wenn man sich der Realität stellt, daß internationale Politik ein Kampf um Macht zwischen Staaten ist, dann wird man internationale Politik verstehen lernen.

Da der Staat, der auf Machtpolitik verzichtet, letztlich zwangsläufig zum Opfer der Machtpolitik anderer Staaten werden muß, liegt es im Nationalinteresse jedes einzelnen Staates, nicht nach allgemeinen sittlichen und moralischen, sondern nach machtpolitischen Erwägungen und im Namen der politischen Klugheit zu handeln. Daraus ergibt sich laut Morgenthau für die Staaten zum einen ein *Primat der Außenpolitik* gegenüber der Innenpolitik und zum anderen ein *Primat der Sicherheitspolitik* gegenüber etwa der Wirtschafts-, Kultur- oder Menschenrechtspolitik. Denn um im Machtkampf in den anarchischen Strukturen des internationalen Systems bestehen zu können, müssen Staaten alle anderen Interessen dem Machterhalt unterordnen.

Aufgrund dieser abstrakten Prämissen entwickelt der Realismus konkrete *Hypothesen* über die internationale Politik. Danach werden *Kriege* als *unvermeidlicher* Ausdruck des im internationalen System angelegten Machtkampfes gedeutet. Dabei gilt, daß die Kriegsgefahr dann steigt, wenn das Mächtegleichgewicht zwischen den mächtigsten Staaten gestört ist. Kriege sind demnach nur dann zu verhindern, wenn die Macht jedes Staates (bzw. einer Militärallianz) durch die Macht anderer Staaten (bzw. anderer Militärallianzen) ausgeglichen wird, so daß jeder Staat (bzw. jede Militärallianz) vor einem Krieg gegenüber anderen Staaten (bzw. anderen Militärallianzen) zurückschreckt (Morgenthau 1963: 145-197).

Weiterhin gelangt Morgenthau aufgrund seiner Prämissen zu der Hypothese, daß *internationale Institutionen wirkungslos* bleiben. In den anarchischen Strukturen des internationalen Systems sind Staaten vielmehr gezwungen, gegen bestehende Normen dann zu verstoßen, wenn diese ihr Machtstreben behindern. Normen lassen sich demnach lediglich als Ausdruck des Machtstrebens der mächtigsten Staaten verstehen. Internationale Institutionen stellen also ein Instrument zur Machterhaltung dominanter Staaten dar. Deshalb sind internationale Institutionen nur so lange wirksam, wie sie von den Machtinteressen dominanter Staaten getragen werden. Stehen jedoch wie beim Völkerbund, der den Zweiten Weltkrieg nicht hatte verhindern können, hinter internationalen Institutionen keine derartigen Machtinteressen, so sind sie zur völligen Wirkungslosigkeit verurteilt.

Der Zweite Weltkrieg hatte im Ergebnis dazu geführt, daß der Realismus den vorübergehend vorherrschenden Idealismus als dominante Theorie, in dessen Kategorien nicht nur Politikwissenschaftler, sondern auch die Politiker selbst dachten, wieder ablösen konnte. Gleichzeitig etablierten sich die Internationalen Beziehungen mit ihren Theorien über Krieg und Frieden zu einer respektablen akademischen Disziplin, die den Kalten Krieg, der nahezu unmittelbar nach dem Zweiten Weltkrieg einsetzte, mitprägen sollte.

## 1.4 Zusammenfassung: Idealismus und Realismus

Beide Ur-Theorien der internationalen Politik – der Realismus und der Idealismus – geben gewissermaßen das inhaltliche Spektrum an, auf dem sich die verschiedenen Theorien der internationalen Politik in der nationalen Konstellation auch heute noch abtragen lassen. Die nachfolgende Übersicht verdeutlicht, daß sich die zentralen Prämissen und wichtigsten Aussagen beider Theorien – obwohl sie beide gleichermaßen von der nationalen Konstellation ausgehen – tatsächlich diametral gegenüberstehen.

*Schaubild 1.1: Idealismus und Realismus in den Internationalen Beziehungen*

| | **Idealismus** | **Realismus** |
|---|---|---|
| **Menschenbild** | Positiv: vernunftbegabtes Wesen | Negativ: machtorientiertes Wesen |
| **Ziele des Handelns** | Verwirklichung von Werten (Friede, Gerechtigkeit) | Sicherung des nationalen Überlebens (Machtinteresse) |
| **Logik des Handelns** | Normorientiert | Zielorientiert |
| **Bewertung von Handlungen** | Gesinnungsethisch | Verantwortungsethisch |
| **Grundkennzeichen der internationalen Beziehungen** | Wertegemeinschaft der Völker bzw. Menschen | Machtkonkurrenz zwischen den Staaten |
| **Hauptakteure in den internationalen Beziehungen** | Völker, die in Demokratien durch ihre Regierungen vertreten werden | Regierungen, die im nationalen Interesse des Staates handeln |
| **Kriegsursachen** | Moralisch fehlgeleitete, nicht-demokratische Regierungen | gestörtes Machtgleichgewicht zwischen Staaten |
| **Grundbedingung für Frieden** | Partnerschaft demokratischer Völker | Machtgleichgewicht |
| **Wissenschaftliche Grundorientierung** | Normativ | Empirisch |
| **Prägend für die internationale Politik** | Zwischenkriegszeit | V. a. nach dem Zweiten Weltkrieg |
| **Führende Vertreter** | Wilson | Morgenthau |

# 2. Der Neorealismus in der internationalen Politik

Der Realismus war aus dem Zweiten Weltkrieg als dominante Theorie der internationalen Politik hervorgegangen. Dementsprechend prägte er nicht nur das Denken von Politikwissenschaftlern, die sich mit internationalen Beziehungen befaßten, sondern auch das der Politiker, die die internationalen Beziehungen gestalteten. Deshalb wurde gerade auch der Kalte Krieg, der schon bald nach dem Zweiten Weltkrieg ausbrechen sollte, durch das realistische Denken bestimmt. Umgekehrt hat der Kalte Krieg aber auch dazu beigetragen, daß dieses Denken geschärft wurde. Der klassische Realismus konnte so zu einem Neorealismus weiterentwickelt werden, der schließlich *die* Theorie des Kalten Krieges verkörperte (Vasquez 1998).

## 2.1 Der Neorealismus und der Ost-West-Gegensatz

Der Neorealismus interpretierte den sogenannten Kalten Krieg zwischen den von den USA geführten in der Nordatlantischen Vertragsorganisation (NATO) vereinigten westeuropäischen und nordamerikanischen Staaten und den von der UdSSR bestimmten in der Warschauer Vertragsorganisation (WVO) zusammengeschlossenen osteuropäischen Staaten als machtpolitische Auseinandersetzung zwischen zwei Blöcken, die jeweils von einem Staat mit überlegenen Machtressourcen geführt wurden (Link 1988).

Durch den Zweiten Weltkrieg hatten sich die Machtverhältnisse in Europa grundlegend gewandelt. Die ehemals weltweit bestimmenden europäischen Großmächte Frankreich, Großbritannien und Deutschland waren durch den Krieg erheblich geschwächt worden, so daß mit den USA und der UdSSR nur mehr zwei Supermächte verblieben waren. Die UdSSR als einzige in Europa verbliebene Großmacht versuchte, in Osteuropa von ihr abhängige sozialistische Staaten zu etablieren und sie in sogenannten Freundschaftsverträgen an sich zu binden. Derartige Freundschaftsverträge wurden 1943 mit der Tschechoslowakei,

1945 mit Polen und Jugoslawien sowie 1948 mit Ungarn, Rumänien und Bulgarien geschlossen. Da weder Großbritannien noch Frankreich die Macht besaßen, um die UdSSR daran zu hindern, ihren Machtbereich weiter auszudehnen, entschloß sich die Regierung der USA ab 1947, die weitere Machtausdehnung der UdSSR einzudämmen. Die USA schlossen sich 1949 mit den westeuropäischen Staaten Belgien, Dänemark, Frankreich, Großbritannien, Italien, Luxemburg, Norwegen, Niederlande und Portugal sowie Kanada und Island in der NATO zusammen und definierten damit ihren Machtanspruch. Die USA befürchteten insbesondere, daß das darniederliegende Deutschland komplett in den sowjetischen Einflußbereich fallen könnte. Daher unterstützten sie die Gründung der Bundesrepublik Deutschland 1949 als westdeutschen Staat, um diesen 1955 als zusätzlichen Machtfaktor gegen die UdSSR in die NATO zu integrieren. Die UdSSR begegneten dieser Machtentfaltung der USA in Europa, indem sie sich 1955 mit den osteuropäischen Staaten in der WVO zusammenschlossen. Damit standen sich zwei von den USA und der UdSSR als Supermächte geführte Machtblöcke gegenüber, die sich in ein klassisches Sicherheitsdilemma verstrickten: jede Machtsteigerung des Gegners wurde als Bedrohung angesehen, der nur mit einer weiteren Machtsteigerung zu begegnen war, welche aber wiederum vom Gegner als zusätzliche Bedrohung interpretiert wurde (Link 1988, Nye 1993).

Daß sich die Dynamik des »Kalten Krieges« nicht in einen »heißen Krieg« übersetzte, sondern vielmehr in einen »langen Frieden« mündete, verdankt sich dem Neorealismus zufolge dem Mächtegleichgewicht zwischen den beiden Machtböcken um die UdSSR und die USA (Gaddis 1986, Mearsheimer 1990). Grundlage dieses Mächtegleichgewichts war die wechselseitige Abschreckung, also die Drohung der Vernichtung des Gegners mit Atomwaffen, die zur Folge hatte, daß der Kalte Krieg selbst bei schwerwiegenden Konflikten wie den Berlin-Krisen von 1948/49, 1958/59 und 1961 sowie der Kuba-Krise von 1962 nicht in einen heißen Krieg umschlug. Entscheidend ist aus der Sicht des Neorealismus dabei zum einen, daß sich nach dem Ende des Zweiten Weltkriegs eine bipolare Machtverteilung einstellte. Bipolare Machtstrukturen gelten nämlich aufgrund ihrer größeren Übersichtlichkeit als stabiler denn multipolare Machtverhältnisse, weil die Gefahr geringer ist, daß ein Krieg aufgrund der falschen Kalkulation der Machtverhältnisse angezettelt wird (Mearsheimer 1990, Waltz 1964, 1979). Zum anderen verweist der Neorealismus auf die Bedeutung der Nuklearwaffen, die die Effektivität der wechselseitigen Abschreckung gleichfalls erhöht. Atomwaffen haben demnach den langen Frieden begünstigt, weil sie ökonomische Machtasymmetrien militärisch nivellieren und mithin ein militärisches Gleichgewicht auch unter ökonomisch Ungleichen ermöglichen (Mearsheimer 1990, Waltz 1981).

Die Machtkonstellation, die den Kalten Krieg prägte, endete aus der Sicht des Neorealismus 1989/90. Mit dem inneren Zerfall der UdSSR hatten die USA keinen ernsthaften Machtkonkurrenten mehr, so daß die Ursache für die machtpolitische Auseinandersetzung des Kalten Krieges entfallen war. Für den Neorealismus ist damit der Frieden in Europa allerdings keineswegs sicherer geworden. Manche Neorealisten erwarteten vielmehr, daß sich in Europa wieder eine multipolare Machtverteilung einstellen wird, welche neue Kriegsgefahren in sich birgt. Sie hielten es bereits unmittelbar nach dem Mauerfall für wahrscheinlich, daß in Europa die Kriegsgefahr wieder deutlich anwächst, zumal insbesondere in Mitteleuropa Gebiete entstanden sind, in denen Kriege ohne die Gefahr eines Atomwaffeneinsatzes geführt werden können (Mearsheimer 1990).

## 2.2 Prämissen und Hypothesen des Neorealismus

Der Neorealismus als Theorie beansprucht nicht nur den Kalten Krieg, sondern internationale Politik generell erklären zu können. Der Grundlagenprämisse der nationalen Konstellation folgend separiert er die zwischenstaatliche radikal von der innerstaatlichen Politik, in dem er die innerstaatliche Befriedung durch das staatliche Gewaltmonopol mit der zwischenstaatlichen Anarchie kontrastiert (Waltz 1979, Buzan et al. 1993). Der Neorealismus zeichnet sich dabei als Theorie durch seine hohe deduktive Kohärenz aus. Demgemäß werden aus abstrakten Annahmen über die internationale Politik in der nationalen Konstellation überprüfbare Hypothesen abgeleitet, die wiederum konkrete Phänomene der internationalen Politik erklären sollen.

Von besonderer Bedeutung waren und sind dabei die Arbeiten von Kenneth N. Waltz (1959, 1979). Waltz klärt zunächst, welche der sogenannten *Analyseebenen* den Ausgangspunkt einer Theorie internationaler Politik und mithin einer Theorie über Krieg und Frieden bilden soll. Wie Singer (1961) zwischen der systemischen und der subsystemischen Analyseebene unterscheidet, so differenziert Waltz (1979) zwischen systemischen und reduktionistischen Analysen. Während systemische Theorien am internationalen System ansetzen und Kriege mit Hilfe von Merkmalen des internationalen Systems wie etwa seinen anarchischen Strukturen erklären, setzen subsystemische Theorien an den Merkmalen einzelner nationaler politischer Systeme an und erklären deren Kriegsbereitschaft beispielsweise mit Hilfe ihrer nicht-demokratischen inneren Strukturen. Waltz argumentiert nun, daß Theorien internationaler Politik als systemische, nicht als subsystemische Theorien konstruiert werden sollten. Grundlegend ist dabei die Beobachtung, daß sich Staaten mit sehr unterschiedlichen politischen Systemen in der internationalen Politik sehr ähnlich verhalten, während umgekehrt Staaten mit sehr ähnlichen politischen Systemen häufig sehr unterschiedlich agieren. Es liegt also nahe, das Staatenverhalten in der internationalen Politik nicht auf Merkmale nationaler politischer Systeme, sondern auf Merkmale der Struktur des internationalen Systems zurückzuführen (Waltz 1979: 40). Die Theorie des Neorealismus von Waltz basiert dabei auf vier Prämissen über das internationale System:

(1) Die Akteure im internationalen System sind ausschließlich *Staaten*, die sich dadurch auszeichnen, daß sie auf ihrem Staatsgebiet über ein Gewaltmonopol verfügen. Akteure wie Gewerkschaften, Umweltverbände, Menschenrechtsorganisationen oder Arbeitgeberverbände werden demnach aus der Analyse ebenso ausgeblendet wie internationale Organisationen, etwa die Vereinten Nationen (UNO), die Welthandelsorganisation (WTO) oder der Internationale Währungsfonds (IWF). Diese fungieren nämlich nur als Instrument mächtiger Staaten. Internationale Politik wird aus der Sicht des Neorealismus also ausschließlich durch Staaten, insbesondere mächtige Staaten – die sogenannten Großmächte – bestimmt (Waltz 1979).

(2) Die Struktur des internationalen Systems ist durch das *anarchische Ordnungsprinzip* gekennzeichnet. Anarchische Strukturen sind von hierarchischen Strukturen dadurch zu unterscheiden, daß es keine zentrale Autorität gibt, welche durch ihr Gewaltmonopol die Sicherheit der Akteure im System garantieren kann.

Die Staaten – als die zentralen Akteure im internationalen System – sind somit zumindest zum Machterhalt gezwungen. Denn diejenigen Staaten, die diesem Selbsthilfeprinzip der Machtorientierung nicht gehorchen, würden ihre Sicherheit gegenüber denjenigen Staaten aufs Spiel setzen, die dem Selbsthilfeprinzip entsprechend Machtressourcen anhäufen.[1] Die Machtorientierung wird mithin beim Neorealismus von Waltz nicht wie im klassischen Realismus von Morgenthau auf die Natur menschlicher Akteure, sondern auf die Struktur des internationalen Systems zurückgeführt. Die Staaten sind in diesem System *nolens volens* gezwungen, nach Macht zu streben (Waltz 1979: 79-101).[2]

**Zum Begriff**
**»Anarchie«**

Definition
Anarchie kann man als eine Struktur der Herrschaftslosigkeit definieren, d. h. eine Struktur der Nichtexistenz einer zentralen Autorität, welche das Monopol über die Mittel der Gewaltsamkeit besitzt. Anarchie stellt den Gegenbegriff zu Hierarchie dar. Hierarchie ist definiert als eine Struktur der Herrschaft, in der eine zentrale Autorität mit der effektiven Verfügung über die Mittel der Gewaltsamkeit ausgestattet ist. Die Anarchie in den internationalen Beziehungen gilt als wichtigste Eigenschaft der Struktur, die den Kontext des Handelns der Akteure in den internationalen Beziehungen abgibt. Es sollte allerdings zwischen einer unregulierten und einer regulierten Anarchie unterschieden werden. Strukturen regulierter Anarchie zeichnen sich dadurch aus, daß sich Akteure im gemeinsamen Interesse auf Verhaltensregeln einigen und diese freiwillig beachten. Hier gibt es ein Regieren ohne Hierarchie. In Strukturen unregulierter Anarchie besteht hingegen ein ungebremster Wettstreit. Jeder Akteur versucht mit allen Mitteln seine In-

1 Die Struktur »Anarchie« sorgt langfristig dafür, daß sich die Staaten automatisch dem Selbsthilfeprinzip entsprechend verhalten: »Notice that the theory requires no assumptions of rationality or of constancy of will on the part of all the actors. The theory says simply that if some do relatively well, others will emulate them or fall by the wayside.« (Waltz 1979: 118). Gleichwohl machen Neorealisten zumeist die Annahme, daß sich Staaten rational verhalten.

2 Dabei besteht allerdings auch unter Neorealisten keine Einigkeit, ob die anarchische Struktur des internationalen Systems die Staaten lediglich zum Machterhalt zwingt (Waltz 1979: 126, Grieco 1988) oder ob sie die Staaten zur Machtmaximierung anhält (Mearsheimer 2001).

teressen auch auf Kosten anderer Akteure zu maximieren. Hier regiert das Recht des Stärkeren.

Illustration
Der Unterschied zwischen der Hierarchie in der Innenpolitik und der Anarchie in der internationalen Politik erscheint weniger kategorial als vielfach angenommen. Die Rahmenvereinbarung der Bundesländer über die Zulassung des privaten Rundfunks in Deutschland, das Mineralölkartell der »Seven Sisters« sowie das Binnenmarktprogramm der EG-Staaten und die Vereinbarungen zum Schutz der Ozonschicht gehen allesamt auf Strukturen regulierter Anarchie zurück. Auch Strukturen unregulierter Anarchie sind in der Innenpolitik und in der internationalen Politik gleichermaßen anzutreffen. Die Auseinandersetzungen zwischen rivalisierenden Staaten ähneln hier den Auseinandersetzungen zwischen rivalisierenden Mafia-Gruppen. Politik in hierarchischen Strukturen bleibt hingegen weitgehend auf die Innenpolitik beschränkt. Nur hier verfügt ein Akteur, nämlich der Staat, über das Monopol der Mittel der Gewaltsamkeit. In der internationalen Politik sind hierarchische Strukturen bestenfalls in Ansätzen im Rahmen einer Hegemonie eines Staates zu erkennen.

(3) Die Struktur des internationalen Systems ist durch die *funktionale Homogenität (nicht Heterogenität)* der Akteure gekennzeichnet. Funktionale Homogenität meint, daß sich einzelne Akteure bei der Erbringung von bestimmten Leistungen nicht auf andere Akteure verlassen, sondern jeder Akteur gleichsam alle Funktionen selbst übernimmt. Die Akteure sind also funktional homogen, da sie alle dieselben Funktionen erbringen, anstatt unterschiedlichen Akteuren unterschiedliche Funktionen zuzuweisen. Die funktionale Homogenität im internationalen System muß nach Waltz (1979) auf die anarchische Struktur zurückgeführt werden. Denn die daraus resultierende Machtorientierung schließt ein, daß sich die Staaten nicht durch funktionale Differenzierung, bei der beispielsweise der eine die Nahrungsmittelproduktion und der andere die Waffenproduktion übernimmt, in die Abhängigkeit anderer Staaten begeben wollen. Funktionale Differenzierung würde die Staaten verwundbar machen und somit ihre Sicherheit gefährden. Der Selbsthilfeimperativ verhindert funktionale Differenzierung (dagegen Buzan et al. 1993).

(4) Da das internationale System permanent anarchische Strukturen aufweist und die Akteure funktional nicht differenziert sind, hängt internationale Politik vornehmlich von der

*Machtverteilung* im internationalen System ab. Dabei betrachtet Waltz die Machtverteilung nicht als Merkmal der Akteure, sondern vielmehr als Merkmal des internationalen Systems. Die Politik eines Staates gegenüber einem anderen Staat wird aus seiner Sicht nämlich nicht dadurch bestimmt, ob er (absolut betrachtet) viel oder wenig Macht besitzt, sondern dadurch, ob er (relativ betrachtet) mehr oder weniger Macht als sein Gegenüber besitzt. Um internationale Politik verstehen zu können, kommt es deshalb auf die Machtrelationen zwischen Staaten, insbesondere auf die zwischen besonders mächtigen Staaten – den Großmächten – an. Dabei werden die Machtrelationen zwischen Staaten aufgrund ihrer Kontrolle über bestimmte Machtressourcen wie Militär, Wirtschaftskraft, Bevölkerungsgröße und Territorium bestimmt (Waltz 1979: 131).

Diese Prämissen verkörpern das Denken über die nationale Konstellation in Reinform. Während im Innern von Staaten eine vom Leviathan gestiftete Friedensordnung herrscht, stehen die Staaten nach Außen in Konkurrenz zueinander. Staaten konstituieren damit die größte Kriegsgefahr, sind aber zugleich die einzigen Akteure, die durch ihr Regieren den Frieden schützen können. Nur sie verfügen über die entsprechenden Ressourcen und erkennen sich wechselseitig als Staaten an.

**Zum Begriff »Macht«**

Der Begriff Macht darf als eine der zentralen Kategorien der Politikwissenschaft im allgemeinen und der Wissenschaft von den internationalen Beziehungen im speziellen gelten. Trotzdem ist seine Bedeutung häufig unklar. Im wesentlichen lassen sich zwei Machtbegriffe unterscheiden: Macht als Kontrolle über Ressourcen und Macht als Kontrolle über Ergebnisse. Im Sinne der Macht als Kontrolle über Ressourcen gilt der Akteur als mächtig, der in bezug auf bestimmte Ressourcen gegenüber anderen Akteuren über einen Vorteil verfügt. Demnach sind die USA mächtiger als Frankreich, weil die USA über ein größeres Atomwaffenarsenal und ein höheres Bruttosozialprodukt verfügen. Im Sinne der Macht als Kontrolle über Ergebnisse besteht Macht als Chance innerhalb einer sozialen Beziehung, den eigenen Willen auch gegen Widerstreben durchzusetzen, gleichviel worauf diese Chance beruht.

In den Internationalen Beziehungen hat sich – unabhängig vom jeweiligen Machtbegriff – die Unterscheidung zwischen der overall power und der issue-area power eingebürgert. Die overall power bezieht sich auf die Gesamtheit der sozialen Beziehungen zwischen Akteuren. Japan ist beispielsweise insgesamt mächtiger als Saudi Arabien. Die issue-area power bemißt Macht hingegen in bezug auf ein bestimmtes Problemfeld der sozialen Beziehungen zwischen Akteuren. So ist im Problemfeld internationaler Rohölhandel Saudi-Arabien sicherlich mächtiger als Japan.

Der Neorealismus weist vor dem Hintergrund dieser Konzeptualisierung alle Fortschrittshoffnungen, wonach der Krieg infolge der gesellschaftlichen Modernisierung aussterben könnte, vehement zurück. Der Krieg resultiert aus einem unabänderlichen Strukturmerkmal internationaler Politik in der nationalen Konstellation. Aufgrund des Sicherheitsdilemmas bleibt er der anarchischen Struktur des internationalen Systems eingeschrieben.[3] Jeder Staat versucht durch die eigene Machtpolitik einen Machtvorteil anderer Staaten zu verhindern, um dadurch seine eigene Sicherheit zu garantieren. Da sich deshalb jedoch andere Staaten in ihrer Sicherheit bedroht fühlen, werden damit neue Machtanstrengungen hervorgerufen. Im Ergebnis führt das Sicherheitsdilemma somit zu einer Spirale sich selbst verstärkender Machtpolitiken – beispielsweise Rüstungsanstrengungen –, die bei den beteiligten Staaten zwar zumeist massive Wohlfahrtsverluste hervorrufen, ohne jedoch deren Sicherheit tatsächlich zu verbessern. Bestenfalls führen sie zu einem Mächtegleichgewicht, das den Frieden unter den beteiligten Staaten zumindest vorübergehend stabilisiert. Da das Mächtegleichgewicht aber immer prekär bleibt, sind Kriege unter mächtigen Staaten immer im Bereich des Denkbaren und des Gedachten. Dementsprechend kann es nur darum gehen, Kriege durch eine insbesondere am Mächtegleichgewicht orientierte Politik kurzfristig zu verhindern.

Diese insgesamt düstere Grundperspektive auf die Problematik von Krieg und Frieden konkretisiert sich in den Hypothesen, die sich aus den Annahmen des Neorealismus über internationale Politik ableiten lassen:

(1) Nach der zentralen Hypothese der neorealistischen *Allianztheorie* tendiert das internationale System zu einem Mächte-

3 Für das sogenannte Sicherheitsdilemma siehe Herz (1950), Schelling (1980), Jervis (1983), Goldman (1984), Downs et al. (1986) sowie Efinger (1991: 41-50).

gleichgewicht (Waltz 1979, Snyder 1997). Um ihre Sicherheit zu garantieren, müßten Staaten stets verhindern, daß es einem Staat gelingt, deutlich überlegene Machtmittel zu erwerben und eine hegemoniale Machtposition einzunehmen. Können Staaten durch den verstärkten Einsatz von Machtressourcen die überlegene Macht nicht ausgleichen, so werden die Staaten Militärallianzen bilden, um mit ihren Machtmitteln gemeinsam ihre Sicherheit zu schützen. Die überlegene Macht wird zwar, so Waltz, ebenfalls versuchen, Militärallianzen zu schmieden. Da aber alle Staaten nach dem Selbsthilfeimperativ handeln, könne es keiner Allianz gelingen, auf Dauer gegenüber anderen Allianzen einen Machtvorteil zu erhalten. Die Staaten würden aufgrund des Selbsthilfeimperativs bei der Entscheidung für oder gegen eine Militärallianz im allgemeinen die schwächere der stärkeren Allianz vorziehen, da sie dort mehr Einfluß ausüben können.[4] Die Staaten der stärkeren Allianz könnten sich nämlich den Verlust eines Staates erlauben, ohne das eigene Überleben zu gefährden und werden deshalb einem »überflüssigen« Partner nur wenig Einfluß zuerkennen. Bei der schwächeren Allianz hingegen könne jeder Staat, der sich dieser Allianz anschließt, sicher sein, daß die Allianzpartner ihre Machtmittel für seine Sicherheit einsetzen werden. Die Staaten lösen demnach aufgrund des Selbsthilfeimperativs der Machtorientierung gerade bei der Bildung von Militärallianzen keinen Prozeß des *bandwagoning*, sondern vielmehr einen des *balancing* aus, so daß das internationale System automatisch zu einem Mächtegleichgewicht tendiert,[5] das somit auch garantiert, daß eine Transformation der anarchischen Struktur des internationalen Systems in eine hierarchische Struktur eines weltstaatlichen Systems ausgeschlossen ist (Waltz 1979: 102-128).

(2) Nach der grundsätzlichen Hypothese der neorealistischen *Friedenstheorie* kann im internationalen System Frieden nicht dauerhaft gestiftet werden. Kriege können – wie bereits ausgeführt – nie ausgeschlossen werden. Angestrebt werden kann nur

4 »Because power is a means and not an end, states prefer to join the weaker of two coalitions.« (Waltz 1979: 126)

5 Unter Neorealisten ist allerdings strittig, ob Staaten bei der Allianzbildung tatsächlich reale Machtungleichgewichte ausgleichen (balancing of power) oder ob sie damit vielmehr den von ihnen *wahrgenommenen* Bedrohungssituationen zu begegnen versuchen (balancing of threat) (vgl. Walt 1987, 1988).

ein Mächtegleichgewicht, aufgrund dessen sich die Kriegsgefahr verringert.[6] Der Frieden gilt dann als relativ sicher, wenn sich ein solches Mächtegleichgewicht nicht bei einer multipolaren, sondern bei einer bipolaren Machtverteilung einstellt.[7] Bei einer bipolaren Machtverteilung, bei der zwei Supermächte die übrigen Staaten hinsichtlich ihrer Macht klar überragen, sind aus der Sicht des Neorealismus die Machtverhältnisse leichter zu berechnen als bei einer multipolaren Machtverteilung. Dementsprechend geringer ist die Gefahr, daß ein Krieg aufgrund der falschen Kalkulation von Machtverhältnissen angezettelt wird (Waltz 1979, Mearsheimer 1990).

(3) Nach der neorealistischen *Kooperationstheorie* muß im internationalen System zwischenstaatliche Zusammenarbeit stets instabil bleiben und kann auch durch internationale Institutionen nicht festgeschrieben werden. Staaten müssen nach dieser Hypothese zum einen immer damit rechnen, daß andere Staaten aus der gemeinsamen Kooperation ausscheren, um Trittbrettfahrergewinne einzustreichen. Zum anderen wollen Staaten verhindern, daß andere Staaten relativ mehr zusätzliche Gewinne aus der Kooperation ziehen als sie selbst, da sich sonst die Machtverhältnisse zu ihren Ungunsten verschieben (Grieco 1988). Die in anarchischen Strukturen besonders ausgeprägte Vertrauens- und Verteilungsproblematik kann – so die Hypothese des Neorealismus – nur dann überwunden werden, wenn innerhalb der jeweiligen Kooperationsbeziehung ein Staat eine hegemoniale Machtposition einnimmt. Durch einen hegemonialen Staat kann nämlich zum einen das Vertrauensproblem angegangen werden, weil er die Macht besitzt, internationale Kooperation verläßlich durchzusetzen, und zum anderen das Verteilungsproblem gemildert werden, weil er die Macht besitzt, relativ geringere Kooperationsgewinne zu tolerieren (Kindleberger 1976, Keohane 1980).

6 Neuere Untersuchungen zeigen jedoch, daß der Friede zwischen zwei Staaten eher dann als sicher gelten kann, wenn einer dieser Staaten gegenüber dem anderen einen klaren Machtvorteil besitzt (Russett/Oneal 2001: 184-195).

7 Auch hier sind sich allerdings nicht alle Neorealisten einig. Während Waltz (1979) und Mearsheimer (1990) in bipolaren Systemen Kriege für weniger wahrscheinlich halten, haben etwa Deutsch/Singer (1964) argumentiert, daß in multipolaren Systemen Kriege besser vermieden werden können. Für einen Überblick siehe Vasquez (1998).

(4) Zwar widerspricht die neorealistische Allianztheorie von Kenneth Waltz der Möglichkeit einer Verstetigung von hegemonialen Strukturen im internationalen System. In einer anderen Variante des Neorealismus wird jedoch gerade das Auf und Ab hegemonialer Mächte thematisiert. Nach der neorealistischen *Zyklentheorie* ist im internationalen System sogar ein Muster des Aufstiegs und Abstiegs hegemonialer Mächte angelegt (Organski/Kugler 1980, Gilpin 1981, Modelski 1987, Kennedy 1989). Gemäß dieser Hypothese ereigneten sich seit dem Entstehen des modernen Staatensystems ungefähr alle 100 Jahre sogenannte Weltkriege, die jeweils eine neue hegemoniale Macht hervorbrachten, deren hervorgehobene Position zum einen auf ihrer militärischen, zum anderen aber auch auf ihrer wirtschaftlichen Dominanz beruhte. Demzufolge erreichten nacheinander Portugal, die Niederlande, Großbritannien und die USA diese Hegemonialstellung. Sie waren als Hegemon in der Lage, eine auf internationaler Kooperation beruhende, ihre Interessen widerspiegelnde stabile Weltordnung durchzusetzen. Demgemäß übersetzt sich beispielsweise die hegemoniale Machtposition der USA in eine *pax americana*.[8] Doch die Kosten, die die Aufrechterhaltung internationaler Kooperation und einer stabile Weltordnung verursachten, stiegen der neorealistischen Zyklentheorie zufolge stets schneller als die Gewinne, die diese abwarfen. Folglich konnten andere Mächte, die die Gewinne aus der stabilen Weltordnung einfahren konnten, ohne die entsprechenden Kosten tragen zu müssen, im Laufe der Zeit die Machtverhältnisse zu ihren Gunsten verändern. Der relative Machtrückgang des jeweiligen Hegemons führte nach dieser Hypothese zyklisch dazu, daß die Konkurrenten die internationale Kooperation in der Weltordnung stärker an ihren Interessen ausgerichtet sehen wollten, was die hegemoniale Macht mit zunehmendem Machtverfall immer weniger hinnehmen wollte. Die resultierende Gefahr eines hege-

8 In dieser Variante des Neorealismus wird also nicht angenommen, daß ein Machtgleichgewicht zwischen Staaten, sondern vielmehr die stabile Machtüberlegenheit eines Staates den Frieden im internationalen System begünstigt während Phasen der Transformation im Machtgefüge als besonders kriegsträchtig gelten (Organski/Kugler 1980, Kugler/Lemke 2000). Allerdings läßt sich empirisch nicht zeigen, daß die hegemoniale Machtstellung eines Staates den Frieden im internationalen System insgesamt stabilisiert (Russett/Oneal 2001: 184-191).

monialen Machtkampfes übersetzte sich regelmäßig in neue Weltkriege, durch die die Machtkämpfe um die hegemoniale Machtstellung jeweils entschieden wurden (Gilpin 1981).

## 2.3 Der Neorealismus als Theorie der Kabinettspolitik

Der Neorealismus und seine genannten Hypothesen eignen sich besonders, um die zwischen dem 17. und dem 19. Jahrhundert typische Kabinettspolitik in Europa erklären zu können. Für diese Epoche der Weltpolitik erscheinen die grundlegenden Annahmen der Theorie des Neorealismus vergleichsweise realitätsnah. Außerdem kann bereits die Herausbildung des modernen Staatensystems zwischen dem 14. und dem 17. Jahrhundert mit neorealistischen Konzepten verständlich gemacht werden (Tilly 1985).

Die Herausbildung des modernen Staatensystems, das durch intern hierarchisch strukturierte Akteure, die sich extern in anarchischen Strukturen begegnen, geprägt ist, erklärt sich durch einen Prozeß der Monopolisierung von Gewaltmitteln. Dabei wurde das mittelalterliche Feudalsystem überwunden, das weder Staaten als hierarchisch strukturierte Akteure kannte noch ein anarchisch strukturiertes System darstellte (Ruggie 1986). Demnach ist es den Monarchen aufgrund ihrer Machtpolitik zunächst in Frankreich und England gelungen, auf ihrem Territorium ein Gewaltmonopol zu errichten, so daß dort die für das mittelalterliche Feudalsystem typische Lehnspyramide, in der jeder Fürst sich das Verfügungsrecht über Gewaltmittel in seinem Territorium mit einem über ihm stehenden Fürsten teilte, überwunden wurde. Durch das Gewaltmonopol wurden die Monarchen in Frankreich und England zu einer Machtprojektion fähig, die auch die Fürsten außerhalb Frankreichs und Englands zwang, auf ihren Territorien ein Gewaltmonopol durchzusetzen, um der Herausforderung wirksam entgegentreten zu können. Entweder gelang den Fürsten dieser Staatsbildungsprozeß, oder sie wurden von hierbei erfolgreicheren geschluckt (Elias 1969, Tilly 1985, Giddens 1985, Mann 1990, 1993). Dieser Selektionsmechanismus sorgte mithin dafür, daß in Europa bereits im 17. Jahrhundert ein System entstanden war, in dem sich aufgrund ihrer Machtressourcen praktisch nur noch Staaten behaupten konnten.

Durch den Westfälischen Frieden von 1648, der den Dreißigjährigen Krieg beendete, wurde das Staatensystem, das sich in den Annahmen des Neorealismus noch heute spiegelt, formal anerkannt und faktisch die nationale Konstellation geschaffen (Keohane 1995, Krasner 1999, Osiander 2001). In der internationalen Politik orientierten sich die Staaten fortan tatsächlich fast ausschließlich an der Machterhaltung bzw. Machterweiterung gegenüber anderen Staaten. Dabei nutzten die meisten Staaten praktisch jede sich bietende Gelegenheit, um sich gegenüber anderen Staaten einen Machtvorteil zu verschaffen. Dementsprechend war Krieg zunächst ein normales und auch anerkanntes Mittel der Machtpolitik, so daß im 17. und 18. Jahrhundert praktisch jeder größere Staat zumindest einmal gegen einen der anderen mächtigen Staaten in Europa einen Krieg geführt hat. Alleine in der Ära von Ludwig XIV. (1661-1715) hat sich jeder größere Staat in Europa mindestens einmal sowohl mit anderen Staaten gegen Frankreich verbündet als auch mit Frankreich gegen andere Staaten gekämpft (Kaiser 1990: Kap. 2). Durch den Machthunger der Staaten wurde im 17. wie im 18. Jahrhundert praktisch alle drei Jahre ein neuer Krieg ausgelöst (Holsti 1991: 48-49 u. 85-87).

Dabei darf als typisch gelten, daß die Machtpolitik der Staaten ausschließlich durch die Macht anderer Staaten begrenzt wurde. Dies wurde dann besonders deutlich, wenn einer der Staaten eine hegemoniale Machtposition zu erreichen drohte, die alle übrigen Staaten in ihrem Bestand gefährden konnte. Dann schlossen sich die anderen Staaten zusammen, um der drohenden Hegemonie zu begegnen. Besonders deutlich zeigte sich dies in der Ära Ludwig des XIV. Frankreich war nach dem Dreißigjährigen Krieg zum mächtigsten Staat in Europa geworden. Seinem Regenten, Ludwig XIV., wurde entsprechend unterstellt, nach einer hegemonialen Machtstellung in Europa zu streben. Tatsächlich gelang es Ludwig dem XIV. durch Kriege insbesondere gegen die Niederlande und Spanien sowie die gezielte Schwächung Österreichs seine Macht weiter auszuweiten, so daß die Unabhängigkeit der übrigen Staaten in Europa massiv gefährdet schien (Craig/George 1983: 6-7, Holsti 1991: 60). Im Gegenzug bildete sich jedoch im späten 17. Jahrhundert eine auf England, die Niederlande und Österreich gestützte Allianz gegen Frankreich heraus (Holsti 1991: 44).

Dieser Allianz gelang es im Spanischen Erbfolgekrieg (1702-1713), die drohende Hegemonie Frankreichs zu bannen. Der Spanische Erbfolgekrieg war 1700 durch den Tod Karl II., König von Spanien, der keinen eigenen Thronfolger hervorgebracht hatte, ausgelöst worden. Sowohl die französischen Bourbonen als auch die österreichischen Habsburger beanspruchten aufgrund ihrer Verwandtschaft mit Karl II. den spanischen Thron für sich. Karl II. bestimmte in seinem Vermächtnis jedoch den Herzog von Anjou zu seinem Thronfolger, so daß ein Bourbone als Philipp V. König von Spanien wurde. Da dieser als Enkel von Ludwig XIV. zugleich auch die Thronfolge in Frankreich antreten konnte, waren die übrigen europäischen Staaten plötzlich durch eine hegemoniale Machtposition Frankreichs gefährdet (Osiander 1994: 93-99). England, die Niederlande und Österreich erklärten Frankreich 1702 den Krieg, um eine solche Hegemonie zu verhindern, in dem sie mit Erzherzog Karl einem Habsburger auf den Thron in Spanien halfen (Sheehan 1996: 51-52, Holsti 1991: 61-62).

Der Krieg verlief zwar nach der Schlacht von Höchstädt 1704 zugunsten der gegen Frankreich gerichteten Allianz (Craig/George 1983: 8), trotzdem wurde nicht Erzherzog Karl König von Spanien. Denn als der österreichische Kaiser Josef, der 1705 seinem verstorbenen Bruder Leopold auf den Thron gefolgt war, 1711 starb, wurde Erzherzog Karl, der bereits als König von Spanien proklamiert worden war, zum Kaiser von Österreich gekürt. Damit drohte im Ergebnis das zu entstehen, was durch den Krieg gegen Frankreich verhindert werden sollte: eine Hegemonialstellung eines Staates – jetzt durch Österreich. Dies sprengte die gegen Frankreich gerichtete Allianz. Großbritannien scherte aus der Allianz mit Holland und Österreich aus, um Frankreich als Gegengewicht zu Österreich zu bewahren (Sheehan 1996: 64). Da sie alleine Frankreich nicht entscheidend besiegen konnten, traten deshalb Österreich und die Niederlande den Friedensverhandlungen zwischen Großbritannien und Frankreich bei (Osiander 1994).

Die Friedensverhandlungen mündeten 1713 in den Frieden von Utrecht, durch den das Gleichgewicht der Kräfte wiederhergestellt wurde (Craig/George 1983: 9). Österreich mußte hinnehmen, daß mit Philipp V. ein Bourbone auf den spanischen Thron kam und damit eine zweite Bourbonenlinie geschaffen wurde. Frankreich hatte dafür zu akzeptieren, daß Philipp V. auf den französischen Thron verzichtete und statt dessen ein anderer

Bourbone König wurde. Dadurch wurden sowohl die französischen Bourbonen als auch die österreichischen Habsburger vom Thron in Spanien ferngehalten. Um eine Hegemonie zu verhindern, sollten weder der österreichische Kaiser noch der französische König auch spanischer König werden können.

Damit entstand nach dem Frieden von Utrecht auf dem europäischen Kontinent zwischen Frankreich und Österreich zwar ein neues Gleichgewicht, so daß im frühen 18. Jahrhundert die Gefahr einer Hegemonie vorerst gebannt war, doch die Machtpolitik setzte sich unvermindert fort. Die europäischen Großmächte waren weiterhin etwa alle drei Jahre in einen neuen Krieg verwikkelt, obwohl durch den Frieden von Utrecht auf dem Kontinent zunächst eine bipolare Machtverteilung mit Frankreich und Österreich als den beiden Machtzentren institutionalisiert worden war (Holsti 1991: 85-87). Großbritannien stieg zwar nach dem spanischen Erbfolgekrieg mit seinen überseeischen Besitzungen zur Weltmacht auf, konnte sich jedoch auf dem Kontinent nicht mit den beiden Landmächten messen. Allerdings entwickelten sich noch im frühen 18. Jahrhundert zunächst Rußland und später Preußen ebenfalls zu Großmächten, so daß sich das unverminderte Machtspiel nun im Rahmen einer zunehmend multipolaren Machtverteilung auf die fünf Staaten konzentrierte, die auch die Machtpolitik im 19. Jahrhundert bestimmen sollten: Großbritannien, Frankreich, Österreich, Rußland und Preußen (Sheehan 1996: 112, Craig/George 1983: 15).

Wie sehr die Staatsmänner im 18. Jahrhundert aufgrund der prekären Sicherheitslage nach Macht strebten, läßt sich auch anhand von Preußens Expansionspolitik unter Friedrich II. verdeutlichen, der 1740 Friedrich Wilhelm I. auf den Thron gefolgt war. Friedrich II. hatte bereits 1731 gefordert, daß Preußen territorial expandieren müsse, um seine Sicherheit garantieren zu können und nicht zum Spielball der Großmächte zu werden. Nur durch eine kluge Expansionspolitik wäre die Sicherheit Preußens im Zentrum Europas zu garantieren (Craig/George 1983: 19). Tatsächlich ergriff Friedrich II. nach seiner Thronbesteigung gleich die erste Gelegenheit, um seine Expansionspläne zu verwirklichen.

Diese Gelegenheit ergab sich, als 1740 Karl V., Kaiser von Österreich, starb. Der Kaiser, der keinen männlichen Thronfolger hinterließ, hatte mit den europäischen Staatsmännern einen Vertrag – die sogenannte Pragmatische Sanktion – geschlossen, um eine weibliche Thronfolge durch Maria Theresia zu sichern. Doch dieser Vertrag – obwohl auch von Preußen unterzeichnet – konnte Friedrich II. nicht abhalten, Österreich anzugreifen, um sich Schlesien einzuverleiben. Da es den Machtinteressen Preußens widersprach, den Vertrag zu beachten, sah sich Friedrich gezwungen, ihn zu ignorieren, um einer Machterweiterung Bayerns und Sachsens, die ebenfalls gegen Österreich vorgehen konnten, zuvorzukommen.

Dabei machte sich Friedrich II. zu nutze, daß er Frankreich und Großbritannien gegeneinander ausspielen konnte. Würde sich England in der Schlesienfrage gegen Preußen stellen, könnte er auf eine Allianz mit Frankreich zählen; würde hingegen Frankreich Preußen aufzuhalten versuchen, könnte er mit Großbritannien eine Allianz bilden. Tatsächlich gelang es Friedrich so, in den beiden nachfolgenden Kriegen, einmal von Frankreich und einmal von Großbritannien unterstützt, sich Schlesien einzuverleiben. Im Österreichischen Erbfolgekrieg von 1740 bis 1748 war er mit Frankreich, das sich ebenfalls auf Kosten Österreichs bereichern wollte, verbündet, um sich gegen Österreich, das seinerseits von Großbritannien unterstützt wurde, durchzusetzen. Im Siebenjährigen Krieg von 1756 bis 1763 konnte er auf Großbritannien bauen, das sich auf Kosten Frankreichs in Übersee auszudehnen hoffte, um sich zu behaupten (Craig/George 1983: 20-21, Sheehan 1996: 112-116).

Nach der Französischen Revolution von 1789 stand erneut das französische Hegemonialstreben im Mittelpunkt des europäischen Mächtekonzerts. Dabei haben Österreich, Preußen, Großbritannien und Rußland in wechselnden Allianzen zunächst erfolglos versucht, der Napoleonischen Expansionspolitik zu begegnen. Frankreichs Expansionsstreben zeitigte bemerkenswerte Erfolge, weil die anderen europäischen Großmächte erst sehr spät einheitlich vorgingen. Zu lange versuchten sie auf Kosten des jeweiligen Partners im Kampf gegen Napoleon die eigene Macht zu erweitern. Daher konnte es Napoleon gelingen, Preußen und Österreich praktisch zu französischen Satellitenstaaten zu degradieren. Nachdem Frankreich Österreich 1805 und Preußen 1807 vernichtend geschlagen hatte, waren nur mehr Großbritannien und Rußland fähig, die Hegemonie Frankreichs in Europa zu verhindern (Craig/George 1983: 25-27, Sheehan 1996: 116-120).

In der Tat war es dann der Rußlandfeldzug von 1812, mit dem sich Napoleon übernahm. Rußland wich einerseits einer Entscheidungsschlacht mit Napoleon aus, wies aber andererseits Frankreichs Friedensangebote zurück. Napoleon konnte den Krieg somit weder gewinnen noch beenden und mußte sich zum Rückzug aus Rußland entschließen. Dabei wurde die durch die einbrechende Kälte geschwächte »Große Armee« vernichtend geschlagen. Dies brachte die Wende: Großbritannien, Österreich, Preußen und Rußland bildeten nun eine große Allianz gegen Frankreich, um schließlich Napoleon endgültig zu besiegen, so daß mit Ludwig dem XVIII. ein Bourbone auf den Thron zurückkehren konnte. Das Hegemonialstreben Frankreichs war damit beendet.

Durch den Wiener Kongreß 1815 wurde schließlich ähnlich wie schon in Utrecht 1713 versucht, unter den Großmächten ein neues Gleichgewicht zu institutionalisieren, das alle Hegemonialbestrebungen von vornherein unterbinden sollte (Mann 1993: 281, Craig/George 1983: 31). Deshalb verzichteten Großbritannien, Österreich, Preußen und Rußland darauf, Frankreich ganz zu zerschlagen. Frankreich wurde vielmehr weitgehend als Großmacht in seinen alten Grenzen belassen. Die übrigen Großmächte wurden dafür gestärkt. Rußland gewann Gebiete in Polen hinzu, Österreich erhielt Gebiete in Italien, und Preußen wurde durch Gebiete im Rheinland und in Westfalen entschädigt. Im Ergebnis ergaben sich fünf Großmächte, die annähernd gleich mächtig waren. Um dieses Gleichgewicht zu stabilisieren, wurden zudem insbesondere mit Piemont, Schweden und den Niederlanden Pufferstaaten gebildet, die die Großmächte voneinander trennten.

Das damit im Rahmen einer multipolaren Machtverteilung 1815 geschaffene Gleichgewicht brachte Europa eine außergewöhnlich lange Friedenszeit. Bis zum Krimkrieg 1853 herrschte unter den Großmächten die bis dato längste Friedensperiode. Mit den italienischen und deutschen Einigungskriegen wurde erst in den 1860er und 1870er Jahren eine neue Periode von Großmachtkriegen eingeläutet. Doch anders als im 17. und 18. Jahrhundert waren diese Kriege nicht mehr allein durch die Machtpolitik der um ihre Sicherheit bemühten Staaten geprägt. Denn durch die liberalen Revolutionen von 1848 begünstigt und die nachfolgende industrielle Revolution noch beschleunigt, fand eine sukzessive Politisierung der europäischen Gesellschaften statt, so daß die

Staatsmänner des späten 19. Jahrhunderts in der internationalen Politik nicht mehr ausschließlich aufgrund machtpolitischer Interessen agieren konnten. Vielmehr hatten sie vermehrt die Interessen ihrer Gesellschaften in Rechnung zu stellen (Craig/George 1983: 31-36).

# 3. Die liberale und die marxistische Theorie der internationalen Politik

Die liberale Theorie der internationalen Politik grenzt sich vom Realismus ab und baut zumindest partiell auf dem Idealismus auf. Gleichzeitig weist die Konstruktion der liberalen Theorie erstaunliche Ähnlichkeiten mit der marxistischen Theorie internationaler Politik auf, so daß diese hier mitbehandelt wird. Die liberale wie die marxistische Theorie konnten allerdings, anders als die neorealistische Theorie, nach dem Zweiten Weltkrieg nie zu dominanten Theorien der internationalen Politik werden. Dementsprechend wurde im Rahmen des Ost-West-Konflikts allenfalls die Entspannungspolitik der 70er und 80er Jahre durch die liberale – weniger die marxistische – Theorie beeinflußt.

## 3.1 Die liberale bzw. die marxistische Theorie und der Ost-West-Gegensatz

Die liberale wie auch die marxistische Theorie versteht den nach dem Zweiten Weltkrieg ausbrechenden Kalten Krieg als eine Auseinandersetzung zwischen Staaten mit unterschiedlichen politökonomischen Systemen – zwischen den von den USA geführten kapitalistischen Staaten und den von der UdSSR angeführten sozialistischen Staaten (Senghaas 1988). Der machtpolitische Konflikt gilt in dieser Sicht als aufgesetzt, als bloßer Ausdruck einer tieferliegenden systempolitischen Auseinandersetzung. Diese begann bereits mit der russischen Revolution 1917, als der sozialistische Gegenentwurf zu einer kapitalistischen Gesellschaftsordnung erstmals »verstaatlicht« wurde. Der Kalte Krieg brach allerdings erst nach dem Zweiten Weltkrieg offen aus, als mit den USA die führende Macht des liberal-demokratischen Lagers weltweit versuchte, Staaten mit einem kapitalistischen Wirtschafts- und einem demokratischen Herrschaftssystem zu etablieren, während die UdSSR als führende Macht des sozialistischen Lagers danach strebte, Staaten mit einem sozialistischen Wirtschafts- und einem autoritären Herrschaftssystem zu begründen.

Dies mußte insbesondere in Deutschland, wo die USA und die UdSSR gemeinsam mit Großbritannien und Frankreich als Siegermächte des Zweiten Weltkrieges die Regierungsgewalt übernommen hatten, zu heftigen Auseinandersetzungen führen. Diese mündeten in die Gründung zweier deutscher Staaten – einem liberal-demokratischen und einem sozialistischen. Die systempolitischen Auseinandersetzungen manifestierten sich außerdem in den Interventionen der USA beispielsweise 1950 in Korea, 1961 in Cuba, 1964 in Vietnam oder 1983 in Grenada, wo die amerikanischen Entscheidungsträger jeweils eine sozialistische Unterwanderung befürchteten. Spiegelbildlich können die Interventionen der UdSSR 1953 in Berlin, 1956 in Ungarn, 1968 in Prag oder 1979 in Afghanistan gedeutet werden. Dort machten die Entscheidungsträger jeweils einen kapitalistischen Umsturzversuch aus. Darüber hinaus wurde die systempolitische Auseinandersetzung auch durch Umsturzversuche wie den der USA 1973 in Chile oder dem der UdSSR 1974 in Äthiopien deutlich.

Die systempolitische Auseinandersetzung mündete aus der Sicht der liberalen Theorie, gewissermaßen aber auch der marxistischen Theorie v. a. deshalb nicht in einen neuen Krieg, weil es den Entscheidungsträgern in den USA und der UdSSR gelang, seit Anfang der 60er Jahre mit der sog. Politik der Entspannung zumindest in bezug auf Europa eine Entideologisierung der Auseinandersetzung zu erzielen. Durch die Schlußakte der Konferenz für Sicherheit und Zusammenarbeit in Europa (KSZE) von 1975 wurden die Grenzen zwischen dem Lager der demokratischen Staaten und dem Lager der sozialistischen Staaten faktisch anerkannt, so daß – unter Fortbestand der systempolitischen Auseinandersetzung – die friedliche Koexistenz (so die sowjetische Lesart) bzw. das Prinzip des friedlichen Wandels (so die westeuropäische Lesart) institutionalisiert werden konnte. Dadurch wurde es möglich, über die systempolitischen Auseinandersetzungen hinweg in bezug auf polit-praktische Belange zusammenzuarbeiten. Insbesondere intensivierten sich die blockübergreifenden Wirtschafts- und Kulturbeziehungen. Dabei kam es auch zwischen den beiden deutschen Staaten, der BRD und der DDR, 1972 zum sogenannten Grundlagenvertrag. Darüber hinaus konnten mit dem Teilteststoppabkommen von 1963, dem Atomwaffensperrvertrag von 1968 sowie den Abkommen über die Begrenzung strategischer Atomwaffen (SALT I 1971 und

SALT II 1979) die ersten bedeutenden Rüstungskontrollschritte gegangen werden.

Die systempolitische Auseinandersetzung endete schließlich nach einer zwischenzeitlichen Reideologisierung 1989/90 mit dem »Sieg« der Demokratie in ganz Europa. Diesen Sieg des Westens führt zumindest die liberale Theorie darauf zurück, daß angesichts ihres geringeren Wohlstandsniveaus die sozialistischen Staaten immer weniger behaupten konnten, den kapitalistischen Staaten überlegen zu sein (Schimmelfennig 1995). Da es u. a. aufgrund der Entspannungspolitik den Gesellschaften in den sozialistischen Staaten vermehrt möglich war, den Wohlstand der Gesellschaften in den demokratischen Staaten einzuschätzen, wuchs der Druck, mittels einer Liberalisierung den Westen auf ökonomischem Gebiet einzuholen. Die Entspannungspolitik der liberaldemokratischen Staaten hatte sich damit insofern als erfolgreich erwiesen, als sie schon immer auf »Wandel durch Annäherung« abzielte – also: durch die außenpolitische Entspannungspolitik eine innenpolitische Lockerung in den sozialistischen Staaten zu erreichen, welche mittel- und langfristig die Chancen einer Demokratisierung dieser Staaten begünstigen konnte (Czempiel 1982, Bender 1986). In dem Maße, wie diese Strategie sich als erfolgreich erwies, baute sich die ideologische Differenz – in der liberalen Theorie der Humus des Ost-West-Gegensatzes – ab, bis sie sich schließlich beinahe komplett auflöste.

Mit der Demokratisierung der meisten Staaten in Europa ist aus liberaler Sicht der Friede erheblich stabiler geworden. In einem Europa demokratischer Rechtsstaaten wären Kriege kaum mehr zu erwarten (Senghaas 1990). Manche gingen mit ihrem Optimismus noch weiter: Sie haben im Zuge der fortschreitenden Demokratisierung der meisten Staaten in Europa – wohl etwas voreilig – das Ende der Geschichte ausgerufen (Fukuyama 1992). Daß diese optimistischen Prognosen nur bedingt eingetroffen sind, muß aber nicht notwendigerweise als Defizit der liberalen Theorie internationaler Politik gedeutet werden. Vielmehr kann auch die stockende Demokratisierung vieler Staaten als Ursache für die fortwährende Unbill gesehen werden.

## 3.2 Prämissen und Hypothesen der liberalen und marxistischen Theorien

Die liberale und die marxistische Theorie basieren als allgemeine Theorien internationaler Politik ähnlich wie die neorealistische Theorie auf der Grundlagenprämisse der nationalen Konstellation. Die zwischenstaatliche Politik wird auch hier von innerstaatlichen Politikprozessen deutlich separiert. Beide Theorien internationaler Politik in der nationalen Konstellation beruhen allerdings auf einem deutlich komplexeren Modell und auf weniger stark komplexitätsreduzierenden Prämissen als der Neorealismus. Dies geht auf Kosten der deduktiven Kohärenz, so daß sich bei diesen Theorien die Hypothesen nicht immer zwingend aus den abstrakten Annahmen der Theorie herleiten lassen. Dementsprechend sind auch die Grenzen liberaler und marxistisch inspirierter Theorien zu anderen Theorien internationaler Politik fließend.

Vor diesem Hintergrund stellt die schlüssige (Re-)Konstruktion der liberalen Theorie der internationalen Politik, die von Andrew Moravcsik (1997, 1993) im Anschluß an Überlegungen von Keohane (1990) und Nye (1988a) vorgenommen worden ist, einen wichtigen Beitrag für die Entwicklung von Theorien dar, die sich nicht unmittelbar am anarchischen System festmachen. Moravcsik (1993) setzt sich wie Waltz (1959) zunächst mit der sogenannten Analyseebenenproblematik auseinander und argumentiert, daß rein systemische Theorien wie der Neorealismus annehmen müssen, daß erstens die Machtinteressen von Staaten unabhängig von den Merkmalen des jeweiligen politischen Systems vollständig durch das internationale System bestimmt werden und daß zweitens die Staaten unabhängig von den Merkmalen des jeweiligen politischen Systems in der Lage sind, diese Machtinteressen durch ihr Handeln zu verfolgen. Praktisch müssen jedoch alle systemischen Theorien diese strengen Annahmen aufgeben, um sie mit subsystemischen Theorieelementen zu ergänzen. Selbst der Neorealismus von Waltz (1979) müsse letztlich subsystemische Theorieelemente einführen, um im Rahmen seiner systemischen Theorie entscheiden zu können, ob Staaten in anarchischen Strukturen – wie etwa Deutschland unter Bismarck – vornehmlich nach Machterhalt oder – wie Deutschland unter Hitler – nach Machterweiterung strebten (vgl. Bueno de Mesquita 1980). Dementsprechend argumentiert Moravcsik, daß »Unterschiede zwischen Staaten einen Unterschied machen« und dies von einer guten Theorie zu berücksichtigen ist, indem subsystemische und systemische Theorieelemente miteinander verbunden werden:

»[T]he question facing international relations today is not *whether* to combine domestic and international explanations into a theory of ›double-edged‹ diplomacy, but *how* best to do so« (Moravcsik 1993: 9; Hervorhebung im Original).

Obwohl auch die liberale und in weiten Zügen ebenso die marxistische Theorie internationaler Politik ganz der Grundlagenprämisse der nationalen Konstellation verpflichtet bleiben, führen sie zu einer gesellschaftstheoretischen Fundierung der Analyse internationaler Beziehungen. In ihrer Rekonstruktion durch Moravcsik basiert die liberale Theorie auf folgenden Prämissen, die leicht modifiziert auch die Prämissen der marxistischen Theorie benennen:

(1) Die wichtigsten Akteure im internationalen System sind nicht Staaten, sondern die *Gruppen*, zu denen sich die Menschen in einer Gesellschaft zusammenschließen, um ihre Interessen gegen Gruppen mit konfligierenden Interessen besser durchsetzen zu können. Damit erlangen Akteure wie Unternehmerverbände, Gewerkschaften, Umweltverbände, Menschenrechtsorganisationen, Standesvertretungen oder Bauernverbände für die Analyse internationaler Politik unmittelbare Bedeutung. Um internationale Politik verstehen zu können, muß man aus der Sicht der liberalen wie auch der marxistischen Theorie die Interessen mächtiger gesellschaftlicher Gruppen untersuchen, die in den nationalen politischen Systemen agieren (Moravcsik 1997: 516, Czempiel 1981: 119-178).

**Zum Begriff**
**»Akteure in den internationalen Beziehungen«**

Akteure in den internationalen Beziehungen sind die Organisationen, die auf die internationalen Rahmenbedingungen, unter denen die Zuteilung von Werten über Staatsgrenzen hinweg vorgenommen wird, Einfluß nehmen. Vier Akteurstypen sind zu unterscheiden:

(1) Die prominentesten Akteure in den internationalen Beziehungen sind spätestens seit dem westfälischen Frieden von 1648, in dem sich die

Staaten für die internationalen Beziehungen gegenseitig als die einzigen legitimen Vertreter »ihrer« Gesellschaften anerkannten, fraglos die *Regierungen von souveränen Staaten*. Dementsprechend standen lange Zeit die grenzüberschreitenden Aktivitäten von Regierungen im Mittelpunkt der Analyse internationaler Beziehungen.

(2) Neben den Regierungen von Staaten haben *internationale Organisationen* (IGOs), die von den Regierungen souveräner Staaten gegründet wurden, bereits sehr früh als Akteure der internationalen Beziehungen Anerkennung gefunden. Die wichtigsten internationalen Organisationen sind heute die Vereinten Nationen und die Europäische Union.

(3) Als Akteure der internationalen Beziehungen haben auch Nicht-Regierungsorganisationen (NGOs), die einen Zusammenschluß von Individuen innerhalb eines Staates bilden, Beachtung gefunden. Dementsprechend werden national konstituierte Interessengruppen wie Gewerkschaften, Arbeitgeberverbände, Umweltorganisationen, Parteien, Interessengruppen und Unternehmen in der Analyse der internationalen Beziehungen als gesellschaftliches Umfeld von Regierungen konzeptualisiert.

(4) Nicht-Regierungsorganisationen, die sich über die Grenzen von Staaten hinweg organisieren (INGOs), gelten als zunehmend wichtige Akteure der internationalen Politik. Deshalb werden transnationale Unternehmen (TNCs) wie IBM oder Siemens sowie transnationale Organisationen (TNOs) wie Greenpeace und Amnesty International vermehrt in die Analyse internationaler Beziehungen einbezogen.

(2) Der *Staat spiegelt die Interessen* der Gruppen in »seiner« Gesellschaft wider – er ist mithin kein Akteur, der seine eigenen Interessen verfolgt, sondern »nur« Repräsentant gesellschaftlicher Interessen (Skocpol 1985). Daher wird oft auch der Begriff des politischen Systems verwandt. Welche Interessen sich im politischen System durchsetzen und von der Regierung nach außen vertreten werden, hängt in der liberalen wie in der marxistischen Theorie v. a. von ihrer Durchsetzungsfähigkeit im jeweiligen nationalen politischen System ab. Der liberalen wie der marxistischen Theorie zufolge spiegeln die Staaten zumeist die Interessen gut organisierbarer Gruppen wie bestimmter Industrieverbände oder Gewerkschaften wider, v. a. wenn diese über ein besonderes Maß an Konfliktfähigkeit verfügen. Dagegen können sich demgemäß die Interessen von Gruppen, die schwer organisierbar sind

und über keine für den Staat und die Gesellschaft zentralen Ressourcen verfügen, kaum durchsetzen (Olson 1965, 1982). Welche Interessen danach allerdings als besonders durchsetzungsfähig betrachtet werden, wird in der liberalen und der marxistischen Theorie unterschiedlich beurteilt. Während marxistisch inspirierte Theorien beispielsweise betonen, daß sich die Interessen des Kapitals leichter durchsetzen lassen als die Interessen der Arbeiter, nehmen liberale Theorien an, daß die Gewerkschaften die Interessen der Arbeiter durchaus wirksam gegen die der Arbeitgeberverbände vertreten können.

(3) Wie konfligierende Interessen unterschiedlicher Gruppierungen in einem Staat miteinander in Einklang gebracht werden, hängt dabei sowohl in der liberalen wie auch der marxistischen Theorie von *inneren institutionellen Strukturen* ab. Dabei ist für die liberale Theorie besonders interessant, ob ein Staat bzw. das politische System demokratisch oder autoritär strukturiert ist. Die liberale Theorie unterstreicht, daß in demokratisch strukturierten politischen Systemen auch die Interessen wenig konfliktfähiger und schlecht organisierter Gruppen aus der Gesellschaft eine gewisse Berücksichtigung finden. In nicht-demokratisch strukturierten politischen Systemen hingegen dominieren dagegen vielfach ausschließlich die partikularen Interessen kleiner, besonders konfliktfähiger und gut organisierter Gruppen (Moravcsik 1997: 518, Russett 1993, Doyle 1983). Für die marxistische Theorie ist entscheidend, ob die Ökonomie kapitalistisch oder sozialistisch organisiert ist. Demnach werden sich in kapitalistisch organisierten Ökonomien stets die Gruppen durchsetzen, die die Interessen des Kapitals vertreten, während die Gruppen, die die Interessen der Arbeiter einzubringen versuchen, zurückzustecken haben. In sozialistischen Staaten hingegen könnten sich die Interessen der Gruppe der Arbeiterschaft durchsetzen.

(4) Die internationale Politik zwischen Staaten hängt auch von den *Interessenkonstellationen* ab, die sich aufgrund der durch die Gesellschaften bestimmten Interessen auf der intergouvernementalen Ebene ergeben. Während es Staaten in der internationalen Politik bei konvergierenden Interessen gelingen kann, ihre Konflikte produktiv zu bearbeiten, kann es bei stark divergierenden Interessen zu einer Konfliktbearbeitung kommen, die allen beteiligten Akteuren letztlich schadet. Innerhalb einer gegebenen Interessenkonstellation können sich zumeist die Staaten durch-

setzen, die ihre Interessen aufgrund überlegener Machtressourcen wirksamer vertreten können (Moravcsik 1992: 10-11, 1997: 520).[1]

**Zu den Begriffen**
**»intergouvernementale, transnationale und supranationale Beziehungen«**

Für die internationalen Beziehungen zwischen den verschiedenen Akteuren der internationalen Politik lassen sich drei verschiedene Beziehungsmuster unterscheiden:

(1) Um intergouvernementale oder auch zwischenstaatliche Beziehungen handelt es sich, wenn die Regierungen von Staaten interagieren. Das Treffen zweier Regierungschefs ist somit ebenso ein Beispiel für intergouvernementale Beziehungen wie der Krieg zwischen zwei Staaten oder die Aushandelung internationaler Umweltabkommen. Manchmal bezieht sich der umfassende Begriff internationale Beziehungen auch auf exklusiv zwischenstaatliche Beziehungen.

(2) Um transnationale Beziehungen handelt es sich, wenn gesellschaftliche Akteure grenzüberschreitend miteinander in Beziehung treten. Die Konfrontation zwischen Shell und Greenpeace im Konflikt über die Versenkung der Bohrinsel Brent Spar ist damit genauso ein Beispiel transnationaler Beziehungen wie der grenzüberschreitende Handel. Meist werden auch Interaktionen zwischen Regierungen von Staaten und transnationalen Nicht-Regierungsorganisationen als transnationale Beziehungen aufgefaßt.

(3) Für das Beziehungsverhältnis zwischen internationalen Organisationen und Regierungen oder Nicht-Regierungsorganisationen hat sich nur dann ein spezifischer Begriff etabliert, wenn die internationalen Organisationen über den jeweiligen Regierungen bzw. über den jeweiligen Nicht-Regierungsorganisationen steht. Dann spricht man zumeist von supranationalen Beziehungen. Steht die internationale Organisation jedoch nicht über den jeweiligen Regierungen bzw. über den jeweiligen Nicht-Regierungsorganisationen, so wird oft wenig spezifisch entweder auch von transnationalen oder internationalen Beziehungen gesprochen.

1 Damit beinhaltet die liberale Theorie ein Element, das im Kontext des rationalistischen Institutionalismus deutlich detaillierter ausformuliert worden ist (vgl. Kap. 4).

Mit diesen Prämissen erscheinen liberale und marxistische Theorien genauso als Kinder der nationalen Konstellation wie die neorealistische Theorie. Im Gegensatz zum Neorealismus sehen sie internationale Politik aber nicht als ein einheitliches Machtspiel. Es werden vielmehr die Differenzen zwischen unterschiedlichen Staaten betont. So ist im Rahmen der liberalen Theorie die Zweiteilung der Welt in eine »Friedenszone« und in eine »Zone des Aufruhrs« bekannt (Singer/Wildavsky 1993). Danach konnte sich unter den Staaten der sogenannten OECD-Welt eine stabile Friedensordnung herausbilden, in der Kriege praktisch nicht mehr vorkommen, während außerhalb der OECD-Welt keine solche Friedensordnung existiert, so daß die Staaten hier weiterhin in Kriege – innerstaatliche wie zwischenstaatliche – verwikkelt sind. Diese Differenz zwischen einem friedlichen und einem kriegsträchtigen Staatensystem hat die liberale wie auch die marxistische Theorie stets versucht zu erklären. Denn sie macht deutlich, daß entgegen der neorealistischen Theorie auch in den anarchischen Strukturen des internationalen Systems Krieg nicht unvermeidlich und Friede möglich ist (Russett/Oneal 2001: 193). Dabei leiten unterschiedliche Varianten der liberalen wie der marxistischen Theorie internationaler Politik aus den genannten Prämissen unterschiedliche Hypothesen über zentrale Friedensbedingungen her, mit denen sich je unterschiedliche »Friedensstrategien« verbinden (Czempiel 1986).[2]

(1) Der *republikanische Liberalismus* betont die Organisationsmerkmale der nationalen politischen Systeme als zentrale Erklärungsfaktoren. Demnach gilt – wie schon von Immanuel Kant (1795) behauptet – der Friede zwischen republikanischen bzw. demokratischen Staaten als sicher. Nach dieser Hypothese sind Demokratien zwar nicht weniger in Kriege verwickelt als Nicht-Demokratien, sie führen jedoch *untereinander* keine Kriege (Doyle 1983, Rittberger 1987).[3] Die Geschichte des internationalen Systems hat noch keinen einzigen Krieg gesehen, in dem zwei eindeutige Demokratien gegeneinander gekämpft haben. Dar-

2 Allerdings wird vielfach gerade von liberalen Theoretikern betont, daß sich die verschiedenen Friedensstrategien auch gegenseitig stützen können (Czempiel 1986, Russett/Oneal 2001, Oneal/Russett 1999).

3 Allerdings gibt es vermehrt auch Indizien dafür, daß Demokratien insgesamt weniger in Kriege verwickelt sind als Nicht-Demokratien (Russett/Oneal 2001: 49-51).

über hinaus sind Demokratien signifikant seltener in Gewaltkonflikte miteinander verstrickt (Russett/Oneal 2001: 81-124). Aus der Sicht des republikanischen Liberalismus liegt dies daran, daß demokratisch organisierte politische Systeme kein Interesse an einer kriegerischen Konfliktbearbeitung haben, weil sie immer auch die Interessen der gesamten Gesellschaft berücksichtigen. Da von einer gewaltsamen Konfliktbearbeitung aber zumeist nicht die gesamte Gesellschaft, sondern allenfalls einzelne Gruppen profitieren können, hat die gesamte Gesellschaft normalerweise kein Interesse an der Konfliktbearbeitung durch Gewaltanwendung gegen andere Staaten. Da bei Demokratien somit das Interesse an einer friedlichen Konfliktbearbeitung stets konvergiert – und dies aufgrund der besonderen Transparenz von Demokratien den beteiligten Staaten auch bewußt ist –, führen Demokratien dieser Argumentation gemäß untereinander keine Kriege. Demokratien sind nur gegen Nicht-Demokratien zu einer gewaltsamen Konfliktbearbeitung bereit, wenn diese, gestützt auf die partikularen Interessen einzelner Gruppen, Demokratien mit gewaltförmiger Konfliktbearbeitung bedrohen bzw. in despotischen politischen Systemen Grundwerte verletzen, die in Demokratien als universell gültig angesehen werden (Russett 1993, Maoz/Russett 1993).

(2) Der *soziologische Liberalismus* betont die Dichte der transnationalen Beziehungen. Demnach stabilisieren dichte Transaktions- und Interdependenzbeziehungen zwischen Gesellschaften den internationalen Frieden (Deutsch et al. 1957, Keohane/Nye 2001, Czempiel 1986: 146-154,). So erklärt sich gemäß dieser Hypothese der überaus stabile Friede in der sogenannten OECD-Welt durch die besonders dichten Transaktions- und Interdependenzbeziehungen der jeweiligen Gesellschaften (Gartzke/Li/Boehmer 2001, Mansfield/Pollins 2001). Die gesellschaftlichen Interdependenzen, die in der OECD-Welt insbesondere durch den intensiven Handel, aber auch durch Kulturaustausch entstanden, stabilisieren aus der Sicht des soziologischen Liberalismus den Frieden insofern, als sie in den beteiligten Staaten gesellschaftliche Gruppen schaffen, die kein Interesse an einer gewaltsamen Konfliktbearbeitung haben können (Russett/Oneal 2001: 125-156). Das Argument läßt sich am besten anhand der Handelsbeziehungen und der damit verbundenen Strategie des »Frieden durch Handel« illustrieren (Gantzel 2000). Gemäß des Handels-

liberalismus (der als Teil des soziologischen Liberalismus gesehen werden kann) setzen sich die Interessengruppen, die vom grenzüberschreitenden Handel profitieren, in ihren heimischen politischen Systemen dafür ein, daß der Handel nicht durch gewaltsame Konflikte gefährdet wird. Diejenigen, die vom Handel profitieren, werden also auf eine Friedenspolitik drängen, die den Handel unterstützt. Je mehr Gruppen von den dichten Handelsbeziehungen zwischen Staaten profitieren, um so eher werden die beteiligten Staaten gezwungen sein, ihre Konflikte friedlich zu bearbeiten (Czempiel 1986: 146-154, Moravcsik 1997: 528-530).

(3) Der *integrationstheoretische Liberalismus* unterstreicht die Bedeutung von internationalen Institutionen und Organisationen. Der zentralen Hypothese dieses Theoriestranges gemäß bedingen sich grenzüberschreitende Transaktionsbeziehungen und die Stärkung internationaler Organisationen gegenseitig, so daß es zu einem nachhaltigen Integrationsprozeß der daran beteiligten Staaten kommen kann (Haas 1964, 1968, Deutsch et al. 1957). Die gesellschaftlichen Gruppen, die einen Nutzen aus dem politischen Integrationsprozeß ziehen können, werden demnach ihre Regierungen drängen, vermehrt in internationalen Organisationen zusammenzuarbeiten, um weitere Transaktionsströme zu ermöglichen, bestehende Transaktionen abzusichern und dadurch ausgelöste Transaktionsprobleme zu bewältigen. Im Ergebnis entstehen stabile und enttäuschungsresistente internationale Organisationen, die den Frieden zwischen den beteiligten Staaten institutionalisieren. In Verknüpfung mit den Überlegungen des republikanischen Liberalismus vertritt Andreas Hasenclever (2001) die These, daß *Institutionen zwischen Demokratien* besonders geeignet sind, diese Leistungen zu erbringen und Eskalationspfade zu blockieren. Dabei lassen sich zwei Varianten des integrationstheoretischen Liberalismus unterscheiden, die beide der Analyse der europäischen Integration entsprungen sind – die funktionalistische und die intergouvernementale Integrationstheorie.

Die *funktionalistische Integrationstheorie* geht davon aus, daß durch die Bildung einer internationalen Organisation, die die Transaktionen in einem bestimmten Problemfeld steuert, ein dynamischer Integrationsprozeß angestoßen werden kann, der sich schließlich auf immer mehr Problemfelder bezieht. Da es Interdependenzen zwischen Problemfeldern gibt, entsteht – nachdem einmal eine internationale Organisation für ein spezifisches Problemfeld gegründet wurde – ein Anreiz, Politiken auch in angrenzenden Problemfeldern in internationalen Organisationen zu vergemeinschaften. Es kommt zu einem sogenannten *spill-over*-Effekt. In bezug auf die EU läßt sich beispielsweise argumentieren, daß durch den europäischen Binnenmarkt aufgrund von *spill over* Effekten die Grundlagen für die europäische Währungsunion geschaffen wurden. Parallel zu derartigen Integrationsprozessen machen gesellschaftliche Gruppen die Erfahrung, daß die durch die sich verdichtenden Transaktionen zwischen den beteiligten Staaten entstehenden Probleme nurmehr in internationalen Organisationen erfolgreich bearbeitet werden können. Diese gesellschaftlichen Gruppen fordern deshalb auch in angrenzenden Problemfeldern die Stärkung internationaler Organisationen, insbesondere dann, wenn *spill-over*-Effekte vorliegen. In dem Maße, in dem die Organisation somit in immer mehr Problemfeldern mit der Bearbeitung bedeutender Probleme beauftragt wird, können sich sukzessive die Loyalitäten von immer mehr gesellschaftlichen Gruppen auf diese Organisation hin orientieren, so daß sich der Integrationsprozeß weiter dynamisiert (Haas 1964, 1968, Burley/Mattli 1993).

Die *intergouvernementale Integrationstheorie* konstatiert zwar gleichfalls einen weitgehenden regionalen Integrationsprozeß in Europa, sieht diesen aber nach wie vor durch nationale Regierungen – die Herren der Verträge – kontrolliert (Milward et al. 1993, Moravcsik 1998). In dieser Sicht unterscheidet sich der europäische Integrationsprozeß in seinen Ursachen kaum von anderen internationalen Organisationen. Es sind nationale Regierungen, die die Interessen wichtiger innergesellschaftlicher Interessen auf internationalen Konferenzen vertreten. Nur dann, wenn zwischen den Regierungen eine ausreichende Interessenkonvergenz vorhanden ist, werden internationale Organisationen gegründet, oder – wie im europäischen Fall – vertieft. Demnach verdankt sich der Integrationsstand in Europa v. a. den wichtigsten intergouvernementalen Verhandlungsrunden in der Geschichte der europäischen Integration, die zum Vertrag von Rom, zur gemeinsamen Agrarpolitik, zum europäischen Währungssystem, zum einheitlichen Binnenmarkt, zum Vertrag von Maastricht, zum Amsterdamer Vertrag und zum Vertrag von Nizza geführt haben. Dabei können sich nationale Regierungen durchaus darauf verständigen, supranationale Agenturen zu schaffen, damit die gegenseitigen Zusagen auch wirksam überwacht und umgesetzt werden. In diesem Sinne werden intergouvernementale Vereinbarungen durch supranationale Agenturen festgeschrieben und »eingerastet«.[4]

(4) Der zwischenstaatliche Friede kann der liberalen Theorie zufolge also trotz der anarchischen Strukturen im internationalen System durch den Dreiklang dreier Friedensstrategien gesichert werden: erstens »Friede durch Demokratie«, zweitens »Friede durch Freihandel« und drittens »Friede durch Integration«.[5] Doch auch der innerstaatliche Friede ist für liberale Theoretiker nicht bereits durch die hierarchischen Strukturen in nationalen politischen Systemen garantiert. Vielmehr bleibt der innerstaatliche Friede insbesondere dann prekär, wenn es dem politischen System nicht gelingt, die konfligierenden Interessen unterschiedlicher gesellschaftlicher Gruppierungen miteinander zu versöhnen. Der *zivilisatorische Liberalismus* betont daher, daß der innerstaatliche Friede von den Strukturen in den jeweiligen nationalen politischen Systemen abhängt. Insbesondere wird die Bedeutung demokratischer Strukturen unterstrichen (Elias 1969).[6] Dieter Senghaas (1994) spricht mit seinem »zivilisatorischen Hexagon« insgesamt sechs sich wechselseitig stützende Friedensbedingungen an: Danach ist der innerstaatliche Friede dann sicher, wenn: (1) der Staat über ein gesichertes Gewaltmonopol verfügt; der Staat (2) an Rechtsstaatlichkeit und (3) Demokratie institutionell gebunden ist; (4) die Gesellschaft durch dichte Interdependenzbeziehungen verbunden ist; in der betreffenden

4 Supranationale Institutionen beinhalten Regeln, die gegenüber nationalen Gesetzen als vorrangig betrachtet werden, und beschäftigen Administratoren, die eine gewisse Autonomie gegenüber nationalen Regierungen besitzen. Sie können mithin eigenständig und ein Stück weit unabhängig von den sie tragenden Nationalstaaten agieren.

5 Dieser Dreiklang wird bereits bei Kant (1795) als Voraussetzung für den »Ewigen Frieden« genannt. Vgl. auch die elegante Formulierung von Czempiel (1986). Russett/Oneal (2001) weisen empirisch nach, daß jede der drei Strategien die Kriegswahrscheinlichkeit herabsetzt und daß alle drei zusammen Kriege sehr unwahrscheinlich machen (siehe auch Oneal/Russett 1999).

6 Durch eine Demokratisierung wird der innerstaatliche Friede allerdings nicht grundsätzlich stabiler. Nur gefestigte Demokratien sind gegen innerstaatliche Kriege gefeit. Dagegen sind nur partiell demokratisierte Staaten für innerstaatliche Kriege anfälliger als eindeutig autoritär strukturierte Staaten (Russett/Oneal 2001: 70-71).

Gesellschaft (5) annähernd soziale Gerechtigkeit herrscht und (6) eine Kultur der konstruktiven Konfliktbearbeitung gepflegt wird.

(5) Die *marxistisch inspirierte Dependenztheorie* betont insbesondere soziale Gerechtigkeit als zentrale Friedensbedingung sowohl für den inner- als auch den zwischenstaatlichen Frieden (Galtung 1972). Danach hängt der Friede davon ab, daß die Wohlstandsdisparitäten innerhalb einer Gesellschaft bzw. zwischen verschiedenen Gesellschaften nicht zu ausgeprägt sind. Denn ein Übermaß an Wohlstandsdisparitäten innerhalb oder zwischen Gesellschaften wird hier als strukturelle Gewalt angesehen, welche sich in personale Gewalt übersetzen kann. Demnach ist der innerstaatliche Friede in den Industrieländern der Ersten Welt zwar noch relativ stabil, weil hier die Wohlstandsdisparitäten zwischen den ökonomisch besonders privilegierten Gruppen und der übrigen Gesellschaft vergleichsweise gering sind. Der innerstaatliche Friede in den Entwicklungsgesellschaften der sogenannten Dritten Welt ist jedoch aufgrund der massiven Wohlstandsdisparitäten zwischen den ökonomisch privilegierten Gruppen und der übrigen Gesellschaft besonders gefährdet. Dabei besteht der Dependenztheorie zufolge eine enge Verbindung zwischen dem insgesamt sehr hohen Wohlstand in der Ersten Welt und dem großen Wohlstandsgefälle in der Dritten Welt. Denn die privilegierten Gruppen in den Industrieländern nutzen die privilegierten Gruppen in den Entwicklungsländern als Brükkenköpfe, um die Gesellschaften der Dritten Welt ausbeuten zu können. Und sie werden dabei letztlich von der breiten Gesellschaft in der Ersten Welt unterstützt, weil auch diese von der Ausbeutung der Gesellschaften der Dritten Welt profitiert. Daß der zwischenstaatliche Friede trotz der daraus resultierenden enormen Wohlstandskluft zwischen den Industrieländern und den Entwicklungsländern relativ stabil bleiben kann, führt die Dependenztheorie auf die gemeinsamen Wirtschaftsinteressen der privilegierten Gruppen in der Ersten und der Dritten Welt zurück. Der Friede ist jedoch immer dann bedroht, wenn es in Entwicklungsländern breiten unterprivilegierten Gesellschaftsschichten gelingt, sich gegen ihre mit den Industriestaaten verbundenen privilegierten Gruppierungen durchzusetzen. Dann mögen sich Staaten der Dritten Welt durchaus mit Gewalt gegen die Dominanz der Staaten der Ersten Welt zur Wehr set-

zen.[7] Aus der Sicht der Dependenztheorie ist deshalb für einen stabilen Frieden unerläßlich, die Wohlstandsdisparitäten sowohl in den Entwicklungsländern als auch die zwischen den Entwicklungs- und Industrieländern massiv abzubauen.

## 3.3 Die liberale sowie die marxistische Theorie und das Zeitalter des Imperialismus

Um internationale Politik im 17. oder 18. Jahrhundert zu verstehen, scheint die liberale wie die marxistische Theorie wenig geeignet. Der von beiden Theorien unterstellte gesellschaftliche Kontext war damals noch nicht gegeben. Die liberalen und marxistischen Theorien eignen sich jedoch, um die internationale Politik im späten 19. und frühen 20. Jahrhundert zu erklären. Erst dann wird der Rekurs auf gesellschaftliche Interessen notwendig, um internationale Politik angemessen verstehen zu können. Die neorealistische Theorie hingegen, die mit ihren sparsamen Prämissen noch hinreichend realitätsnah war, um die für das Europa des 17. und 18. Jahrhunderts typische Kabinettspolitik zu erklären, gerät hier zwangsläufig in Schwierigkeiten. Denn die zunehmende Politisierung der Gesellschaften Europas, die sich im 19. Jahrhundert im Zuge der Entwicklung bürgerlicher Gesellschaften ergab, überlagerte die schlichte Machtpolitik. Es mußten nun vermehrt die Interessen verschiedener gesellschaftlicher Gruppen berücksichtigt werden.

Der Keim zur stärkeren Berücksichtigung gesellschaftlicher Interessen durch die Staaten des 19. Jahrhunderts war aus der Sicht der liberalen, tendenziell auch der marxistischen Theorie allerdings bereits in der Staatenbildung im 16. Jahrhundert angelegt. Daß die Monarchen im Spätmittelalter ein Gewaltmonopol errichten konnten, erklärt sich durch den Bedeutungszuwachs des Fernhandels, der die Städte erheblich stärkte. Dadurch entstand mit dem Bürgertum eine neue gesellschaftliche Klasse, die die Monarchie in ihren Auseinandersetzungen mit Adel und Klerus zunächst stützte (Weber 1972: 815, Elias 1969: Bd 2, 236-237, Spruyt 1994b: 61-76). Dieser Prozeß vollzog sich zunächst in

7 Dies mag erklären, warum Kriege insbesondere von den Übergangsgesellschaften der Dritten Welt ausgehen (Siegelberg 1994).

Frankreich und England, wo die Monarchen ein Bündnis mit dem Bürgertum eingingen, um sich gegenüber dem Adel und dem Klerus zu emanzipieren. Das Bürgertum verpflichtete sich, Steuern zu entrichten, so daß die Monarchen nunmehr mit einem stehenden Heer – gewissermaßen gegen Adel und Klerus – ein Gewaltmonopol errichten konnten. Der Monarch setzte im Gegenzug sein Gewaltmonopol ein, um dem Bürgertum in den Städten eine freie ökonomische Entfaltung zu ermöglichen (Spruyt 1994b: 77-108).

Es gelang den Monarchen sukzessive, in ganz Westeuropa gegen Adel und Klerus ein Gewaltmonopol durchzusetzen. In Osteuropa dagegen konnten Adel und Klerus ihre Machtpositionen sehr lange erhalten, was sich im Ergebnis über Jahrhunderte hinweg als ein ökonomisches Entwicklungs- und gesellschaftliches Modernisierungshindernis entpuppte (Moore 1969, Wallerstein 1974, Anderson 1979). Aber auch in Westeuropa blieb die Machtposition der Monarchen in der Folge nicht unangetastet. Bald beanspruchte nämlich das Bürgertum eine Machtbeteiligung, die von den zunehmend finanziell abhängigen Monarchen gewährt werden mußte. Ludwig der XIV. konnte als Monarch den Staat noch als sein Eigentum betrachten, Friedrich der Große sah sich hingegen nur mehr als Erster Diener des Staates. In der Französischen Revolution wurde schließlich der Gedanke verfochten, daß der Staat der Nation gehöre. Mit anderen Worten: Das Gewaltmonopol, welches zunächst gleichsam privatisiert in den Händen des Monarchen lag, wurde öffentlich und mithin sozialisiert (Elias 1969). Darüber hinaus wuchs im 19. Jahrhundert eine soziale Mittelschicht heran, die meritokratische Reformen forderte. Ihre Hoffnungen waren eng mit dem Nationalstaat verbunden, weshalb sie sich für eine nationalistische Rhetorik besonders anfällig zeigte. Die potentiell transnational ausgerichteten aristokratischen und großbürgerlichen Schichten folgten bald ebenfalls einer zunehmend nationalistisch ausgerichteten Politik. Der entstehende – vielfach populistisch aufgeladene – Nationalismus führte schließlich direkt ins »Zeitalter des Imperialismus« (Mommsen 1969).

Der Imperialismus des ausgehenden 19. und beginnenden 20. Jahrhunderts ist vom Kolonialismus, der seit dem 15. Jahrhundert betrieben wurde, zu unterscheiden. Gemeinsam ist beiden, daß sie eine von Europa ausgehende Expansion nach Afrika,

Asien und Amerika bezeichnen. Während jedoch die erste Expansionswelle des Kolonialismus von den großen Handelsgesellschaften ausging, wurde der Imperialismus der zweiten Expansionswelle von den Nationalstaaten selbst vorangetrieben (Mommsen 1977: 8). Mit anderen Worten: Die Flagge folgte nicht mehr dem Handel, sondern ging dem Handel voraus. Angesichts der industriellen Revolution der europäischen Gesellschaften erfuhr die stetige territoriale Expansion, die seit dem 16. Jahrhundert zu beobachten war, im ausgehenden 19. und frühen 20. Jahrhundert eine ungeahnte Beschleunigung. Ein hitziger Wettlauf um Kolonialgebiete setzte nun ein (Mommsen 1969: 153, Snyder 1991). Eine imperiale Eingliederung in Afrika und Asien folgte der anderen. Der Begriff »Imperialismus« wurde dabei von dem britischen Oppositionspolitiker Disraeli geprägt, der ihn gegen die Expansionspolitik seiner Regierung verwendete:

»Imperialismus ist die gewaltsame Ausdehnung staatlicher Herrschaft über in der Regel unterentwickelte Territorien, unter Mißachtung des Willens der Beherrschten, mit dem Ziel der Errichtung eines (...) Kolonialreichs« (Mommsen 1977: 8).

Durch von Imperialismusbegeisterung angepeitschte, hochpolitisierte Gesellschaften, gliederten die europäischen Staaten ihren rasch sich ausweitenden Imperien in Afrika und Asien ein Kolonialgebiet nach dem anderen ein, gerieten dabei allerdings wiederholt in sich zunehmend verschärfende Konflikte um die noch freien Kolonialgebiete (Mommsen 1969: 152-177). Die entsprechenden Stichwörter sind der Russisch-Türkische Krieg von 1877/8, die Berliner Konferenz von 1878, der Zerfall des osmanischen Reiches ab 1788, die Faschodakrise 1898, der Burenkrieg von 1899 bis 1902 u. v. a.

Wie kann nun der imperialistische Eifer der großen europäischen Nationalstaaten erklärt werden? Mit Michael Doyle (1986) können zwei grundsätzlich unterschiedliche Ansätze zur Erklärung des Imperialismus unterschieden werden. Gemäß des *systemischen Ansatzes* entspringt die imperiale Expansion extremen Machtdisparitäten zwischen metropolitanen und peripheren Staaten in Verbindung mit der Konkurrenz zwischen den mächtigen Staaten: »Disparities in power provide both opportunities and motives for the establishment of empires« (Doyle 1986: 26). Innerhalb dieser Gruppe der systemischen Erklärungen des Imperialismus könnte nun noch zwischen »ökonomischen« Versionen zumeist marxistischer Provenienz (Wallerstein 1974, 1979) und »machtpolitischen« Versionen zumeist neorealistischer Herkunft unterschieden werden. Gemein ist beiden Versionen, daß sie die Entstehung von Imperien aufgrund der Strukturen des internationalen Systems erklären. Die systemische Erklärung kann uns aber nicht verstehen helfen, weshalb der Imperialismus Ende des 19. Jahrhunderts in so massiver Weise auftrat und wieso sich dabei einige metropolitane Staaten völlig übernahmen.

Deshalb wurde der Imperialismus schon von den bekanntesten zeitgenössischen Imperialismustheorien – etwa von John Hobson, Vladimir Iljitsch Lenin, Joseph Schumpeter oder Rosa Luxemburg – nicht auf die Struktur des internationalen Systems zurückgeführt. Ihre Imperialismustheorien verfolgten zuerst einen *subsystemischen Ansatz*, der der Logik der modernen liberalen oder marxistischen Theorie internationaler Beziehungen entspricht. Die zeitgenössischen Imperialismustheorien thematisierten also nicht – wie dies der Neorealismus oder auch manche Neomarxisten tun würden – die Machtungleichgewichte zwischen den europäischen Kolonialmächten und den afrikanischen und asiatischen Kolonialgebieten. Diese hatten bereits im Zeitalter des alten Kolonialismus bestanden. Vielmehr fragten sie sich insbesondere, weshalb in der Geschichte manche mächtige Staaten schwächere Staaten in ein Imperium eingegliedert haben, während andere Staaten darauf verzichteten. Die zeitgenössischen Imperialismustheorien – sowohl liberale als auch marxistische – betonten dabei die mit der industriellen Revolution veränderten Strukturen innerhalb der Kolonialmächte, aufgrund deren bestimmte gesellschaftliche Gruppen die europäischen Staaten zum Imperialismus drängten. Das Zeitalter des Imperialismus entspringt somit sowohl in der marxistischen als auch in der liberalen Imperialismustheorie sozialen Kräften in den imperialen Staaten. Die marxistischen und die liberalen Imperialismustheorien unterscheiden sich lediglich in der Frage, ob der Imperialismus in den ökonomischen oder eher den politischen Strukturen der imperialen Staaten angelegt war.

Die zeitgenössischen *marxistischen Imperialismustheorien* von Hilferding (1910), Luxemburg (1913) und Lenin (1916) gingen davon aus, daß der Imperialismus eine zwingende Konsequenz des Kapitalismus darstellt. Dabei gilt ihnen der »Imperialismus als höchstes Stadium des Kapitalismus«. Die Kapitalisten müssen demnach neue Gebiete kapitalistisch durchdringen, um sinkende Profitraten zu verhindern. Dabei kommt es nach Lenin und Hilferding den Kapitalisten darauf an, sich neue Anlagemöglichkeiten für überschüssiges Kapital zu erschließen, während Luxemburg betont, daß sie zusätzliche Absatzmärkte brauchen, um den zu geringen Konsum ausgleichen zu können.

Luxemburgs Argumentation in ihrem Hauptwerk »Die Akkumulation des Kapitals« sei hier exemplarisch nachgezeichnet. Sie beruht auf der zentralen Hypothese, daß es im Rahmen einer *reinen* kapitalistischen Wirtschaft, d. h. ohne Rückgriff auf nichtdurchkapitalisierte Sektoren und Regionen, unmöglich ist, für eine ausreichende Nachfrage zu sorgen und somit den Mehrwert zu realisieren. Die notwendige *erweiterte Nachfrage* kann weder aus dem persönlichen Konsum der Kapitalisten noch aus dem Konsum der »liberalen Berufe« (Ärzte, Wissenschaftler etc.) oder der Staatsbeamten herrühren. Ersteres ist unmöglich, da die erweiterte Reproduktion ja gerade dadurch bezahlt wird, daß nicht der gesamte Mehrwert für den Konsum der Kapitalisten ausgegeben wird; die Finanzmittel der nicht-produktiv Tätigen sind wiederum nur Teil der Konsumtionsmittel von Kapitalisten und Arbeitern, sie stellen jedenfalls keine zusätzliche Nachfrage dar. Schließlich bietet auch der Außenhandel keine Lösung des Problems, da dadurch das Problem nur aus einem Lande in ein anderes verlegt wird, ohne es zu lösen. Es bleiben daher nur die Absatzmärkte außerhalb des Kapitalismus, auf denen die kapitalistisch produzierten Waren nachgefragt werden. Diese Märkte gibt es noch innerhalb der am weitesten fortgeschrittenen kapitalistischen Länder (traditionelle landwirtschaftliche Produktion), aber auch und v. a. in den noch nicht durchkapitalisierten Regionen der Welt. Der Kapitalismus benötigt also die nicht-kapitalistischen Regionen zu seinem Fortbestand, durchdringt sie aber gleichzeitig zunehmend und sorgt für deren Einverleibung und somit für seine eigene Auflösung. Der Kapitalismus bereitet damit ungewollt seinen eigenen Untergang vor: Er verdrängt die nicht-kapitalistischen Produktionsformen, von denen seine eigene Existenz abhängt. Falls der Kapitalismus aber das Stadium erreicht, in dem die völlige Umwandlung der Produktion nach kapitalistischem Muster erreicht ist, wird die Akkumulation unmöglich und der Kapitalismus verliert seine Lebensfähigkeit.

Da aber die Menge der nicht-kapitalistischen Regionen und Sektoren endlich ist, sind dem inhärenten Expansionismus des Kapitalismus enge Grenzen gesetzt. Es ergibt sich ein logisches Ende der erweiterten kapitalistischen Reproduktion. Und je näher dieses Ende rückt und die nicht-kapitalistischen Regionen knapper werden, desto unvermeidlicher wird der imperialistische Kampf um die letzten noch nicht durchkapitalisierten Gebiete. V. a. dieser letzte Aspekt der Arbeit Luxemburgs macht sie als Theorie der internationalen Politik interessant. Er wird in der fünften der von ihr verfaßten *Junius-Thesen* von 1916 nochmals in aller Klarheit und mit der ihr typischen kraftvollen Sprache zum Ausdruck gebracht:

»Der Weltkrieg dient weder der nationalen Verteidigung noch den wirtschaftlichen oder politischen Interessen irgendwelcher Volksmassen, er ist lediglich eine Ausgeburt imperialistischer Aktivitäten zwischen den kapitalistischen Klassen verschiedener Länder um die Weltherrschaft und das Monopol in der Aussaugung und Auspowerung der letzten Reste der noch nicht vom Kapital beherrschten Welt« (Luxemburg 1913: 44).

Luxemburgs Argumentation zeigt das Grundmuster der marxistischen Imperialismustheorie sehr deutlich. Die Kapitalgeber drängen demnach den Staat in den Imperialismus, um einer sinkenden Profitrate zu begegnen. Da durch den Imperialismus aus der Sicht der angesprochenen Imperialismustheorien die Profitrate tatsächlich zumindest vorübergehend gestützt werden kann, trägt er zur »Lebensverlängerung« des Kapitalismus bei. Dies kann allerdings nur so lange gelingen, wie der Kapitalismus nicht alle Gebiete kapitalistisch erschlossen hat. Wenn alle Gebiete weltweit kapitalistisch erschlossen sein werden, dann wird sich der Imperialismus gegen die kapitalistischen Staaten selbst richten. Die Konkurrenz der Kapitalisten wird zunehmen, um sich in immer heftigere Konflikte zwischen den ihn tragenden industrialisierten Staaten zu übersetzen. Damit können die marxistischen Imperialismustheorien nicht nur beanspruchen, den sich ab 1885 dramatisch beschleunigenden Imperialismus der europäischen Staaten zu erklären, aufgrund dessen bis 1906 praktisch alle Gebiete in Afrika und Asien kolonialisiert wurden. Vielmehr können sie auch die sich verschärfenden Konflikte zwischen den europäischen Staaten, die schließlich 1914 in den Ersten Weltkrieg mündeten, verständlich machen.

Die klassischen *liberalen Imperialismustheorien* von Hobson (1902) und Schumpeter (1918) argumentieren hingegen, daß der Kapitalismus nicht *per se* für den Imperialismus verantwortlich zu machen ist. Der Imperialismus gilt hier nicht als »höchstes Stadium des Kapitalismus«, sondern wird vielmehr auf die mangelhafte Demokratisierung der kapitalistischen Staaten zurückgeführt. Der Kapitalismus »produziere« den Imperialismus nur im Kontext unzureichend demokratisierter Staaten. Nach Hobson könnten im Kontext solcher Staaten die Kapitalisten ihre Partikularinteressen – etwa an niedrigen Arbeitslöhnen – zu gut durchsetzen, so daß die Kaufkraft der Arbeiter nicht ausreicht, um für die Kapitalgeber innerhalb des Staates konstant lohnende Anlagemöglichkeiten zu bieten. Dementsprechend drängten die Kapitalgeber den Staat, Imperialismus zu betreiben, um ihnen neue Anlagemöglichkeiten zu erschließen. Durch eine Demokratisierung könnte hingegen ein besseres Arbeitslohnniveau erreicht werden, so daß die Kaufkraft der Arbeiter steigt und sich auch innerhalb des Staates lohnende Anlagemöglichkeiten bieten. Dann müsse sich der Kapitalismus nicht zwangsläufig in einen übersteigerten Imperialismus übersetzen.

Einen weiteren Schritt in der Schuldfreisprechung des Kapitalismus ging Joseph Schumpeter mit seiner liberalen Imperialismustheorie (Schumpeter 1983). Für ihn ist der moderne Kapitalismus nicht die Ursache, sondern die Lösung des Imperialismusproblems. Imperialismus wird von Schumpeter als irrationale, »objektlose Tendenz zu gewaltsamer Expansion ohne bestimmte, zweckgebundene Grenze« definiert. Ein so verstandener Imperialismus ist nicht das höchste Stadium des Kapitalismus, sondern eine Nachwirkung alter feudalistischer und militaristischer Sozialstrukturen. Es sind also nicht vornehmlich die Kapitalisten, die den Staat mit ihren spezifischen Interessen zum Imperialismus treiben, der letztlich den Interessen der Gesamtgesellschaft widerspricht. Vielmehr sind es laut Schumpeter alte Feudal- und Militäreliten, die wenig demokratisierte politische Systeme nutzen, um ihre partikularen Interessen am Imperialismus durchzusetzen. Der Imperialismus ist dieser Ansicht zufolge ein »Atavismus im Kapitalismus.« Seiner Überzeugung nach müssen die »Fälle von Imperialismus an Intensität verlieren, einer je späteren Phase der Geschichte des betroffenen Volkes und Kulturmilieus sie angehören« (vgl. Schumpeter 1983: 88). Mit dieser Argumentation machte sich Schumpeter zum Vorreiter der soziologischen Modernisierungstheorien, gemäß deren die Modernisierung von Gesellschaften den Krieg zunehmend obsolet werden läßt.

Die zeitgenössischen Imperialismustheorien – sowohl die marxistischen als auch die liberalen – haben sich aus unterschiedlichen Gründen als problematisch erwiesen. Marxistische Imperialismustheorien haben insbesondere zwei empirische Probleme: Zum einen waren es zumeist nicht Kapitalisten, die die Staaten dazu drängten, einen aggressiven Imperialismus zu betreiben, und zum anderen hat sich der Kapitalismus nach dem Zweiten Weltkrieg nicht erneut in einen aggressiven Imperialismus übersetzt. Ebenso haben liberale Imperialismustheorien mit zwei empirischen Problemen zu kämpfen: Zum einen waren mit Großbritannien und Frankreich die beiden Staaten die führenden Imperialmächte, deren Demokratie am weitesten entwickelt war, und zum anderen haben gerade diese beide Staaten trotz einer weiteren Demokratisierung nach dem Zweiten Weltkrieg ihre Imperien nur widerwillig aufgegeben.

Diesen empirischen Befunden tragen moderne Imperialismustheorien insofern Rechnung, als sie den Imperialismus weder ausschließlich auf den Kapitalismus der daran beteiligten Staaten zurückzuführen versuchen, noch behaupten, daß die Demokratisierung der Staaten diese zwingend von einem aggressiven Imperialismus abhält. Dementsprechend fragt sich die moderne, weitgehend der liberalen Theorie verpflichtete Imperialismustheorie, wann welche Staaten einen aggressiven Imperialismus verfolgen. Dies zu beantworten scheint insofern besonders interessant, als sich der Imperialismus für praktisch alle daran beteiligten Staaten letztlich als selbstschädigend erwiesen hat:

> »Great Powers in the industrial age have shown a striking proclivity for self-inflicted wounds. Highly advanced societies with a great deal to lose have sacrificed their blood and treasure, sometimes risking the survival of their states, as consequence of their overly aggressive policies« (Snyder 1991: 1).

Das wilhelminische Deutschland im ausgehenden 19. und frühen 20. Jahrhundert kann sicherlich als beispielhaft für einen selbstschädigenden Imperialismus gelten. In der Tradition der Arbeiten des Historikers Eckart Kehr (1970) kann gezeigt werden, daß die vor dem Ersten Weltkrieg gleichzeitig gegen Großbritannien und gegen Rußland gerichtete Politik des Deutschen Reichs unter Wilhelm II. die außenpolitische Konsequenz einer innenpolitischen Koalition aus »Weizen und Stahl« darstellte. In dieser Koalition wurden die Interessen der beteiligten Gruppen schlicht addiert, so daß einerseits die ostelbischen Junker die gegen Rußland sowie die USA gerichteten Agrarzölle und andererseits die gebeutelte Stahlindustrie den auf Großbritannien zielenden Flottenbau durchsetzen konnten, ganz gemäß dem Motto: Dem Industriebürgertum die Schlachtflotte – den Ostelbiern die erhöhten Agrarzölle. Im Ergebnis kam es zu einer deutschen Außenpolitik, die selbstschädigender kaum sein konnte. Ähnlich erklärt Hans-Ulrich Wehler (1970, 1973) den letztlich ebenfalls selbstschädigenden Imperialismus des Deutschen Reiches im ausgehenden 19. Jahrhundert. Dieser Imperialismus ist demnach als Versuch alter Feudal- und Militäreliten zu sehen, den Herrschaftsansprüchen der durch die Arbeiterschaft getragenen Sozialdemokratie zu begegnen. Die alten Feudal- und Militäreliten spekulierten, durch Imperialismus die Wirtschaft weiter ankurbeln zu können, um dadurch die Arbeiterschaft mit der die alten Feudal- und Militäreliten begünstigenden Herrschaftsordnung versöhnen zu können.

Diese Imperialismustheorien weiterführend zeigt Jack Snyder (1991), daß derartige Koalitionsbildungsprozesse nicht nur in Deutschland, sondern auch bei anderen Großmächten zu einem selbstschädigenden Imperialismus geführt haben. Demnach kann eine Koalition aus Gruppen mit einem Interesse am Imperialismus des eigenen Staates sich dann durchsetzen, wenn es ihr erstens gelingt, ihre Interessen gut zu organisieren, wenn sie zweitens die Medien nutzen kann, um für ihre Interessen zu werben, und wenn sie drittens eng mit dem Staatsapparat verbunden ist, um dort ihre Interessen geltend zu machen (Snyder 1991: 31-55). Kann sich in einem Staat eine Koalition von solchen Gruppen mit imperialen Interessen zusammenfinden, dann wird sie ihren Staat in den Imperialismus treiben. Solche Gruppen verfügen vielfach nur über das gemeinsame Interesse, den Staat zu benutzen, um ihre Interessen gegenüber anderen Gruppen zu verteidigen. Dementsprechend werden bei der Koalitionsbildung hinsichtlich der Interessen der verschiedenen Gruppen keine Kompromisse eingegangen, sondern die Koalition basiert auf der Kumulation der Interessen jeder einzelnen Gruppe – die Koalition entsteht durch gegenseitige Unterstützung, sogenanntes *logrolling*.

»Bargaining among compact groups with different, highly concentrated interests proceeds by logrolling. In this arrangement each group gets what it wants most in return for tolerating the adverse effects of the policies its coalitions partners desire. Short-run costs are passed to groups outside the coalition. Long-run social costs remain uncalculated because of the highly parochial perspectives of the groups participating in the logrolled coalition.« (Snyder 1991: 44).

Die so entstehenden Koalitionen treiben mit ihren letztlich unvereinbaren Interessen den Staat in einen selbstschädigenden Imperialismus. Dies gilt, wie Snyder (1991) zeigt, nicht nur für Deutschland in der ersten Hälfte des 20. Jahrhundert, sondern auch für Großbritannien in der zweiten Hälfte des 19., Japan in der ersten Hälfte des 20. sowie die USA und die UdSSR in der zweiten Hälfte des 20. Jahrhunderts.

Es bleibt die Frage, warum manche Staaten in der Lage waren, ihren Imperialismus zu korrigieren, als sich herausstellte, daß er letztlich selbstschädigend war, während andere ungebremst ins Verderben steuerten. Weshalb führten derartige Koalitionen im Falle Deutschlands und Japans zur Katastrophe, während es im Falle Großbritanniens, der USA und der UdSSR nicht so weit kam? Die Antwort verweist auf Merkmale der politischen Systeme. Je nachdem, wie die Staaten strukturiert sind, werden sich die Gruppen mit imperialen Interessen trotz einer offensichtlichen Selbstschädigung behaupten und den Staat in die Katastrophe führen können. Alternativ besteht die Möglichkeit, daß die Interessen der Gesamtgesellschaft, die unter dem selbstschädigenden Imperialismus leidet, korrigierend eingreifen können, so daß das Schlimmste vermieden wird. Dabei lassen sich grob drei Staatstypen unterscheiden (Snyder 1991: 305-322):

• Demokratisch strukturierte Staaten wie Großbritannien oder die USA, in denen die partikularen Interessen einzelner Gruppen nicht dauerhaft die Interessen der Gesamtgesellschaft verletzen können, weisen generell eine geringe Neigung zum selbstschädigenden Imperialismus auf. Insbesondere wird in diesen Staaten ein selbstschädigender Imperialismus vergleichsweise rasch korrigiert werden. Grund dafür ist, daß die partikularen Interessen einiger Gruppen am Imperialismus in einem demokratisch strukturierten Staat dann rasch durch die allgemeinen Interessen der Gesellschaft ausgeglichen werden, wenn die Kosten des Imperialismus offenbar werden.

• Autoritär strukturierte, stark fragmentierte Staaten wie – so Snyder – Japan und Deutschland zwischen 1933 und 1945, in denen die allgemeinen Interessen der Gesamtgesellschaft hinter den sehr heterogenen Interessen einzelner Gruppen zurückstehen, weisen die höchste Neigung zum selbstschädigenden Imperialismus auf. V. a. sind diese Staaten kaum in der Lage, die Selbstschädigung durch imperiale Politiken von innen heraus zu korrigieren. Da hier die allgemeinen Interessen der Gesellschaft kaum berücksichtigt werden müssen, können die speziellen Interessen einzelner Gruppen auch dann weiterverfolgt werden, wenn die Kosten der Gesamtgesellschaft nicht mehr zu verbergen sind.

• Zentralistisch strukturierte, wenig fragmentierte Staaten wie die Sowjetunion zwischen 1917 und 1990 liegen in der Mitte. In diesen Staaten dominieren zwar die homogenen Interessen einer partikularen Gruppe – die politische Klasse –, welche aber die Interessen der Gesamtgesellschaft kaum dauerhaft negieren können. Hier kann es zwar zu einem selbstschädigenden Imperialismus kommen, der durch die Interessen der dominanten Gruppe getragen wird. Hat die Gesellschaft jedoch an der Selbstschädigung durch den Imperialismus dauerhaft zu leiden, so wird der Imperialismus auch in solchen Staaten zumeist korrigiert werden. Diese Korrektur wird lediglich dann unterbleiben, wenn – wie in der stalinistischen Sowjetunion oder auch im nationalsozialistischen Deutschland – die Interessen der Gesamtgesellschaft durch die dominante Gruppe etwa über die Medien manipuliert werden können.

Als Fazit läßt sich festhalten: Demokratisch strukturierte Staaten sind der beste Garant gegen einen selbstschädigenden Imperialismus im Dienste von Partikularinteressen, die durch *logrolling* eine Koalition bilden. Es folgt, daß Demokratisierung bis heute als die vielleicht wichtigste Friedensstrategie gelten kann. Denn empirische Analysen haben mittlerweile nicht nur gezeigt, daß Demokratien untereinander keine Kriege führen und untereinander nur sehr selten in Gewalthandlungen unterhalb der Kriegstätigkeit verwickelt sind; vielmehr haben sie auch gezeigt, daß mit der Verbreitung der Demokratie als Staatsform die Kriegsgefahr im internationalen System insgesamt gesunken ist (Russett/Oneal 2001: 177-184). Die Verbreitung der Demokratie als Staatsform führt also nicht nur dazu, daß die neu entstehenden Demokratien keine Kriege gegen andere Demokratien führen und dadurch bei einem global wachsenden Anteil von Demokratien die Kriegstätigkeit abnimmt. Darüber hinaus führt ein global wachsender Anteil von Demokratien dazu, daß selbst unter Nicht-Demokratien die Kriegsgefahr sinkt. Die Friedfertigkeit von Demokratien ist gewissermaßen ansteckend. Sie färbt auf Nicht-Demokratien ab. Denn Nicht-Demokratien müssen damit rechnen, daß Demokratien ihrer Gewaltpolitik entgegentreten werden. Je höher der Anteil der Demokratien im internationalen Staatensystem ist, um so eher müssen sie davon ausgehen, daß ihre Gewaltpolitik nicht ungestraft bleiben wird (Russett/Oneal 2001: 177-184). Und tatsächlich ist mit der geradezu sprunghaften Verbreitung der Demokratie seit den frühen 1980er Jahren die zwischenstaatliche Kriegstätigkeit deutlich gesunken, der zwischenstaatliche Friede mithin sicherer geworden.[8]

Die genannten Befunde bestärken somit auch die These, daß internationale Politik seit dem späten 19. Jahrhundert aufgrund der Politisierung der Gesellschaften in Europa und in Nordamerika nicht mehr – wie vom Neorealismus behauptet – allein aufgrund der Struktur des internationalen Systems erklärt werden kann. Vielmehr müssen die vielfältigen Interessen der nunmehr politisierten Nationalgesellschaften in die Erklärung internationaler Politik in der nationalen Konstellation einbezogen werden.

8 Gute Überblicke zur Forschung über Demokratie und Frieden finden sich bei Chan (1997), Ray (2000), Russett/Oneal (2001). Demokratisierung als Friedensstrategie oder Kriegsursache werden beispielsweise überblickartig diskutiert von Gleditsch/Ward (2000) und Ward/Gleditsch (1998).

# 4. Der Neoinstitutionalismus in der internationalen Politik

Die neoinstitutionalistische Theorie baut ähnlich wie die liberale Theorie der internationalen Politik auf Elementen des Idealismus auf und bleibt trotz gewisser Modifikationen weitgehend der Logik der nationalen Konstellation verhaftet. Obgleich mehrere neoinstitutionalistische Theorievarianten entwickelt wurden (vgl. Hall/Taylor 1996), werden wir uns hier zunächst auf den sogenannten rationalistischen Institutionalismus konzentrieren.[1] Denn diesem war es in den späten 70er, spätestens aber in den 80er Jahren gelungen, die Dominanz der neorealistischen Theorie der internationalen Politik zu brechen.

## 4.1 Der Neoinstitutionalismus und der Ost-West-Gegensatz

Die neoinstitutionalistische Theorie der internationalen Politik interpretiert den nach dem Zweiten Weltkrieg ausbrechenden Kalten Krieg als Ausdruck einer mangelhaften Institutionalisierung der Bearbeitung von Konflikten insbesondere zwischen der UdSSR und den USA.

Der Kalte Krieg war in dieser Sichtweise nicht aufgrund eines macht- oder systempolitischen Kernkonflikts unvermeidbar. Vielmehr scheiterten die Konfliktparteien daran, die aus unterschiedlichen Interessen herrührenden vielfältigen Konflikte kooperativ zu bearbeiten, weil noch keine internationalen Institutionen bestanden, die dies erleichtert hätten. Darüber hinaus waren nicht zuletzt aufgrund der macht- und systempolitischen Konflikte die Interessen der beiden Supermächte teilweise derart gegensätzlich, daß die Bildung internationaler Institutionen, die eine kooperative Konfliktbearbeitung wirksamer als etwa die noch junge UNO hätten begünstigen können, besonders schwie-

1 Siehe dazu u.a. Keohane (1984, 1989), Stein (1983), Snidal (1985, 1986), Oye (1986), Rittberger (1990), Martin (1992), Zürn (1992), Zangl (1999). Für einen Überblick vgl. Hasenclever et al. (1997).

rig war. In vielen Fällen scheiterte die kooperative Bearbeitung auch an einer ideologischen Überhöhung der Auseinandersetzungen. Zum Kalten Krieg kam es aus dieser Sicht also deshalb, weil in den verschiedenen, teilweise ideologisch überhöhten Konflikten sowohl die USA als auch die UdSSR ihre Interessen ohne Rücksicht auf diejenigen des jeweils anderen durchzusetzen trachteten. Beide waren institutionell nicht hinreichend an Spielregeln gebunden, die ihr gemeinsames Interesse an kooperativer Konfliktbearbeitung hätten stützen können (Rittberger/Zürn 1991).

**Zu den Begriffen**
**»Konflikt und Konfliktaustrag/Konfliktbearbeitung«**

Definition

Konflikte sind unvereinbare Positions- bzw. Interessendifferenzen zwischen mindestens zwei Akteuren. Der Begriff ›Konflikt‹ bezeichnet mithin kein Verhalten von Akteuren, sondern eine Interessenkonstellation zwischen Akteuren. Allerdings können sich die Akteure in einem Konflikt unterschiedlich verhalten. Insbesondere sind Kooperation und Selbsthilfe als Formen des Konfliktverhaltens zu unterscheiden. Das Konfliktverhalten Kooperation stellt die Wahl der Verhaltensoption dar, die allen Konfliktpartnern zumindest die partielle Verwirklichung ihrer Position (Interessen) ermöglicht. Selbsthilfe bezeichnet hingegen das Konfliktverhalten, bei dem ein Akteur die Verhaltensoption wählt, durch die er die volle Durchsetzung seiner Position (Interessen) auf Kosten seiner Konfliktpartner zu erreichen versucht. Einigen sich die Konfliktparteien auf ein kooperatives Konflikt*verhalten*, das sie alle zusammen und jeden einzelnen von ihnen besser stellt als das allseitig nicht-kooperative Konfliktverhalten, dann spricht man von einer kooperativen Konflikt*bearbeitung*.

Illustration

Sowohl Israel als auch die Palästinenser erheben den alleinigen Anspruch auf die heilige Stadt Jerusalem. Israel und die PLO haben unterschiedliche Positionen eingenommen, die nicht gleichzeitig zu erfüllen, also unvereinbar sind. Es gibt nun allerdings unterschiedliche Wege, mit diesem Konflikt umzugehen, von denen viele Formen auch schon gewählt bzw. vorgeschlagen worden sind. Der Konflikt um Jerusalem wird immer wieder mit Waffengewalt und teilweise auch kriegerisch ausgetragen. Gleichwohl gab es auch immer wieder Bemühungen, eine kooperative Konfliktbearbeitung zu wählen: Die Internationalisierung oder die Teilung der Stadt sind die bekanntesten Vorschläge.

Daß der Kalte Krieg nicht in einen heißen Krieg mündete, ist aus der Sicht der neoinstitutionalistischen Theorie auf die Zunahme kooperativer Modi des Konfliktaustrags zurückzuführen. Bereits in den 50er Jahren entstanden die ersten problemfeldspezifischen internationalen Institutionen – die sogenannten internationalen Regime –, die kooperative Konfliktbearbeitungsformen ermöglichen und unterstützen sollten. Dadurch wurde der Austrag von Konflikten wie beispielsweise um den Status Österreichs oder der Antarktis zivilisiert und ein ausschließlich an den eigenen Interessen orientiertes, potentiell gewaltträchtiges Konfliktverhalten vermieden.

Mit der Entspannungspolitik in den 60er und 70er Jahren kam es zur verstärkten Bildung internationaler Regime. Insbesondere die Berlin-Krisen und die Kuba-Krise hatten die Risiken eines unkontrollierten Konfliktaustrags nochmals deutlich aufgezeigt. Dabei wurde den Supermächten klar, daß sie neben unvereinbaren Positionsdifferenzen durchaus auch ein gemeinsames Interesse an der Vermeidung einer nuklearen Auseinandersetzung hatten. So entstanden internationale Sicherheitsregime beispielsweise über die Begrenzung von Atomwaffentests, über die Verhinderung eines ungewollten Atomkrieges, über das Weiterverbreitungsverbot von Atomwaffen sowie über die Begrenzung strategischer Atomwaffen. Durch diese Regime gelang es den USA und der UdSSR, potentiell gewaltträchtige Konflikte im gemeinsamen Interesse einer friedlichen und teilweise auch kooperativen Konfliktbearbeitung zuzuführen. Darüber hinaus trugen sie dazu bei, daß die kooperative Konfliktbearbeitung in diesen Problemfeldern aufrechterhalten werden konnte, obwohl sich in den frühen 80er Jahren in vielen anderen Problemfeldern, in denen die Kooperation nicht dauerhaft institutionalisiert war, die Auseinandersetzung nochmals erheblich verschärfte (Rittberger/Zürn 1991).

Nach der Amtsübernahme von Generalsekretär Gorbatschow vollzog sich in der Sowjetunion eine innenpolitische Liberalisierung, die zu einer weiteren Entideologisierung in den Ost-West-Beziehungen beitrug. Danach hat sich aus der Sicht der neoinstitutionalistischen Theorie das Verhältnis zwischen den USA und der UdSSR bzw. Rußland derart verändert, daß die Bildung weiterer internationaler Regime erheblich erleichtert wurde. Dementsprechend wurden beispielsweise internationale Regime über das Verbot von Mittelstreckenraketen in Europa, über die Verringerung von Langstreckenraketen, über das Verbot von Chemiewaffen und über die Beschränkung konventioneller Streitkräfte in Europa gegründet. Darüber hinaus sind internationale Institutionen wie die UNO und die OSZE gestärkt und Institutionen wie die G7 erweitert worden. Aus der Sicht der neoinstitutionalistischen Theorie wird es deshalb einfacher, die über das Ende des Ost-West-Gegensatzes hinaus weiterbestehenden Konflikte einer kooperativen Konfliktbearbeitung zuzuführen. Dadurch wird Krieg bei der Konfliktbearbeitung unwahrscheinlicher, der Friede zwischen den Staaten in Europa sicherer.

## 4.2 Prämissen und Hypothesen des Neoinstitutionalismus

Die neoinstitutionalistische Theorie geht wie die neorealistische und die liberale Theorie davon aus, daß zwischenstaatliche und innerstaatliche Politik strikt zu trennen sind, und beruht somit gleichfalls auf der für die nationale Konstellation typischen doppelten Grenzziehung zwischen einerseits verschiedenen Staaten und andererseits Staat und Gesellschaft. Während allerdings der Neorealismus insbesondere die Konkurrenz zwischen Staaten hervorhebt und die liberale Theorie vor allem das Verhältnis zwischen Staat und Gesellschaft betont, lenkt der Neoinstitutionalismus den Blick auf die Möglichkeit der Kooperation zwischen Staaten und weist somit in Ansätzen über die nationale Konstellation hinaus. Auch bei der Analyseebenenproblematik nimmt der Neoinstitutionalismus eine Mittelstellung zwischen der neorealistischen und der liberalen Theorie der internationalen Politik ein. Wie die neorealistische Theorie verfolgt er zwar zunächst eine vornehmlich systemische Theoriebildung, zielt jedoch auch auf die Integration subsystemischer Theorieelemente. Dabei gilt allgemein die Theoriebildungsregel: beginne mit einfachen Theorien, um danach Komplexität zu ergänzen. Die so verstandene neoinstitutionalistische Theorie basiert auf folgenden Annahmen (vgl. z. B.: Keohane/Nye 2001, Keohane 1984, 1989, Zürn 1992, Zangl 1999):

(1) Die Akteure in der internationalen Politik sind sowohl *Staaten* als auch gesellschaftliche *Gruppen*. Die internationale

Politik bleibt demnach zwar nach wie vor vornehmlich durch Staaten, die durch Regierungen vertreten werden, bestimmt, doch gesellschaftliche Gruppen wie Gewerkschaften, Unternehmerverbände, Umweltgruppen oder Menschenrechtsorganisationen können diese Politik beeinflussen. Internationale Politik kann in dieser Sichtweise jedoch nicht vollständig auf den Einfluß dieser Gruppen reduziert werden.

(2) Die anarchischen Strukturen des internationalen Systems werden durch wachsende *Interdependenzen* eingehegt. Durch komplexe Interdependenzbeziehungen entstehen zwischen den nationalen Gesellschaften und unter den Staaten wechselseitige Abhängigkeiten, aufgrund deren Aktivitäten innerhalb einer Gesellschaft (bzw. durch einen Staat) Effekte in anderen Gesellschaften (bei anderen Staaten) aufweisen. Damit taucht zwar zusätzlicher Konfliktstoff auf, doch zugleich entsteht aufgrund der komplexen Interdependenzbeziehungen ein gemeinsames Interesse, die Konflikte kooperativ zu bearbeiten. Im Kontext der Interdependenz sind die Staaten wechselseitig auf Kooperation angewiesen.

(3) Die *Akteure handeln rational.* Die Staaten und andere internationale Akteure streben mit ihrem Handeln danach, ihre eigenen Interessen möglichst weitgehend und ohne Rücksicht auf die Interessen anderer zu verwirklichen. Trotzdem müssen sich die durch divergierende Interessen entstehenden Konflikte zwischen Staaten nicht zwangsläufig in ein unzivilisiertes Konfliktverhalten übersetzen. Vielmehr ist zwischen dem Konflikt selbst und der Konfliktbearbeitung zu unterscheiden.

(4) Bei gegebenen Interessen hängt die Konfliktbearbeitung vornehmlich davon ab, ob es *internationalen Institutionen* gelingt, zwischen den betroffenen Akteuren eine kooperative Konfliktbearbeitung zu unterstützen. Internationale Institutionen werden von internationalen Akteuren gegründet, um ihnen zu helfen, ihre Konflikte im gemeinsamen Interesse kooperativ zu bearbeiten. In diesem Sinne sind internationale Institutionen instrumentell konzeptualisiert.

**Zum Begriff**
**»Interdependenz«**

Definition

Interdependenz bezeichnet ein Verhältnis zwischen Akteuren, bei dem Handlungen eines beliebigen Akteurs unerwünschte Auswirkungen für die jeweils anderen Akteure nach sich ziehen. Interdependenz bedeutet somit wechselseitige Abhängigkeit zwischen Akteuren. Bezogen auf die internationalen Beziehungen kann zwischen gesellschaftlicher Interdependenz und Staateninterdependenz unterschieden werden. Gesellschaftliche Interdependenz besteht dann, wenn Aktivitäten innerhalb einer Gesellschaft Auswirkungen auf gesellschaftliche Akteure in einem anderen Land haben. Staateninterdependenz besteht dann, wenn staatliche Aktivitäten die Zielerreichung anderer Staaten beeinflussen. Eine weitere wichtige Unterscheidung ist die zwischen Interdependenz-Empfindlichkeit und Interdependenz-Verwundbarkeit. Interdependenz-Empfindlichkeit meint die unerwünschten Auswirkungen, die das Handeln eines Akteurs bei einem anderen Akteur erzeugt, wenn dieser nicht reagiert bzw. nicht reagieren kann (*sensitivity*). Interdependenz-Verwundbarkeit hingegen bezieht sich auf die unerwünschten Auswirkungen, die das Handeln eines Akteurs bei einem anderen Akteur zeitigt, nachdem dieser reagiert hat, sprich den Versuch unternommen hat, diese Auswirkungen zu reduzieren (*vulnerability*).

Illustration

Zwischen den westlichen Industriestaaten, die in der OECD zusammengeschlossen sind, und den Erdöl exportierenden Ländern, die durch die OPEC vertreten werden, besteht ein Verhältnis wechselseitiger Abhängigkeit. Die Ökonomien in den OECD-Staaten sind auf regelmäßige Öllieferungen der OPEC-Staaten angewiesen, während die OPEC-Ökonomien industrielle Produkte aus den OECD-Staaten benötigen. Unterbindet eine der beiden Seiten ihre Lieferungen an die andere Seite, so entstehen dort unerwünschte Auswirkungen. Diese Interdependenz versuchten die OPEC-Staaten in den 70er Jahren zu nutzen. Sie verhängten gegen die OECD-Staaten einen Lieferstopp, um sie zu einer Änderung ihrer Politik gegenüber Israel zu bewegen. Für alle Industrieländer entstanden durch den Lieferstopp Kosten. Gleichwohl war die Interdependenz-Empfindlichkeit Japans erheblich höher als die der USA, weil Japan einen wesentlich größeren Anteil seines Ölbedarfs durch Importe abdeckt. Zudem ist die Interdependenz-Verwundbarkeit der USA ganz erheblich geringer gewesen. Während die USA zu vertretbaren Kosten verstärkt heimisches Öl fördern konnten, stand Japan keine derartige Alternative offen.

Auf der Grundlage dieser Annahmen hat sich eine rational-institutionalistische Theorie der internationalen Politik entwickelt, die überprüfbare Hypothesen über internationale Politik beinhaltet. Diese Hypothesen beziehen sich vornehmlich auf internationale Institutionen. Institutionen begründen demnach in sich wiederholenden Situationen auf Normen und Regeln basierende Verhaltensmuster von sozialen Akteuren.[2] Dementsprechend ist nicht nur der Kirchengemeinderat, sondern etwa auch der sonntägliche Kirchgang, nicht nur der Geschenkeservice, sondern auch die Gewohnheit, an Geburtstagen Geschenke zu machen, als Institution zu bezeichnen. *Politische* Institutionen sind daran zu erkennen, daß ihre Normen und Regeln Verhaltensmuster begründen, durch die die kollektiv verbindliche Wertezuteilung innerhalb einer bzw. zwischen verschiedenen Gesellschaften willentlich beeinflußt wird. Deshalb ist zwar nicht der Geschenkeservice, wohl aber der Gewerkschaftsbund eine politische Institution.

Bei den internationalen politischen Institutionen lassen sich vier Typen unterscheiden: (1) internationale Regime, (2) internationale Organisationen, (3) internationale Netzwerke und (4) internationale Ordnungsprinzipien:

1. *Internationale Regime* zeichnen sich durch inhaltliche und prozedurale Normen und Regeln aus, die das Verhalten in einem bestimmten Problemfeld der internationalen Politik regulieren. Internationale Regime sind somit Institutionen mit Problemfeldbezug. Im Unterschied zu internationalen Organisationen sind internationale Regime nicht zum Handeln befähigt und besitzen mithin keine Akteursqualität. Das Welthandelsregime des GATT, das Menschenrechtsregime der UNO, das durch UNEP angeregte Ozonschutzregime und die verschiedenen Abrüstungsregime zwischen den USA und der ehemaligen UdSSR sind Beispiele für Regime auf der zwischenstaatlichen, die Dopingbekämpfung des IOC wäre ein Beispiel für ein Regime auf transnationaler Ebene.

2. *Internationale Organisationen* zeichnen sich dadurch aus, daß in ihnen Normen und Regeln verankert sind, die die Institution zum Handeln befähigen. Internationale Organisationen sind

2 Vgl. Keohane (1989: Kap. 1) und Zürn (1992: Kap. 3) für ausführlichere Begründungen dieser Definition von Institutionen.

also im Unterschied zu internationalen Regimen Institutionen mit Akteursqualität. Sie werden häufig in Verbindung mit spezifischen internationalen Regimen gegründet, können aber aufgrund ihrer Akteursqualität auch aktiv an der Setzung und der Umsetzung der Normen und Regeln internationaler Regime beteiligt sein. Internationale Organisationen können dabei sowohl auf ein bestimmtes Problemfeld der internationalen Politik bezogen sein als auch über verschiedene Problemfelder hinweg agieren. Im Unterschied zu internationalen Regimen besitzen sie also nicht zwingend einen Problemfeldbezug. Auf der zwischenstaatlichen Ebene gelten die UNO, die EU, die WTO und die NATO als die bekanntesten internationalen Organisationen; auf der gesellschaftlichen Ebene sind transnationale Organisationen wie Greenpeace, Amnesty International oder der World Wide Fund for Nature prominent.

3. *Internationale Netzwerke* beruhen wie internationale Regime auf Normen und Regeln, die keine Akteursqualität begründen. Im Unterschied zu internationalen Regimen gibt es hier jedoch nur prozedurale Normen und Regeln, keine inhaltlichen oder substantiellen Vorschriften. Die Beteiligten werden in Netzwerken beispielsweise nicht auf eine bestimmte Wirtschaftspolitik festgelegt; sie werden lediglich verpflichtet, sich über ihre Wirtschaftspolitik auszutauschen. Dementsprechend sind auf der zwischenstaatlichen Ebene der Weltwirtschaftsgipfel (G 8) sowie der Nordatlantische Kooperationsrat und auf gesellschaftlicher Ebene das Weltwirtschaftsforum nicht als Regime, sondern als Netzwerke anzusehen.[3]

4. *Internationale Ordnungsprinzipien* sind Institutionen, welche die grundlegenden Normen, die die internationale Politik strukturieren, beinhalten. Diese konstitutiven Normen und Regeln beziehen sich im Unterschied zu denen internationaler Regime nicht auf ein bestimmtes Problemfeld und begründen im Unterschied zu denen von internationalen Organisationen keine eigene Akteursqualität. Die internationalen Ordnungsprinzipien formulieren gewissermaßen mit ihren grundlegenden prozeduralen und inhaltlichen Normen und Regeln eine Verfassungsordnung für die internationale Politik, aufgrund deren spezifische

3 Es handelt sich hierbei um eine spezifische Definition. Anderswo werden Netzwerken durchaus substantielle Normen und Regeln zugeschrieben.

Normen und Regeln der internationalen Politik zu begründen sind. Das wichtigste internationale Ordnungsprinzip in der nationalen Konstellation ist das der Souveränität der Staaten. Auf der gesellschaftlichen Ebene scheint sich derzeit das Ordnungsprinzip der kulturellen Toleranz zu entwickeln.

*Schaubild 4.1: Typen internationaler Institutionen*

| | **internationale Ordnungsprinzipien** | **internationale Netzwerke** | **internationale Regime** | **internationale Organisationen** |
|---|---|---|---|---|
| **Zwischenstaatliche Ebene** | Souveränität der Staaten | Weltwirtschaftsgipfel (G 8) | Nukleares Nichtverbreitungsregime (NPT) | Internationale Atomenergiebehörde (IAEA) |
| **Transnationale Ebene** | Toleranz zwischen Kulturen | Netzwerk der Friedensforscher | Dopingregime d. Internat. Olympischen Komitees | Organisation der Ärzte gegen den Atomkrieg |

Die neoinstitutionalistische Theorie betont, daß sich vor allem mit den annähernd 300 internationalen Organisationen und noch erheblich mehr internationalen Regimen ein zunehmend dichtes Geflecht von Institutionen entwickelt hat, ohne das internationale Politik nicht zu verstehen ist. Internationale Politik ist demnach bereits in der nationalen Konstellation nicht mehr nur durch die grenzenlose Interessen- und Machtpolitik von Staaten bestimmt, sondern wird durch die Normen und Regeln von internationalen Institutionen mit geprägt. Wie bedeutend internationale Institutionen sein können, damit Staaten im gemeinsamen Interesse zu einer kooperativen Konfliktbearbeitung fähig sind, ohne freilich eine solchermaßen zivilisierte Konfliktbearbeitung garantieren zu können, zeigt aus Sicht der neoinstitutionalistischen Theorie u. a. die Geschichte des nuklearen Nichtverbreitungsregimes.

Das Nichtverbreitungsregime basiert auf dem Nuklearen Nichtverbreitungsvertrag – auch Atomwaffensperrvertrag genannt – der 1968 unterzeichnet wurde und mittlerweile von 179 Staaten ratifiziert worden ist. Der nukleare Nichtverbreitungsvertrag sieht insbesondere vor, daß abgesehen von den USA, der UdSSR, Großbritannien, Frankreich und China, die damals bereits über Nuklearwaffen verfügten, alle anderen Staaten auf Nuklearwaffen verzichten (Müller/Fischer/Koetter 1994). Das nukleare Nichtverbreitungsregime erklärt sich aus der Sicht der neoinstitutionalistischen Theorie dadurch, daß sowohl die Nuklearmächte als auch die Nicht-Nuklearwaffenstaaten hofften, durch diese Institution ihr gemeinsames Interesse – die Kriegsgefahr durch die Weiterverbreitung von Nuklearwaffen zu begrenzen – besser verwirklichen zu können (Müller 1989, Smith 1987, Nye 1988b).

Das Bestehen des Nichtverbreitungsregimes hat aus neoinstitutionalistischer Sicht dazu beigetragen, daß der Club der Nuklearmächte auch heute »nur« acht Staaten – mit Israel, Indien und Pakistan sind lediglich drei neue Nuklearmächte hinzugekommen – umfaßt. Ohne das Nichtverbreitungsregime wären es bestimmt deutlich mehr. Darauf deutet zumindest der Vergleich der Zeit vor und nach der Gründung des Nichtverbreitungsregimes hin (Brzoska 1991). Während bis 1968 praktisch jeder Nicht-Nuklearwaffenstaat, der in der Lage war, Nuklearwaffen zu konstruieren, auch zur Nuklearmacht wurde, verzichten seit 1968 viele Nicht-Nuklearstaaten auf Nuklearwaffen, obwohl sie diese zu bauen in der Lage wären. Dazu kommt, daß der »Club der Nuklearmächte« nach 1968 nur ca. alle zehn Jahre ein neues Mitglied bekam, während vorher durchschnittlich alle 4,6 Jahre ein neues Mitlied in den Club aufstieg. Das nukleare Nichtverbreitungsregime macht somit deutlich, daß aus der Sicht des Neoinstitutionalismus internationale Institutionen einen gewichtigen Beitrag zum Frieden leisten können. Ohne das Nichtverbreitungsregime wäre die Wahrscheinlichkeit einer nuklearen Auseinandersetzung deutlich größer.[4]

Darüber hinaus geht die neoinstitutionalistische Theorie jedoch ganz allgemein davon aus, daß die Institutionalisierung internationaler Beziehungen gewaltsame Konfliktbearbeitung – und somit Kriege – unwahrscheinlicher macht. Denn internationale Institutionen nicht nur im Sicherheits-, sondern auch im

4 Für die gegenteilige Hypothese siehe Waltz (1981).

Wirtschafts-, Umwelt-, Entwicklungs- oder Menschenrechtsbereich stabilisieren eine kooperative Konfliktbearbeitung und machen eine gewaltsame Konfliktbearbeitung unwahrscheinlicher. So konnte gezeigt werden, daß im Rahmen internationaler Institutionen eine kooperative Konfliktbearbeitung oftmals selbst dann aufrechterhalten werden kann, wenn sich das Klima unter den beteiligten Staaten insgesamt erheblich verschlechtert. Dagegen fallen kooperative Konfliktbearbeitungsmuster außerhalb internationaler Institutionen oftmals bereits einer geringen Klimaverschlechterung unter den beteiligten Staaten zum Opfer. Dementsprechend kann auch gezeigt werden, daß der Friede unter Staaten, die durch ein dichtes Institutionennetz miteinander verbunden sind, sicherer ist als unter Staaten, die kaum an denselben internationalen Institutionen beteiligt sind (Russett/Oneal 2001: 157-196, Oneal/Russett 1999).

Die Errichtung und der Ausbau internationaler Institutionen sind somit aus der Sicht der neoinstitutionalistischen Theorie eine wichtige Friedensstrategie. Diese Friedensstrategie läßt sich aufgrund der Hypothesen, die sich aus den Prämissen der neoinstitutionalistischen Theorie ableiten lassen, besser verstehen. Dabei beziehen sich diese Hypothesen zum einen auf die Wirkungsweisen internationaler Institutionen bei der kooperativen Konfliktbearbeitung und zum anderen auf die Entstehungsbedingungen internationaler Institutionen.

*a) Wirkungsweise*

Internationale Institutionen können – so die zentrale Hypothese über ihre Wirkung – dazu beitragen, daß Staaten ihr Handeln an in diesen Institutionen verankerten Normen und Regeln orientieren und somit zur kooperativen Bearbeitung von Konflikten beitragen, die aufgrund verdichteter Interdependenzbeziehungen entstehen. Fünf verschiedene *Wirkungsmechanismen* scheinen dabei von besonderer Bedeutung zu sein (vgl. Haas et al. 1993, Levy et al. 1995, Zürn 1997).

(1) Gemäß eines ersten Wirkungsmechanismusses schaffen internationale Institutionen das vertragliche Umfeld, das die Norm- und Regelorientierung seitens der betroffenen Staaten erst ermöglicht. Die Festschreibung von Normen und Regeln sowie die Schaffung von Instanzen, die die Norm- und *Regelbeachtung verifizieren*, läßt die Staaten in der gegenseitigen Erwartung

agieren, daß sie auch eingehalten werden. Ohne diese Erwartung wäre die Norm- und Regelbeachtung kaum zu sichern, da kein Staat bereit sein wird, sich an kostenträchtige Verpflichtungen zu halten, wenn er davon ausgehen muß, daß die anderen es nicht tun. Staaten sind im allgemeinen nicht dazu bereit, die Vorschriften eines Rüstungskontrollabkommens zu befolgen, wenn sie befürchten müssen, daß die Vertragspartner ihre Rüstungsanstrengungen heimlich fortsetzen. Einer Rüstungskontrollvereinbarung werden sie im allgemeinen nur dann folgen, wenn einigermaßen sicher ist, daß die Vertragspartner norm- und regeltreu agieren. Diese Erwartung durch die gemeinsame Normenproduktion zu schaffen und durch Kontrollmechanismen zu stützen, ist aus neoinstitutionalistischer Sicht ein zentraler Beitrag, den internationale Institutionen zur Norm- und Regelbeachtung leisten können (Keohane 1984, Underdal 1998). Es ist daher für die Nichtverbreitung von Atomwaffen zentral, daß die Internationale Atomenergiebehörde (IAEA) überprüfen kann, ob die Staaten heimlich nach Atomwaffen streben (Wallander et al. 2001: 9).

(2) Gemäß eines zweiten Wirkungsmechanismusses tragen internationale Institutionen zur Norm- und Regelbeachtung bei, indem sie Verfahren beinhalten, durch die im Streitfall Norm- und Regelbrüche festgestellt werden. Quasi-gerichtliche Verfahren der *Norm- und Regelauslegung* versperren beispielsweise Staaten, die (scheinbare) Normierungslücken absichtlich ausnutzen wollen, den Weg, vereinbarte Normen zu umgehen. Darüber hinaus wird den Staaten, die aufgrund solcher (scheinbarer) Normierungslücken eher unabsichtlich gegen Normen verstoßen, der Weg zur Normbeachtung gewiesen (Zangl 2001). Dabei scheint eine hohe Flexibilität beim Umgang mit Regelbrüchen die Norm- und Regelbeachtung zu stützen. Ein solches flexibles *compliance management* (Chayes/Chayes 1993, 1995) erlaubt es, die Normen und Regeln so an vorhandene Möglichkeiten der Regeleinhaltung anzupassen, daß sie von allen beteiligten Staaten auch beachtet werden können. Viele internationale Umweltvereinbarungen legen beispielsweise an Entwicklungsländer weniger strenge Maßstäbe an als an die hochentwickelten Industrieländer.

(3) Ein weiterer Wirkungsmechanismus baut auf die durch internationale Institutionen verbesserten Sanktionschancen bei

Norm- und Regelverstößen. Denn vereinzelt halten internationale Institutionen auch Verfahren bereit, durch die *Norm- und Regelbrüche* unmittelbar *sanktioniert werden* können. Zumeist kann zwar die jeweilige Institution selbst keine wirksamen Sanktionen vornehmen, doch sie kann zumindest dazu beitragen, daß die übrigen Staaten gemeinsam und vertraglich gestützt gegen den Norm- und Regelbrecher vorgehen (Underdal 1998). Beispielsweise können durch den Sicherheitsrat der Vereinten Nationen Sanktionsmaßnahmen gegen Staaten beschlossen werden, die das in der Charta der Vereinten Nationen festgelegte Gewaltverbot brechen. Damit koordiniert der Sicherheitsrat letztlich die Sanktionierung von verbotenen Gewalthandlungen. Durch die entsprechenden Verfahren internationaler Institutionen können somit Sanktionsdrohungen zugleich legitimiert und glaubhafter gemacht werden (Hurd 1998). Deshalb tragen sie aus neoinstitutionalistischer Sicht dazu bei, daß Staaten vor Norm- bzw. Regelbrüchen wirksam abgeschreckt werden können. Dementsprechend mögen die Sanktionsmöglichkeiten, die der Sicherheitsrat bei Verstößen gegen den Nuklearen Nichtverbreitungsvertrag unlängst bekräftigt hat, bewirken, daß die Weiterverbreitung von Nuklearwaffen unwahrscheinlicher wird.

(4) Gemäß eines vierten Wirkungsmechanismus können internationale Institutionen interne Prozesse auslösen, die die Norm- und Regelbeachtung durch Staaten erheblich begünstigen. Demnach können die Normen und Regeln internationaler Institutionen dazu beitragen, daß innerhalb der beteiligten Staaten die *Gruppen gestärkt* werden, die ein originäres Interesse an der Norm- und Regelbeachtung haben, während diejenigen Verwaltungseinheiten geschwächt werden, die eher gegen diese Normen und Regeln stehen. So kann beispielsweise ein Rüstungskontrollabkommen die Rüstungsindustrie schwächen, so daß sich deren Druck, Rüstungskontrollvereinbarungen zu mißachten oder zumindest zu umgehen, reduziert. Die Rüstungsindustrie entläßt möglicherweise Beschäftigte und verliert so politischen Einfluß oder wird sich neue Betätigungsfelder suchen, so daß ihr Interesse erlahmt, Rüstungskontrollmaßnahmen zu verhindern.

(5) Internationale Institutionen können fünftens die *kognitiven, administrativen und materiellen Kapazitäten* der beteiligten Staaten und Gesellschaften verbessern, um die Norm- und Regeleinhaltung zu ermöglichen (Chayes/Chayes 1993, 1995). Häufig

umfassen internationale Institutionen transgouvernementale und transnationale Netzwerke, durch die technische und Management-Fähigkeiten von reicheren auf ärmere Länder übertragen werden. Manche internationale Institutionen haben sogar ganz unmittelbare Transfermechanismen für Geld, Management und Technik vorgesehen. So hat beispielsweise das Nichtverbreitungsregime dafür Sorge getragen, daß Staaten, die auf die Entwicklung von Nuklearwaffen verzichten, im Gegenzug an der zivilen Nutzung der Kernenergie teilhaben können.

*b) Entstehungsbedingungen*

Internationale Institutionen sind also für das Verständnis einer kooperativen Konfliktbearbeitung, welche den Frieden zwischen den Staaten stabilisieren kann, von zentraler Bedeutung. Wie aber können internationale Institutionen in einem anarchisch strukturierten Kontext entstehen? Wann gelingt es Staaten, effektive Normen und Regeln zu entwickeln, die ihnen kooperative Konfliktbearbeitungsformen und damit friedlichere Beziehungen ermöglichen?

Der rationalistische Institutionalismus – insbesondere der sogenannte situationsstrukturelle Ansatz – unterscheidet zwischen verschiedenen *Interessenkonstellationen*, um Hypothesen zu formulieren, unter welchen Bedingungen Staaten internationale Regime schaffen, um ihre durch komplexe Interdependenzen heraufbeschworenen Konflikte kooperativ zu bearbeiten (Stein 1983, Snidal 1986, Zürn 1992, Martin 1992). Die Theorie differenziert zunächst zwischen Interessenkonstellationen, bei denen die Bildung internationaler Regime möglich, und solchen, bei denen die Regimebildung entweder unmöglich oder aber unnötig ist. Die Bildung internationaler Regime ist demnach dann unmöglich, wenn es wie bei sogenannten Nullsummenspielen keine gemeinsamen Interessen gibt. In diesem Fall geht die Verwirklichung der Interessen der einen Seite *vollständig* auf Kosten der anderen Seite, so daß unter rationalen Akteuren eine kooperative Konfliktbearbeitung ausgeschlossen bleibt. Die Regimebildung wird hingegen dann als unnötig betrachtet, wenn die Verwirklichung der Interessen der einen Seite die Verwirklichung der Interessen der anderen Seite nicht beeinträchtigt oder gar begünstigt. In diesem Fall herrscht Harmonie. Die Bildung internationaler Regime ist also nur in sogenannten problematischen Interessenkonstellationen zu erwarten, in denen gemeinsame und widerstreitende Interessen zusammentreffen.

Eine problematische Interessenkonstellation stellt eine notwendige Bedingung für die Entstehung internationaler Regime dar. Unterschiedliche problematische Interessenkonstellationen führen aber mit unterschiedlichen Wahrscheinlichkeiten zur Bildung internationaler Institutionen. Mit Hilfe der sogenannten Spieltheorie,[5] die eine formalisierte Darstellung von Interessenkonstellationen ermöglicht, lassen sich verschiedene problematische Situationen unterscheiden. Je nachdem, wie ausgeprägt die sogenannten *Vertrauensprobleme und Verteilungsprobleme* in einer problematischen Interessenkonstellation sind, variiert die Wahrscheinlichkeit, daß in dem betreffenden Problemfeld ein internationales Regime gegründet werden kann. Dabei lassen sich zunächst die drei problematischen Interessenkonstellationen unterscheiden, bei denen die *Vertrauensproblematik* unterschiedlich stark ausgeprägt ist: es handelt sich um Koordinationsspiele, um Dilemmaspiele und um sog. Rambo- bzw. Überzeugungsspiele. Bei den ersten beiden Konstellationen kann noch zusätzlich differenziert werden, ob oder ob nicht in diese Interessenkonstellationen zusätzlich *Verteilungsprobleme* eingebaut sind. Im Ergebnis unterscheiden wir in der internationalen Politik also fünf wichtige Typen von Interessenkonstellationen.

(1) Bei *Koordinationssituationen ohne Verteilungskonflikt* besteht eine große Wahrscheinlichkeit, daß die Bildung eines internationalen Regimes gelingt. Hier sind die Interessen der beteiligten Staaten so angeordnet, daß nur ein geringes Vertrauensproblem und gar kein Verteilungsproblem vorhanden ist. Das Vertrauensproblem ist sehr gering, weil bei dieser Interessenkonstellation alle beteiligten Staaten ihre Interessen durch wechselseitige Kooperation vollständig verwirklichen können. Damit besteht für keinen Staat ein Anreiz, aus einer einmal erreichten Kooperation wieder auszuscheren. Es taucht hier lediglich insofern ein schwaches Vertrauensproblem auf, als Unsicherheit darüber besteht, worin die kooperative Lösung eigentlich besteht. Um dieses insgesamt aber schwache Vertrauensproblem beseitigen zu können, genügt es zumeist, Regime zu bilden, die die

5 Für eine Einführung in die Spieltheorie siehe Holler/Illing (1993), Rieck (1993) sowie Morrow (1994).

Kommunikation unter den Staaten stabilisieren, so daß sich die Staaten wechselseitig versichern können, daß die Kooperation ihrem Interesse entspricht.

Eine Interessenkonstellation der Art »Koordinationsspiel ohne Verteilungskonflikt« führte beispielsweise zur Errichtung des sogenannten Heißen Drahtes. Mittels dieser Einrichtung konnten die Regierungschefs der USA und der UdSSR jederzeit miteinander kommunizieren, um sich in Krisensituationen an allen diplomatischen Kanälen vorbei wechselseitig versichern zu können, daß keine Seite einen atomaren Erstschlag plant.[6] Sowohl die USA als auch die UdSSR hatten kein Interesse daran, in eine atomare Auseinandersetzung hineinzuschlittern. Zu einer solchen konnte es jedoch auch ungewollt kommen, weil im Falle einer drohenden nuklearen Auseinandersetzung beide ein Interesse gehabt hätten, den »Erstschlag« auszuüben. Schließlich konnte mit einem frühzeitigen atomaren Angriff der Gegner möglicherweise derart geschädigt werden, daß man die atomare Auseinandersetzung selbst überstehen könnte. Da dieses Kalkül bekanntermaßen für beide Seiten galt, bestand für beide Seiten ein gewisser Anreiz, den Angriff zu wagen, wenn die Wahrscheinlichkeit des Krieges zunahm. Diese Dynamik barg insbesondere in Krisensituationen wie der Kubakrise die Gefahr einer ungewollten atomaren Auseinandersetzung. Die Einrichtung des Heißen Drahtes im Anschluß an die Kubakrise diente der Reduzierung dieser Gefahr. Die beiden Regierungschefs sollten sich in Krisensituationen wechselseitig des Verzichts auf einen atomaren Erstschlag versichern können. Daß der Heiße Draht eines der ersten Sicherheitsregime in den Ost-West-Beziehungen war und 1962 unmittelbar nach der Kuba-Krise vereinbart wurde, bestärkt die These, wonach Koordinationsspiele ohne Verteilungskonflikt relativ leicht und schnell zu internationalen Institutionen führen.

(2) Bei Interessenkonstellationen, die einem *Koordinationsspiel mit Verteilungskonflikt* entsprechen, besteht immer noch eine hohe Wahrscheinlichkeit, daß die Regimebildung gelingt. Verglichen mit Koordinationsspielen ohne Verteilungskonflikt

6 Für die Problematik einer ungewollten atomaren Auseinandersetzung zwischen den Supermächten siehe etwa Efinger et al. (1987), George (1985) sowie Blechman (1988: 477). Für eine ausführlichere Interpretation dieser Problematik als Ausdruck einer Koordinationssituation ohne Verteilungskonflikt siehe Zürn (1992: 176-179) sowie Zangl (1999: 82-84).

ist sie allerdings geringer, da zusätzlich zum schwachen Vertrauensproblem ein ausgeprägtes Verteilungsproblem hinzutritt. Das Vertrauensproblem ist gering, weil es für keinen der beteiligten Staaten einen Anreiz gibt, aus einer einmal erreichten Kooperation wieder auszuscheren. Es tritt allerdings insofern ein formidables Verteilungsproblem auf, als die beteiligten Staaten unterschiedliche Vereinbarungen anstreben.

Die verschiedenen Rüstungskooperationsabkommen, die unterschiedliche NATO-Staaten miteinander geschlossen haben, sind aufgrund einer Interessenkonstellation vom Typ Koordinationsspiel mit Verteilungskonflikt entstanden. Alle beteiligten Staaten hatten fraglos das Interesse, große Rüstungsprojekte durch die Kooperation mit verbündeten Staaten möglichst kostengünstig zu gestalten. Gleichzeitig bevorzugen es alle Regierungen, wenn dabei die eigene Rüstungsindustrie möglichst attraktive und umfangreiche Rüstungsaufträge erhält. Schließlich soll die eigene Rüstungsindustrie von den Verteidigungsanstrengungen möglichst stark profitieren können. Dementsprechend waren die vielfältigen Versuche verschiedener, insbesondere europäischer NATO-Staaten, etwa bei der Produktion von Kampfflugzeugen, Panzern und Hubschraubern zusammenzuarbeiten, nicht immer erfolgreich. So scheiterte beispielsweise der Versuch Deutschlands, Großbritanniens und Italiens, Frankreich an der Produktion des Tornado-Kampfflugzeugs zu beteiligen. Frankreichs Rüstungsindustrie sah sich nämlich nicht hinreichend berücksichtigt. Demgegenüber gelang es beim Eurofighter, gemeinsame Rüstungsprojekte zu verwirklichen (Moravcsik 1993). Es zeigt sich also, daß die Errichtung von internationalen Institutionen bei Koordinationsspielen mit Verteilungskonflikt gut möglich, aber keinesfalls garantiert ist.

(3) Bei der Interessenkonstellation vom Typ *Dilemmaspiel ohne Verteilungskonflikt* ist die Wahrscheinlichkeit der Bildung eines internationalen Regimes als mittelhoch bis gering einzustufen. Obgleich kein Verteilungskonflikt vorliegt, stellt sich die Vertrauensproblematik als besonders schwerwiegend dar. Die Interessen der beteiligten Staaten sind so gelagert, daß sie zwar ein gemeinsames Interesse an einer funktionierenden Kooperation haben und der Zustand der gegenseitigen Kooperation gegenüber der gegenseitigen Konfrontation bevorzugt wird. Zugleich aber kann jeder der beteiligten Staaten seine Interessen am allerbesten

verwirklichen, indem er einseitig aus der Kooperation ausschert. Insofern gibt es also stets einen Anreiz, heimlich die getroffenen Vereinbarungen zu hintergehen. Die Vertrauensproblematik wird weiter dadurch verschärft, daß jeder Staat, dessen kooperatives Verhalten von den anderen Staaten nicht erwidert wird, seine Interessen vollständig verfehlt. Aufgrund der Angst von den anderen Staaten ausgenutzt zu werden, besteht somit die Gefahr, daß alle Staaten aus der Kooperation ausscheren und der suboptimale Zustand der Abwesenheit von Kooperation fortbesteht. Damit es zur stabilen und dauerhaften internationalen Kooperation kommen und die Suboptimalität überwunden werden kann, sind aus der Sicht der neoinstitutionalistischen Theorie internationale Regime notwendig, die u. a. durch zuverlässige Kontrollmechanismen Vertrauen in die wechselseitige Kooperation erzeugen können. Gleichwohl erweist sich die Errichtung und die Aufrechterhaltung derartiger Regime als recht schwierig.

Beispielsweise kann der Rüstungswettlauf zwischen den USA und der ehemaligen UdSSR im Bereich der Nuklearwaffen aus neoinstitutionalistischer Sicht als Ausdruck der während des Kalten Krieges lange Zeit gescheiterten Kooperation in einer Dilemmasituation ohne Verteilungskonflikt verstanden werden.[7] Denn sowohl die USA als auch die UdSSR hatten während des Kalten Krieges ein massives Interesse, ihre Sicherheit gegenüber der anderen Seite insbesondere durch gut gerüstete Streitkräfte zu garantieren. Beide Supermächte hofften, durch zusätzliche Rüstungsausgaben zusätzlich Sicherheit zu gewinnen. Dementsprechend wurden auf beiden Seiten die Rüstungsanstrengungen fortlaufend ausgedehnt, ohne daß dadurch Sicherheitsgewinne verbucht werden konnten. Aufgrund der Wohlfahrtsverluste, die beide Staaten durch ihre Rüstungsanstrengungen zu verkraften hatten, wäre es aber durchaus im gemeinsamen Interesse gewesen, Rüstungskontrollvereinbarungen zu treffen.[8] Jede der Super-

7 Das entspricht der Logik des Sicherheitsdilemmas. Vgl. das Kapitel über den Neorealismus.

8 US-Außenminister Dulles, der keinesfalls als Freund eines weichen Auftretens gegenüber der Sowjetunion galt, erklärte bereits 1957 in einer Rundfunk- und Fernsehrede: »[D]ie Kosten für die Erhaltung von miteinander konkurrierenden militärischen Einrichtungen [werden] so groß werden, daß kein Land diese Kosten tragen kann, ohne daß sie zu einer drückenden Last für seine Wirtschaft werden« (Archiv der Gegenwart 1957: 6557).

mächte wußte jedoch, daß die jeweils andere Supermacht, selbst nachdem eine Rüstungskontrollvereinbarung getroffen worden wäre, ihre Sicherheit durch vereinbarungswidrige Rüstungsanstrengungen vergrößern kann. Denn unabhängig davon, ob eine Seite glaubte, daß sich die andere an die Rüstungskontrollvereinbarung hält, war es, gemessen am Eigeninteresse, günstig, die eigenen Rüstungsanstrengungen vereinbarungswidrig fortzusetzen. Dementsprechend war das Verhältnis der beiden Supermächte über vier Jahrzehnte durch einen Rüstungswettlauf geprägt.[9]

(4) Die Wahrscheinlichkeit der Bildung eines internationalen Regimes ist bei *Dilemmasituationen mit Verteilungskonflikt* nochmals schwieriger als bei Dilemmasituationen ohne Verteilungskonflikt. Bei derartigen Interessenkonstellationen wird die Regimebildung nicht nur durch das beschriebene Vertrauensproblem behindert, sondern durch ein erhebliches Verteilungsproblem zusätzlich erschwert. Die Staaten haben zwar wie bei Dilemmasituationen ohne Verteilungskonflikt ein gemeinsames Interesse an internationaler Kooperation, deren Verwirklichung allerdings von der Überwindung zweier Hürden abhängt. Zum einen besteht der Anreiz, aus der Kooperation auszuscheren, bzw. die Angst, andere könnten das eigene kooperative Verhalten ausnutzen, und zum anderen ziehen unterschiedliche Staaten unterschiedliche Kooperationsvereinbarungen vor. Dementsprechend sind hier internationale Regime gefragt, die nicht nur über wirkungsvolle Kontrollmechanismen verfügen, sondern auch präzise festlegen, welche der verschiedenen Kooperationsmöglichkeiten zu verwirklichen ist.

Das Scheitern konkreter Rüstungskontrollbemühungen zwischen der USA und der UdSSR während der 50er Jahre entsprang derartigen Dilemmasituationen mit Verteilungskonflikt. Die beiden Supermächte konnten sich damals nicht einig werden, ob die Begrenzung ihrer Rüstungsanstrengungen vorrangig bei der konventionellen oder bei der nuklearen Rüstung erfolgen sollte. Sowohl die UdSSR als auch die USA wollten zwar eine Rüstungsbegrenzung erreichen, doch während die USA vor allem an der konventionellen Abrüstung interessiert waren, wollte die UdSSR

9 Für eine Analyse der ersten ernsthaften Versuche der UdSSR und der USA, im Zuge der Entspannungspolitik in den späten 60er und frühen 70er Jahren Rüstungskontrollvereinbarungen zu treffen, siehe insbesondere Garthoff (1985) und George et al. (1988).

zunächst nukleare Abrüstungsschritte einleiten.[10] Die USA wollten ihre Überlegenheit im Bereich der nuklearen Rüstung, auf der die Strategie der massiven Vergeltung aufgebaut war, nicht durch eine nukleare Abrüstung gefährden. Für sie war vielmehr aufgrund ihrer numerischen Unterlegenheit bei der konventionellen Rüstung dieser Bereich vordringlich. Die UdSSR hingegen wollte ihre Überlegenheit bei der konventionellen Rüstung nicht durch ein Abrüstungsregime gefährden. Sie versuchten vielmehr, ihre nukleare Unterlegenheit durch entsprechende Rüstungskontrollregime zu kompensieren (Garthoff 1985: 36-38). Da die Supermächte diesen Konflikt nicht in den Griff bekamen, konnten während des Kalten Krieges lange Zeit keine effektiven Rüstungskontrollvereinbarungen getroffen werden. Erst als die UdSSR bei den strategischen Nuklearwaffen mit den USA gleichgezogen hatten und die USA nun wie die UdSSR die Begrenzung der nuklearen Rüstung als vordringlich erachteten, konnte schließlich das Verteilungsproblem beseitigt werden.[11] Mit der Erreichung des nuklearen Patts wurde das Dilemmaspiel mit Verteilungskonflikt in ein Dilemmaspiel ohne Verteilungskonflikt transformiert und damit die Regimebildung leichter.

(5) Bei sogenannten Rambo- oder *Überredungssituationen* gilt die Wahrscheinlichkeit der Bildung internationaler Regime als sehr gering. Gleichwohl können auch in Interessenkonstellationen von diesem Typ unter bestimmten Umständen internationale Regime entstehen. Das zentrale Merkmal dieser Interessenkonstellation besteht darin, daß das Interesse der Staaten an internationaler Kooperation nicht symmetrisch ist. Während zumindest einer der beteiligten Staaten ganz auf die Kooperation anderer Staaten angewiesen ist, um seine Interessen befriedigend verwirklichen zu können, ist zumindest ein anderer Staat in der Lage, seine Interessen weitgehend unabhängig von der Kooperation anderer zu verwirklichen. Die übrigen Staaten müssen darauf bauen, den »Rambo« zu »überreden«, sich in dem betreffenden

10 Die USA und die UdSSR folgten der Logik: »When one side perceives its strength to be superior in one category of weaponry, it will not eliminate its competitive edge through negotiations.« (Johansen 1984: 96).

11 Das Patt bei den strategischen Nuklearwaffen, das sich in den späten 60er Jahren zwischen den USA und der UdSSR einstellte, wird zumeist als notwendige Voraussetzung der ersten Rüstungskontrollabkommen (SALT I und SALT II) angesehen (Garthoff 1985: 16-17, 53-68).

Problemfeld in ihrem Interesse an der internationalen Kooperation zu beteiligen. Dies kann auf zwei Wegen gelingen. Zum einen kann der Rambo kraft guter Argumente in der Tat davon überzeugt werden, seine Überzeugungen und Interessen zu verändern. Als Folge davon entsteht eine neue Interessenkonstellation.[12] Zum anderen kann es durch »linkage« gelingen, eine Interessenkonstellation vom Typ Rambospiel der Kooperation zuzuführen. Wenn sich die kooperationsabhängige Partei in einem anderen Problemfeld selbst in einer Ramboposition befindet, lassen sich die beiden Überredungssituationen miteinander verknüpfen, so daß ein gemeinsames Interesse an internationaler Kooperation entstehen kann, bei der jeder seine Ramboposition aufzugeben bereit sein wird. Da durch die Verknüpfung zweier inverser Überredungssituationen zumeist eine Dilemmasituation mit Verteilungskonflikt entsteht, sind hier internationale Regime zu erwarten, die zum einen über wirkungsvolle Verfahren der Kontrolle und gegebenenfalls auch der Sanktionierung verfügen, zum anderen Verfahren beinhalten, durch die Norm- und Regelungslücken ausgemerzt werden können und eine neutrale Norm- und Regelanwendung möglich ist.

Derartige Überredungssituationen sind typisch für die Verteilung der Rüstungsanstrengungen innerhalb der Nordatlantischen Vertragsorganisation (NATO). Generell waren sowohl die USA als auch ihre europäischen NATO-Partner daran interessiert, daß die Rüstungsanstrengungen der NATO die wahrgenommene Sicherheitsbedrohung durch die von der UdSSR angeführte Warschauer Vertragsorganisation (WVO) auszugleichen in der Lage sind. Freilich traten deutliche Interessenkonflikte darüber auf, wer die Kosten dieser Anstrengungen tragen sollte. Die USA wollten, daß die Europäer das Gros der Rüstungsanstrengungen tragen, während die Europäer umgekehrt das Gros der Rüstungsanstrengungen von den USA geschultert sehen wollten. Dabei fanden sich zumeist die europäischen Regierungen in der besseren, der Rambo-Position. Da sie die Sicherheitsbedrohung durch die WVO vielfach weniger dramatisch einschätzten als das außen-

12 Das Thema des »Präferenzwandels« liegt jedoch weitgehend außerhalb des rationalistischen Institutionalismus – es rückt beim Sozialkonstruktivismus in Kap. 5 in den Mittelpunkt des Interesses. Zangl/Zürn (1996) diskutieren allerdings Möglichkeiten von Lernprozessen innerhalb des rationalistischen Paradigmas.

politische Establishment der USA, sahen sie häufig keinen Handlungsbedarf, während die USA auf neue Maßnahmen drängten. Im Ergebnis akzeptierten die Europäer nur dann erhöhte Rüstungsanstrengungen, wenn sich die USA daran überproportional beteiligten, während die USA teilweise selbst dann aufrüsteten, wenn sich die Europäer verweigerten. Dementsprechend konnten die Europäer darauf vertrauen, daß die USA die notwendigen Rüstungsanstrengungen übernehmen würde, um die WVO einzudämmen, ohne sich selbst daran beteiligen zu müssen. Die europäischen Staaten konnten also ihre Interessen gegenüber den USA in diesem Bereich durchsetzen, indem sie ihre Kooperation verweigerten. Diese Interessenkonstellation erklärt einerseits, warum die USA einen überproportionalen Anteil an den Rüstungsanstrengungen der NATO leisten mußten. Andererseits macht sie verständlich, warum die Europäer nur dann zu vermehrten Rüstungsanstrengungen in der NATO bereit waren, wenn es den USA gelang, die Konflikte über das *burden sharing* mit anderen Konflikten, bei denen sie sich selbst in einer Ramboposition befand, zu koppeln.

Eine Erweiterung der neoinstitutionalistischen *Theorie der Institutionenbildung* wurde mittlerweile durch das Konzept der Zwei-Ebenen-Spiele vorgenommen (Putnam 1988, Moravcsik 1993, Zangl 1994, 1999, Milner 1997). Dieses Konzept berücksichtigt nicht nur verschiedene Interessenkonstellationen auf der zwischenstaatlichen Ebene, sondern auch verschiedene Interessenkonstellationen auf gesellschaftlicher Ebene, um die Wahrscheinlichkeit der Bildung internationaler Regime abzuschätzen. Ihr Grundgedanke ist, daß die Bildung internationaler Institutionen durch das Zusammenspiel von Interessenkonstellationen auf der zwischenstaatlichen und der gesellschaftlichen Ebene bestimmt wird. Denn bei der Regimebildung müssen die beteiligten Staatsfrauen und Staatsmänner ein und denselben Schachzug zugleich an zwei Schachbrettern durchführen. Sie verhandeln also bei der Regimebildung nicht nur auf der Grundlage ihrer Interessen nach außen mit anderen Staaten, sondern sie müssen zugleich nach innen verhandeln, um zu sichern, daß das avisierte Regime mit zentralen gesellschaftlichen Interessen vereinbar ist. Die Regimebildung hängt also nicht nur davon ab, daß die Interessen der beteiligten Staaten kompatibel sind, sondern auch davon, daß dem Regime in den beteiligten Staaten nicht gesellschaftliche Interessen fundamental entgegenstehen. Dementsprechend kann die Regimebildung zwar einerseits durch widerstreitende gesellschaftliche Interessen behindert werden, aber andererseits auch durch auf eine Regimebildung drängende gesellschaftliche Interessen begünstigt werden.

### 4.3 Die neoinstitutionalistische Theorie und das Zeitalter der Institutionalisierung

Die neoinstitutionalistische Theorie ist weniger geeignet, um internationale Politik im 17. oder 18. Jahrhundert zu erklären. Zu jener Zeit gab es zwar die für das Staatensystem konstitutive Interdependenz zwischen Staaten, aber noch kaum signifikante gesellschaftliche Interdependenzen.[13] Die neoinstitutionalistische Theorie kann vielmehr erst auf die internationale Politik des 19. Jahrhunderts, insbesondere aber auf die des 20. Jahrhunderts erfolgreich angewandt werden. Seither wurde ein Politikbereich nach dem anderen durch zunehmend dichtere gesellschaftliche Interdependenzen über Staatsgrenzen hinweg erfaßt, so daß – je nachdem, welche Interessenkonstellationen sich dabei ergaben – in vielen Politikbereichen teilweise erfolgreich, teilweise aber auch weniger erfolgreich internationale Institutionen gebildet wurden. Dieser Institutionalisierungsprozeß setzte bereits im frühen 19. Jahrhundert mit der Bildung der ersten internationalen Institutionen im Sicherheitsbereich ein, um noch im späten 19. Jahrhundert, insbesondere aber im 20. Jahrhundert zur Entstehung zahlreicher Institutionen im Wirtschafts-, Menschenrechts-, Entwicklungs- und Umweltbereich zu führen, die in der Summe die Frage nach Krieg und Frieden nachhaltig geprägt haben bzw. weiter prägen.[14]

13 Freilich müßte noch zwischen unterschiedlichen Typen von Interdependenz unterschieden werden. Vgl. z. B. die Überblicksbeiträge von Kohler-Koch (1990) und Zürn (2002). Keohane/Nye (2001) ist der moderne Klassiker zur »komplexen Interdependenz«.

14 Vgl. hierzu auch ausführlicher Rittberger/Zangl (2003).

Da sie für die Friedenssicherung bzw. die Kriegsvermeidung besonders bedeutsam erscheinen, sind zunächst die internationalen Sicherheitsinstitutionen zu betrachten (Haftendorn et al. 1999). Die ersten internationalen Sicherheitsinstitutionen entstanden bereits im frühen 19. Jahrhundert. Die europäischen Staaten befanden sich zwar bereits im 17. und 18. Jahrhundert insofern in einem Interdependenzverhältnis, als die Sicherheit jedes europäischen Staates von den benachbarten Staaten und den Großmächten abhing. Die eigene Sicherheit konnte beispielsweise nur dann als gesichert gelten, wenn andere Staaten diese militärisch weder bedrohen konnten noch wollten. Doch ein Bedarf für internationale Institutionen wurde zunächst nicht gesehen.

Erst durch das Hegemoniestreben Napoleons war deutlich geworden, daß selbst die Sicherheit mächtiger Staaten wie Österreich, Preußen, Großbritannien und Rußland von einem einzelnen Staat wie Frankreich bedroht werden konnte. Um weitere verheerende Kriege um die Hegemonie in Europa zu verhindern, haben die führenden Staatsmänner ihrer Epoche daher auf dem Wiener Kongreß 1814/15 mit dem sogenannten *Konzert der Großmächte* eine erste internationale Proto-Institution geschaffen, die die Sicherheit in Europa stabilisieren sollte (Richardson 1999: 50). Der Wiener Kongreß kann insofern als Startpunkt der Institutionalisierung der Weltpolitik angesehen werden.

Das Konzert der Großmächte – das neben den Kriegsgewinnern Großbritannien, Österreich, Rußland und Preußen auch das wiederaufstrebende Frankreich einschloß – sollte die auf dem Wiener Kongreß geschaffene Friedensordnung stabilisieren helfen. Das Konzert bot den Großmächten gewissermaßen eine wechselseitige Sicherheitsgarantie, indem sie sich darauf verpflichteten, ihre Sicherheitsinteressen wechselseitig zu achten. Darüber hinaus beruhte das Konzert im wesentlichen auf einem Konsultationsmechanismus für Krisensituationen. Durch die Konsultationspflicht sollte sichergestellt werden, daß keine der Großmächte eine Krisensituation ausnutzt, um sich gegenüber den übrigen Großmächten Sicherheitsvorteile zu verschaffen. Die Großmächte sollten vielmehr durch die Konsultationen gezwungen werden, Krisen gemeinsam unter Beachtung der Sicherheitsinteressen aller zu bewältigen. Derartige Konsultationen hatte es zwar bereits vorher gegeben, sie waren aber nur spontan, nicht aufgrund vorab festgelegter Verfahren erfolgt (Richardson 1999).

Das Konzert der europäischen Großmächte hatte – allerdings mit erheblichen Funktionsschwankungen – bis ins späte 19. Jahrhundert Bestand. Es hat zweifellos dazu beigetragen, daß Europa im 19. Jahrhundert nach den Napoleonischen Kriegen (1792-1815) mit Ausnahme des Krim-Kriegs (1853-1856) bis zum preußisch-österreichischen Krieg (1866) keine direkte kriegerische Konfrontation von Großmächten in Europa erlebte. Dazwischen war es auf einer Reihe von Kongressen und Konferenzen gelungen, den Frieden unter den Großmächten auch in schwierigen Situationen zu erhalten. Nach 1870 konnte das Konsultativsystem nur mehr sporadisch, beispielsweise mit dem Berliner Kongreß von 1878, zur Friedenserhaltung in Europa beitragen, ehe es 1914 mit dem Ersten Weltkrieg endgültig hinfällig wurde.

Der Erste Weltkrieg hat zwar die Institution des Konzerts der Großmächte zerstört, doch zugleich hat er die Interdependenzen der europäischen Staaten im Sicherheitsbereich akzentuiert. Dementsprechend wurde nach dem Weltkrieg 1918 erstmals der Versuch unternommen, das Sicherheitsdilemma nicht nur europäisch, sondern global durch eine stärker institutionalisierte internationale Organisation einzuhegen. So wurde 1919 der *Völkerbund* errichtet. Der Völkerbund sollte die internationale Sicherheit stabilisieren helfen, indem er nicht nur die Großmächte, sondern alle Staaten, groß oder klein, auf ein – allerdings noch beschränktes – Gewaltverbot verpflichtete. Um dieses Gewaltverbot umzusetzen, war ein System kollektiver Sicherheit vorgesehen, gemäß dessen sich im Rahmen des Völkerbundes koordiniert alle Mitglieder gegen einen Staat verbünden sollen, der gegen einen anderen Staat mit Gewalt vorgeht (Pfeil 1976).

Der Völkerbund war allerdings bei der Friedenssicherung wenig erfolgreich. Die Angriffskriege, mit denen Japan 1931 die Mandschurei und Italien 1935 Abessinien heimsuchten, konnte er ebenso wenig verhindern wie die Mißachtung aller Friedensgrundsätze durch das nationalsozialistische Deutschland nach 1933. So mußte der Völkerbund den Entwicklungen, die 1939 in den Zweiten Weltkrieg mündeten, tatenlos zusehen. Gescheitert ist der Völkerbund, weil er – anders als das Konzertsystem – von den mächtigsten Staaten nicht hinreichend unterstützt wurde. Die USA waren ihm 1919 erst gar nicht beigetreten, Rußland konnte erst 1934 eintreten, dafür traten aber Japan 1931 sowie Deutschland 1933 frühzeitig aus, und Rußland wurde bereits 1939 wieder ausgeschlossen. M. a. W.: Das Völkerbundsystem agierte frei von den grundlegenden Interessen der Großmächte. Dadurch wurde das System kollektiver Sicherheit derart geschwächt, daß die von ihm ausgehenden Sanktionsdrohungen die Staaten nur wenig glaubhaft vor Gewalthandlungen gegen andere Staaten abzuschrecken vermochten (Archer 1992: 15-22, Armstrong 1996: 33-61).

Der Zweite Weltkrieg überbot an Brutalität den Ersten Weltkrieg noch bei weitem. Er unterstrich die zunehmend dichten Interdependenzen auch im Sicherheitsbereich, so daß – obgleich der Völkerbund kläglich gescheitert war – 1945 erneut der Versuch unternommen wurde, das Sicherheitsdilemma unter den Staaten durch die Bildung einer Internationalen Organisation – *die Vereinten Nationen* (UNO) – einzuhegen. Die UNO verpflichtet alle Staaten auf ein allgemeines Gewaltverbot, das nicht nur jegliche Gewaltanwendung, sondern auch jede Gewaltdrohung zwischen Staaten untersagt. Das Gewaltverbot sollte wie beim Völkerbund durch ein – in seinen Verfahren allerdings verbessertes – System kollektiver Sicherheit umgesetzt werden (Luard 1982, Roberts 1996). Damit es funktionieren kann und die Interessen der Großmächte ausreichend berücksichtigt werden, wurde das zentrale Sicherheitsorgan der UNO – der Sicherheitsrat – damit beauftragt, über den internationalen Frieden zu wachen. Und um sicherzustellen, daß ihre Interessen gewahrt bleiben, wurde den aus dem Zweiten Weltkrieg hervorgegangenen Großmächten – den USA, der UdSSR sowie Großbritannien, Frankreich und China – im Sicherheitsrat ein ständiger Sitz mit Vetorecht eingeräumt (Armstrong/Lloyd/Redmond 1996: 62).

Aufgrund dieses Vetorechts blieb das System kollektiver Sicherheit allerdings während des Ost-West-Konflikts weitgehend blockiert. Da insbesondere die USA und die UdSSR unbedingt vermeiden wollten, daß die Gewalthandlung von verbündeten Staaten durch die UNO verurteilt wurden, konnte der Sicherheitsrat kaum *Peaceenforcement* beschließen (Roberts 1996). Trotz ihres vielfach sogar gemeinsamen Interesses am Gewaltverzicht verbündeter Staaten, glaubten die Vetomächte nicht riskieren zu können, durch nicht-militärische oder gar militärische Sanktionsmaßnahmen einen verbündeten Staat zu schwächen.

Die UNO konnte zwischen verfeindeten Staaten somit lediglich vermitteln, um diese von ihrer Gewaltpolitik abzubringen. Darüber hinaus versuchte der Generalsekretär der Vereinten Nationen mittels des *Peacekeeping* Kriegsparteien mit Blauhelmtruppen oder Beobachtergruppen zu helfen, die teilweise von ihm selbst vermittelten Waffenstillstandsvereinbarungen umzusetzen und damit weitere, gleichsam ungewollte Gewalttätigkeiten zu verhindern. Das *Peacekeeping* hat sich gewissermaßen als Ersatz für das *Peaceenforcement* entwickelt, um den anstehenden Sicherheitsaufgaben etwas besser gerecht werden zu können (UNO 1990). Insgesamt bleibt die Effektivität der UNO aber lange Zeit gering. Erst durch das Ende des Ost-West-Gegensatzes wurde die Blockade des Sicherheitsrats weitgehend aufgehoben. Die fünf ständigen Sicherheitsratsmitglieder, die zwischen 1945 und 1990 insgesamt 279 Vetos aussprachen, verzichteten nun darauf, verbündete Staaten zu schützen. Zwischen 1990 und 1994 wurde nur noch viermal ein Veto eingelegt (Roberts 1996: 316). Damit übernahmen die Vereinten Nationen nun zumindest annäherungsweise auch *de facto* die Sicherheitsaufgaben, die ihnen *de jure* ohnehin zustanden (siehe Kapitel 8).

### *4.3.2 Wirtschafts-, Menschenrechts-, Entwicklungs- und Umweltinstitutionen*

Es sind nicht nur internationale Sicherheitsinstitutionen, die friedensförderlich sein können. Generell gilt, daß die zunehmende gesellschaftliche Interdependenz zu einer wachsenden Zahl von Konfliktlagen führt. Derartige Konflikte können die Ursache für einen kriegerischen Konfliktaustrag sein. Dieser kausale Zweischritt kann an zwei Stellen durch internationale Institutionen durchbrochen werden: Zum einen können die Beziehungen zwischen den Konfliktparteien so gestaltet werden, daß selbst schwierige Konfliktlagen nicht in einen kriegerischen Konfliktaustrag umschlagen. Das ist die Aufgabe internationaler Sicherheitsinstitutionen. Das Ausmaß der Probleme, die durch die Interdependenz erwachsen, kann aber zum anderen auch im Vorfeld bereits soweit abgebaut werden, daß die Auswirkungen nicht zu potentiell gewalthaltigen sozialen Konflikten führen. Über die Einübung eines friedlichen Konfliktaustrags in einer Vielzahl von internationalen Institutionen in unterschiedlichen Problemfeldern und über die gegenseitige Abstützung derartiger Institutionalisierungsprozesse kann der Frieden langfristig stabilisiert werden. Darin liegt die Logik der Friedensstrategie »Frieden durch internationale Organisation« und der friedensförderliche Effekt von internationalen Institutionen außerhalb des Sicherheitsfeldes.

So haben also die verschiedenen Institutionalisierungsschübe, die sich aufgrund der wachsenden Interdependenzen in unterschiedlichen Politikbereichen ergaben, möglicherweise mehr zur Friedenssicherung beigetragen, als die Institutionen, die wie der Völkerbund und die Vereinten Nationen ausdrücklich geschaffen worden waren, um die internationale Sicherheit zu verbessern. Dabei folgte die Institutionalisierung jenseits des Sicherheitsbereichs der Verdichtung der Interdependenzen, welche zuerst den Wirtschafts-, dann aber auch den Menschenrechts-, den Entwicklungs- und schließlich den Umweltbereich erfaßten. Für jeden dieser vier Bereiche sind unterschiedliche Interessenkonstellationen typisch.

(1) Die ersten internationalen Institutionen außerhalb des Sicherheitsbereichs sind bereits im frühen 19. Jahrhundert im Wirtschaftsbereich entstanden. Diese ergaben sich vor dem Hintergrund der Interdependenzen, welche durch die rasch voranschreitende Industrialisierung der Wirtschaftsproduktion hervorgerufen wurden (Rittberger/Zangl 2003). Angesichts der neuen technischen Möglichkeiten stellten die national je unterschiedlichen Standards etwa im Verkehrswesen, bei der Nachrichtenübermittlung, aber auch bei den Gewichtseinheiten und Längenmaßen eine überflüssige Behinderung für die Wirtschaft dar. Um die Wohlfahrtspotentiale zu nutzen, die der internationale Handel versprach, entwickelten daher die Staaten ein Interesse an der Vereinheitlichung der Standards, um eine Infrastruktur für eine funktionierende Weltwirtschaft zu schaffen. Doch über dieses gemeinsame Interesse an einem einheitlichen Standard hinaus hatte jeder Staat zugleich das Interesse, daß der eigene nationale Standard internationalisiert und von anderen übernommen wird. Die zugrundeliegende Interessenkonstellation entsprach also meistens einem Koordinationsspiel mit Verteilungskonflikt, was die Schaffung von internationalen Regimen recht wahrscheinlich machte. In der Tat haben die Staaten im 19. Jahrhundert zahlreiche internationale Institutionen zur Vereinheit-

lichung nationaler Standards entwickeln und den immer wieder neuen Anforderungen anpassen können.

Im *Verkehrswesen* wurden beispielsweise sukzessive internationale Regime für einheitliche Standards im Schiffsverkehr gebildet. Die internationalen Regime für den Schiffsverkehr haben dabei zunächst vor allem den Schiffsverkehr auf den europäischen Flüssen geregelt. So sind 1815 für den Rhein, 1821 für die Elbe, 1823 für die Weser, 1830 für die Maas, 1856 für die Donau und 1885 sogar für den Kongo internationale Regime gebildet worden, die den internationalen Schiffsverkehr auf diesen Flüssen nach einheitlichen Standards garantieren sollten. Darüber hinaus wurde vor dem Hintergrund der Entwicklung des Dampfschiffs im 19. Jahrhundert ein internationales Regime für die Schiffahrt auf den Weltmeeren gebildet, die später in gebündelter Form durch die Internationale Seeschiffahrtsorganisation (IMO) betreut werden. Dazu kamen mit der Entwicklung zunächst der Eisenbahn und später des Flugzeugs weitere internationale Regime, die mit ihren Standards zu einem reibunslosen internationalen Eisenbahn- und Flugverkehr beigetragen haben.

Auch bei der *Nachrichtenübermittlung* sind der technologischen Entwicklung folgend internationale Institutionen entstanden, um eine zuverlässige Nachrichtenübermittlung über Staatsgrenzen hinweg zu ermöglichen. Dazu dienten beispielsweise die Entwicklung von Standards für die Gebührenerhebung bei internationalen Telefongesprächen und Telegraphenverbindungen durch die 1865 gegründete Internationale Telegraphen-Union. Deren Aufgaben hat heute die Internationale Fernmelde-Union (ITU) übernommen, die für das gesamte Funk- und Fernmeldewesen zuständig ist. Für den internationalen Postverkehr ist seit 1874 der Allgemeine Postverein zuständig, der seit 1878 als Weltpostverein (UPU) firmiert. Durch den UPU wurde erreicht, daß der grenzüberschreitende Postverkehr aufgrund internationaler Standards zuverlässiger wurde sowie beschleunigt und verbilligt werden konnte.

Die Standardisierung von *Meßgrößen* sollte gleichfalls die grenzüberschreitenden Wirtschaftsbeziehungen erleichtern. So wurde 1875 das Internationale Büro für Maße und Gewichte gegründet, das u. a. den Standard-Meter und das Standard-Kilogramm aufbewahrt. Darüber hinaus führte die Internationale Statistische Konferenz 1885 das Dezimalsystem als internationalen

Standard für alle quantitativen Meßgrößen ein. Gleichfalls zentral für die aufkeimende Weltwirtschaft war die Absicherung von Patenten im internationalen Maßstab. Dementsprechend wurde durch die Pariser Konvention über den gewerblichen Rechtsschutz bereits 1883 ein internationales Regime begründet, gemäß dessen sich jeder Staat auf einen rechtlich nicht diskriminierenden Patentschutz verpflichtet.

(2) Die genannten Institutionen schufen die technischen und infrastrukturellen Voraussetzungen für die Ausbildung eines funktionierenden Weltmarktes. In der Folgezeit sind im Laufe des 20. Jahrhunderts internationale Institutionen entstanden, die den neu entstandenen Weltmarkt politisch absichern sollten. Im Zuge der weltwirtschaftlichen Verflechtung entwickelte jeder einzelne Staat neben dem gemeinsamen Interesse an einem offenen Weltmarkt für sich das partikulare Interesse, durch protektionistische Handels- und Finanzpolitiken die eigene Volkswirtschaft beispielsweise durch die Anhebung von Zöllen oder die Abwertung seiner Währung zu schützen bzw. zu stärken. Geben jedoch alle Staaten ihrem Partikularinteresse an Protektionismus nach, entspinnt sich ein Protektionswettlauf, der den Weltmarkt in seinem Bestand gefährdet (Conybeare 1987). Dieses Dilemma war insbesondere in den Weltwirtschaftskrisen des späten 19. und frühen 20. Jahrhunderts klar zutage getreten. Damals lösten bedrängte Staaten jeweils Protektionswettläufe aus, die die jeweilige Weltwirtschaftskrise weiter verschärften, ohne daß die eigene Lage relativ verbessert werden konnte. Die mit diesen Interdependenzproblemen verbundene Interessenkonstellation entsprach weitgehend dem Typ des Dilemmaspiels. Theoretisch läßt sich erwarten, daß die damit verbundenen Bemühungen zur Errichtung internationaler Institutionen teils Erfolge zeitigen konnten, teils aber auch scheiterten.

Die Staaten begannen in der Tat nach dem Zweiten Weltkrieg, internationale Institutionen zu begründen, die in der Handels- und Finanzpolitik durchaus erfolgreich dazu beigetragen haben, Protektionswettläufe zu verhindern und eine Liberalisierung der Weltwirtschaft zu erreichen (Gilpin 2000). Die negativen Erfahrungen aus der Zwischenkriegszeit sollten sich nicht wiederholen. Im Handelsbereich wurde mit dem Allgemeinen Zoll- und Handelsabkommen (GATT) 1947 ein internationales Regime begründet, das die Staaten auf weitgehend liberale Handelsbeziehungen verpflichtete. Das GATT verlangte von den Staaten, Handelsbarrieren abzubauen – auf mengenmäßige Handelsbeschränkungen (Quoten) hatten sie ganz zu verzichten, tarifäre Handelsbeschränkungen (Zölle) sollten sie zumindest senken. Um eine Blockbildung, wie sie in den 1930er Jahren im Welthandel entstanden war, zu vermeiden, verbietet das GATT darüber hinaus, eine diskriminierende Behandlung unterschiedlicher Handelspartner (Meistbegünstigung). Abgesehen von den Handelspartnern innerhalb einer Freihandelszone oder einer Zollunion muß demnach jeder Staat allen Staaten die Handelsbedingungen einräumen, die er dem Staat gewährt, der die günstigsten Handelsbedingungen erhält. Da sich das GATT nur auf den Güterhandel erstreckt, wurde ihm 1995 das GATS, das den stetig wachsenden Dienstleistungshandel regelt, sowie das TRIPS, das sich mit geistigen Eigentumsfragen befaßt, zur Seite gestellt. Darüber hinaus wurden die drei Regime in die neu gegründete Welthandelsorganisation (WTO) integriert. Diese mit zusätzlichen Kompetenzen ausgestattete Organisation ist heute damit betraut, die weitere Liberalisierung der internationalen Handelsbeziehungen zu sichern und neuerliche Protektionswettläufe zu verhindern (vgl. Senti 2000, Jackson 1999, Hauser/Schanz 1995).

Im Finanzbereich wurde mit dem Internationalen Währungsfonds (IWF) bereits 1944 eine internationale Organisation gegründet. Der IWF sollte eine liberale Weltwirtschaft stützen, in dem er die Staaten verpflichtete, die freie Konvertibilität ihrer Währungen zu garantieren und diese in einem gegenüber dem US-Dollar – der seinerseits durch die Golddeckung gebunden war – weitgehend festen Wechselkursverhältnis zu halten. Nachdem die USA 1971 aufgrund ihres chronischen Handelsbilanzdefizits sowie des wachsenden Handelsvolumens jedoch die Golddeckung des US-Dollars aufgeben mußten, wurde das Währungssystem des IWF 1973 reformiert und das System fester Wechselkurse durch ein System flexibler Wechselkurse ersetzt. Heute soll der IWF durch seine Kreditvergabe vornehmlich dazu beitragen, daß sich Finanzkrisen wie die in Asien 1996 und in Rußland 1997 oder Schuldenkrisen wie die in Mexiko 1982 und in Brasilien 1987 nicht wiederholen, zumindest aber nicht ausbreiten können (Helleiner 1994, Eichengreen 1996, Kapstein 1994).

(3) Die internationale Institutionalisierung blieb im 20. Jahrhundert keineswegs auf den Wirtschaftsbereich beschränkt. Viel-

mehr entstanden nicht zuletzt aufgrund der zunehmend dichten Verflechtungen der Staaten untereinander selbst im Menschenrechtsbereich Interdependenzbeziehungen, die sich in die Bildung internationaler Institutionen übersetzten. Zwar hat kein Staat ein unmittelbares Interesse, daß andere Staaten seine Menschenrechtspolitik beeinflussen können. Doch aufgrund der moralischen Interdependenzen über Staatsgrenzen hinweg gilt zugleich, daß es liberale Gesellschaften nicht unberührt lassen kann, wenn in anderen Staaten Menschenrechte massiv verletzt werden. Dies haben die unvergleichlichen Menschenrechtsverletzungen, die Deutschland während des Zweiten Weltkriegs begangen hatte, mehr als deutlich gemacht. Zwar befinden sich die Staaten, die gegen eine universelle Anerkennung der Menschenrechte eintreten, in einer Art Rambo-Position. Trotz dieser widrigen Interessenkonstellation sind jedoch nach 1945 verschiedene internationale Institutionen damit beauftragt worden, für die Menschenrechte einzutreten. Allerdings darf die Effektivität dieser Institutionen nicht überschätzt werden (vgl. Liese 2001).

Bereits in der Charta der Vereinten Nationen wird die Bedeutung der Menschenrechte ausdrücklich unterstrichen. Daran anknüpfend wurde von der Menschenrechtskommission die Allgemeine Erklärung der Menschenrechte erarbeitet, welche 1948 von der Generalversammlung der UNO verabschiedet wurde. Darin werden die wichtigsten Menschenrechtsnormen – sowohl die bürgerlichen und politischen als auch die wirtschaftlichen, sozialen und kulturellen – festgehalten. Bindend wurden die Menschenrechtsnormen der UNO jedoch erst 1976 mit dem Inkrafttreten der Konvention über bürgerliche und politische Rechte – dem sogenannten Zivilpakt – und der Konvention über wirtschaftliche, soziale und kulturelle Rechte – dem sogenannten Sozialpakt. Darüber hinaus wurden im Rahmen der UNO weitere Konventionen etwa zum Verbot der Folter, zu den Rechten der Frau, zum Verbot der Rassendiskriminierung sowie zu den Rechten des Kindes erarbeitet. Die Menschenrechtsnormen der UNO haben zwar nicht zu einer weltweiten Verwirklichung der Menschenrechte geführt. Doch sie haben zum einen dazu beigetragen, daß die Menschenrechtsidee weiter verbreitet werden konnte, und zum anderen zumindest vereinzelt dazu geführt, daß sich in einigen Staaten die Menschenrechtssituation gebessert hat (Donelly 1986, Alston 1995, Risse et al. 2002).

(4) Internationale Institutionen wurden insbesondere in der zweiten Hälfte des 20. Jahrhunderts auch vermehrt damit beauftragt, die enormen Entwicklungsdisparitäten in unterschiedlichen Staaten eindämmen zu helfen. Auch diese Institutionen gingen weitgehend auf die mit einer zunehmend integrierten Weltwirtschaft verbundenen Interdependenzbeziehungen zurück. Denn der Weltmarkt tendiert dazu, bestehende Entwicklungsdisparitäten weiter zu vertiefen, so daß reichere Staaten immer reicher, arme Staaten hingegen immer ärmer zu werden drohen. Um ihre Entwicklungschancen zu verbessern, haben deshalb ärmere Staaten ein Interesse an der Entwicklungshilfe aus reichen Staaten. Diese wiederum haben zwar kein unmittelbares Interesse, derartige Entwicklungshilfe zu gewähren, wollen diese jedoch auch nicht völlig verwehren, damit die Entwicklungsländer nicht aus den Weltmarktstrukturen herausfallen. Obwohl sich also die Geberländer in einer Rambo-Position befinden, kam es zu einigen internationalen Entwicklungsinstitutionen. Gleichwohl muß die Effektivität dieser Institutionen – durchaus den theoretischen Erwartungen entsprechend – als sehr gering eingeschätzt werden.

Die zweifellos wichtigsten internationalen Organisationen zur Entwicklungsförderung gehören zur sogenannten Weltbankgruppe. Diese umfaßt die bereits 1944 gegründete Internationale Bank für Wiederaufbau und Entwicklung (IBRD) sowie deren Tochterinstitutionen, die seit 1955 bestehende Internationale Finanzkorporation (IFC) und die 1960 gebildete Internationale Entwicklungsvereinigung (IDA). Die drei Weltbankorganisationen vergeben Kredite, um dadurch Entwicklungsländer in ihrem Bemühen um eine nachholende Entwicklung zu unterstützten. Die Kredite, die teilweise zu normalen Zinssätzen (IBRD und IFC), teilweise aber auch mit ermäßigten Zinssätzen (IDA) vergeben werden, sind dabei zumeist an bestimmte Entwicklungsprojekte gebunden, bei deren Durchführung die Weltbank die Empfänger vielfach auch mit technischer Hilfe unterstützt. Durch die Entwicklungsfinanzierung seitens der Weltbank konnte zwar nicht verhindert werden, daß sich die Entwicklungsdisparitäten insgesamt weiter akzentuiert haben, doch ohne die Weltbank wären die Entwicklungsunterschiede möglicherweise noch ausgeprägter (Tetzlaff 1996).

Das durch die Vereinigung verschiedener Entwicklungsprogramme und Entwicklungsfonds der UNO 1965 gegründete Entwicklungsprogramm der Vereinten Nationen (UNDP) – neben der Weltbankgruppe die wohl wichtigste Entwicklungsorganisation – hat sich auf die Gewährung technischer Hilfe spezialisiert. Hier werden die Entwicklungsländer nicht wie bei der Kapitalhilfe durch die Weltbankgruppe mit Krediten unterstützt, sondern ihnen soll im Rahmen konkreter Entwicklungshilfeprojekte durch Experten sowie Ausrüstung und Ausbildung geholfen werden. Durch die Verwaltung verschiedener Sonderfonds wie den Kapitalentwicklungs- oder den Bevölkerungsfonds wurde das UNDP zur zentralen Entwicklungsagentur der Vereinten Nationen, die in praktisch allen Entwicklungsländern eigenständige Verbindungsbüros unterhält. Doch auch für ihre Entwicklungsaktivitäten gilt, daß sie zwar nicht gänzlich wirkungslos sind, jedoch zu einer flächendeckend nachholenden Entwicklung insgesamt wenig beitragen konnten (Klingebiel 1998, Sahlmann 1991, Rittberger/Mogler/Zangl 1997).

(5) Im ausgehenden 20. Jahrhundert schließlich wurden vermehrt internationale Institutionen damit betraut, die internationale Umweltpolitik zu unterstützen. Diese Institutionen sind entstanden, weil sich viele Umweltprobleme wie beispielsweise der Klimawandel oder das sogenannte Ozonloch nicht mehr auf ein Staatsgebiet konzentrieren, sondern vielmehr Staatsgrenzen überschreiten. Dabei haben die Staaten vielfach ein gemeinsames Interesse an wirksamen Umweltschutzmaßnahmen. Doch zugleich haben viele Staaten für sich alleine ein noch ausgeprägteres Interesse, von Umweltschutzmaßnahmen anderer profitieren zu können, ohne selbst solche ergreifen zu müssen. Versuchen jedoch alle Staaten einschneidende Umweltschutzmaßnahmen auf andere Staaten abzuwälzen, so wird entgegen ihrer gemeinsamen Interessen eine wirksame Umweltpolitik unterbleiben. Hinzu kommt, daß meist vehemente Konflikte über das angemessene Schutzniveau bestehen. Um dieser Dilemmasituation mit Verteilungskonflikt zu entgehen, haben die Staaten mittlerweile zahlreiche internationale Institutionen begründet, die sie zumindest partiell erfolgreich bei ihren kooperativen Umweltschutzbemühungen unterstützen.

Die wichtigste internationale Umweltorganisation ist heute das Umweltprogramm der Vereinten Nationen (UNEP), das auf die Konferenz der Vereinten Nationen über die Umwelt des Menschen 1972 in Stockholm zurückgeht. UNEP hat seither dazu beitragen können, daß in einzelnen Problemfeldern wie beispielsweise im Falle der Ausdünnung der Ozonschicht oder des Klimawandels mittlerweile internationale Regime entstanden sind. Diese schreiben den Staaten vor, schrittweise ihre Fluorchlorkohlenwasserstoffemissionen (FCKW) zu beseitigen bzw. ihre Kohlendioxidemissionen ($CO_2$) zu begrenzen (Breitmeier 1996). Doch auch unabhängig von UNEP sind wichtige internationale Regime im Umweltbereich entstanden. So hat die Internationale Seeschiffahrtsorganisation (IMO) dazu beigetragen, daß ein internationales Öltankerregime entstehen konnte, durch das Öltankern verboten wird, Ölrückstände abzulassen (Mitchell 1994). Die Wirtschaftskommission der Vereinten Nationen für Europa (ECE) hat die Bildung des sogenannten »Saurer-Regen-Regimes« gefördert, durch das die grenzüberschreitende Luftverschmutzung insbesondere mit Schwefeldioxid ($SO_2$) und Stickoxiden ($NO_x$) begrenzt wird (Levy 1993). Diese Regime haben zwar bislang nicht dazu beitragen können, daß die genannten Umweltprobleme tatsächlich gelöst wurden, doch sie haben immerhin bewirkt, daß sie sich entweder entspannen oder aber verlangsamt verschärfen. Sie weisen also eine insgesamt bemerkenswerte Effektivität auf, die allerdings je nach Regime deutlich variiert (vgl. Wettestad 1999, Helm/Sprinz 1999, Young 2000, Miles et al. 2001).

*Insgesamt* kann also festgehalten werden, daß zunehmende Interdependenzen in den internationalen Beziehungen in den letzten 150 Jahren dazu geführt haben, daß eine Vielzahl von problematischen Interessenkonstellationen entstanden ist, die bereits in der nationalen Konstellation einen Bedarf an internationalen Institutionen hervorgerufen hat. Und tatsächlich sind gemäß der Theorie des rationalen Institutionalismus zahlreiche internationale Institutionen entstanden, so daß dieser Bedarf zumindest partiell gedeckt werden konnte. Dabei erweisen sich internationale Institutionen als wichtige Friedensstrategie: Zum einen lindern internationale Institutionen konkrete Interdependenzprobleme, so daß der Konfliktstoff, aus dem Kriege gemacht werden, abgebaut wird. Zum anderen üben internationale Institutionen einen friedlichen Konfliktaustrag ein und nisten kooperative Grundhaltungen in die außenpolitischen Entscheidungsroutinen ein, so daß selbst gewalthaltiger Konfliktstoff friedlich bearbeitet werden kann. Dort, wo die internationale Institutionendichte weltweit am höchsten ist, nämlich in der OECD-Welt, kann der Friede heute als weitgehend gesichert angesehen werden. Dieser Befund stützt die Strategie »Frieden durch internationale Organisation« (Czempiel 1986: 82, Russett/Oneal 2001: 157-196).

# 5. Der Sozialkonstruktivismus in der internationalen Politik

Die sozialkonstruktivistische oder auch konstruktivistische Theorie der internationalen Politik steht wie die liberale und die institutionalistische Theorie gewissermaßen in der Tradition des Idealismus. Dabei stellt sie wie der rationale Institutionalismus internationale Institutionen in den Mittelpunkt der Betrachtungen und wird daher auch häufig als reflexiver Institutionalismus bezeichnet (Keohane 1989, Schaber/Ulbert 1994). Sie konkurriert seit den späten 80er und frühen 90er Jahren sowohl mit der liberalen als auch der institutionalistischen Theorie und kann diese gleichzeitig vielfach sinnvoll ergänzen.[1]

## 5.1 Der Sozialkonstruktivismus und der Ost-West-Gegensatz

Die sozialkonstruktivistische Theorie interpretiert den nach dem Zweiten Weltkrieg aufbrechenden Kalten Krieg ähnlich wie die liberale Theorie als eine systempolitische Auseinandersetzung zwischen den von den USA geführten kapitalistisch-demokratischen Staaten und den von der UdSSR beherrschten sozialistisch-autoritären Staaten. Diese Auseinandersetzung ist demnach allerdings weniger durch »objektive« ökonomische und politische Konkurrenz geprägt worden, sondern vielmehr durch die spezifischen sozialen Konstruktionen der ideologischen Konkurrenz. Die Systemkonkurrenz wurde demnach gewissermaßen erst zu einem Sicherheitsproblem gemacht.[2]

1 Um den Sozialkonstruktivismus möglichst klar darstellen zu können, haben wir einige sozialkonstruktivistische Beiträge in den Vordergrund gerückt. Dementsprechend gehen wir auf einige durchaus bedeutende Beiträge nicht näher ein. Wichtige sozialkonstruktivistische Beiträge, die sich auf Krieg und Frieden beziehen, sind u.a. Katzenstein (1996), Adler/Barnett (1998), Buzan et al. (1998).

2 Zur sogenannten *securitization* von Konfliktgegenständen allgemein siehe Buzan et al. (1998).

Daß sich die ideologische Konkurrenz derart zuspitzen konnte, lag der sozialkonstruktivistischen Theorie zufolge an der weit verbreiteten *Überzeugung*, wonach die Systemkonkurrenz unvermeidlich auf eine umfassende Konfrontation zusteuert, in der nur eine Seite bestehen kann (Lebow 1994). Dementsprechend setzte der Kalte Krieg eben nicht bereits 1917 mit der Oktoberrevolution ein, sondern erst 1947, als sich die gegenseitigen Bedrohungswahrnehmungen verfestigten. Der Kalte Krieg begann demnach, als der US-Präsident Harry Truman unter dem Einfluß der Ideen von George Kennan die Doktrin der Eindämmung der UdSSR verkündete und andererseits der Generalsekretär der KPdSU Stalin die von Shdanow formulierte Idee übernahm, wonach die USA und die UdSSR zwei miteinander verfeindete Lager bildeten. Der Kalte Krieg war aus dieser Sicht vornehmlich durch die Überzeugung ausgelöst worden, daß eine friedliche Koexistenz mit dem jeweils anderen nicht möglich sein würde. Er wurde in den 50er Jahren durch die von US-Präsident Eisenhower vertretene Idee der Zurückdrängung des Kommunismus und der von KPdSU-Chef Stalin unterstützten Idee der Unterwanderung der Demokratien in Europa weiter verschärft.

In den USA wie in der UdSSR herrschte die Überzeugung vor, die eigene Sicherheit am besten durch eine auf Machtressourcen gestützte Abschreckung garantieren zu können. Aus sozialkonstruktivistischer Sicht hat diese Überzeugung dazu geführt, daß beide Supermächte ihre Machtpotentiale ausdehnten, um im Überlebenskampf bestehen zu können. In der Folge dieser Anstrengungen nahm die jeweilige Gegenseite ihre Sicherheit als besonders bedroht wahr, so daß sich wiederum beide Seiten nur um so mehr genötigt sahen, ihre Machtpotentiale weiterzuentwikkeln. Aus diesem Wechselspiel speiste sich die Unsicherheitsspirale des Ost-West-Gegensatzes. Die sozialkonstruktivistische Theorie betont also, daß es nicht – wie von der neorealistischen Theorie behauptet – die Machtstrukturen als solche waren, die zum Kalten Krieg führten, sondern vielmehr die *Überzeugung*, dergemäß die eigene Sicherheit am besten durch Machterweiterung gewährleistet werden kann. Der Kalte Krieg entstand also in dieser Sichtweise, weil Politiker in Ost und West primär in Kategorien des Neorealismus dachten und deshalb eine kompromißlose Machtpolitik betrieben (Lebow 1994).

Dies änderte sich erst, als sich infolge der Kuba-Krise 1961 bei den beiden Supermächten langsam die Einsicht durchzusetzen begann, daß trotz der ideologischen Konkurrenz die eigene Sicherheit nicht gegen, sondern nur gemeinsam mit dem jeweils anderen zu erreichen ist. Diese Idee manifestierte sich in den 60er und 70er Jahren in den USA in der sogenannten Politik der Entspannung und drückte sich in der UdSSR in der dort sogenannten Politik der friedlichen Koexistenz aus (Risse-Kappen 1994). Und auch das Verhältnis der beiden deutschen Staaten wurde durch die entsprechenden Überzeugungen – vertreten etwa durch Bundeskanzler Willy Brandt im Westen und den Staatsratsvorsitzenden Erich Honecker im Osten – zunehmend geprägt. Die Idee der gemeinsamen Sicherheit bestimmte das Verhältnis der beiden deutschen Staaten auch noch, als in den 80er Jahren zwischen den USA unter Präsident Ronald Reagan und der UdSSR unter Breschnew vorübergehend die Überzeugung wieder zu dominieren begann, daß die eigene Sicherheit nur durch eine konsequente Machtpolitik garantiert werden könnte (Kaldor 1992).

Der Ost-West-Gegensatz war damit jedoch nicht beendet. Denn die ideologische Konkurrenz zwischen einem sozial abgefederten Liberalismus und dem real existierenden Sozialismus bestand weiter fort. Die ideologische Konkurrenz wurde allerdings nicht mehr vornehmlich sicherheitspolitisch, sondern insbesondere wirtschaftspolitisch ausgetragen. Der Osten wie der Westen behauptete, die überlegenen Wirtschaftssysteme zu vertreten. Gewissermaßen bestand demnach die Entspannungspolitik in der Einigung zwischen den USA und der UdSSR, die ideologische Konkurrenz nicht militärisch, sondern wirtschaftlich zu entscheiden. Damit läutete die Entspannungspolitik insofern das Ende des Ost-West-Gegensatzes ein, als der Osten angesichts einer tiefgreifenden Wirtschaftskrise immer weniger behaupten konnte, gegenüber dem Westen tatsächlich überlegen zu sein (Schimmelfennig 1995).

Daß die UdSSR trotzdem keine erneut sicherheitspolitische Konfrontation mit den USA suchte, hängt aus sozialkonstruktivistischer Sicht mit der Idee der gemeinsamen Sicherheit zusammen. Trotz der in den frühen 80er Jahren von US-Präsident Ronald Reagan und dem Generalsekretär der KPdSU Leonid Breschnew massiv zugespitzten Gegensätze hatte die Idee der gemeinsamen Sicherheit überlebt (Risse-Kappen 1994). Unter dem Eindruck der drückenden Wirtschaftskrise wurde diese Idee zunächst vom damaligen Generalsekretär der KPdSU Michael Gorbatschow reaktiviert – nicht zuletzt, um die gigantischen Rüstungsausgaben senken zu können und wirtschaftliche Entlastung zu erreichen. Die UdSSR war sogar bereit, einseitige Vorleistungen im Bereich der Sicherheitspolitik zu erbringen, um für ein gemeinsames Sicherheitskonzept zu werben. Dadurch wurde auch in der Administration Reagan die Idee der gemeinsamen Sicherheit wieder hoffähig. Die USA waren nun gleichfalls bereit, über neue, kooperative Sicherheitskonzepte zu verhandeln.

Die Verhandlungen der USA und der UdSSR über solche Sicherheitskonzepte mündeten noch in den späten 80er und frühen 90er Jahren in lange Zeit für völlig utopisch gehaltene Rüstungskontrollabkommen. Diese Rüstungskontrollabkommen haben wiederum dazu beigetragen, daß die USA und die UdSSR (bzw. später Rußland) die nach wie vor vorhandenen Rüstungspotentiale des anderen zunehmend weniger als Sicherheitsbedrohung interpretierten. Demnach waren es weniger die veränderten Machtverhältnisse zwischen der USA und der UdSSR, die in den späten 80er Jahren das Ende des Kalten Krieges einleiteten, als vielmehr die veränderte Interpretation der Sicherheitsbedrohung, die von den Machtressourcen der USA bzw. der UdSSR ausgeht. Der Ost-West-Konflikt ging somit zu Ende, weil sich die USA und die UdSSR nicht mehr als Konkurrenten konstruierten.

## 5.2 Prämissen und Hypothesen des Sozialkonstruktivismus

Die sozialkonstruktivistische Theorie wurde bislang noch nicht so weit entwickelt, daß aus klar identifizierbaren abstrakten Annahmen überprüfbare Hypothesen über internationale Politik stringent abgeleitet werden könnten. Dies liegt teilweise darin begründet, daß viele Sozialkonstruktivisten einem Theoriebegriff kritisch gegenüberstehen, gemäß dessen aus abstrakten Annahmen überprüfbare Hypothesen abgeleitet werden. Demgegenüber vertreten sie eine stärker hermeneutisch orientierte Methode, die darauf abzielt, einzelne Politikereignisse primär aus sich selbst heraus zu verstehen (Schaber/Ulbert 1994, Hollis/Smith 1990). Gleichwohl kann man sozialkonstruktivistische Theoriebausteine mit abstrakten Annahmen und auf sie bezogenen allgemeinen Hypothesen über internationale Politik identifizieren. Die zentralen Annahmen sind (Ruggie 1998, Wendt 1999, Adler 1997, Hopf 1998, Hasenclever et. al 1997):

(1) Die Akteure in der internationalen Politik sind nicht nur *Staaten* und *Gruppen*, sondern auch *Individuen*, die bestimmte Ideen tragen und Normen verinnerlicht haben. Dementsprechend kommen auch Individuen wie gestaltungsfreudige Staatschefs, aber beispielsweise auch Vertreter einer internationalen Organisation wie der UNO oder auch einer internationalen Nicht-Regierungsorganisation wie Amnesty International in den Blick.

(2) Das *Handeln* dieser Akteure ist nicht nur an ihren Interessen orientiert, sondern bestimmt sich wesentlich durch *Normen und Ideen*. Die Akteure fragen beim Handeln nicht nur, wie sie das, was sie aufgrund ihrer Interessen wollen, am besten verwirklichen können (konsequentialistische Logik), sondern auch danach, was sie aufgrund bestehender Normen und Ideen müssen bzw. wollen sollen (Logik der Angemessenheit) (March/Olsen 1989, Hurrell 1993). Dementsprechend wird die internationale Politik auch durch Diskurse bzw. Debatten geprägt, in denen die Akteure sich argumentativ darüber auseinandersetzen, welche Handlungen mit bestehenden Normen und Ideen vereinbar sind (Müller 1994, Risse 2000).

(3) Das internationale System ist durch Strukturen, die sich in den Ideen und Normen ausdrücken, die insbesondere in internationalen Institutionen verankert sind, sozial konstruiert. Denn materielle Strukturen bleiben sozial so lange bedeutungslos, bis sie von den Akteuren aufgrund solcher *ideeller Strukturen* interpretiert werden. Daß in anarchischen Strukturen andere Akteure die eigene Sicherheit gefährden, ist nicht durch diese Strukturen objektiv vorgegeben, sondern vielmehr eine soziale Interpretation, die sich aufgrund bestimmter weitverbreiteter Normen und Ideen ergibt. Insofern sind die Strukturen des internationalen Systems durch die Akteure sozial konstruiert. »Anarchy is what states make of it.« (Wendt 1992, 1999)

(4) *Akteure und Strukturen* der internationalen Politik *bedingen sich gegenseitig*. Die Akteure werden nicht zuletzt durch die in internationalen Institutionen verankerten Normen und Ideen insofern geprägt, als diese ihre Interessen, ja sogar ihre Identitäten mitbestimmen. Weder können die Akteure mit ihren Interessen die sie umgebenden Strukturen beherrschen, noch werden die

Akteure durch diese Strukturen völlig beherrscht. Zwischen den Akteuren und den sozialen Strukturen besteht ein durch Praxis und Diskurse geprägtes Verhältnis der wechselseitigen Konstituierung (Wendt 1987, 1994, Dessler 1989, Carlsnaes 1992, Zangl/Zürn 1996).

**Zum Begriff**
**»Das Verhältnis von Akteur und Struktur«**

Der Strukturalismus nimmt die Strukturen, in die soziale Akteure eingebettet sind, zum Ausgangspunkt zur Erklärung sozialer Phänomene. Der methodologische Individualismus nimmt hingegen soziale Akteure zum Ausgangspunkt der Theoriebildung. Während also bei strukturalistischen Theorien soziale Strukturen in der Erklärungsordnung vor den sozialen Akteuren und ihren Handlungen kommen, sind bei individualistischen Theorien die Akteure und ihr Handeln in der Erklärungsordnung vor den sozialen Strukturen angeordnet. Ein Beispiel: Vom Standpunkt des Individualismus betrachtet erklären sich patriarchale Strukturen in modernen Gesellschaften mithin aufgrund der Interessenlagen der dominanten gesellschaftlichen Akteure. Dagegen erklärt sich vom Standpunkt des Strukturalismus gesehen gerade dieses patriarchale Handeln aufgrund der patriarchalen Strukturen, die die Akteure in der Gesellschaft vorfinden. Da letztlich beide Standpunkte plausibel erscheinen, macht der Sozialkonstruktivismus aus der Not eine Tugend, in dem er annimmt, daß sich soziale Strukturen und soziale Akteure wechselseitig konstituieren. Danach sind es zwar die patriarchalen Handlungen der Akteure in einer Gesellschaft, die dort patriarchale Strukturen erzeugen, doch zugleich sind es die patriarchalen Strukturen, die die Akteure zu patriarchalen Handlungen anhalten. Vom Standpunkt des Sozialkonstruktivismus gilt somit, daß soziale Phänomene zwar durch das Handeln sozialer Akteure hervorgebracht werden, jedoch das Handeln auf der Grundlage vorgegebener Strukturen geschieht, die durch die Akteure nicht selbst bestimmt werden. Schon Karl Marx formulierte: »Die Menschen machen ihre eigene Geschichte, aber sie machen sie nicht aus freien Stücken, nicht unter selbst gewählten, sondern vorgefundenen, gegebenen und überlieferten Umständen« (Marx 1946: 9).

Obgleich auch im Sozialkonstruktivismus weitgehend von einer nationalen Konstellation ausgegangen wird, schreibt er den in internationalen Institutionen gleichsam transnational verankerten Normen und Ideen eine noch weitreichendere Bedeutung zu als der rationale Institutionalismus. Er trägt somit das Potential in sich, über die nationale Konstellation hinauszuweisen. Institutionen – insbesondere die in ihnen verankerten Normen – beeinflussen demnach nicht nur das Handeln aufgrund eines durch vorgegebene Interessen und Identitäten bestimmten Konflikts, sondern können darüber hinaus dazu beitragen, die dem Handeln zugrundeliegenden Interessen und Identitäten zu verändern. Durch inter- und transnationale Diskurse bzw. Debatten, die sich auf in internationalen Institutionen verankerte Normen beziehen, können demnach die Interessen und Identitäten von Staaten grundlegend transformiert werden. Dies läßt sich anhand der Sanktionen, welche u. a. die USA im Laufe der 80er Jahre aufgrund der Apartheid gegen Südafrika verhängt haben, gut illustrieren (Klotz 1995).

Die UNO hatte in den 60er und 70er Jahren im Rahmen der Dekolonialisierung eine Norm der Rassengleichheit entwickelt, der zufolge die Politik der Rassendiskriminierung und Rassentrennung in Südafrika nicht zu rechtfertigen war. Die USA hatten die entsprechenden Resolutionen zur Rassengleichheit in der Generalversammlung der UNO stets unterstützt, doch sperrten sie sich beharrlich, im Sicherheitsrat der UNO Sanktionen gegen die Rassentrennungspolitik in Südafrika zu befürworten. Im Laufe der Zeit konnte jedoch eine transnationale Bewegung von Apartheidsgegnern in den USA eine breite Debatte anstoßen, bei der spätestens ab 1984 die Regierungspolitik kritisch beleuchtet wurde. Dabei half es den Apartheidsgegnern, daß sie in der Debatte um mögliche Sanktionen gegen Südafrika auf eine in der UNO verankerte, weithin anerkannte Norm der Rassengleichheit verweisen konnten.

Gestützt auf die Norm der Rassengleichheit warfen die Sanktionsbefürworter den Sanktionsgegnern vor, gegenüber Rassendiskriminierung Toleranz zu üben. Die Norm der Rassengleichheit lasse aber keine Toleranz zu, sondern verpflichte die USA, mit wirksamen Sanktionsmaßnahmen gegen die Apartheid in Südafrika vorzugehen. Um zu verhindern, daß sie mit der Rassendiskriminierung in Verbindung gebracht werden, sahen sich demokratische, insbesondere aber auch republikanische Kongreßabgeordnete vermehrt gezwungen, entgegen der Südafrikapolitik von US-Präsident Ronald Reagan Sanktionen gegen Südafrika zu befürworten (Klotz 1995). Gleichzeitig wurde Präsident Reagan zunehmend beschuldigt, durch seine Südafrikapolitik das Apartheidsregime zu stützen. Um sich davon möglichst eindeutig zu distanzieren, drängte der Kongreß die Administration, die Interessen in der Südafrikapolitik der USA neu zu bestimmen. Die USA müßten verdeutlichen, daß sie – national wie international – die Norm der Rassengleichheit vorbehaltlos unterstützen. Deshalb beschloß der Kongreß 1986 gegen das Veto von US-Präsident Ronald Reagan, umfassende Sanktionen gegen Südafrika zu verhängen. Das veränderte Interesse an Sanktionen gegen die Apartheidspolitik Südafrikas erklärt sich also aus sozialkonstruktivistischer Sicht dadurch, daß die USA von einer transnationalen Bewegung von Apartheidsgegnern bedrängt wurden, die in der UNO verankerte Norm der Rassengleichheit ernst zu nehmen. Klotz (1995) betont:

»[The] successful transnational anti-apartheid advocates' demands for sanctions demonstrate the crucial role of a global norm of racial equality in reconstituting U. S. interests« (Klotz 1995: 453).

Aus der Sicht der sozialkonstruktivistischen Theorie der Internationalen Beziehungen sind es also insbesondere in Institutionen verankerte internationale und transnationale Normen sowie die damit verbundenen Diskurse, die Interessen und Identitäten von Staaten auf allerdings verschlungenen Wegen beeinflussen. Das heißt in bezug auf Krieg und Frieden: die Norm des Friedens muß institutionalisiert und in die Akteure eingeschrieben werden, damit der Krieg verhindert werden kann. Frieden durch internationale Organisation ist also auch im Sozialkonstruktivismus die zentrale Friedensstrategie. Frieden durch internationale Organisation bedeutet hier aber weniger – wie beim rationalen Institutionalismus –, daß durch internationale Institutionen Handlungsanreize geschaffen werden, die eine konsequente Friedenspolitik besonders attraktiv erscheinen lassen. Es heißt vielmehr: der Norm des Friedens Geltung zu verschaffen. Die Akteure müssen so sozialisiert werden, daß für sie Krieg keine echte Handlungsoption mehr darstellt.

Die folgenden sozialkonstruktivistischen Hypothesen – so unterschiedlich sie auch sind – verdeutlichen, wie die in internationalen Institutionen verankerten Normen und Ideen die Interessen und Identitäten von Staaten durch Diskurse und Debatten verändern können.

(1) Nach der zentralen Hypothese der sozialkonstruktivistischen *Lerntheorie* können sich in und durch internationale Institutionen die ideellen Grundlagen der Entscheidungen von Regierungen verändern. Durch internationale Institutionen werden demnach bei Entscheidungsträgern sowohl instrumentelle Ideen, wie die eigenen Interessen am besten zu verwirklichen sind (einfaches Lernen), als auch die den Interessen zugrundeliegenden normativen und kognitiven Ideen (komplexes Lernen) verändert (Nye 1987, E. B. Haas 1990). Dies wird insbesondere dann gelingen, wenn sich, durch internationale Institutionen begünstigt, sogenannte epistemische Gemeinschaften bilden. Diese transnationalen Gemeinschaften setzen sich aus Experten zusammen, die in bezug auf ein bestimmtes Problemfeld der internationalen Politik ähnliche Überzeugungen über die Ursachen der betreffenden Probleme und die Wirksamkeit denkbarer Problemlösungen vertreten (P. Haas 1989, 1990, 1992). Internationale Institutionen tragen dazu bei, daß sich epistemische Gemeinschaften transnational ausbilden können, in dem sie die Experten aus verschiedenen Staaten zusammenführen, um ihre Überzeugungen über die Ursachen bestimmter Probleme und die Wirkung bestimmter Problemlösungen auszutauschen. Bildet sich so tatsächlich eine transnationale epistemische Gemeinschaft mit Experten aus verschiedenen Staaten, so ist es wahrscheinlich, daß sich in diesen Staaten ähnliche Ideen über Problemursachen und Problemlösungen durchsetzen werden. Gleichzeitig fällt es den Regierungen schwerer, sich exklusiv auf nationale Experten ohne echte internationale Anerkennung beziehen zu können, um zu Problemeinschätzungen zu gelangen, die den nationalen Interessen entsprechen. Durch die epistemischen Gemeinschaften werden letztlich Wahrnehmungs- und Interessendifferenzen zwischen Staaten eingeebnet, so daß die internationale Institutionenbildung erleichtert wird.

Die sozialkonstruktivistische Lerntheorie kann damit auch verständlich machen, wie Sicherheitsexperten, die eine epistemische Gemeinschaft bilden, mit ihren Ideen die internationale Kriegs- und Friedenspolitik zu beeinflussen vermögen. Beispielsweise mag die epistemische Gemeinschaft, welche im späten 19. und frühen 20. Jahrhundert betonte, daß bei zwischenstaatlichen Gewaltkonflikten die Offensive gegenüber der Defensive deutliche Vorteile besitzt, mit dazu beigetragen haben, daß die europäischen Staaten 1914 in den Ersten Weltkrieg steuerten (Van Evera 1984). Denn aufgrund des so geschaffenen *Kults der Offensive* glaubten alle Staaten, durch frühzeitige Gewaltmaßnahmen einen Vorteil erzielen zu können, und mußten zugleich befürchten, daß sie gegenüber den Gegnern, die frühzeitig eigene Gewaltvorbereitungen betrieben, in den Nachteil geraten. Dementsprechend bereitete jeder schon frühzeitig seine militärischen Gewaltmaßnahmen vor, was wiederum alle anderen Staaten dazu anhielt, ihre Gewaltvorbereitungen gleichfalls weiter voranzutreiben. Damit kann der durch die epistemische Gemeinschaft geschaffene »Kult der Offensive« erklären, warum die europäischen Staaten in einen ungewollten Krieg trieben. Die epistemische Gemeinschaft hingegen, die in den 1970er Jahren das *Konzept der gemeinsamen Sicherheit* geprägt hat, mag mit dazu beigetragen haben, daß in den späten 1980er und frühen 1990er Jahren der Friede in Europa stabilisiert werden konnte (vgl. Risse-Kappen 1994). Sie erklärt zum einen, weshalb der damalige Generalsekretär der KPdSU Michael Gorbatschow, dessen Berater teilweise dem Kreis dieser Expertengemeinschaft zugehörten, angesichts der Wirtschaftskrise in der UdSSR auf eine Politik der gemeinsamen Sicherheit setzte. Zum anderen macht sie verständlich, weshalb US-Präsident George Bush, der von amerikanischen Experten derselben epistemischen Gemeinschaft beraten wurde, das sowjetische Angebot für eine Politik der gemeinsamen Sicherheit anzunehmen bereit war.

(2) Der zentralen Hypothese der sozialkonstruktivistischen *Sozialisationstheorie* folgend kann sich ein Interessenwandel von Staaten auch aufgrund von Sozialisationsprozessen ergeben (Schimmelfennig 2000, 2001). Danach können die in internationalen Institutionen verankerten Normen von Staaten so verinnerlicht werden, daß sie bereits in die eigene Interessenbestimmung mit einfließen (Finnemore 1994). Dies wird gemäß dieser Theorie insbesondere dann bzw. nur dann geschehen, wenn transnationale Bewegungen bestimmte Staaten unter Bezugnahme auf international anerkannte Normen fortwährend drängen, sich diesen Normen zu fügen (Klotz 1995). Dann können Staaten, die die entsprechenden Normen bislang nicht hinreichend ernst nehmen, unter Rechtfertigungszwänge geraten, denen sie sich vielfach nur schwer entziehen können. Derartige transnationale Bewegungen können dafür sorgen, daß der betreffende Staat sowohl von innen

seitens der eigenen Gesellschaft als auch von außen seitens anderer Staaten zur Anerkennung allgemeiner Normen gedrängt wird und etwa im Sicherheits-, Menschenrechts- oder Umweltbereich sein Verhalten den geltenden Normen anpaßt. Häufig wird der betreffende Staat die entsprechende Norm zwar zunächst nur deklaratorisch anerkennen. In der Folge wird er dann jedoch aufgrund seiner deklaratorischen Anerkennung vielfach in einen Diskurs verwickelt, durch den die betreffende Norm weiterverbreitet und weiter internalisiert wird, um schlußendlich auch von diesem Staat als verbindlich angesehen zu werden (Forschungsgruppe Menschenrechte 1998, Keck/Sikkink 1998, Checkel 2001).

So haben beispielsweise Risse et al. (2002) gezeigt, wie transnationale Menschenrechtsnetzwerke unter Bezugnahme auf von der UNO gestützte Menschenrechtsnormen dazu beitragen konnten, daß die Menschenrechte zumindest in einigen Staaten wie etwa auf den Philippinen so weit internalisiert werden konnten, daß die verschiedenen Staatsorgane kein Interesse mehr haben, gegen Menschenrechtsnormen zu verstoßen. Demnach kann es transnationalen Menschenrechtsnetzwerken gelingen, national wie international auf Staaten aufmerksam zu machen, die die Menschenrechte massiv verletzen. Der betreffende Staat sieht sich zumeist gehalten, die Menschenrechtsverletzungen zunächst zu leugnen, wodurch er letztlich aber dazu beiträgt, daß der Druck der eigenen Gesellschaft und der Druck anderer Staaten wächst, die unerfreuliche Menschenrechtssituation zu thematisieren. Diesem Druck nachgebend lassen sich die betreffenden Staaten vielfach auf einen Diskurs ein, in dem sie die Menschenrechte deklaratorisch anerkennen. Dies gibt Menschenrechtsaktivisten verbesserte Chancen, für einen wirksameren Menschenrechtsschutz zu argumentieren, in dem sie auf Differenzen zwischen der deklaratorischen Menschenrechtspolitik und der realen Menschenrechtssituation verweisen. Der Staat gerät damit argumentativ in die Defensive. Die Machthaber werden aufgrund der »argumentativen Selbstverstrickung« in der Gesellschaft immer weniger als legitim angesehen, so daß die Forderungen nach einem Machtwechsel zunehmen. Diesen Forderungen können die Machthaber nicht mehr mit verstärkter Repression und weiteren Menschenrechtsverletzungen entgegnen. Denn aufgrund des Engagements transnational operierender Menschenrechtsnetzwerke würde dies den internationalen Druck nur steigern. Gelingt somit der Machtwechsel, so bringt dieser – wie auf den Philipinen, wo 1986 Ferdinand Marcos durch Corazon Aquino abgelöst werden konnte – meist einen wirksameren Menschenrechtsschutz mit sich, und die Normanerkennung hat sich internalisiert.

(3) Nach der Hypothese der sozialkonstruktivistischen *Normwirkungstheorie* können die in internationale Institutionen eingegossenen Normen die Interessen von Staaten aber auch unmittelbar transformieren. Da Staaten davon abhängig sind, von der Staatengemeinschaft als solche anerkannt zu werden, haben sie eine tiefliegende Neigung, nicht gegen die in internationalen Institutionen verankerten Normen der Staatengemeinschaft zu verstoßen. Diese Normen zu verletzen hieße die Staatengemeinschaft zu verletzen, von der die Anerkennung als Staat durch andere Staaten – mithin das eigene »Staat-Sein« – abhängt (Hurrell 1993, Franck 1990). Staaten »fühlen« sich dementsprechend den in internationalen Institutionen verankerten Normen der Staatengemeinschaft grundsätzlich in gewisser Weise verpflichtet. Dementsprechend begegnen sich Staaten nicht nur, indem sie ihre vorgegebenen Interessen rational handelnd zu verwirklichen versuchen, sondern auch, indem sie gemeinsam anhand von in internationalen Institutionen verankerten Normen argumentativ handelnd prüfen, welche Standpunkte angemessen sind (H. Müller 1994: 24-30, Risse 2000).[3] Hier handeln die Staaten also nicht aufgrund vorgegebener Interessen, sondern ihre Interessen werden argumentativ handelnd konstruiert (Schimmelfennig 1997). Demnach wird sich ein Staat dann verpflichtet fühlen, seine Position zu verändern, wenn überzeugend argumentiert werden kann, daß er einer allgemein anerkannten Norm eindeutig widerspricht (M. Müller 1996: 373, Klotz 1995), ohne daß diese Normabweichung durch eine andere grundlegende Norm gerechtfertigt wäre. Darüber hinaus hängt ein entsprechender Interessenwandel auch davon ab, daß es in diesem Staat Gruppen gibt, die ohnehin ein Interesse an der Normbeachtung haben. Kann sich eine solche Gruppe aufgrund der internationalen Referenz gegen ihre Gegner durchsetzen, so hält der »zwanglose Zwang« des besseren Arguments diesen Staat *»innerlich«* an, seine Interessen an die bestehenden Normen anzupassen (H. Müller 1993, Klotz 1995).

3 Keck (1995: 31-43) kritisiert, daß sich argumentatives (kommunikatives) Handeln und rationales (strategisches) Handeln gemäß dieser Konzeptualisierung nicht eindeutig unterscheiden lassen.

Harald Müller (1993) hat dies anhand des sog. ABM-Vertrags zwischen der USA und der ehemaligen UdSSR verdeutlicht. Danach haben die Normen des *Anti-Ballistic-Missile-*(ABM-)Vertrags von 1972 entscheidend dazu beigetragen, daß zum einen die USA in den 80er Jahren auf die Entwicklung eines umfassenden Raketenabwehrsystems (SDI) verzichteten und zum anderen die UdSSR ein widerrechtlich aufgebautes Raketenfrühwarnsystem demontiert haben. Die Gruppen, die in den USA und in der UdSSR ohnehin gegen diese Raketenabwehrsysteme waren, konnten sich in der innenpolitischen Debatte durchsetzen, weil sie überzeugend das Argument eines völkerrechtlichen Normverstoßes anbringen konnten. In den USA wollte insbesondere der Kongreß der Entwicklung des von US-Präsident Ronald Reagan geforderten Raketenabwehrsystems nur dann zustimmen, wenn dieses mit den vertraglichen Verpflichtungen der USA vereinbar ist. In der UdSSR hingegen war es KPdSU-Generalsekretär Michael Gorbatschow, der die als Raketenfrühwarnsystem zu nutzende Radaranlage in Krasnojarsk nur dann weiter billigen wollte, wenn dadurch nicht gegen vertragliche Verpflichtungen verstoßen wird. In beiden Fällen zeigte sich, daß die Raketenabwehrpläne dem ABM-Vertrag widersprachen, und die Pläne wurden gestoppt.

(4) Noch grundlegender ist die Wirkung internationaler Institutionen gemäß der sozialkonstruktivistischen *Theorie des Identitätswandels* (Wendt 1992, 1994). Demnach werden internationale Institutionen zwar durch Staaten mit bestimmten Identitäten konstruiert, doch zugleich können internationale Institutionen auch die Identitäten von Staaten verändern (Katzenstein 1997: 14-15).[4] Dabei gehen je nach Institutionalisierungsgrad unterschiedliche Strukturen mit je unterschiedlichen Identitäten von Staaten einher. Im Kontext geringer Institutionalisierung bilden Staaten eine Identität als »Neider« aus, d.h. sie wollen nicht nur ihre eigenen Interessen verwirklichen, sondern darüber hinaus verhindern, daß andere Staaten ihre Interessen besser verwirkli-

4 Wendt erklärt: »It is through reciprocal interaction, in other words, that we create and instantiate enduring social structures in terms of which we define our identities and interests« (Wendt 1992: 406). Katzenstein (1997: 15) unterstreicht: [This] analysis highlights the importance of »thick« identity-forming effects of institutions, as opposed to their »thin« uncertainty-reducing effects.«

chen können als sie selbst. Da die Staaten mithin eine Identität besitzen, dergemäß sie sich mit anderen Staaten negativ identifizieren, streben sie nicht nur nach absoluten, sondern nach relativen Gewinnen, insbesondere nach Machtgewinnen. Im Kontext einer mittleren Institutionalisierung dagegen bilden Staaten eine Identität als Individualisten (Egoisten) aus. Als Individualisten wollen sie ihre eigenen Interessen unabhängig davon durchsetzen, ob dies anderen Staaten ermöglicht, ihre Interessen besser oder schlechter zu verwirklichen. Da sich die Staaten weder negativ noch positiv mit anderen Staaten identifizieren, versuchen sie lediglich, ihre Gewinne absolut zu maximieren. Im Kontext einer ausgeprägten Institutionalisierung wiederum nehmen Staaten zumindest partiell eine gemeinschaftliche Identität an. Die Berücksichtigung der Interessen anderer Staaten fließt dann in die eigene Nutzenfunktion mit ein. Die Staaten identifizieren sich somit positiv mit anderen Staaten und bilden eine gemeinschaftliche Identität aus (Wendt 1992: 395-407, auch Katzenstein 1996: 15, 1997).

Der säkulare Institutionalisierungsprozeß hat damit aus sozialkonstruktivistischer Sicht insbesondere in der sogenannten OECD-Welt dazu beigetragen, daß sich selbst mächtige Staaten wie die USA, Frankreich, Großbritannien, Deutschland und Japan nicht mehr als potentielle Sicherheitsbedrohung empfinden, sondern vielmehr die Bedrohung der Sicherheit eines dieser Staaten als Bedrohung für sich selbst betrachten. Dementsprechend sind sie auch vergleichsweise umstandslos bereit, Sicherheitsbedrohungen wie dem transnationalen Terrorismus gemeinsam zu begegnen, und die Repräsentanten prägen gar Begriffe wie »bedingungslose Solidarität«. Dagegen herrschen dort, wo außerhalb des Rahmens der OECD-Welt der Institutionalisierungsprozeß nicht sehr weit fortgeschritten ist, weiterhin Sicherheitsbeziehungen vor, bei denen die Sicherheitsbedrohung eines Konkurrenten entweder ignoriert oder aber sogar begrüßt wird.

(5) Die marxistisch inspirierte *neogramscianische Weltordnungstheorie*[5] schließlich fragt sich, warum die außerordentlich ungerechte Weltordnung, welche bestimmte Klassen – insbesondere das Bürgertum – in den Industrieländern begünstigt, während sie viele andere Klassen – insbesondere die Arbeiterschaft –

5 Siehe dazu u.a. Cox (1987, 1993), Cox/Sinclair (1996), Overbeek (1993), Gill (1993), van der Pijl (1998).

vor allem in den Entwicklungsgesellschaften, aber auch in den Industrieländern, benachteiligt, aufrechterhalten werden kann. Ihrer zentralen Hypothese zufolge ist dies auf die soziale Hegemonie, welche die herrschenden Klassen auszuüben vermögen, zurückzuführen. Hegemonie meint dabei freilich nicht nur die materielle Überlegenheit des Bürgertums in den Industrieländern, sondern meint insbesondere auch die ideologische Überzeugungskraft, welche das Bürgertum weltweit auszuüben vermag (Cox 1993). Die ungerechte Weltordnung erklärt sich danach, weil es dem Bürgertum sowohl in den Industrieländern als auch in den meisten Entwicklungsländern gelungen ist, mit anderen sozialen Klassen ein Bündnis zu schmieden – den sogenannten historischen Block. Entscheidend für die Stabilität der ungerechten Weltordnung ist dabei, daß dieser seine materielle Überlegenheit zumeist gar nicht einzusetzen braucht, um die für ihn vorteilhafte Weltordnung gegen andere Klassen zu verteidigen. Aufgrund seiner ideologischen Überzeugungskraft kann er sich vielmehr darauf verlassen, daß sich die unterdrückten Klassen freiwillig in die von ihm geschaffene Weltordnung einfügen (Cox 1986: 251). Der historische Block kann somit weltweit nicht nur seine materielle, sondern gerade auch seine ideologische Überlegenheit ausspielen, um die ungerechte Weltordnung zu stützen (Cox 1993).

Die gramscianische Weltordnungstheorie mag damit erklären, warum sich weltweit die meisten Kriege in sogenannten Übergangsgesellschaften ereignen (Siegelberg 1994). Denn im Übergang von einer Entwicklungs- zu einer Industriegesellschaft wird – so wäre zu argumentieren – die Ungerechtigkeit der bestehenden Weltordnung vielfach besonders augenfällig: Klassen, die sich bislang in die durch den historischen Block geschaffene Weltordnung freiwillig eingefügt haben, wird bewußt, daß sie durch die bestehenden Weltordnungsstrukturen benachteiligt werden. Diese Klassen werden sich deshalb nicht mehr freiwillig in die bestehenden Weltordnungsstrukturen einbinden lassen, sondern dazu tendieren, sich gegen die bestehende Weltordnung aufzulehnen. Da somit in vielen Übergangsgesellschaften die ideologische Überzeugungskraft oftmals nicht mehr ausreicht, um die bestehende Weltordnung zu sichern, müssen die herrschenden Klassen auf ihre materielle Überlegenheit zurückgreifen. Dies übersetzt sich in zahlreichen Übergangsgesellschaften in Kriege zwischen den Klassen, die die Weltordnung verteidigen, und den Klassen, die sie anzugreifen versuchen. Die Kriege in zahlreichen Übergangsgesellschaften sind nach der neogramscianischen Weltordnungstheorie mithin auf die dort besonders prekäre Hegemonie zurückzuführen, welche die Weltordnung ansonsten – insbesondere in den Industrie-, aber auch in den Entwicklungsländern – absichert.

## 5.3 Der Sozialkonstruktivismus und das Zeitalter der internationalen Integration

Die sozialkonstruktivistische Theorie der internationalen Politik greift insbesondere dann, wenn sich weitreichende institutionelle Wandlungsprozesse im internationalen System vollziehen. So kann die Ausbildung einer *egoistischen oder gar kompetitiven Staatenidentität* im 17. Jahrhundert als Resultat der Institutionalisierung des westfälischen internationalen Systems gelten. Angesichts der stabil geringen Institutionendichte im westfälischen internationalen System blieben die entsprechenden Staatenidentitäten lange konstant, so daß die Akteursprämissen der neorealistischen, der liberalen und der neoinstitutionalistischen Theorie angemessen erschienen. Erst in jüngerer Zeit sind die internationalen Institutionalisierungsprozesse so weit und so rapide fortgeschritten, daß sich Effekte für die Identitäten von Staaten erwarten lassen. Im ausgehenden 20. Jahrhundert scheinen sich nämlich internationale Institutionen ausgebildet zu haben, aufgrund deren die Interessen von Staaten argumentativ hinterfragt und die Identitäten von Staaten transformiert werden können. Dieser gerade für die Frage von Krieg und Frieden zentrale Transformationsprozeß läßt sich in der Europäischen Union (EU), aber auch der Nordatlantischen Vertragsorganisationen (NATO) besonders deutlich beobachten.

Aus sozialkonstruktivistischer Sicht ist zunächst die Ausbildung des modernen Staatensystems im 17. Jahrhundert von Interesse, welche zu einer spezifischen, über internationale Normen vermittelten nationalstaatlichen Identitätsbildung – und damit letztlich auch zur nationalen Konstellation – führte. Von zentraler Bedeutung ist hierbei das Konzept der Souveränität. Souveränität wird hier als eine internationale Institution verstanden, dergemäß Staaten nach innen die ausschließliche Herrschaft eines jeden Staates auf seinem Territorium anerkennen und nach außen nur den Staat als Herrschaftsvertreter dieses Territoriums akzeptieren. Die Staaten haben demnach mit der internationalen Institution der Souveränität ein Staatenkartell gebildet, durch das sie etwa Städteverbindungen (insbesondere die Hanse in Nordeuropa) und Stadtstaaten (insbesondere in Norditalien) von der Herrschaftsausübung ausschlossen (Spruyt 1994a, 1994b). Durch diese mit dem Westfälischen Frieden von 1648 begründete internationale Institution der Souveränität wurde sowohl das anarchische Staatensystem als auch der souveräne Staat geschaffen – und die für die nationale Konstellation kennzeichnende Trennung von Innen und Außen verankert. Daß die souveränen Staaten in diesem Staatensystem zunächst Identitäten als Neider entwickelt haben, wird auf die geringe Institutionalisierung des Staatensystems jenseits der Souveränität zurückgeführt. In diesem Staatensystem, das jedem Staat ausdrücklich gestattete, Krieg gegen andere Staaten zu führen, mußten Staaten sich geradezu gegenseitig als Bedrohung auffassen (Wendt 1992: 408).

Die Staaten sind aber aus sozialkonstruktivistischer Sicht nicht in dieser Interpretation gefangen.[6] Denn die Souveränität formalisierte nicht nur die anarchischen Strukturen des Staatensystems, sondern schuf zugleich die institutionellen Strukturen einer – zunächst freilich nur schwach entwickelten – Staatengemeinschaft. In dieser Staatengemeinschaft stellte zwar einerseits jeder Staat eine Bedrohung der Sicherheit aller anderen Staaten dar. Andererseits war jeder einzelne Staat aber auch Garant der Sicherheit aller anderen Staaten, da er aufgrund der Institution der Souveränität dessen inneren Herrschaftsansprüche anerkannt hat. Insofern begründete die internationale Institution der Souveränität nicht nur ein kompetitives Staatensystem, sondern auch eine – freilich noch schwache – Staaten*gemeinschaft* (Wendt 1992, Bull 1977).

Durch die Verdichtung des Institutionennetzes im 20. Jahrhundert in der sogenannten OECD-Welt haben die dort angesiedelten Staaten ihre Identität als Neider abgebaut und in jüngster Zeit gar Elemente einer gemeinschaftlichen Identität angenommen. Die Staaten in der OECD-Welt nehmen andere OECD-Staaten kaum mehr als Bedrohung der eigenen Sicherheit wahr.

6 Wendt bemerkt: »If states find themselves in a self-help system, this is because their practices made it that way. Changing the practices will change the intersubjective knowledge that constitutes the system« (Wendt 1992: 407).

Vielmehr wird die Bedrohung der Sicherheit eines OECD-Staates nicht selten partiell als Eigenbedrohung angesehen (Wendt 1992: 407-422, Katzenstein 1997). In diesem Sinne hat sich heute in der OECD-Welt das herausgebildet, was Karl W. Deutsch (1954) eine pluralistische Sicherheitsgemeinschaft genannt hat.

Diese Sicherheitsgemeinschaften manifestieren sich in einer die nationalen Identitäten partiell überwölbenden europäischen bzw. transatlantischen Identität (Bulmer 1997, Anderson 1997). Diese kann zwar die einzelnen nationalen Identitäten (noch) nicht komplett ersetzen, doch sie ist längst Bestandteil der nationalen Identitäten geworden. Eine derartige Internationalisierung nationaler Identitäten (Katzenstein 1997: 19-29) zeichnet sich dadurch aus, daß die Staaten beispielsweise in der EU nicht mehr nur ihre nationalen Sicherheitsinteressen verfolgen, sondern auch das gemeinsame europäische Sicherheitsinteresse im Blick haben:

»Parents may act against their individual interests to further the family's interest. (...) So is it for individual member states and the European Union (EU) familiy« (Katzenstein 1997: 3-4).

Diesem Identitätswandel entsprechend hat sich auch die Interpretation dessen, was mit europäischer Sicherheit gemeint ist, erheblich gewandelt. Sicherheit bedeutet hier nicht mehr nur, daß ein Staatswesen und seine Gesellschaft vor Bedrohungen durch Nachbarstaaten sicher ist, sondern auch, daß die europäische bzw. transatlantische Staatengemeinschaft als Ganzes vor externen Bedrohungen effektiv geschützt wird. In bezug auf Europa hat Ole Waever (1995: 407) bemerkt:

»[T]he meaning of ›European Security‹ means not only security *in* Europe but also security *for* Europe. Increasingly, European security refers not only to the stability of a regional constellation (and therefore the combined security of a number of nation-states) but also to the Union's security as a unit. (...) ›Security‹ is not only for states and nations, but also for ›Europe‹.«

Die sich darin ausdrückende europäische Identität muß aus sozialkonstruktivistischer Sicht v.a. auf die europäische Integration zurückgeführt werden. Die europäischen Institutionen wurden zwar zunächst aufgrund nationaler Interessen gegründet, sind mittlerweile aber nicht mehr nur Instrumente staatlicher Interessenpolitik, sondern formen die Interessen von Staaten mit. So mögen Frankreich, Deutschland, Italien, Belgien, die Niederlande und Luxemburg 1950 die Europäische Gemeinschaft für Kohle und Stahl (EGKS) und 1957 die Europäische Wirtschaftsgemeinschaft (EWG) bzw. die Europäische Atomgemeinschaft (Euratom) vornehmlich ihren nationalen Interessen folgend begründet haben (vgl. v. a. Milward 1993). Demnach wollte insbesondere Frankreich Deutschland einbinden, um es als gleichberechtigten Staat weiter kontrollieren zu können, während Deutschland an den Verträgen interessiert war, um wieder als gleichberechtigter, zumindest semi-souveräner Staat auftreten zu können. Darüber hinaus hofften die sechs genannten europäischen Staaten durch den angestrebten europäischen Binnenmarkt gemeinsam ihren Wohlstand zu mehren. Vor dem Hintergrund dieser Interessenlage sind zunächst weitreichendere Integrationsschritte wie etwa 1954 die Europäische Verteidigungsgemeinschaft (EVG) oder die Europäische Politische Gemeinschaft (EPG) an den je nationalen Interessen gescheitert. Die Mitgliedstaaten waren nicht bereit, ihre nationalen Interessen zugunsten der europäischen Interessen zurückzustellen.

Doch langsam entwickelte sich in der Europäischen Gemeinschaft eine europäische Identität, so daß die Mitgliedstaaten zunehmend bereit waren, Souveränitätsrechte an die EG abzugeben. Dementsprechend konnte 1979 das Europäische Währungssystem (EWS) begründet werden, in dem sich die Mitgliedstaaten verpflichteten, den Wechselkurs ihrer Währungen weitgehend fix zu halten. In der Einheitlichen Europäischen Akte (EEA) vereinbarten sie 1986, aufgrund der sogenannten vier Freiheiten für Waren, Dienstleistungen, Kapital und Arbeitskräfte den europäischen Binnenmarkt bis 1992 zu vollenden. Darüber hinaus wurde die EG unter das Dach der Europäischen Union (EU) gestellt. Diese hat mit dem Maastrichter Vertrag 1991, dem Amsterdamer Vertrag von 1997 und dem Vertrag von Nizza 2000 über den europäischen Binnenmarkt hinaus Kompetenzen u. a. in der Finanz-, der Rechts-, der Außen- und sogar der Sicherheitspolitik erworben.

Die daran beteiligten Staaten haben damit einige Kompetenzen an die EU abgetreten. Gewissermaßen haben sie in manchen Politikbereichen, wie der Handelspolitik, ihre Souveränität in der EU gebündelt (Katzenstein 1997: 16). Dieses Bündeln von Souveränität deutet darauf hin, daß die europäischen Institutionen die

Identität der nach dem Beitritt von Großbritannien, Irland und Dänemark 1973, von Griechenland 1981, von Spanien und Portugal 1986 sowie von Finnland, Schweden und Österreich 1995 nun 15 EU-Staaten europäisiert haben. Die weitreichende Integration mit Souveränitätstransfer war nur möglich, weil die Staaten die EU nicht mehr nur als Instrument betrachten, um nationale Interessen besser verwirklichen zu können, sondern ein Interesse an der EU um ihrer selbst willen gewonnen haben, so daß sie inzwischen zumindest partiell bereit sind, ihre nationalen Interessen zugunsten europäischer Interessen zurückzustellen. Insbesondere in bezug auf Deutschland wird ein solcher Identitätswandel behauptet:

»It is noteworthy that German political elites initially embraced European Community as a means for reestablishing Germany's national sovereignty. Subsequently, Germany used its sovereign power to project onto its European partners a markedly different, internationalized state identity« (Katzenstein 1997: 26).

Daß dieser – insbesondere von den Eliten vorangetriebene – Identitätswandel in Europa bereits weit vorangeschritten ist, wird aus der Sicht des Sozialkonstruktivismus insbesondere daran deutlich, daß einige traditionelle Symbole nationaler Identität inzwischen um Symbole europäischer Identität »erweitert« wurden (Katzenstein 1997: 20-24). Der Reisepaß beispielsweise bleibt zwar formal weiter ein nationales Dokument, das jedoch nun ein einheitliches europäisches Design aufweist. Demgegenüber besitzt die EU mit dem Euro eine einheitliche europäische Währung, doch das Design der Münzen dieser Währung wird nur auf einer Seite der Münze europäisch vereinheitlicht, auf der anderen Seite dürfen die Münzen national unterschiedlich gestaltet werden. Ähnlich bei den Autokennzeichen: Diese bleiben zwar formal nationale Autokennzeichen, doch das Design ist partiell europäisch einheitlich und partiell national unterschiedlich.

Auch im Rahmen der NATO kann aus Sicht des Sozialkonstruktivismus ein solcher Identitätswandel plausibel behauptet werden. Die NATO ist zwar ähnlich wie die EU ursprünglich vornehmlich von den Staaten als Instrument gegründet worden, um ihre Sicherheitsinteressen besser realisieren zu können. Die NATO sollte ursprünglich die USA sicherheitspolitisch an Westeuropa binden und die Expansion der UdSSR eindämmen. Dazu wurde 1948 zunächst ein Verteidigungsbündnis geschaffen, das für die insgesamt zwölf beteiligten Staaten praktisch keine Souveränitätseinbußen mit sich brachte. Erst vor dem Hintergrund des Koreakrieges wurde die NATO in den 50er Jahren zu einem stärker integrierten Verteidigungsbündnis ausgebaut, das nun auch die Souveränität der beteiligten Staaten berührte. In den Worten des damaligen NATO-Generalsekretärs Lord Ismay verfolgte es das Ziel »to keep the Russians out, the Americans in, and the Germans down« (zit. nach Wallander/Keohane 1999: 41).

Die Integration in das Verteidigungsbündnis der NATO hat nun – ähnlich wie die Integration in der EU – aus sozialkonstruktivistischer Sicht dazu beigetragen, daß sich über die beteiligten Staaten und Gesellschaften hinweg eine transatlantische Identität ausbilden konnte. Die Staaten und Gesellschaften der transatlantischen Gemeinschaft identifizierten sich zunehmend positiv miteinander, so daß die Sicherheitsinteressen der anderen Staaten nun mit berücksichtigt wurden. Dementsprechend definieren selbst die USA ihre Sicherheitsinteressen vielfach erst nachdem sie ihre wichtigsten europäischen Verbündeten konsultiert haben. Beispielsweise haben sie ihre europäischen NATO-Partner in den 80er Jahren bei den Verhandlungen über die Begrenzung der atomaren Mittelstreckenraketen in Europa regelmäßig konsultiert. Dadurch konnten diese ihre Interessen in den Verhandlungsprozeß mit einbringen (Risse-Kappen 1988: 204-214).

Daß der Identitätswandel auch in der NATO merklich fortgeschritten ist, wird weiterhin daran festgemacht, daß die NATO als integriertes Verteidigungsbündnis fortbesteht, obgleich die Bedrohung durch die UdSSR entfallen ist. Obwohl sich die sicherheitspolitische Interessenlage massiv gewandelt hat, wird der Souveränitätstransfer, der mit der NATO verbunden ist, von den beteiligten Staaten weiterhin umstandslos akzeptiert. Die transatlantische Staatengemeinschaft hat unabhängig von der konkreten Bedrohungslage ein Interesse an der NATO entwickelt, dem die einzelnen Staaten ihre nationalen Interessen partiell unterordnen. Dementsprechend ist auch Deutschland nach der Vereinigung von 1990 voll integriert geblieben. Die Bundeswehreinheiten, die auf dem Gebiet der ehemaligen DDR stationiert waren, sind nach dem Rückzug der UdSSR wie die übrigen Bundeswehreinheiten vollständig in die Befehlsstruktur der NATO eingefügt worden. Deutschland hat mithin zugunsten der NATO kein Interesse entwickelt, für die Bundeswehr eigenständige Befehlsstrukturen aufzubauen, die es erlauben würden, unabhängig von der NATO zu agieren.

Der angesprochene Identitätswandel innerhalb der EU und der NATO schließt bereits die Ränder der sogenannten OECD-Welt zumindest teilweise mit ein. Dies zeigt aus sozialkonstruktivistischer Sicht die gesamte Debatte über die Osterweiterung. Beispielsweise hat Frank Schimmelfennig (2001) argumentiert, daß selbst die Mitgliedstaaten, die kein unmittelbar ökonomisches oder sicherheitspolitisches Interesse an einer Erweiterung der EU bzw. der NATO um die mittel- und osteuropäischen Staaten haben können, sich trotzdem nicht offen gegen die Erweiterung sperren. Dies führt er darauf zurück, daß die ost- und mitteleuropäischen Staaten mit ihrer Rhetorik daran erinnern konnten, daß die EU und auch die NATO seit den 50er Jahren als gesamteuropäische Integrationsprojekte angelegt waren, denen alle europäischen Staaten beitreten können sollten, wenn sie sich zu Demokratie, Menschenrechten und Rechtsstaatlichkeit bekennen. Die ost- und mitteleuropäischen Staaten beriefen sich, nachdem sie in den 90er Jahren durch umfassende Reformen diese Prinzipien verwirklicht hatten, auf diese alten Verpflichtungen. Die westeuropäische und die transatlantische Staatengemeinschaft sollte ihre Reformbemühungen durch die Aufnahme in die NATO bzw. die EU entlohnen. Ein direktes Interesse an der Osterweiterung kann aber bestenfalls der USA und der Bundesrepublik Deutschland unterstellt werden. Die anderen westeuropäischen und nordamerikanischen Staaten, die kein unmittelbares Interesse an der Erweiterung der EU und der NATO besaßen, konnten sich jedoch den Forderungen nach Osterweiterung kaum verschließen. Ohne Gesichtsverlust konnten sie nicht hinter ihre vormals oft nur deklaratorisch eingegangene Verpflichtung zurück, die EU bzw. die NATO für alle europäischen Staaten offen zu halten – dies zumal sie diese Verpflichtung 1989/90 mehrfach wiederholt hatten. Obgleich die ökonomischen und sicherheitspolitischen Interessenlagen eher Zurückhaltung erwarten ließen, mußten schließlich auch Staaten wie Frankreich oder Kanada der Erweiterung der EU bzw. der NATO zustimmen (Schimmelfennig 1999, 2001).

Insgesamt hat sich somit durch internationale Institutionen wie die NATO und die EU in der OECD-Welt eine Sicherheitsgemeinschaft gebildet, in der Kriege kaum mehr denkbar sind und der Friede als sicher gelten darf. Daß die auf internationale Institutionen setzende Friedensstrategie greift, hat dabei aus sozialkonstruktivistischer Sicht mit dem damit verbundenen Identitätswandel zu tun. Denn zwischen Staaten und Gesellschaften, die eine kollektive Identität verbindet, sind Kriege kaum noch vorstellbar.

## 5.4 Zusammenfassung

Die dargelegten Theorien bzw. Theorieschulen – die neorealistische, die liberale bzw. marxistische, die neoinstitutionalistische sowie die sozialkonstruktivistische – beziehen sich alle auf die nationale Konstellation, dergemäß sich nationale Gesellschaften nach innen als Nationalstaaaten organisierten und sich nach außen von anderen ebenfalls in Nationalstaaten organisierten nationalen Gesellschaften abgrenzen. Gleichwohl treffen sie unterschiedliche Annahmen über die Beschaffenheit der internationalen Politik in der nationalen Konstellation. Dementsprechend kommen sie auch zu unterschiedlichen Hypothesen über die Bedingungen von Krieg und Frieden. Die unterschiedlichen Annahmen der vier genannten Theorien sowie ihre jeweiligen Hypothesen lassen sich folgendermaßen grob zusammenfassen.

*Schaubild 5.1: Theorien internationaler Politik*

| | **neorealistische Theorie** | **liberale Theorie** | **neoinstitutionalistische Theorie** | **sozialkonstruktivistische Theorie** |
|---|---|---|---|---|
| **Das internationale System ist geprägt…** | durch materielle Strukturen der Anarchie | auch durch materielle Strukturen der Interdependenz | auch durch materielle Strukturen der Interdependenz | auch durch u. a. in Institutionen verankerte ideelle Strukturen |
| **Die Akteure in der internationalen Politik sind…** | nur Staaten, die an machtpolitischen Interessen orientiert handeln | vornehmlich Gruppen, die Staaten vorgeben, sich an wirtschaftlichen Interessen zu orientieren | Staaten und Gruppen, die sich an problemfeldspezifischen Interessen orientieren | Staaten, Gruppen und Individuen, die sich auch an ideellen Interessen orientieren |

| | neorealistische Theorie | liberale Theorie | neoinstitutionalistische Theorie | sozialkonstruktivistische Theorie |
|---|---|---|---|---|
| **Das Handeln der Akteure in der int. Politik wird betrachtet als …** | rationales Handeln gemäß Machterhaltungsinteressen | rationales Handeln gemäß Wohlfahrtsinteressen | Rationales Handeln gemäß problemfeldspezifischer Interessen | angemessenes Handeln gemäß in Institutionen verankerter Normen |
| **Die Handlungsziele der Akteure sind begründet …** | durch Anarchie, die Staaten Machtinteresse aufzwingt | durch Gruppen, die Staaten v. a. Wohlfahrtsinteressen vorgeben | durch verschiedene problemfeldspezifische Interessen | durch in internationalen Institutionen verankerte Normen und Ideen |
| **Die internationale Politik ist bestimmt …** | durch Machtverteilung im internationalen System | durch Strukturen der nationalen politischen Systeme | durch Interessenkonstellationen und Institutionen im internationalen System | durch in internationalen Institutionen verankerte Normen und Ideen |
| **Der internationale Friede kann gesichert werden …** | durch Machtgleichgewicht; bipolare Machtverteilung; Atomwaffen | durch Demokratien; Interdependenz | durch internationale Institutionen; Interdependenz | durch in internationalen Institutionen verankerte konsensuale Ideen und Normen |
| **Die internationale Kooperation wird begünstigt …** | durch hegemoniale Machtverteilung | durch Interessenkonvergenz; Demokratien | durch geeignete Interessenkonstellationen; internationale Institutionen | durch in internationalen Institutionen verankerte konsensuale Ideen und Normen |
| **Der Ost-West-Konflikt wird gedeutet …** | als machtpolitische Auseinandersetzung | als systempolitische Auseinandersetzung | als durch Konfliktvielfalt geprägte Auseinandersetzung | ideologische Auseinandersetzung |
| **Die bedeutendsten VertreterInnen sind …** | Waltz, Grieco, Walt, Mearsheimer, Bull | Nye, Moravcsik, Doyle, Snyder, Czempiel | Keohane, Young, Rittberger | Wendt, Haas, Katzenstein, Risse, H. Müller |
| **Ein typischer Text ist …** | Waltz 1979: Theory of International Politics | Moravcsik 1998: Choice for Europe | Keohane 1984: After Hegemony | Wendt 1999: Social Theory of International Politics |

Die vier Theorien bzw. Theorieschulen werden meist als miteinander konkurrierend aufgefaßt. Jede beansprucht gewissermaßen, internationale Politik in der nationalen Konstellation besser zu erklären als die anderen. Im Falle einer solchen Theorienkonkurrenz schreibt das Methodenlehrbuch vor, die konkurrierenden Theorien anhand von möglichst vielen konkreten Fällen zu überprüfen, um zu ermitteln, welche der Theorien die höchste Erklärungskraft aufweist. Die vorliegende Darstellung der Theorien über Krieg und Frieden bzw. über internationale Politik generell weist jedoch in zweierlei Hinsicht auf die Grenzen einer solchen Theorienkonkurrenz hin.

Zum einen können alle vier Theorieschulen durchaus überzeugende Deutungen der Geschichte des Ost-West-Gegensatzes geben. Obwohl sie unterschiedliche Lesarten des Ost-West-Gegensatzes vertreten, erscheint jede für sich plausibel. Dies deutet darauf hin, daß die vier Theorien bislang nicht hinreichend bestimmt formuliert sind. Durch ihre Anwendung auf konkrete Begebenheiten wie den Ost-West-Gegensatz kann kaum ihre relative Erklärungskraft eindeutig bestimmt werden. Die vier dargestellten Theorien oder Theorieschulen bieten trotzdem einen konzeptionellen Rahmen, mittels dessen über Krieg und Frieden theoretisch gehaltvoll diskutiert werden kann. Umgekehrt trägt eine theoretisch gehaltvolle Deutung konkreter Kriegshandlungen und Friedensschlüsse zur Weiterentwicklung dieser Theorien bei. Alle vier Theorieschulen besitzen ihre parallele Berechtigung bei der Analyse von Krieg und Frieden in der nationalen Konstellation.

Zum anderen variiert die Erklärungskraft unterschiedlicher Theorien internationaler Politik über Zeit und Raum. Die Beschaffenheit des internationalen Systems ist nicht statisch oder unabänderlich. Die Entwicklung von Krieg und Frieden seit dem 17. Jahrhundert zeigt, daß unterschiedliche Epochen in gewisser Weise Wahlverwandtschaften mit unterschiedlichen Theorien aufweisen. Es zeigte sich, daß jede der betrachteten Theorien besonders dazu geeignet erscheint, Krieg und Frieden in einem spezifischen historischen Kontext zu erfassen. Deshalb spricht viel dafür, die Theorien nicht nur als miteinander konkurrierend zu betrachten, sondern zu betonen, daß sie auch zueinander komplementär sein können. Dementsprechend ist zu spezifizieren, in welchen historischen Kontexten die verschiedenen Theorien in bezug auf die Fragen nach Krieg und Frieden eher erklärungsstark bzw. erklärungsschwach sind. Auf der Grundlage unserer Ausführungen ließen sich beispielsweise die in Schaubild 5.2. aufgezeigten »Wahlverwandschaften« zwischen Theorie und historischer Epoche vermuten. Obgleich dieses Schaubild primär illustrativen Charakter hat, sollte es deutlich machen, in welche Richtung eine solche Komplementaritätsthese weisen könnte.

*Schaubild 5.2: Theorien über Krieg und Frieden*

| | Zeitalter des Absolutismus | Zeitalter des Imperialismus | Zeitalter der Weltkriege | Zeitalter der Internationalisierung | Zeit nach dem Ost-West-Konflikt |
|---|---|---|---|---|---|
| Neorealismus | ✓✓ | ✓ | ✓ | | |
| liberale/marx. Theorien | | ✓✓ | ✓ | ✓ | ✓ |
| Neoinstitutionalismus | | | ✓ | ✓✓ | ✓ |
| Sozialkonstruktivismus | | | | ✓ | ✓✓ |

Die Wahlverwandtschaften der vier Theorieschulen mit spezifischen Epochen der insbesondere europäischen Geschichte zu betonen, scheint uns jedenfalls fruchtbar zu sein. So entpuppte sich die Annahmen der neorealistischen Theorie, daß Staaten sowohl nach innen gegenüber der eigenen Gesellschaft als auch nach außen gegenüber anderen Staaten ein hohes Maß an Autonomie genießen, insbesondere für das Zeitalter des Absolutismus im 17. und 18. Jahrhundert als vergleichsweise realitätsnah, wurde aber – wie anhand des Zeitalters des Imperialismus dargelegt – im 19. und insbesondere im 20. Jahrhundert zunehmend realitätsferner. Aufgrund der Politisierung der Gesellschaften in Westeuropa und Nordamerika ging bereits im 19. Jahrhundert die Autonomie des Staates nach innen gegenüber der Gesellschaft und später aufgrund der wachsenden Verflechtung der Gesellschaften miteinander im 20. Jahrhundert auch im Außenverhältnis zunehmend verloren. Die neorealistische Theorie kann deshalb im 20. Jahrhundert nur mehr in den Kontexten erklärungsstark sein, in denen wie teilweise in Afrika und Asien die Politisierung der Gesellschaften und die entsprechende Demokratisierung der Staaten noch nicht sehr weit fortgeschritten ist und zugleich auch die Verflechtung der Gesellschaften und die entsprechenden Interdependenzen bislang noch wenig ausgeprägt sind. Die liberale und die marxistische Theorie, die die Abhängigkeit der Staaten von dominanten gesellschaftlichen Gruppen betonen, machen in besonders plausibler Weise das »Zeitalter des Imperialismus« verständlich. Die hochpolitisierten und doch nur halb demokratisierten Gesellschaften Europas waren enorm anfällig für die Instrumentalisierung der Außenpolitik durch in der Innenpolitik dominante Machtkartelle. Erst im Zuge einer fortschreitenden Demokratisierung sind die Staaten Europas friedensfähig geworden. Diese Friedensfähigkeit, die durch die liberale Theorie mittels der These vom demokratischen Frieden bis heute verständlich gemacht werden kann, wurde zudem durch die zunehmend dichten Interdependenzbeziehungen sowie die fortschreitenden Integrationsprozesse in Europa weiter verstärkt. Angesichts des historischen Kontextes eines sich verdichtenden Netzes internationaler Institutionen zwischen Staaten und Gesellschaften erscheint die neoinstitutionalistische Theorie insbesondere für die Zeit nach den beiden Weltkriegen erklärungsstark. Der rationale Institutionalismus betont die Bedeutung internationaler Institutionen für das konkrete Handeln von Staaten in problematischen Interessenkonstellationen und zeigt, daß dort, wo dichte Netze solcher internationaler Institutionen entstanden sind, der Frieden stabil geworden ist. Sozialkonstruktivistische Theorien betonen darüber hinaus, daß die in internationale Institutionen eingebundenen Staaten und Gesellschaften durch diese Institutionen selbst transformiert werden. Die sozialkonstruktivistische Theorie erscheint daher besonders zur Erklärung des grundlegenden Wandels von staatlichen Interessen und Identitäten im Zuge der Auflösung des Ost-West-Konflikts und der Europäischen Integration geeignet. Sie macht damit gerade auch das Friedensprojekt Europa verständlich.

# Teil II

# Von der nationalen zur postnationalen Konstellation?

Überwindet man eine Betrachtungsweise, dergemäß die vier diskutierten Theorien – die neorealistische, die liberale, die neoinstitutionalistische sowie die sozialkonstruktivistische – ausschließlich zueinander in Konkurrenz stehen, und betont statt dessen ihre Komplementaritäten, so wird deutlich, daß sie sich auf einen gemeinsamen historischen Kontext beziehen. Sie thematisieren alle das westfälische Staatensystem, das die letzten 400 Jahre die Weltpolitik strukturierte. Sie sind somit alle Ausdruck der sogenannten nationalen Konstellation (Habermas 1998). Diese nationale Konstellation verbindet sich in der modernen politikwissenschaftlichen Analyse mit dem methodologischen Nationalismus (Zürn 2001). Der methodologische Nationalismus sieht Nationalstaaten als die Grundeinheiten der Analyse. Er beruht auf der Annahme, daß die Menschheit in eine begrenzte Anzahl von Nationen zerfällt, die sich nach innen als Nationalstaat organisieren und nach außen von anderen Nationalstaaten abgrenzen. Der methodologische Nationalismus unterscheidet sich vom normativen Nationalismus, wonach jeder Nation das Recht zukommt, sich in ihrer kulturellen Besonderheit selbst als Nationalstaat zu organisieren. Der methodologische Nationalismus setzt diesen normativen Anspruch als empirisch gegeben voraus und ernennt ihn gleichzeitig zur wichtigsten Organisationsform des Politischen. Diese Grundlagenprämisse strukturiert die empirischen Beobachtungen vor, etwa durch die statistischen Meßeinheiten, die noch immer vornehmlich national aufgeschlüsselt von den statistischen Ämtern der Nationalstaaten fortgeschrieben werden. Dementsprechend sperrt sich der methodologische Nationalismus der empirischen Widerlegung. Gleichwohl stellt er eine gemeinsame Grundlage aller im ersten Teil vorgestellten Theorien über Krieg und Frieden dar.

Im folgenden soll nun argumentiert werden, daß die nationale Konstellation sich zumindest in der OECD-Welt – also der Welt der 30 am weitesten entwickelten Industrieländer, welche sich in der *Organisation for Economic Cooperation and Development* zusammengeschlossen haben – möglicherweise im Übergang zu einer postnationalen Konstellation befindet. Denn angesichts der sogenannten Globalisierung scheint sich die OECD-Welt immer weniger ausschließlich in Staaten und Gesellschaften zu gliedern, die sich national klar voneinander abgrenzen lassen. Da im »Zeitalter der Globalisierung« Staatlichkeit somit möglicherweise aus der nationalen Konstellation heraustritt, um sich in einer postnationalen Konstellation grundlegend zu transformieren, sind aus unserer Sicht die Theorien der internationalen Politik, die auf dem methodologischen Nationalismus beruhen, in bezug auf die OECD-Welt zunehmend weniger realitätsadäquat. Dementsprechend werden wir argumentieren, daß es für den historisch neuen Kontext der Globalisierung der Entwicklung einer Theorie internationaler Politik bedarf, die den methodologischen Nationalismus hinter sich läßt, um die veränderten Kriegsursachen und Friedensbedingungen der postnationalen Konstellation angemessen identifizieren zu können.

Dabei gehen wir folgendermaßen vor: In einem ersten Schritt versuchen wir allgemein – ohne expliziten Bezug zu Fragen von Krieg und Frieden – zu verdeutlichen, wodurch sich die nationale Konstellation ausgezeichnet hat, um davon ausgehend die Unterschiede zu einer erst in Umrissen erkennbaren postnationalen Konstellation herauszuarbeiten. Im Ergebnis benennen wir vier grundlegende konstitutive Elemente der nationalen Konstellation und ihr Spiegelbild in der postnationalen Konstellation (Kapitel 6). In einem zweiten Schritt gilt es dann für jedes der vier konstitutiven Elemente zu fragen, ob es auch im Bereich der internationale Sicherheitspolitik, die vielfach als »letzte Bastion« der nationalen Konstellation angesehen wird, Indizien für das Entstehen einer postnationalen Konstellation gibt (Kapitel 7-9). In einem dritten Schritt werden wir schließlich über die Nachhaltigkeit dieser Entwicklungen spekulieren und Vorschläge entwickeln, wie die bestehenden Theorien internationaler Politik verändert werden müßten, um auch in der postnationalen Konstellation erklärungsstark sein zu können (Kapitel 10).

# 6. Von der nationalen zur postnationalen Konstellation: Staatlichkeit im Wandel?

Um die Transformation von der nationalen zur postnationalen Konstellation im Zeitalter der Globalisierung angemessen darstellen zu können, soll hier zunächst allgemein – nicht spezifisch für die Frage nach Krieg und Frieden – verdeutlicht werden, wodurch die nationale Konstellation präzise gekennzeichnet war. Davon ausgehend wird kurz erläutert, was wir unter Globalisierung verstehen. Schließlich möchten wir zeigen, wie die skizzierten Globalisierungsprozesse auf eine postnationale Konstellation hinwirken.

## 6.1 Die nationale Konstellation

Die nationale Konstellation kann als eine politische Ordnung beschrieben werden, welche 1648 ihren Ausgangspunkt hatte und in den 1960er und 1970er Jahren zumindest in der sogenannten OECD-Welt in ihrer Blüte stand (Habermas 1998). Unser Denken wird insofern durch sie geprägt, als jede politische Ordnung zumeist eher implizit als explizit vor dem Hintergrund der Errungenschaften der nationalen Konstellation beurteilt wird. Die nationale Konstellation ist dabei durch vier Elemente charakterisiert, die alle auf der nationalstaatlichen Ebene angesiedelt waren. Idealisiert gesprochen zeichnete sie sich erstens durch *nationale Problemlagen* aus, auf die zweitens durch *national-staatliches Regieren* vergleichsweise erfolgreich reagiert werden konnte, weil drittens dafür zentrale *Ressourcen national-staatlich gebündelt* waren, was viertens von innen durch die nationale Gesellschaft sowie von außen durch andere national organisierte Staaten *als legitim anerkannt* wurde.

*a) Nationale Problemlagen*

Der Problemhaushalt der nationalen Konstellation konnte mit dem Instrumentarium des methodologischen Nationalismus problemlos erfaßt werden. Die Probleme, die es in der nationalen

Konstellation politisch zu bewältigen galt, entsprangen in den Staaten der heutigen OECD-Welt zumeist *nationalen* Problemlagen. Es galt, die innere Sicherheit und die Rechtsförmigkeit im nationalen Rechtsstaat zu institutionalisieren sowie die Volkswirtschaft (*national* economy) zu entwickeln, um das Bruttosozialprodukt (Gross *National* Product) zu steigern. Später kam als Problem hinzu, die Wohlstandsverteilung innerhalb der nationalen Gemeinschaft sozialverträglich zu gestalten. Und auch im Umweltbereich konnte man insofern noch von nationalen Problemlagen ausgehen, als etwa für die Luftverschmutzung über den Städten meist Industriebetriebe verantwortlich waren, die sich innerhalb der eigenen Staatsgrenzen befanden. Doch selbst da, wo Probleme nicht national verursacht waren – mithin *internationale* Probleme konstituierten –, ging es lediglich darum, mit Problemen umzugehen, die durch andere Nationalstaaten verursacht waren. Als internationale Probleme kamen gewissermaßen nur zwischenstaatliche Schnittstellenprobleme in Betracht. Im Sicherheitsbereich bestand das Problem v. a. darin, daß man militärische Gewalthandlungen anderer Staaten meist aufgrund von Grenzstreitigkeiten befürchten mußte. Im Wohlfahrtsbereich dagegen konnten insbesondere die Handelsbarrieren und Währungspolitiken anderer Staaten zum Problem für den Export der eigenen Güter werden. Doch solange diese internationalen Problemlagen primär Schnittstellenprobleme darstellten, waren sie mit dem methodologischen Nationalismus ebensogut vereinbar wie die rein nationalen Probleme.

### *b) Nationalstaatliches Regieren*

Die weitgehend nationalen Problemlagen wurden in den Staaten der heutigen OECD-Welt im wesentlichen durch nationalstaatliches Regieren bewältigt. Der Nationalstaat war in der nationalen Konstellation auf seinem Territorium *die* Organisation des *Regierens*. Das heißt, es wurde allgemein als Regierungsaufgabe des Nationalstaates angesehen, auftretende Probleme an sozialen Grundwerten orientiert anzugehen. Der Nationalstaat formulierte Politiken, mit denen die physische Sicherheit der Bürger (Innen- und Rechtspolitik) und des Territoriums (Verteidigungspolitik), der materielle Wohlstand (Wirtschafts- und Forschungspolitik), soziale Gerechtigkeit (Sozialpolitik) und später auch ökologische Nachhaltigkeit (Umweltpolitik) ermöglicht werden sollte. Und da die Problemlagen, die es zu bewältigen galt, vornehmlich nationale Problemlagen waren, konnte der Staat seinen Regierungsaufgaben durch nationale Politiken – zumindest im Prinzip – erfolgreich nachkommen.

*c) Nationale Ressourcen*
Gleichzeitig monopolisierte der Nationalstaat in der heutigen OECD-Welt auf seinem Territorium die *Ressourcen*, die zur Umsetzung dieser Politiken von zentraler Bedeutung sind: Er erlangte ein Gewaltmonopol sowie – damit verknüpft – ein Steuererhebungsmonopol. Gewalt- und Steuererhebungsmonopol sind in der nationalen Konstellation so eng mit dem Staat verbunden, daß sie vielfach als *das* Definitionskriterium des modernen Territorialstaates betrachtet werden. Der Nationalstaat der heutigen OECD-Welt besaß somit die Ressourcen, um vergleichsweise zuverlässig garantieren zu können, daß die jeweilige Regierungspolitik auch umgesetzt werden konnte.

*d) National geprägte Legitimierungsprozesse*
Schließlich folgten in der OECD-Welt auch die Legitimierungsprozesse, mittels deren Staaten die *Anerkennung* als legitime Regierungsinstanzen erwarben, der Logik des methodologischen Nationalismus. Der Staat wurde in der nationalen Konstellation letztlich erst zum Staat, weil er bezogen auf sein Territorium als solcher anerkannt wurde – und zwar extern von der internationalen Staatengemeinschaft und intern von der nationalen Gesellschaft. Die externe Anerkennung konnte gemäß dem Souveränitätsprinzip nur durch andere national verfaßte Staaten erfolgen, und die interne Anerkennung wurde gemäß dem Selbstbestimmungsprinzip durch die eigene nationale Gesellschaft vorgenommen, welche idealiter am Regieren demokratisch beteiligt war. Ohne diese doppelte Anerkennung durch nationale politische Einheiten war in der nationalen Konstellation zwar kaum ein Staat zu machen, doch eine einmal ausgesprochene Anerkennung eines Staates galt dauerhaft, selbst wenn der betreffende Staat seinen Regierungsaufgaben nicht angemessen nachkam. Die Anerkennung als Staat, der eine nationale Gesellschaft politisch verkörpert, konnte letztlich kaum verwirkt werden.

Die nationale Konstellation, wie sie sich zumindest in der OECD-Welt herausgebildet hatte, zeichnete sich also insgesamt dadurch aus, daß sich ihre vier konstitutiven Elemente auf einer Ebene – der nationalen – konzentrierten und sich zugleich wechselseitig abstützten. So konnte der Staat in der nationalen Konstellation den Aufgaben des Regierens – die Bewältigung nationaler Problemlagen – inbesondere aufgrund seiner außerordentlichen Ressourcenausstattung erfolgreich nachkommen. Sein erfolgreiches Regieren trug wiederum dazu bei, die Anerkennung als legitimer Staat zu stützen. Die Anerkennung ihrerseits half dem Staat, seinen Monopolanspruch nicht nur mit Blick auf die Ressourcen, sondern auf das Regieren generell zu erheben. Insbesondere weil sich die verschiedenen Elemente der nationalen Konstellation wechselseitig gestützt und gestärkt haben, erwies sie sich als außerordentlich dauerhaft und stabil, so daß der methodologische Nationalismus in den verschiedenen Theorien der internationalen Politik vergleichsweise problemlos als historisch konzipierte und konstante Grundlagenprämisse genutzt werden konnte.

## 6.2 Die Herausforderung im Zeitalter der Globalisierung

Die Prämisse, daß alle vier diskutierten Elemente komplett auf der nationalen Ebene zusammenlaufen, stellte zwar bereits in der nationalen Konstellation eine Stilisierung dar. Sie kam aber als Prämisse der Realität der OECD-Welt zumindest so nahe, daß sie für eine angemessene Theoriebildung taugen konnte. Der methodologische Nationalismus ist also für die nationale Konstellation durchaus sinnvoll, insbesondere für die OECD-Welt des 20. Jahrhunderts. Doch auf die Glanzzeit des demokratischen Wohlfahrtsstaates in den 60er und 70er Jahren folgte im »Zeitalter der Globalisierung« in den 80er und 90er Jahren eine grundlegende Herausforderung. Der Staat wird zwar auch im Zeitalter der Globalisierung nicht absterben, doch die verschiedenen Elemente der nationalen Konstellation beginnen sich zumindest in der OECD-Welt – so werden wir argumentieren – auf verschiedene Ebenen zu verteilen:

- Die *Problemlagen transnationalisieren* sich – Problemlagen treten nicht mehr nur als nationale Probleme und Schnittstellenprobleme zwischen Staaten auf. Vielmehr schaffen auch gesellschaftliche Gruppen grenzüberschreitende Probleme für das Regieren.

• Das *Regieren supranationalisiert* sich – das Regieren findet vermehrt in internationalen Institutionen statt, die mit wachsender Intensität in die Nationalstaaten hineinregieren.

• Die *Ressourcen bleiben national konzentriert* – insbesondere das Gewaltmonopol, aber auch das Steuererhebungsmonopol verbleiben beim Nationalstaat.

• Die *Legitimierungsprozesse* verändern sich – die externe Anerkennung von politischen Einheiten *transnationalisiert* sich, während die interne Anerkennung zwar *national* gebunden bleibt, sich aber zunehmend an internationalen Standards ausrichtet.

Der Motor für die Transformation von der nationalen zur postnationalen Konstellation ist aus unserer Sicht die sogenannte Globalisierung. Globalisierung meint den grenzüberschreitenden Austausch und die grenzüberschreitende Produktion von Waren, Dienstleistungen und Kapital im Wirtschaftsbereich, von Bedrohungen und Risiken im Sicherheitsbereich, von Symbolen im Kommunikationsbereich, von Menschen im Mobilitätsbereich und nicht zuletzt von Schadstoffen im Umweltbereich. Um Globalisierung angemessen beurteilen zu können, sollte man nicht nur die Verdichtung der internationalen Handelsbeziehungen, die Internationalisierung der Finanzmärkte und die Verdichtung von Direktinvestitionen betrachten. Vielmehr müßte auch die vermehrt grenzüberschreitende Produktion von Umweltbedrohungen wie der Klimawandel, die grenzüberschreitenden Kommunikationsbeziehungen etwa über das Internet, die grenzüberschreitenden Bedrohungen, wie sie etwa durch die transnational organisierte Kriminalität oder den internationalen Terrorismus entstehen, sowie die sich verdichtenden Migrationsbewegungen in den Blick genommen werden. Bei einer solchen Betrachtung des Globalisierungsprozesses ergeben sich eine Reihe von interessanten Befunden (Beisheim et al. 1999, Held et al. 1999):

*Erstens*: Generell läßt sich sagen, daß die *grenzüberschreitenden Austausch- und Produktionsprozesse* sich tatsächlich deutlich verdichtet haben. Sie sind in den 90er Jahren ausgeprägter als in den 60er und 70er Jahren und auch ausgeprägter als zu Beginn des 20. Jahrhunderts. Beispielsweise stieg zwischen 1950 und 1990 die Außenhandelsquote Deutschlands von gut 18 auf annähernd 59 Prozent, die der USA von weniger als 9 auf immerhin über 21 Prozent. Darüber hinaus hat sich der internationale Reiseverkehr genauso wie der grenzüberschreitende Schadstoffaustausch, die internationalen Telefongespräche oder der grenzüberschreitende Waffenhandel deutlich verdichtet. Das Ausmaß der Verflechtung variiert jedoch enorm je nach Sachbereich und Land. Es handelt sich keinesfalls um einen uniformen Prozeß.

*Zweitens*: Die Zunahme der *grenzüberschreitenden Austauschprozesse* hat sich insbesondere in den 70er und 80er Jahren massiv beschleunigt. Zwar fand bereits in den 50er und 60er Jahren eine Zunahme der Verflechtung statt, doch erst in den 70er und 80er Jahren kann von einem Globalisierungsschub gesprochen werden. Während beispielsweise die Außenhandelsquote der USA zwischen 1950 und 1970 lediglich von gut 8 auf etwas über 11 Prozent angewachsen ist, schnellte sie zwischen 1970 und 1980 um 10 auf 21 Prozent hoch. In Deutschland setzte eine ähnliche Entwicklung zwar schon früher ein, hat sich aber gleichfalls in den 70er und 80er Jahren nochmals beschleunigt, so daß die Außenhandelsquote zwischen 1970 und 1980 von 40 auf über 53 Prozent anwuchs. Ebenso haben der transnationale Terrorismus, die grenzüberschreitende Umweltverschmutzung sowie die grenzüberschreitende Migration in den 70er und 80er Jahren deutlich zugenommen.

*Drittens*: In den 90er Jahren zeigt sich eine qualitative Veränderung der Verflechtung. Das Gesamtbild wird zunehmend durch *grenzüberschreitende Produktionsprozesse* bestimmt. Im Wirtschaftsbereich werden Waren immer weniger in einem Staat fertig produziert, um in einem anderen Staat gehandelt zu werden. Die Produktion der Ware selbst wird heute vielmehr zumeist Staatsgrenzen überschreitend organisiert. Autos oder Flugzeuge werden also nicht mehr in einem Land hergestellt, um in einem anderen Land verkauft zu werden, sondern sie werden in transnationalen Unternehmen über Ländergrenzen hinweg erzeugt. Doch nicht nur Autos und Flugzeuge werden über Staatsgrenzen hinweg produziert, sondern auch Umweltbedrohungen wie das Ozonloch, Kommunikationsforen wie das Internet oder Sicherheitsbedrohungen wie die Organisierte Kriminalität sind Ausdruck einer grenzüberschreitenden Produktion von *goods and bads*. Dementsprechend stellen nicht der Handel, sondern Direktinvestitionen, nicht der Schadstoffaustausch, sondern die gemeinsame Produktion des Ozonlochs oder des Klimawandels, nicht der Brief- oder Telefonverkehr, sondern das Internet die entscheidenden Entwicklungen der 90er Jahre dar.

*Viertens*: Die Globalisierung ist nicht global. Die meisten grenzüberschreitenden Austausch- und Produktionsprozesse sind regional beschränkt. Beispielsweise konzentriert sich der grenzüberschreitende Austausch der meisten Waren und Dienstleistungen genauso in der sogenannten OECD-Welt wie die Kapitalströme. Wahrhaft globale Austausch- und Produktionsprozesse wie etwa die globale Produktion des Klimawandels oder des Ozonlochs im Umweltbereich sind hingegen eher die Ausnahme. Insofern leben wir bestenfalls in einer »partially globalized world« (Keohane 2001: 1).

Dementsprechend bevorzugen wir es, von gesellschaftlicher Denationalisierung anstatt von Globalisierung zu sprechen (Beisheim et al. 1999, Zürn 1998). Mit dem Begriff der Denationalisierung wird auf die klassische Nationalismusforschung von Karl Deutsch (1972) und Eric Hobsbawm (1992) Bezug genommen. Die Nation ist danach eine durch verdichtete Handlungszusammenhänge getragene politische Gemeinschaft, die in einem gegenseitig konstitutiven Verhältnis zum Nationalstaat steht. Die Nation wird hier also nicht ethnisch definiert, und Nation meint hier auch nicht das regionalistische Verständnis von Nation, dem zufolge fast immer mehrere »Nationen« in einem Staatsverband leben. In dem hier verwendeten Sinne ist die politische Gemeinschaft Frankreichs eine Nation, nicht aber die der Bretonen. Die gesellschaftliche Denationalisierung weist auf eine Entkoppelung von Nationalstaaten und den entsprechenden Nationalgesellschaften hin. »Da mit ihr die Deckungsgleichheit von Nation und Nationalstaat verlorengehen kann, stellt die gesellschaftliche Denationalisierung den »methodologischen Nationalismus in Frage« (Beck 1997: 44).

## 6.3 Auf dem Wege zu einer postnationalen Konstellation

Die gesellschaftliche Denationalisierung sorgt für den Kontext, der die Transformation von der nationalen zur postnationalen Konstellation möglich macht. Die verschiedenen Elemente der nationalen Konstellation – die Problemlagen, das Regieren, die Ressourcen und die Legitimierungsprozesse – konzentrieren sich infolge der politischen Reaktionen auf die Herausforderung der gesellschaftlichen Denationalisierung nicht mehr ausschließlich auf der national-staatlichen Ebene, sondern verteilen sich zunehmend auf verschiedene Ebenen.

*a) Problemlagen in der postnationalen Konstellation*
Die gesellschaftliche Denationalisierung fordert die Effektivität nationalstaatlichen Regierens heraus, da sie deren zentrale Erfolgsvoraussetzungen aufhebt. Die weitgehende Kongruenz von nationalem Regieren und nationalen Problemlagen geht verloren. Aufgrund der zunehmend grenzüberschreitenden Austausch- und Produktionsprozesse wachsen zwar die Problemlagen über das nationale Territorium hinaus, doch das Regieren, durch das die genannten Austausch- und Produktionsprozesse gesteuert werden können, bleibt zunächst vielfach national gebunden. Dies führt dazu, daß das nationalstaatliche Regieren in der OECD-Welt erheblich beeinträchtigt wird, weil es angesichts transnationaler Problemlagen nur bedingt zielführend sein kann (Goldmann 2001, Held et al. 1999, Scharpf 1999, Zürn 1998).

Die sukzessive Transnationalisierung von Problemlagen kann am Beispiel der Umweltverschmutzung illustriert werden. Ihre Entwicklung entspricht grob dem Muster der gesellschaftlichen Denationalisierung. Eine bis in die 60er Jahre des 20. Jahrhunderts reichende erste Welle industriell verursachter Umweltprobleme umfaßte überwiegend solche von lokal begrenzter Ausdehnung mit gleichsam zufälligen Grenzüberschreitungen. Die Industriebetriebe, die für die wachsende Luftverschmutzung verantwortlich waren, befanden sich in dem Staat, in dem die Umweltschädigung auftrat. Als Umweltschutzprobleme erstmals 1969 den Weg in die Regierungserklärung eines neu gewählten Bundeskanzlers schafften, sprach Willy Brandt ausschließlich von nationalen Umweltproblemen. Doch bereits in den 70er Jahren gab es eine zweite Welle industrieller Verschmutzungen. Schadstoffe überschritten von nun an immer häufiger Staatsgrenzen. Ein bekanntes Beispiel ist der saure Regen, der v. a. durch Emissionen aus Großbritannien und Deutschland verursacht wurde, aber insbesondere in Skandinavien zu Schädigungen führte. Hinsichtlich solcher Schadstoffe läßt sich bis Anfang der 80er Jahre in Deutschland ein Wachstumstrend feststellen. Danach tritt ein Rückgang der Emissionen ein, wobei der Anteil der »ausländischen« Immissionen stabil blieb (vgl. Beisheim et al. 1999: 241). Der Rückgang des grenzüberschreitenden Austauschs von Schadstoffen wird jedoch durch das Aufkommen einer dritten Welle von Umweltproblemen überlagert, denen eine tatsächlich globale Verursachung zugrunde liegt. So sind seit Anfang der achtziger Jahre globale Umweltveränderungen wie die Ausdünnung der Ozonschicht und der Treibhauseffekt verstärkt zu beobachten. Auch andere globale ökologische Risiken, die in der Öffentlichkeit noch nicht so stark wahrgenommen werden, wie z. B. Entwaldung, Verwüstung, Überfischung und der Verlust der Biodiversität, stehen heute ganz oben im umweltpolitischen Problemhaushalt.

Als Ergebnis dieser Entwicklung kann heute von einer weitgehenden Transnationalisierung des Problemhaushalts der Umweltpolitik gesprochen werden. Das heißt, neben den fortbestehenden, aber gemilderten lokalen, regionalen und nationalen Problemlagen sind zunehmend transnationale Problemlagen getreten, deren Bedeutung die kleinräumigen Problemlagen deutlich überschattet. In einer Studie der Europäischen Umweltagentur, in der die zwölf wichtigsten Umweltprobleme identifiziert wurden, waren dementsprechend bereits 1995 nur mehr vier von primär nationalem Charakter (bodennahe Ozonkonzentration, Abfallmanagement, urbaner Stress und chemische Risiken); die übrigen acht Probleme hatten dagegen eher transnationalen Charakter (Klimawandel, Ausdünnung der Ozonschicht, Verlust der Biodiversität, Großkatastrophen, Saurer Regen, Frischwassermanagement, Abrodung von Wäldern, Küstenzonenbedrohungen). Ähnliches gilt für andere Politikbereiche (vgl. Goldmann 2001: 12). Die Probleme, die durch die transnational organisierte Kriminalität, internationale Bankenkrisen, transnationale Terrornetze, internationale Flüchtlingsströme oder das globale Kommunikationsnetz des Internet hervorgerufen werden, sind nur einige prominente Beispiele.[1]

1 Die Rede von der Transnationalisierung von Problemlagen verweist auf mehr oder weniger objektivierbare Tatbestände (vgl. hierzu Goldmann 2001: 13-14). Es erscheint daher in der Tat unzureichend, schlicht von einer Transnationalisierung der Problemwahrnehmungen zu sprechen. Sicherlich bestehen politische Probleme nicht in einem objektiven Sinn. Sie wandeln sich historisch und sind von normativen Erwartungen und kognitiven Kapazitäten abhängig. Wenn wir hier von der Transnationalisierung von Problemlagen sprechen, beziehen wir uns aber primär auf die Ursachen des als Problem wahrgenommenen Sachverhalts. Wer argumentiert, daß die Transnationalisierung von Problemlagen nur eine Transnationalisierung

Die Transnationalisierung von Problemlagen begreifen wir als einen Prozeß, bei dem zum einen die Ursachen von Problemen zunehmend außerhalb der nationalen Grenzen liegen und bei dem zum anderen die Verursacher dieser Probleme vermehrt gesellschaftliche Akteure sind, die transnational agieren oder deren Aktivitäten transnationale Auswirkungen haben. *Die Transnationalisierung umfaßt somit zugleich eine Denationalisierung und eine Privatisierung von Problemlagen.* Dementsprechend ist es als eine Transnationalisierung von Problemlagen aufzufassen, daß zentrale Sicherheitsbedrohungen heute nicht mehr nur von verfeindeten Staaten ausgehen. Vielmehr werden bedeutende Sicherheitsbedrohungen wie der Terrorismus oder die Organisierte Kriminalität heute vermehrt von transnational agierenden gesellschaftlichen Akteuren hervorgerufen. Hinzu kommt, daß aufgrund der Denationalisierung immer mehr Aktivitäten gesellschaftlicher Akteure selbst dann transnationale Auswirkungen haben können, wenn sie selbst nicht grenzüberschreitend sind. Eine Transnationalisierung von Problemlagen liegt hier deshalb vor, weil durch die eigenen nationalen Grenzen beschränkte gesellschaftliche oder staatliche Aktivitäten ein Problem verursachen, das über die eigenen nationalen Grenzen hinaus ausstrahlt. Im Wirtschaftsbereich kann beispielsweise angesichts der zunehmend transnationalen Bankenverflechtungen heute eine nationale Bankenkrise weltweit zu weiteren Bankenkrisen führen.

*b) Regieren in der postnationalen Konstellation*

Die Transnationalisierung von Problemlagen stellt eine unabweisbare Herausforderung für das nationalstaatliche Regieren dar. Diese Herausforderung führt allerdings auch in der OECD-Welt nicht direkt zum postnationalen Regieren oder gar zur Ablösung des Nationalstaates. Vielmehr ist es der politische Umgang mit den transnationalen Problemlagen, der das Regieren in der postnationalen Konstellation bestimmen wird.

Die wichtigste Reaktion der Nationalstaaten der OECD-Welt

von Problemwahrnehmungen zum Ausdruck bringt, verwechselt die subjektive Konzeption von etwas als problematisch wahrgenommenem mit den mehr oder weniger objektivierbaren Merkmalen des als Problem wahrgenommenen Sachverhalts.

auf die gesellschaftliche Transnationalisierung und die Transnationalisierung der Problemlagen besteht darin, daß sie das *Regieren* häufig auf internationale Institutionen verlagern bzw. zumindest mit internationalen Institutionen koordinieren. In internationalen Institutionen können nämlich die Problemhaushalte und das Regieren wieder zur Deckung gebracht werden. Das Regieren, das vormals auf nationaler Ebene durch den Staat alleine erfolgte, findet deshalb heute vermehrt auf internationaler Ebene in internationalen Institutionen statt. Dementsprechend stieg die Anzahl internationaler Organisationen von gut 100 im Jahre 1949 auf zwischenzeitlich über 300 (vgl. Jacobsen et al. 1996). Darüber hinaus ist die Anzahl internationaler Verträge zwischen 1947 und 1997 von knapp 2000 auf annähernd 55 000 angewachsen (Hauchler et al. 2001: 378).

**Zum Begriff**
**»Regieren«**

Durch Regieren wird angesichts sozialer Problemlagen versucht, gesellschaftlich akzeptierte Grundwerte, wie physische Sicherheit, materielle Wohlfahrt, soziale Gleichheit oder auch ökologische Nachhaltigkeit, zu gewähren. Regieren ist somit die an sozialen Grundwerten orientierte Steuerung problematischer gesellschaftlicher Handlungszusammenhänge mittels dauerhafter Normen und Regeln anstatt unvermittelter Interessendurchsetzung. Regieren wird insbesondere dann notwendig, wenn soziale Handlungszusammenhänge als problematisch gelten müssen, weil die Handlungen eines sozialen Akteurs negative Handlungskonsequenzen für andere soziale Akteure zeitigen.

Der Straßenverkehr kann beispielsweise als ein Handlungszusammenhang gesehen werden, in den durch Regieren steuernd eingegriffen wird. Denn ein ungeregelter Straßenverkehr, in dem jeder Verkehrsteilnehmer nach seinen spontanen Interessen agiert, wäre für Fußgänger, Radfahrer und Autofahrer gleichermaßen gefährlich. Ihre physische Sicherheit wäre nicht mehr gewährleistet. Deshalb wurden mit der Straßenverkehrsordnung allgemeinverbindliche Normen und Regelungen geschaffen, die einen reibungslosen Straßenverkehr ermöglichen, der die Sicherheit aller Verkehrsteilnehmer zumindest erhöht.

Nun mag man allerdings einwenden, daß es internationale Institutionen schon in der nationalen Konstellation des 19. Jahrhunderts gab, ohne daß dadurch das Konzept des Regierens nachhaltig transformiert worden wäre. Dieser Einwand übersieht jedoch, daß neben die gestiegene Anzahl auch eine neue Art des Regierens in internationalen Institutionen getreten ist. Zwar bedienten sich die Staaten bereits in der nationalen Konstellation internationaler Institutionen, doch erst in der postnationalen Konstellation treten sie dabei konstitutive Regierungsaufgaben tatsächlich an internationale Institutionen ab.

Internationale Institutionen beschränkten sich bis in die Mitte des 20. Jahrhunderts darauf, zwischenstaatliches Regieren zur Regelung von Schnittstellenproblemen zu erleichtern. Dieses zwischenstaatliche Regieren bezog sich zum einen ausschließlich auf *Problemlagen zwischen Staaten*. Problemlagen innerhalb von Staaten blieben hingegen ebenso ausgeklammert wie transnationale Problemlagen. Die Normen dieser zwischenstaatlichen Institutionen richteten sich also ausschließlich auf das Verhalten von Staaten gegenüber anderen Staaten und nicht an gesellschaftliche Regelungsadressaten. So zielte beispielsweise das Allgemeine Zoll- und Handelsabkommen (GATT) darauf, Handelshindernisse zu begrenzen, die von Staaten klassisch in Form von Zöllen an der Grenze zu anderen Staaten aufgebaut wurden. Rüstungskontrollverträge regelten den Rüstungswettlauf zwischen Staaten und diejenigen internationalen Institutionen, die zur Erleichterung etwa des grenzüberschreitenden Eisenbahnverkehrs im 19. Jahrhundert oder der grenzüberschreitenden Telekommunikation im 20. Jahrhundert errichtet wurden, dienten just zur Gestaltung der Schnittstellen zwischen Staaten.

Das zwischenstaatliche Regieren in diesen klassischen internationalen Institutionen war zum anderen dadurch gekennzeichnet, daß es stets den *Konsens aller daran beteiligten* Staaten voraussetzte. Für jeden Staat galten nur diejenigen Normen, denen er freiwillig zugestimmt hatte und die er bereit war, freiwillig umzusetzen. Dementsprechend war etwa das GATT ganz darauf angewiesen, daß es den Staaten bei den sogenannten GATT-Runden gelang, sich auf Normen zu einigen, nach denen bestehende Handelshindernisse abgebaut werden sollten. Darüber hinaus konnten Staaten, die mit ihren Handelshindernissen gegen bestehende Normen verstießen, im GATT-Rat nur dann verurteilt oder gar bestraft werden, wenn jeder Staat einschließlich des vermeintlichen Normbrechers zugestimmt hatte. Das GATT konnte mithin nur zur Normsetzung und insbesondere zur Normdurchsetzung beitragen, in dem es zwischen den Staaten vermittelte, um deren Konsens aufzubauen bzw. aufrechtzuerhalten.

Die nationale Konstellation kannte also in der Tat schon internationale Institutionen. Sie kannte allerdings nur *einen* sehr spezifischen Typ internationaler Institutionen: intergouvernementale Institutionen, die zwischenstaatliches Regieren ermöglichten. Dieser Typ internationaler Institutionen, der im Schaubild 6.1. im Feld oben links anzusiedeln ist, war mit den Prinzipien des methodologischen Nationalismus vereinbar.

*Schaubild 6.1: Typen des Regierens in internationalen Institutionen*

| | Normen beziehen sich nur auf zwischenstaatliche Probleme | Normen beziehen sich auch auf transnationale Probleme |
|---|---|---|
| Normsetzung und Normdurchsetzung erfolgt im Konsens | *Zwischenstaatliches Regieren* Beispiel: GATT (Allgemeines Zoll- und Handelsabkommen) | *Internationales Regieren* Beispiel: IWC (Internationale Walfangkommission) |
| Normsetzung und Normdurchsetzung bedarf keines Konsens | *Suprastaatliches Regieren* Beispiel: IWF (Internationaler Währungsfonds) | *Supranationales Regieren* Beispiel: WTO (Welthandelsorganisation) |

Die neuen internationalen Institutionen weisen deutlich über rein zwischenstaatliches Regieren hinaus. Zum einen beziehen sie sich auf *transnationalisierte Problemlagen* und zum anderen überwinden sie zunehmend das *Konsensprinzip*. So beschränkt sich im Handelsbereich die WTO nicht mehr wie das alte GATT darauf, mit seinen Normen und Regeln lediglich zwischenstaatliche Problemlagen (*at the border issues*) zu bearbeiten. Die WTO nimmt sich mit ihren Normen vielmehr auch Problemen wie Subventionen und Dumping an, die zwar hinter der Grenze von Staaten auftauchen (*behind the border issues*), aber dennoch den grenzüberschreitenden Handel beeinträchtigen können (Kahler 1995). Die WTO wacht heute mit ihren Normen zudem auch darüber, daß

Staaten keine Produktregeln zum Gesundheits-, Verbraucher- oder Umweltschutz als Handelsbarrieren mißbrauchen können.[2]

Bei Normen, die sich auf transnationale Problemlagen beziehen, erscheint sowohl die Überwachung der Normbeachtung als auch die Feststellung von Normverstößen und gegebenenfalls deren Sanktionierung beträchtlich schwieriger als bei Normen, die auf zwischenstaatliche Problemlagen zielen. Deshalb ist diesen neuen internationalen Institutionen ein Trend zur Supranationalisierung und zur Überwindung des Konsensprinzips eingeschrieben.

Die »alte« Norm, Zölle nicht zu erhöhen, kann relativ einfach im Rahmen zwischenstaatlicher Beziehungen umgesetzt werden. Denn der Normadressat ist der Staat selbst. Das heißt, es kommt nur darauf an, den Staat dazu zu bewegen, Zollerhöhungen zu unterlassen. Hinzu kommt, daß die Überwachung der Normbeachtung sehr leicht fällt. Denn die Industriezweige, die die entsprechenden Zölle zu entrichten haben, würden widerrechtliche Zollerhöhungen unmittelbar bemerken und sie schnell an die eigene Regierung weitergeben. Schließlich erscheint selbst die Sanktionierung von Normverstößen weitgehend unproblematisch. Der betroffene Staat kann gegenüber dem Normverletzer vergeltende Zollerhöhungen vornehmen.

Dagegen sind die »neuen« Normen und Regeln, die sich auf transnationale Problemlagen beziehen, im Rahmen zwischenstaatlicher Beziehungen erheblich schwieriger umzusetzen. So sind Normen, die besagen, daß Produktregeln zum Gesundheits-, Verbraucher- oder Umweltschutz nicht als Handelshindernis mißbraucht werden dürfen, erheblich schwieriger zu überwachen als Normen, die sich einfach auf die Zölle von Staaten beziehen. Zur Überwachung solcher neuen Normen bedarf es Informationen, die nur *behind the border* erhoben werden können. Darüber hinaus ist die Feststellung, daß eine spezifische Produktregel, etwa zum Verbraucherschutz, als Handelshindernis mißbraucht wird, erheblich schwieriger zu treffen. Dazu gilt es nämlich abzuwägen, ob die jeweilige Produktregel für einen angemessenen Verbraucherschutz notwendig ist oder ob sie willkürlich eingeführt wurde, um als Handelshindernis zu dienen.

2 Für die Entwicklung vom GATT zur WTO siehe Ipsen/Haltern (1991), Senti (1994), Hauser/Schanz (1995), Hoekman/Kostecki (1995).

Und schließlich erscheint bei Normen, die sich auf transnationale Problemlagen beziehen, die Sanktionierung von Normverstößen häufig besonders schwierig. Eine normwidrige Zollsteigerung kann relativ problemlos vergolten werden, in dem andere Staaten ihrerseits die Zolltarife gegenüber diesem Staat anheben. Demgegenüber sind widerrechtliche Produktregeln zum Umwelt- Gesundheits- und Verbraucherschutz eines Staates kaum zu sanktionieren, indem der sanktionierende Staat diese Produktregeln selbst anwendet.

Angesichts der Umsetzungshindernisse für Normen und Regeln, die sich auf transnationale Problemlagen beziehen, kann es nicht überraschen, daß beim Regieren in internationalen Institutionen heute vielfach das Konsensprinzip verlassen wird. So wird zum einen bei der Normsetzung vermehrt auf Mehrheitsentscheidungen zurückgegriffen, zum anderen werden internationale Institutionen zunehmend eigenständig und unabhängig von den Nationalstaaten zur Normdurchsetzung beitragen. Die Überwachung der Normbeachtung, die Feststellung von Normverstößen und deren Sanktionierung erfolgt dann unabhängig vom Konsens aller beteiligten Staaten.

Die Überwachung der Normbeachtung wurde beispielsweise in der WTO gegenüber dem alten GATT durch den sogenannten *Trade Policy Review Mechanism* erheblich gestärkt. Hiermit werden die Handelspraktiken der Staaten regelmäßig durchleuchtet, in dem nicht nur jeder Staat der WTO selbst, sondern auch das Sekretariat der WTO über die Implementation der in der WTO geltenden Normen berichtet. Die beiden Berichte werden dann im dafür zuständigen *Trade Policy Review Body* miteinander vergleichend diskutiert, so daß die Überwachung durch die WTO ohne die ausdrückliche Einwilligung des betreffenden Staates erfolgen kann. Darüber hinaus wurde in der WTO dafür gesorgt, daß auch bei der Feststellung von Normverstößen der betroffene Staat nicht mehr zustimmen muß. Beantragt ein Staat ein Streitschlichtungspanel, so müssen im neu geschaffenen *Dispute Settlement Body* dem Antrag nicht mehr alle Staaten zustimmen. Vielmehr genügt es, daß der Schiedsspruch nicht mehr von allen Staaten im Konsens abgelehnt wird. Des weiteren gilt, daß der Bericht des Streitschlichtungspanels wie auch der Bericht des gegebenenfalls eingeschalteten *Appelate Body* ebenfalls bereits dann verbindlich wird, wenn er nicht von allen Staaten ablehnt wird.

Dieser umgekehrte Konsens gilt in der WTO nun sogar für Sanktionen. Hat der *Dispute Settlement Body* den Normverstoß eines Staates festgestellt, so kann der dadurch geschädigte Staat bei der WTO Sanktionen beantragen. Diese dürfen bereits dann als autorisiert gelten, wenn sie nicht von allen Staaten im Konsens zurückgewiesen werden.[3]

Supranationales Regieren kann heute aber nicht nur in der WTO beobachtet werden. Auch andere internationale Institutionen haben supranationale Regierungsformen entwickelt. Kurzum: Die für die nationale Konstellation typische Konzentration des Regierens beim Nationalstaat wird überwunden.

*c) Ressourcen in der postnationalen Konstellation*

In der Ressourcenfrage lassen sich keine derartigen Verschiebungen beobachten. Die gesellschaftliche Denationalisierung scheint die Ressourcenausstattung des Nationalstaates in der OECD-Welt weitgehend unberührt zu lassen. Den Staaten gelingt es auch im Zeitalter der Globalisierung, die Kontrolle über die wichtigsten Ressourcen aufrecht zu erhalten. So gibt es kaum Indizien dafür, daß der Staat nennenswerte Ressourcen an internationale Institutionen abgibt. Die Gewaltmittel des Militärs und der Polizei bleiben trotz ihrer Einbindung in internationale Institutionen in der Hand der daran beteiligten Staaten. Die Befehlsgewalt über die der NATO, der EU oder auch der UNO unterstellten Militärverbände und Polizeieinheiten verbleibt letztlich immer beim Entsendestaat. Dieser entscheidet, ob – und wenn ja, wie – diese eingesetzt werden. Durch internationale Institutionen wird der Ressourceneinsatz somit lediglich beeinflußt, nicht aber kontrolliert.

Darüber hinaus haben die Staaten bislang erfolgreich verhindert, daß internationale Institutionen ihr Steuermonopol aufweichen. Selbst die EU besitzt nur sehr begrenzte Steuereinnahmen. Die EU finanziert sich vornehmlich aus einem Anteil von 1,4 Prozent des Mehrwehrtsteueraufkommens der EU-Staaten. Alle anderen internationalen Institutionen besitzen überhaupt keine eigenen Steuereinnahmen, sondern sind vielmehr von den Beitragszahlungen der beteiligten Staaten abhängig. Dementspre-

3 Zum neuen Streitbeilegungsverfahren der WTO siehe u.a. Hauser/Schanz (1995), Jackson (1997, 1998, 1999), Petersmann (1997), Stone Sweet (1997).

chend sind die Haushalte internationaler Institutionen mit denen von Staaten überhaupt nicht zu vergleichen. Selbst der Haushalt der EU umfaßt mit seinen insgesamt 90 Mrd. Euro lediglich ein Viertel des bundesdeutschen Haushaltsvolumens von annähernd 250 Mrd. Euro. Damit erreicht die EU gerade mal ein doppelt so großes Haushaltsvolumen wie das Bundesland Bayern. Der Beitrag Deutschlands zum Haushalt der EU von ca. 25 Mrd. Euro macht nur wenig mehr als ein Prozent des deutschen Bruttosozialprodukts und etwa zehn Prozent des Bundeshaushalts aus.

Trotzdem erscheint das Haushaltsvolumen der EU gegenüber dem der UNO geradezu gigantisch. Der Doppelhaushalt der UNO – also der Haushalt für zwei Jahre – beläuft sich momentan umgerechnet auf 2,3 Mrd. Euro. Dazu kommen zwar nochmals 2,2 Mrd. Euro der Sonderorganisationen sowie 2,7 Mrd. Euro für Blauhelmeinsätze. In der Summe beläuft sich der UNO-Haushalt auf weniger als 10 Prozent des EU-Haushaltes. Auch ein Blick auf den Haushalt der WTO unterstreicht den Punkt der Ressourcenschwäche internationaler Organisationen. So verweist Robert O. Keohane von der Duke University nicht ohne Selbstironie darauf, daß der Jahreshaushalt der WTO mit 73,8 Millionen US Dollar nicht gerade imposant ist:

»Contemporary opponents of globalization and associated international institutions have sought to portray the World Trade Organization (WTO) as some sort of bureaucratic monster, although my own university's budget allocates more money in two weeks than WTO spends in a year.« (Keohane 2001: 6).

Obwohl der Staat das Regieren in internationale Institutionen verlagert hat, bleibt die in der nationalen Konstellation übliche Konzentration zentraler Ressourcen beim Nationalstaat erhalten. Dementsprechend ist das Regieren in internationalen Institutionen weiterhin darauf angewiesen, daß es durch nationalstaatliche Ressourcen abgestützt wird. Die Ressourcenkomponente macht somit deutlich, daß auch in der postnationalen Konstellation der moderne Staat nicht absterben wird. Seine Ressourcen – sein Gewalt- und sein Steuermonopol – bleiben in der postnationalen Konstellation unverzichtbar.

*d) Legitimierungsprozesse in der postnationalen Konstellation*

Der vielleicht bedeutendste Wandel vollzieht sich vergleichsweise unbemerkt beim vierten Merkmal der nationalen Konstellation – den Legitimierungsprozessen. Die Anerkennung als Staat wird zwar weiterhin extern gemäß des Souveränitätsprinzips durch andere Staaten und intern gemäß des (zunehmend demokratisch aufgeladenen) Selbstbestimmungsprinzips durch die eigene nationale Gesellschaft mitgeprägt. Spezifische Regierungen und Politiken werden zudem durch nationale Wahlen legitimiert. Ob Staaten als legitime und souveräne Regierungsinstanzen anerkannt werden, hängt jedoch zunehmend auch davon ab, ob sie mit ihren Ressourcen tatsächlich zu einem erfolgreichen Regieren gemessen an universellen Maßstäben beitragen. Staaten werden – innerhalb wie außerhalb der OECD-Welt – nicht mehr einfach ein für allemal extern von der internationalen Staatengemeinschaft anerkannt, um danach beinahe schrankenlos souverän und legitim regieren zu können. Die Staaten unterliegen vielmehr zunehmend auch extern einer permanenten Qualitätskontrolle – einer Art Staaten-TÜV. Das entsprechende externe Legitimitätssiegel wird zudem nicht mehr nur durch andere Staaten vergeben; es wird in wachsendem Maße durch transnationale und internationale Akteure verliehen. Dazu gehören beispielsweise Greenpeace im Umweltbereich oder Amnesty International im Bereich der Menschenrechte (transnationale Nichtregierungsorganisationen), aber auch privatwirtschaftliche Unternehmen zur Bonitätseinstufung wie Moody's oder Poor's, und suprastaatliche bzw. supranationale Institutionen wie der Internationale Währungsfonds (IWF), der Europäische Gerichtshof u. a.

Die »Verurteilung« eines Staates durch derartige transnationale und internationale Akteure aus der OECD-Welt bringt Staaten deshalb in Schwierigkeiten, weil sie Auswirkungen auf die Verhaltensweisen anderer transnational agierender Akteure hat. Die Kritik von Greenpeace oder Amnesty International kann zu Konsumentenboykotten führen, die durch Moody's, Poor's oder den IWF zur Investorenflucht. Die Kritik von Hilfsorganisationen an den Gewaltverhältnissen in einem Staat kann sogar Interventionsmaßnahmen der internationalen Staatengemeinschaft nach sich ziehen. Damit unterliegen die Nationalstaaten Legitimationskontrollen, die klassische Vorstellungen von Souveränität unterlaufen. Denn klassisch war mit der Souveränität eines Staates verbunden, daß er auf der Nicht-Einmischung in seine internen Angelegenheiten durch externe Akteure pochen konnte. Heute hingegen können Staaten trotz ihrer Souveränität nur mehr dann auf ihr Recht auf Nicht-Einmischung pochen, wenn es ihnen gelingt, mit ihren Regierungsleistungen vor derartigen transnationalen Kontrollinstanzen zu bestehen. De jure bleiben sie zwar als souveräner Staat anerkannt, de facto jedoch wird dabei in ihre Souveränitätsrechte massiv eingegriffen.

Daß sich die Legitimierungsprozesse derart verändert haben, hängt mit den sukzessive sich ausbildenden transnationalen (Teil-)Öffentlichkeiten zusammen. Die zunehmend dichten transnationalen Kommunikationsbeziehungen haben zwar nicht zu einer breiten, sektorübergreifenden transnationalen Öffentlichkeit geführt, die hinsichtlich ihrer Kontroll- und Willensbildungsfunktionen mit nationalen Öffentlichkeiten vergleichbar ist. Es konnten sich aber gerade in der OECD-Welt verschiedene transnationale (Teil-)Öffentlichkeiten entwickeln, die für die Anerkennung von Staaten von wachsender Bedeutung sind. Unter Öffentlichkeit wird dabei freilich nicht nur die öffentliche Meinung verstanden. Öffentlichkeit meint hier vielmehr einen zumeist über die Medien stattfindenden Kommunikationsprozeß, mittels dessen sich Gesellschaften über gemeinsame Angelegenheiten verständigen (Habermas 1990, Peters 1994). Öffentlichkeit entsteht durch publikumswirksame Kommunikation über Angelegenheiten wie Politik, Wirtschaft und Kultur. Da aufgrund der gesellschaftlichen Denationalisierung zunehmend originär transnationale Angelegenheiten erwachsen, sind derartige Kommunikationsprozesse heute häufig nicht mehr national begrenzt, sondern vollziehen sich gleichfalls vermehrt transnational.

Derartige transnationale (Teil-)Öffentlichkeiten (vgl. hierzu Abromeit/Schmidt 1998 und Eder et al. 1998, Eder 2000) sind zwar auch in der postnationalen Konstellation erheblich weniger verfestigt und medieninstitutionell verankert als entsprechende nationale Öffentlichkeiten, doch daß es sie in der OECD-Welt heute zumindest ansatzweise gibt, macht gegenüber der nationalen Konstellation einen erheblichen Unterschied aus. Denn sie definieren die Erbringung bestimmter, grundlegender Leistungen des Regierens als transnationale Angelegenheit. Sie tragen Probleme nicht nur dann in die Öffentlichkeit, wenn sie die »eigene« nationale Gesellschaft betreffen, sondern versuchen gerade die

Probleme, die in »anderen« Ländern auftreten, zu thematisieren. Insofern treten sie dafür ein, Regierungsaufgaben nicht nur partikularistisch in einer bestimmten Nationalgesellschaft durchzusetzen, sondern versuchen deren Verwirklichung vielmehr für die gesamte transnationale Gesellschaft – universal – zu erstreiten. Vor dem Hintergrund der gesellschaftlichen Denationalisierung gelingt es diesen transnationalen Organisationen dabei vermehrt, die nationalen Öffentlichkeiten über die Medien dafür zu interessieren, wenn ein Staat Regierungsaufgaben wie etwa den Schutz von Menschenrechten, den Schutz vor Umweltbedrohungen oder den Schutz vor Sicherheitsgefährdungen massiv vernachlässigt bzw. verletzt. Transnationalen Nichtregierungsorganisationen gelingt es häufig, das Regierungsversagen in anderen Staaten in der transnationalen Öffentlichkeit und in nationalen Öffentlichkeiten als ein gemeinsames Problem, als eine transnationale Angelegenheit darzustellen.

So zeigen Umfragedaten, daß die Bevölkerungen in Westeuropa und Nordamerika sich durchaus für Angelegenheiten interessieren, die sich weit jenseits der eigenen Grenzen ereignen. Große Mehrheiten in den Bevölkerungen der OECD-Welt unterstützen Hilfsmaßnahmen für in Not geratene Menschen weltweit und Friedensmissionen in entlegenen Regionen. So waren beispielsweise 1994 in Großbritannien 72 Prozent und in Deutschland 67 Prozent der Bürgerinnen und Bürger der Ansicht, daß die UNO Streitkräfte in die Krisengebiete der Welt entsenden sollte. Und in beiden Ländern sprach sich auch eine klare Mehrheit dafür aus, eigene Truppen bereitzustellen. Die entsprechenden Zahlen in den USA liegen in derselben Größenordnung. Zudem sind die Werte über Zeit gesehen relativ stabil. Ähnliches läßt sich über die Einstellungen zur Entwicklungshilfe sagen. Insgesamt zeigt sich also, daß die Hilfsbereitschaft der Europäer und Nordamerikaner in der Tat nicht an den nationalen Grenzen endet (vgl. dazu Hasenclever 2001: 165-178) und sich gleichzeitig eine Art Harmonisierung der nationalen Wahrnehmungen transnationaler Problemlagen ergeben hat.

Derartige weitverbreitete Grundauffassungen führen dazu, daß transnationale Teilöffentlichkeiten in der OECD-Welt im Ergebnis einen Prozeß der Entrechtung von Paria-Staaten vornehmen können. Staaten, die den universell anerkannten, zentralen Regierungsaufgaben ungenügend nachkommen, wird dann die Anerkennung als legitim und souverän gleichsam entzogen. Sie werden gewissermaßen entrechtet und müssen legitimerweise die äußere Einmischung in »ihre« inneren Angelegenheiten hinnehmen. Können transnationale Organisationen über die Medien eine transnationale sektorale Öffentlichkeit und die nationalen Öffentlichkeiten dafür interessieren, daß ein Staat Regierungsaufgaben wie den Schutz von Menschenrechten, den Schutz vor Umweltbedrohungen oder den Schutz vor Sicherheitsgefährdungen massiv vernachlässigt, so gerät vielfach die internationale Staatengemeinschaft unter Druck, diesem Staat faktisch die Nichtinterventionsrechte zu entziehen. Insbesondere internationale Organisationen wie die UNO, der IWF oder die Weltbank können dann von der transnationalen Öffentlichkeit gedrängt werden, die Anerkennung des betreffenden Staates vorübergehend auszusetzen, um entweder dessen Regierungsaufgaben zumindest partiell selbst zu übernehmen oder ihn von außen zu zwingen, seinen Regierungsaufgaben wieder angemessen nachzukommen. Hasenclever (2001: 422) schließt in seiner Studie über »die Macht der Moral in der internationalen Politik« dementsprechend nicht aus, daß bei den militärischen Einsätzen der Staatengemeinschaft in Somalia, Ruanda und Bosnien-Herzegowina »die intervenierenden Regierungen von ihren Bevölkerungen zu den Militäreinsätzen genötigt wurden.« Zumindest kann aber festgehalten werden, daß Staaten, die ihre Grundpflichten verletzen, zwar nicht *de jure*, zumindest aber *de facto* das Recht verlieren, die Einmischung in ihre inneren Angelegenheiten auszuschließen.

So hat eine transnationale sektorale Öffentlichkeit in der jüngeren Vergangenheit wiederholt dafür gesorgt, daß internationale Organisationen die Anerkennung von Staaten partiell ausgesetzt haben. Beispielsweise hat die UNO im Kosovo, in Bosnien oder in Ost-Timor Regierungsaufgaben übernommen, weil eine transnationale sektorale Öffentlichkeit nicht mehr bereit war, die Gewaltverhältnisse in den betreffenden Staaten zu akzeptieren und diese Sichtweise in nationale Öffentlichkeiten hinein tragen konnte. Die Weltbank verbindet ihre Kredite vermehrt mit politischen Konditionen des »guten Regierens«, weil Kredite an Staaten, die sich massiver Menschenrechtsverletzungen schuldig machen, gegenüber der transnationalen Öffentlichkeit nicht zu rechtfertigen sind. Und selbst die EU versuchte massiv in die Regierungsbildung in Österreich einzugreifen, weil Teile der europäischen Öffentlichkeit nicht bereit waren, eine Regierungsbeteiligung der FPÖ umstandslos hinzunehmen.

Kurzum: Während in der nationalen Konstellation die Anerkennung eines Staates nur einmal für immer seitens der internationalen Staatengesellschaft erfolgen mußte, findet in der postnationalen Konstellation eine von transnationalen Organisationen betriebene permanente Qualitätskontrolle des Staates statt, die bei entsprechendem Druck seitens der transnationalen Öffentlichkeit in der OECD-Welt internationale Institutionen dazu anhalten kann, die Anerkennung des betreffenden Staates vorübergehend und begrenzt auszusetzen, um selbst bestimmte Regierungsaufgaben zu übernehmen. Gleichzeitig lassen sich moderne nationale Öffentlicheiten von solchen transnationalen sektoralen Öffentlichkeiten beinflussen. Sie gelten als Rückversicherung dafür, daß sich die eigene, die »nationale« Sicht der Dinge nicht egozentrisch und komplett unabhängig vom Rest der Welt entwickelt.

## 6.4 Zusammenfassung

Die Transformation von der nationalen zur postnationalen Konstellation ergibt sich nicht aus dem Wandel in einer der vier diskutierten Komponenten allein. Vielmehr zeichnet sich zumindest in der OECD-Welt in Ansätzen eine neue Konstellation ab. Während sich in der nationalen Konstellation die Problemlagen, das Regieren, die Ressourcen und die Legitimierungsprozesse auf der nationalen Ebene konzentrierten, sind in der postnationalen Konstellation die vier Elemente auf unterschiedlichen Ebenen angesiedelt. Die Problemlagen transnationalisieren sich. Es entstehen politische Mehrebenensysteme, in denen das Regieren auch auf der internationalen Ebene angesiedelt ist. Die Anerkennung der Staaten als legitim und souverän, die ehemals ausschließlich von der internationalen Staatengemeinschaft und der nationalen Gesellschaft abhängig war, wird zunehmend auf die transnationale Ebene verlagert. Nur die Ressourcen der Politikumsetzung verbleiben auf der nationalen Ebene.

Daß sich diese Transformationsprozesse nicht nur im Wirtschafts-, Umwelt- und Kulturbereich beobachten lassen, sondern sich zumindest in der OECD-Welt auch im Sicherheitsbereich

*Schaubild 6.2: Die Transformation von der nationalen zur postnationalen Konstellation*

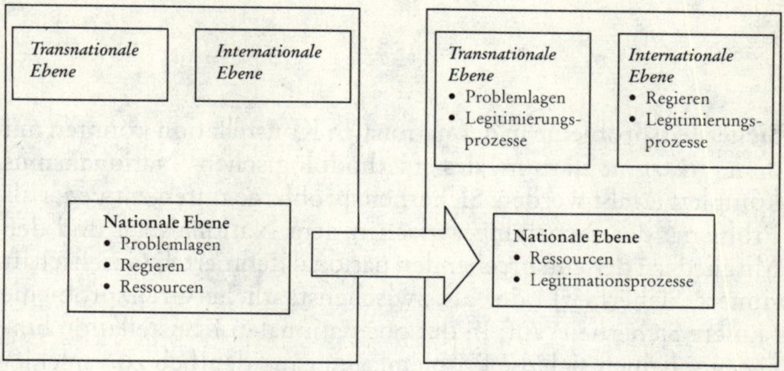


andeuten, soll im folgenden für jedes der konstitutiven Elemente der nationalen Konstellation gezeigt werden. In Kapitel 7 werden wir uns mit der Transnationalisierung zentraler Sicherheitsprobleme befassen; in Kapitel 8 setzen wir uns mit der Supranationalisierung des Regierens in internationalen Sicherheitsinstitutionen auseinander und in Kapitel 9 werden wir darstellen, daß zwar die für die Sicherheitspolitik zentralen Ressourcen beim Nationalstaat verbleiben, sich aber zugleich eine Transnationalisierung der Legitimierungsprozesse andeutet.

# 7. Von nationalen zu transnationalen Sicherheitsproblemen

Sicherheitsprobleme in der nationalen Konstellation konnten mit dem Instrumentarium des methodologischen Nationalismus komplett erfaßt werden. Sicherheitsprobleme traten entweder als Probleme der Beziehung zwischen dem Nationalstaat und den Mitgliedern der entsprechenden national definierten Gesellschaft (innere Sicherheit) oder als zwischenstaatliche Grenzprobleme (äußere Sicherheit) auf. In der postnationalen Konstellation hingegen scheinen sich die Problemlagen ganz deutlich zu verschieben. Grenzüberschreitende Sicherheitsprobleme ergeben sich nicht mehr nur zwischen Staaten. Vielmehr schaffen auch gesellschaftliche Gruppen grenzüberschreitende Probleme für das Regieren, so daß der Anteil transnationalisierter Sicherheitsprobleme deutlich zunimmt.

**Zum Begriff »Sicherheit«**

Unter Sicherheit verstehen wir zunächst das Gegenteil von Unsicherheit. Unsicherheit hat wiederum sehr viel mit Ungewißheit zu tun. Die Gewißheit darüber, daß ein abendlicher Spaziergang in den Straßen der Bronx zu einem Überfall führt, ist allerdings nicht das, was wir üblicherweise mit Sicherheit meinen. Sicherheit ist vielmehr dann gegeben, wenn es gewiß ist, daß ein *erstrebenswerter* Zustand erhalten wird. Sicherheit setzt sich mithin aus den beiden Komponenten »Gewißheit« und »erstrebter Zustand« zusammen. Unsicherheit bemißt sich somit aus der Verbindung der Faktoren »Wertschätzung des erstrebten Zustands« und »Wahrscheinlichkeit, den erstrebten Zustand zu verlieren.« Es folgt, daß sich unterschiedliche Formen von Sicherheit aufgrund der unterschiedlichen Zustände, die angestrebt werden, ergeben. So ist eine berufliche Sicherheit beispielsweise dann vorhanden, wenn alles dafür spricht, daß eine geschätzte Tätigkeit auch in Zukunft ausgeübt werden kann. Wir wollen uns aber auf ein enges Verständnis von Sicherheit beschränken. Wir beziehen den Begriff »Sicherheit« ausschließlich auf den erstrebenswerten Zustand der physischen Unversehrtheit eines sozialen Akteurs. Die Sicherheit eines sozialen Akteurs ist demnach als groß einzustufen, wenn die Unversehrtheit dieses sozialen Akteurs als gewiß angesehen werden kann.

Dabei sind verschiedene Möglichkeiten der Beeinträchtigung so verstandener Sicherheit zu unterscheiden: Es gibt zum einen *Bedrohungen*, womit wir die Unsicherheiten bezeichnen wollen, die durch die Entscheidungen sozialer Akteure gewollt verursacht werden. Bedrohungen wie die durch die Mafia sind dann am größten, wenn sich Gewaltbereitschaft und Gewaltmittel bei einem sozialen Akteur vereinen. *Gefahren* werden hingegen als relativ unabhängig von Entscheidungen sozialer Akteure wahrgenommen, eher als schicksalhafte Naturgewalt. Die Erdbebengefahr in Kalifornien mag hier als Beispiel dienen. Schließlich sind *Risiken* zu nennen. Risiken gehen zwar auf Entscheidungen sozialer Akteure zurück, diese Entscheidungen zielen aber nicht auf die Beeinträchtigung der Unversehrtheit sozialer Akteure. Das Risiko, bei einem Autounfall ums Leben zu kommen, ist zwar durch bewußte soziale und politische Entscheidungen erst geschaffen worden, es ist aber nicht gewollt. Risiken stellen sich also als nicht-intendierte Handlungskonsequenzen intendierter Handlungen dar.[1]

## 7.1 Der Problemhaushalt in der nationalen Konstellation und Hypothesen zum Wandel

In der nationalen Konstellation konnte der Problemhaushalt im Bereich der *Sicherheitsbedrohunge* relativ trennscharf in vier verschiedene Typen aufgeteilt werden.[2] Diese Unterscheidung war möglich, weil die Monopolisierung der Gewaltmittel auf der nationalstaatlichen Ebene eine doppelte Grenzziehung mit sich brachte (Tilly 1985, Mann 1993, Giddens 1985). Durch die Etablierung des Gewaltmonopols im Übergang vom Mittelalter zur Moderne entstand zum einen im Innern die Grenze zwischen Staat und Gesellschaft und wurden zum anderen nach außen die Grenzen zwischen unterschiedlichen gewaltbegabten Staaten ge-

1 Für eine Diskussion der Begriffe »Gefahr« und »Risiko« vgl. Giddens (1990: 112-150), Bonß (1991), Luhmann (1991) und Beck (1993: 40-45).
2 In der folgenden Diskussion beschränken wir uns auf Sicherheitsbedrohungen. Die Zunahme von Risiken im Zuge der Technisierung stellt eine vieldiskutierte Problematik dar, die sich in dem Begriff der Risikogesellschaft bündelt (Beck 1986). Es gibt zwar gute Gründe für die Annahme, daß sich Risiken ganz ähnlich wie die Bedrohungen transnationalisieren und deshalb der Begriff der Weltrisikogesellschaft heute angemessener erscheint (vgl. Beck 1999, Zürn 1995). Die uns hier interessierende Frage von Krieg und Frieden lenkt den Fokus allerdings exklusiv auf Bedrohungen und klammert die Risikoproblematik aus.

zogen (Münkler 2001). Dementsprechend konnten Sicherheitsprobleme in der nationalen Konstellation erstens hinsichtlich des Subjekts, das sie erzeugt (entweder der Staat oder gesellschaftliche Akteure), und zweitens hinsichtlich des Objekts, das davon primär betroffen ist (entweder der Staat oder aber die Gesellschaft bzw. gesellschaftliche Gruppen), unterschieden werden.

*Schaubild 7.1: Sicherheitsbedrohungen*

| *Subjekt* / *Objekt* | Bedrohung verursacht durch den Staat | Bedrohung verursacht durch die Gesellschaft |
|---|---|---|
| Der Bedrohung ausgesetzt wird der Staat | Klassischer Krieg | Bürgerkrieg, klassischer Terrorismus, Staatszerfall |
| Der Bedrohung ausgesetzt wird die Gesellschaft | Menschenrechtsverletzungen, Staatsterror | Gewaltkriminalität |

Die Unterscheidung macht zweierlei deutlich. Erstens: In der OECD-Welt war in der nationalen Konstellation Krieg zwischen Staaten das Sicherheitsproblem schlechthin. Denn während die Sicherheit im Innern aufgrund des konstitutionell eingehegten staatlichen Gewaltmonopols als weitgehend gesichert betrachtet werden konnte, galt die Sicherheit nach außen aufgrund der Anarchie der Staatenwelt als besonders gefährdet. Neben dem zwischenstaatlichen Krieg tauchten lediglich solche Sicherheitsbedrohungen auf, bei denen sich das Subjekt und das Objekt innerhalb derselben nationalen Grenzen befanden. Für die Bekämpfung der zwischenstaatlichen Bedrohungen war im wesentlichen das Militär und für die innerstaatlichen Sicherheitsbedrohungen die Polizei und die Gerichte zuständig. Zweitens: Die innerstaatlichen Sicherheitsprobleme ließen sich relativ sauber aufteilen in die Bereiche »Menschenrechtsverletzungen«, »Gewaltkriminalität« und »Terrorismus bzw. Bürgerkrieg«.

Alle die genannten inneren Sicherheitsbedrohungen wurden exklusiv als nationale Probleme angesehen. Selbst Menschenrechtsverletzungen, die in Staatsterror mündeten, Terrorismus, der auf Staatszerfall abzielte, und Kriminalität, die mit schwersten Straftaten einherging, wurden als nationale Probleme angesehen.

Und tatsächlich wiesen diese Gewaltphänomene nur selten grenzüberschreitende Bezüge auf. Das Objekt und das Subjekt dieser Sicherheitsbedrohungen befand sich praktisch durchgehend innerhalb derselben nationalen Grenzen. Konkret: Noch in den 60er Jahren bedrohten fast ausschließlich deutsche Verbrecher deutsche Bürgerinnen und Bürger, vornehmlich deutsche RAF-Terroristen versuchten Anfang der 70er Jahre den deutschen Staat zu provozieren, und die schlimmsten Verstöße gegen die Menschenrechte deutscher Bürgerinnen und Bürger wurden in den, 30er und 40er Jahren vom nationalsozialistischen Staat verübt.

In der nationalen Konstellation stellte somit lediglich der klassische Krieg zwischen zumeist benachbarten Staaten ein internationales Sicherheitsproblem dar. Nur in diesem Fall befand sich das Objekt und das Subjekt der Sicherheitsbedrohung nicht innerhalb derselben nationalen Grenzen. Dementsprechend gab es auch eine andersartige institutionelle Verantwortlichkeit: Für die äußere Sicherheit war exklusiv das Militär zuständig. Die Aufgabe des Militärs in der nationalen Konstellation war es, die nationalen Grenzen – gewissermaßen die Schnittstelle zu anderen Staaten – zu sichern. Und zugleich war es das Militär, das in der nationalen Konstellation die Schnittstelle zu anderen Staaten bedrohte. Für die nationale Konstellation ist dabei kennzeichnend, daß der Staat gestützt auf sein durch das Militär verkörpertes Gewaltmonopol den Krieg vollständig monopolisiert hatte. Während zuvor Kriege auch von Städten und Städtebünden, Räubern und Rittern geführt werden konnten, war in der nationalen Konstellation Krieg immer ausschließlich Krieg zwischen Staaten. Seit dem westfälischen Frieden von 1648 war es zunehmend nur noch vom Staat legitimierten Militärs erlaubt, am Krieg teilzunehmen. Die zuvor durchaus übliche, von gesellschaftlichen Akteuren getragene Kriegsführung etwa durch die großen britischen Kolonialgesellschaften – aber auch durch Piraten, Filibuster und Söldner – wurde sukzessive zurückgedrängt (Thomson 1994, Creveld 1998).

Die Monopolisierung des Krieges durch den Staat führte auch zu einer gewissen Zivilisierung der Kriegsführung. Der einzelne Soldat war in die straffe Militärorganisation des Staates eingebunden, die für eine disziplinierte Kriegsführung sorgen konnte. Die Disziplin wurde den Kriegern beim Militär durch den entsprechenden Drill auf dem Kasernenhof vermittelt. Entscheidend für die Zivilisierung des Krieges war die Unterscheidung zwischen Kombattanten und Nicht-Kombattanten, die insbesondere die zivile Bevölkerung möglichst weitgehend schützen sollte. Der einzelne Soldat sollte von ziellosen Gewaltanwendungen, insbesondere von überflüssigen Greueltaten gegenüber der zivilen Bevölkerung abgehalten werden. Der Krieg hatte seine eigenen Gesetze, gemäß deren die Gewaltanwendung kühl kalkuliert einer ausschließlich militärischen Kriegslogik zu folgen hatte. Darüber hinaus wurden Soldaten in Friedens- und Kriegszeiten für den Militärdienst durch den Staat gleichermaßen entlohnt. Idealtypisch gedacht hatte der einzelne Soldat somit kein Eigeninteresse am Krieg und mußte sich nicht im Rahmen der Kriegsführung – etwa durch die Plünderung der zivilen Bevölkerung – selbst versorgen (Münkler 1992: 71-79).

In den letzten zwei bis drei Jahrzehnten scheint sich der Problemhaushalt im Sicherheitsbereich jedoch deutlich verändert zu haben.[3] Entsprechend der These vom Übergang von der nationalen zur postnationalen Konstellation kann von einer Transnationalisierung der Sicherheitsprobleme gesprochen werden. Die Aufhebung der doppelten Grenzziehung – zwischen Staat und Gesellschaft einerseits sowie zwischen verschiedenen Staaten andererseits – führt demnach zu einer Privatisierung bzw. Entstaatlichung von grenzüberschreitender Gewalt bei einem gleichzeitigen relativen Bedeutungsverlust der zwischenstaatlichen Kriege. Die Transnationalisierung der Sicherheitsprobleme müßte sich somit an zwei beobachtbaren Entwicklungen zeigen, die sich in überprüfbare Hypothesen übersetzen lassen:

- *Bei den grenzüberschreitenden Sicherheitsbedrohungen nimmt die relative Bedeutung zwischenstaatlicher Kriege ab.*
- *Die relative Bedeutung jener grenzüberschreitenden Sicherheitsbedrohungen bei denen die Grenzen zwischen Bürgerkrieg, Terrorismus, Staatsterror und Kriminalität verwischen, steigt an.*

Nur wenn diese beiden Hypothesen zutreffen, kann von einer Transnationalisierung der Problemlagen im Sicherheitsbereich gesprochen werden.

3 Für einen Literaturbericht über neue Trends der quantitativen Kriegsforschung siehe Schlichte (2002).

## 7.2 Die sinkende Bedeutung zwischenstaatlicher Kriege

Die Sicherheitsbedrohungen an den Grenzen zwischen Staaten haben deutlich nachgelassen. Die verschiedenen Kriegsstatistiken zeigen, daß die Anzahl *zwischenstaatlicher Kriege* seit den 1970er Jahren abnimmt. Die Anzahl zwischenstaatlicher Kriege sank weltweit von durchschnittlich 3,6 Kriegen pro Jahr in den 1950er und 1960er Jahren auf 2,7 Kriege pro Jahr in den 1970er und 1980er Jahren ab (Gantzel/Schwinghammer 1995: 123). Zwischen 1990 und 2000 weisen die entsprechenden Kriegsstatistiken sogar »nur« drei – allerdings mehrjährige – zwischenstaatliche Kriege – Irak/Kuwait, Indien/Pakistan und Äthiopien/Eritrea – aus, so daß in den 90er Jahren nurmehr 1,1 Kriege pro Jahr geführt wurden (SIPRI 1991-2001, Schreiber 2001).[4]

In der OECD-Welt kam es gar seit der griechisch-türkischen Auseinandersetzung um Zypern (1974) zu keinem einzigen zwischenstaatlichen Krieg, und innerhalb des Kerns der OECD-Welt sind zwischenstaatliche Kriege inzwischen außerhalb unseres Vorstellungsrahmens. Die Anzahl latenter und manifester Krisen zwischen OECD-Staaten sank von immerhin noch sechs in den 1950er Jahren auf drei in den 1960er bzw. vier in den 1970er und 1980er Jahren. Selbst nach dem Ende des Ost-West-Konflikts stieg die Anzahl solcher Krisen nicht wieder an, vielmehr weisen die entsprechenden Statistiken für die erste Hälfte der 1990er Jahre nur eine einzige Krise zwischen OECD-Staaten aus.[5]

Im »Sorgenhaushalt« der Menschen in der OECD-Welt ist der zwischenstaatliche Krieg dementsprechend kein entscheidender Posten mehr. Das »Vertrauen in den Weltfrieden« hat sich im Schnitt aller EU-Länder zwischen 1980 (51 Prozent) und 1989 (88 Prozent) deutlich erhöht (Eurobarometer 1989: 5). Seit 1990 werden die entsprechenden Daten bezeichnenderweise nicht mehr erhoben. Parallel dazu haben sich auch die Verteidigungsanstrengungen der Staaten in der OECD-Welt, die sich im wesent-

4 Der Konflikt zwischen Indien und Pakistan hat sich ebenso wie der zwischen Äthiopien und Eritrea mehrfach in Kriegshandlungen übersetzt. Deshalb tauchen diese in den entsprechenden Kriegsstatistiken für die 1990er Jahre gleich mehrfach auf. Gemeinsam mit dem Konflikt zwischen Irak und Kuwait ergeben sich somit rechnerisch elf Kriege in 10 Jahren.

5 Die Daten über Krisen zwischen OECD-Staaten sind vom Heidelberger Institut für Internationale Konfliktforschung zur Verfügung gestellt worden. Für einen Überblick siehe Pfetsch/Billing (1994).

lichen auf zwischenstaatliche Auseinandersetzungen beziehen, in einer Weise verringert, die vor wenigen Jahren noch für unmöglich gehalten wurde (vgl. grundlegend Senghaas 1970). Seit 1986 kürzt die NATO sowohl die Rüstungsausgaben als auch die Truppenstärken. Die Militärausgaben der NATO-Staaten reduzierten sich zwischen 1986 und 1994 von 527 auf 429 Mrd. US-Dollar. Diese Tendenz setzte sich bis Ende der 1990er Jahre fort, ehe ab 1999 wieder ein leichter Anstieg festzustellen ist. Gleichzeitig nahm die Anzahl des militärischen Personals der NATO zwischen 1989 und 1999 von 5,8 auf 4,3 Millionen ab. Die US-amerikanischen und deutschen militärischen Aufwendungen sanken zwischen 1989 und 1999 von 6,6 auf 3,0 Prozent bzw. von 3,2 auf 1,5 Prozent des jeweiligen Bruttoinlandsprodukts (vgl. SIPRI 2001: 267, 285, 287, BICC 2001: 158).

Parallel zum Bedeutungsverlust zwischenstaatlicher Kriege haben noch in der nationalen Konstellation andere Sicherheitsbedrohungen zugenommen. Nicht mehr die Sicherheit nach außen, sondern die Sicherheit im Innern stellt in vielen Ländern nach dem zweiten Weltkrieg das eigentliche Problem dar. Bei den Menschenrechtsverletzungen und der Gewaltkriminalität läßt sich zwar global kein klarer Trend erkennen, doch bei Bürgerkriegen und beim Terrorismus ist er offensichtlich. So haben insbesondere außerhalb der OECD-Welt *Bürgerkriege* drastisch zugenommen. Die meisten Kriege nach dem Zweiten Weltkrieg waren keine Kriege zwischen Staaten, sondern fanden als Bürgerkriege innerhalb eines Staates statt. Typischerweise geht es dabei um die Macht in einem Staat. Verschiedene gesellschaftliche Gruppierungen, die man als Partisanen, Guerillakämpfer, Privatarmeen, Glaubenskrieger, Söldner oder Befreiungskämpfer bezeichnen kann, kämpfen gegeneinander. Mehr als 80% aller seit 1945 geführten Kriege waren Bürgerkriege (Schreiber 2001: 16). Darüber hinaus nahm die Anzahl der laufenden Bürgerkriege fast permanent zu: Während in den 1950er und 1960er Jahren durchschnittlich 10,5 Bürgerkriege pro Jahr geführt wurden, waren es in den 1970er und 1980er Jahren 27,5 pro Jahr (Gantzel/Schwinghammer 1995: 123). Für die 1990er Jahre weisen die entsprechenden Kriegsstatistiken sogar mehr als 40 laufende Bürgerkriege pro Jahr aus (Schreiber 2001: 22). Das Gros resultierte dabei zum einen aus Konflikten, bei denen verschiedene Gruppen zumeist aufgrund politisch-ideologischer Differenzen um die Staatsmacht kämpfen. Diese Anti-Regime-Kriege machen 35 % aller Kriege seit 1945 aus. Zum anderen herrschten Konflikte vor, bei denen sich zumeist aufgrund ethnisch-kultureller Differenzen einzelne Gruppen aus dem Staatsverband lösen wollten. Auf diese Sezessionskriege entfallen gut 26% aller seit 1945 geführten Kriege (Schreiber 2001: 15-16).[6]

Daß der Bürgerkrieg den klassischen Krieg zwischen Staaten als zentrale Sicherheitsbedrohung im Laufe der Zeit abgelöst hat, zeigen auch die Statistiken über die Opfer von Kriegen. Zwar kosteten bis heute mit dem Ersten und dem Zweiten Weltkrieg zwei zwischenstaatliche Kriege die meisten Opfer, doch nach 1945 waren es vornehmlich Bürgerkriege, die besonders hohe Opferzahlen aufweisen. Insgesamt gab es in Bürgerkriegen seither mit 6 Millionen Toten dreimal mehr Opfer als in klassischen Kriegen (Gantzel/Schwinghammer 1995: 150).[7]

Trotz dieser enorm hohen Opferzahlen und eines wachsenden Anteils an zivilen Opfern gilt, daß die Kriegsführung in den klassischen Bürgerkriegen der nationalen Konstellation zumindest seitens der Guerilla, welche die Staatsmacht herausforderte, im Prinzip darauf ausgerichtet war, die Opfer in der Zivilbevölkerung gering zu halten. Da die Guerillakämpfer meist darauf abzielten, Unterstützung bei der zivilen Bevölkerung zu gewinnen, hielten sich die Opferzahlen noch in Grenzen. Gemäß der verbreiteten Guerillataktik sollten zusätzliche Gebiete weniger durch die direkte militärische Konfrontation mit dem Gegner gewonnen werden, der man durch eine Strategie der mobilen Kriegsführung zu entgehen versuchte. Vielmehr sah die Guerillataktik vor, Gebiete mit Hilfe der Unterstützung der Bevölkerung zu kontrollieren. Durch diese Unterstützung konnte gesichert werden, daß sich die einzelnen Kämpfer in der Bevölkerung selbst versorgen – und auch verstecken – können. Der Guerillakämpfer sollte sich nach einem Ausspruch Mao Tse Tungs in der Bevölkerung bewegen können wie der Fisch im Wasser (Creveld 1998: 296, Münkler 1992, Jean 1999: 16-18). In klassischen Bürgerkriegen kam es deshalb nur dann zu zahlreichen Opfern in der zivilen

6 Allerdings verzeichnen andere Statistiken in den 1990er Jahren einen Rückgang auch der Bürgerkriege (vgl. Gurr et al. 2001).

7 Dazu kommen noch gut 4 Millionen Opfer von Kriegen, die weder rein innerstaatlich noch ausschließlich zwischenstaatlich waren (Gantzel/Schwinghammer 1995: 150).

Bevölkerung, wenn die Staatsführung auf die bekannte Anti-Guerillataktik zurückgriff, bei der versucht wird, durch Greueltaten einen Keil zwischen die Guerilla und die Bevölkerung zu treiben.[8]

Neben dem Bürgerkriegsaufkommen hat auch der *Terrorismus* parallel zum Bedeutungsverlust zwischenstaatlicher Kriege zugenommen. In der Bundesrepublik Deutschland nahm beispielsweise die jährliche Anzahl von Anschlägen mit terroristischem Hintergrund zwischen 1975 und 1993 von 448 auf 3184 zu – und zwar mit einer deutlichen Verschiebung vom Links- zum Rechtsextremismus (vgl. Zangl/Zürn 1999: 153, Laqueur 2001: 137-164). Der klassische Terrorismus zielt wie der Bürgerkrieg gegen die herrschenden Machtverhältnisse in einem Staat. Während aber die Guerillastrategie auf die physische Kontrolle von Territorium gerichtet ist, überwiegt beim klassischen Terrorismus die psychologische Komponente (Münkler 1992). Durch die staatlichen Reaktionen auf den Terror soll das wahre Gesicht der etablierten Staatsmacht deutlich gemacht werden, um damit die Unterstützung in der Bevölkerung zu generieren, ohne die der politische Kampf zum Scheitern verurteilt ist. So beabsichtigte beispielsweise die Rote Armee Fraktion (RAF), die in Deutschland in den 70er und 80er Jahren zahlreiche Terroranschläge verübte, durch ihre Gewalt den Staat zu Gegenreaktionen zu provozieren, durch die er sich als »faschistischer Staat« entlarven sollte. Der Staat sollte durch Terrorakte gezwungen werden, zu einem Polizeistaat zu werden, gegen den die politisch engagierte Bevölkerung zu opponieren bereit sein würde. Die Terroristen hofften also, durch Gewalthandlungen gegen führende Repräsentanten des Staates breitere Bevölkerungsschichten von dem aus ihrer Sicht notwendigen Kampf gegen die herrschende Gesellschaftsordnung zu überzeugen und so die Machtverhältnisse zu ändern (Laqueur 2001, Waldmann 1998: 9-39). Der klassische Terrorismus kann insofern als »Substitut« oder als »Vorstufe« des Guerilla- bzw. Bürgerkrieges gesehen werden. Dieselben revolutionären Bewegungen wechseln daher vielfach im Laufe ihres Kampfes die Strategie, um die Änderung der verhaßten Gesellschaftsordnung und

8 Es wird also nicht behauptet, daß klassische Bürgerkriege stets »sauber« geführt wurden. Doch Greueltaten an der zivilen Bevölkerung wurden hier vornehmlich von der angegriffenen Staatsmacht verübt. Die Guerillakämpfer hingegen verzichteten zumeist auf vergleichbare Greueltaten.

der damit verbundenen Machtverhältnisse zu erreichen (Münkler 1992: 160).

Damit dies gelingen kann, müssen klassische Terrororganisationen, ähnlich wie Bürgerkriegsparteien, die eine Guerillastrategie verfolgen, Opfer in der zivilen Bevölkerung vermeiden oder zumindest gering halten. Da beim klassischen Terrorismus die Opfer und die durch die Terrorakte aufzurüttelnden revolutionären Bevölkerungsgruppen – die zu interessierenden Dritten – derselben politischen Gemeinschaft angehören, war dem Terrorismus eine gewisse Gewaltbeschränkung eingeschrieben. Die Mehrheit der Bevölkerung soll ja durch die Gewalt nicht verschreckt, sondern vielmehr überzeugt werden, gegen die herrschende Gesellschaftsordnung anzugehen. Die Gewalt beispielsweise der Rote Armee Fraktion konzentrierte sich deshalb zunächst nur auf die führenden Repräsentanten der herrschenden Gesellschaftsordnung. Bei ihren Gewalttaten nahm die Rote Armee Fraktion dann zwar zunehmend in Kauf, daß auch Unbeteiligte getroffen wurden. Doch die Gewalt zielte nie unmittelbar auf die »einfache« Bevölkerung ab.

Allerdings unterliegt der Terrorismus weit mehr noch als der Bürgerkrieg der Gefahr einer Korrumpierung des Zweckes durch die Mittel (Münkler 1992: 173). Diese Tendenz verstärkt sich noch durch die dem Terrorismus eigene Aufhebung der Grenze zwischen Kombattanten und Nicht-Kombattanten und der Notwendigkeit, die Dramatik der Anschläge durch hohe Opferzahlen zu steigern. Denn nur dann ist die Staatsmacht zu übermäßigen Gegenreaktionen zu verleiten, die sie bei der Bevölkerung diskreditieren können. Dementsprechend ist die Anzahl der Opfer durch Terroranschläge deutlich schneller angewachsen als die Anzahl der Terroranschläge selbst.

Insgesamt läßt sich jedoch entsprechend der ersten Hypothese festhalten, daß sich im Laufe der letzten Jahrzehnte die relative Bedeutung der zwischenstaatlichen Kriege drastisch verringert hat. Im Zuge der gesellschaftlichen Denationalisierung nahm die Anzahl zwischenstaatlicher Kriege deutlich ab, und innerhalb des Kerns der OECD-Welt scheint dieser Trend fest verankert zu sein. Parallel dazu nahmen v. a. außerhalb der OECD-Welt Bürgerkriege zu, während gerade auch innerhalb der OECD-Welt die Bedrohung durch den Terrorismus gewachsen ist.

## 7.3 Die Zunahme transnationaler Sicherheitsbedrohungen

Der relative Bedeutungsrückgang zwischenstaatlicher Kriege allein indiziert noch keinen Übergang von der nationalen zur postnationalen Konstellation. Die bloße Zunahme von klassischen Bürgerkriegen und klassischem Terrorismus ließe sich noch mit dem Instrumentarium des methodologischen Nationalismus erfassen (siehe Abbildung 7.1). Der relative Rückgang zwischenstaatlicher Kriege ergibt erst dadurch einen Beleg für den Übergang zur postnationalen Konstellation, daß die entsprechende Zunahme von Bürgerkriegen und des Terrorismus auch eine Transnationalisierung zentraler Sicherheitsprobleme zum Ausdruck bringt. Der Prozeß der Transnationalisierung der Gewalt spiegelt sich seinerseits v.a. in zwei neuartigen, postnationalen Gewalterscheinungen wider: den »neuen Bürgerkriegen« und dem »transnationalen Terrorismus«. Diese neuen Gewaltphänomene zeigen einerseits an, daß die vormals klaren Grenzen zwischen Kriminalität, Bürgerkrieg, Terrorismus und Menschenrechtsverletzungen zunehmend verschwimmen. Zum anderen bringen sie eine Transnationalisierung der Problemlagen zum Ausdruck. Dementsprechend wird die doppelte Grenzziehung zwischen einerseits dem Gewaltmonopolisten Staat und seiner Gesellschaft nach innen und andererseits zwischen unterschiedlichen durch ihr Gewaltmonopol gekennzeichneten Staaten nach außen aufgehoben.

### *a) Neue Bürgerkriege*

Aufgrund der Mißerfolge der Guerillataktik bzw. der Erfolge der Anti-Guerillataktik in den meisten klassischen Bürgerkriegen hat sich die Kriegsführung fundamental verändert (Jean 1999). Die Kriegsführung heute läßt die Grenzen zwischen Bürgerkrieg, Terrorismus, Staatsterror und Kriminalität zunehmend verwischen und transnationalisiert sich.

Die neuen Bürgerkriege beinhalten *zum einen* ein erhebliches Maß an *Staatsterror*. Entscheidend ist dabei, daß in den neuen Bürgerkriegen, wie sie geradezu idealtypisch in Bosnien oder auch im Kosovo geführt wurden, Opfer in der zivilen Bevölkerung vielfach nicht mehr nur im Rahmen der üblichen Kriegsführung als »Kollateralschaden« auftreten. Die Bevölkerung wird nicht mehr nur versehentlich in die Kampfhandlungen hineingezogen. Vielmehr haben die meisten Bürgerkriegsparteien vom Kampf *gegen* die Guerillataktik gelernt.

Um in einem Bürgerkrieg die klassische Guerillataktik auszuhebeln, hat es sich für die herrschenden Kräfte als erfolgreich erwiesen, die zivile Bevölkerung durch massive Gewalttaten für die Unterstützung der aufständischen Partei zu strafen. Indem man die eigene Gewalt auf die zivile Bevölkerung richtet, treibt man einen Keil zwischen die Aufständischen und die Bevölkerung. Das Kalkül lautet: Von der Gewalt des Gegners indirekt bedroht, wird sich die Bevölkerung von der gegnerischen Bürgerkriegspartei abwenden. Durch hohe Opferzahlen in der zivilen Bevölkerung wird der Guerilla die für ihre mobile Kriegsführung notwendige Unterstützung durch die Bevölkerung entzogen (Münkler 1992).

Bei den neuen Bürgerkriegen wird nun diese aus dem Krieg gegen eine Guerilla stammende Kampftaktik vermehrt von allen Bürgerkriegsparteien angewandt (Kaldor 2000). Dementsprechend hat sich der Trend, daß moderne Kriege relativ immer weniger militärische, aber immer mehr zivile Opfer kosten, gerade in den vergleichsweise technologiearmen Bürgerkriegen massiv verstärkt (van Creveld 1998). Gab es in den Kriegen des frühen 20. Jahrhunderts pro zivilem Opfer acht militärische Opfer, so kommen heute annähernd acht zivile auf ein militärisches Opfer. Die Relation hat sich also praktisch umgekehrt (Kaldor 2000: 18). Der Bürgerkrieg geht somit mit Terror gegen die Gesellschaft einher: Er übersetzt sich oft in einen generalisierten Kampf der um die staatliche Herrschaft konkurrierenden Gruppen gegen die Gesellschaft.

Die neuen Bürgerkriege lassen *zum zweiten* die Unterscheidung zwischen Bürgerkrieg und *Terrorismus*, also die Differenz zwischen Gewaltanwendung, die auf physische Kontrolle abzielt, und Gewaltanwendung, die psychische Effekte erreichen will, unscharf werden. Mit der ungehemmten Gewaltanwendung geht einerseits häufig die Absicht einher, die physische Kontrolle über ein Territorium zu erlangen, das mit herkömmlichen militärischen Mitteln nicht zu erobern ist. Dies geschieht, indem zunächst die Bevölkerung, die die gegnerische Bürgerkriegspartei unterstützt, unter massivem Gewalteinsatz systematisch vertrieben oder sogar vernichtet wird. Der Gegner soll geschwächt werden, indem ihm die Unterstützung durch eine loyale Bevölkerung entzogen wird. Im nächsten Schritt wird dafür gesorgt, daß auf diesem Territorium nur die »eigene« Bevölkerung sicher leben kann, so daß sich die eigenen Kampfverbände der Unterstützung der Bevölkerung gewiß sein können. Dadurch wird schließlich die Kontrolle über das betreffende Territorium erlangt. Beispielsweise haben die serbischen Kampfverbände im Bürgerkrieg in Bosnien die Kontrolle über bestimmte Territorien dadurch sichern können, daß sie die kroatische bzw. muslimische Bevölkerung gewaltsam terrorisiert und vertrieben haben (Kaldor 2000: 17-19, 154-161).

Mit der ungehemmten Gewaltanwendung sollen andererseits auch psychische Effekte erzielt werden. Durch Gewaltakte gegen die Bevölkerungsteile, die sich gegenüber der verfeindeten Bürgerkriegspartei loyal zeigen, soll nämlich Gegengewalt gegen die eigene Bevölkerung provoziert werden. Denn dadurch lassen sich vermehrte Unterstützungsleistungen bei der eigenen Bevölkerung erpressen. Insbesondere werden somit auch Bevölkerungsteile für die Unterstützung gewonnen, die sich vormals gegen den Bürgerkrieg wendeten und mit der »gegnerischen« Zivilbevölkerung durchaus friedlich zusammenlebten. Beispielsweise hat die barbarische Gewaltanwendung der serbischen und kroatischen Kampfverbände dazu geführt, daß in der Bevölkerung immer mehr Serben bzw. Kroaten bereit waren, die eigenen Kampfverbände zu unterstützen, um sich vor der Gewalt des jeweiligen Gegners zu schützen. Es entstand ein Gewaltklima, das weite Bevölkerungsteile in Kroatien und Serbien so gegeneinander aufbrachte, daß sie bereit waren, den Bürgerkrieg um jeden Preis fortzuführen (Kaldor 2000: 17-19, 154-161).

Schließlich verliert in den neuen Bürgerkriegen *zum dritten* auch die Unterscheidung zwischen Bürgerkrieg und *Kriminalität* – also zwischen politisch motivierter und rein kriminell motivierter Gewaltanwendung – an Trennschärfe. In den Bürgerkriegsregionen entstehen »gewaltoffene Räume«, die in einem engen Wechselverhältnis mit neuen, sich ausweitenden Gewaltmärkten stehen (Elwert 1997). In dem Maße, in dem sich die Bürgerkriegsparteien nicht wie in den klassischen Bürgerkriegen auf die weitgehend freiwillige Unterstützung der Bevölkerung verlassen wollen, bedienen sie sich der Plünderung der zivilen Bevölkerung. Gewalt wird in den neuen Bürgerkriegen also auch deshalb vermehrt gegen die Bevölkerung angewandt, um die eigenen Kampfverbände versorgen zu können. Dort, wo dies nicht mehr möglich ist, weil die Bevölkerung infolge des Krieges bereits am Existenzminimum dahindarbt, betreten häufig internationale Hilfsorganisationen die Bühne. Die Bürgerkriegsparteien konzentrieren sich dann auf die Plünderung der Transporte der internationalen Hilfsorganisationen. Diese werden gezwungen, ihre Hilfslieferungen zumindest teilweise abzutreten. Denn andernfalls würden die Hilfslieferungen für die Bevölkerung mit Gewalt ganz unterbunden (Jean 1999: 28-30, Kaldor 2000: 161-169). So haben die verschiedenen Hilfsorganisationen – auch der UNO – im Bosnienkrieg vielfach von ihren Hilfslieferungen die Hälfte an die Bürgerkriegsparteien abgeben müssen, um zumindest mit der anderen Hälfte zur notleidenden Bevölkerung in Bosnien vordringen zu können.

Darüber hinaus gelingt es den Kriegsparteien in den neuen Bürgerkriegen immer häufiger, von besonders einträglichen Gewaltmärkten zu profitieren (Elwert 1997). Die Bürgerkriegsparteien finanzieren sich heute weltweit durch ihre enge Verbindung zur organisierten, insbesondere transnational organisierten Kriminalität (Jean 1999). Beispielsweise wurden die Bürgerkriege in Kolumbien und Afghanistan maßgeblich durch den organisierten Drogenhandel gestützt, und die Bürgerkriege in Kambodscha und Sierra Leone wurden jahrelang durch den illegalen Diamantenhandel finanziert (Malaquias 2001). Auch in Bosnien, im Kosovo und in Mazedonien haben sich die Bürgerkriegsparteien unter anderem durch die Beteiligung am Drogenhandel finanziert (Kaldor 2000: 52-109). In den neuen Bürgerkriegen sind also die einzelnen Kriegsherren oft von den Führungskräften der Organisierten Kriminalität kaum mehr zu unterscheiden. In Kolumbien beispielsweise sind die Drogenkartelle und einzelne Bürgerkriegsgruppen praktisch miteinander verschmolzen. Die Kriegsherren sind mit den Drogenbossen identisch geworden. Dadurch sind sich selbst stabilisierende, vielfach transnationale Gewaltmärkte entstanden. Die Kriegsherren der neuen Bürgerkriege, die von dieser »Schattenglobalisierung« (Münkler 2002) profitieren, besitzen vielfach keinerlei Anreiz mehr, den Bürgerkrieg zu beenden, denn das Ende des Krieges würde den profitablen Gewaltmarkt gefährden (Münkler 2001, 2002). Die neuen Bürgerkriege werden nicht nur durch die transnationale Organisierte Kriminalität ernährt, sondern umgekehrt hilft der Bürgerkrieg der Organisierten Kriminalität, sich ungehindert entfalten zu können (Snyder/Jervis 1999: 23). So profitiert im Rahmen der Schattenglobalisierung der Drogenschmuggel in Kolumbien zweifellos davon, daß die staatlichen Stellen sich gar nicht in der Lage befinden, den Drogenanbau zu unterbinden.

Dieser veränderten Gewaltökonomie entsprechend sind die Kampfverbände in den neuen Bürgerkriegen heute zumeist nicht mehr zentral hierarchisch, sondern eher horizontal netzwerkartig organisiert. Denn eine hierarchische Organisationsform kann nur dort stabil funktionieren, wo die Führung der jeweiligen Bürgerkriegsparteien die Versorgung der Kampfverbände zentral vornehmen kann. In den neuen Bürgerkriegen erfolgt die Versorgung der einzelnen Kampfverbände jedoch dezentral und vor Ort: sei es durch die Plünderung des angegriffenen Dorfes oder durch die Plünderung von Hilfskonvois. Dies macht die einzelnen Kampfverbände gegenüber der Führungsspitze der jeweiligen Bürgerkriegspartei vergleichsweise unabhängig. Es ist diese horizontale Organisationsform, die es neben den Profitinteressen der Kriegsherren so schwierig macht, die neuen Bürgerkriege zu beenden. Damit die Gewalt tatsächlich beendet werden kann, müssen alle wichtigen dezentralen Kampfverbände zugestimmt haben (Jean 1999).

Insgesamt gilt: In den neuen Bürgerkriegen werden die Grenzen zwischen Bürgerkrieg, Terrorismus, Staatsterror und Kriminalität verwischt. Sie entziehen sich somit dem konzeptionellen Instrumentarium des methodologischen Nationalismus. Zudem werden diese Auseinandersetzungen dadurch bewußt zu einem transnationalen Sicherheitsproblem gemacht, um in anderen Staaten moralische Betroffenheit auszulösen. Beispielsweise gab es im Bosnienkrieg wiederholt den Verdacht, daß hinter dem Beschuß des Marktplatzes in Sarajevo im August 1995 nicht serbische, sondern kroatische Kampfverbände standen, die die internationale Staatengemeinschaft drängen wollten, in die Kampfhandlungen einzugreifen. Ebenso kann die Kriegsstrategie der albanischen Kämpfer der UCK sowohl im Kosovo als auch in Mazedonien als Versuch interpretiert werden, die serbischen bzw. mazedonischen Kampfverbände zu Gewalthandlungen gegen die albanische Bevölkerung zu verleiten, um dadurch die internationale Staatengemeinschaft zur Intervention anzuhalten. Die neuen Bürgerkriege

*Schaubild 7.2: Neue Bürgerkriege*[9]

| | **zwischen-staatlicher Krieg** | **klassischer Bürgerkrieg** | **neuer Bürgerkrieg** |
|---|---|---|---|
| **Kampf-verbände** | staatliche; zentrale Organisation | auch nicht-staatliche; dezentrale Organisation | auch nicht-staatliche; dezentrales Netzwerk |
| **Gewalt-motiv** | internationale Machtverteilung | nationale Machtverteilung | nationale Machtverteilung |
| **Gewalt-strategie** | physische Kontrolle von Territorium | physische Kontrolle von Territorium | physisch, aber auch psychisch |
| **Gewalt-anwendung** | Einhegung der Gewalt | Einhegung der Gewalt | keine Einhegung der Gewalt; Terror |
| **Gewalt-ökonomie** | Versorgung durch Steuern, Kriegsanleihen | Versorgung durch Bevölkerung | Versorgung durch Plünderung, Organisierte Kriminalität |

lösen also die bekannten Unterscheidungen zwischen unterschiedlichen Sicherheitsbedrohungen auf und bergen ein erhebliches Transnationalisierungspotential in sich.

*b) Transnationaler Terrorismus*

Neben dem neuen Bürgerkrieg kann der transnationale Terrorismus als idealtypisches Sicherheitsproblem der postnationalen Konstellation gelten. Dabei gilt für den transnational operierenden Terrorismus, daß er anders als der Bürgerkrieg bereits dadurch zu einem transnationalen Sicherheitsproblem wird, daß er grenzüberschreitend Gewalt anwendet – mithin *per se* kein nur nationales Sicherheitsproblem ist.

Indem sich Terrororganisationen transnational organisieren, können sie das Risiko, entdeckt und zerschlagen zu werden, deutlich reduzieren. Daher haben sich bereits in den 70er und 80er Jahren bekannte linksradikale Terrorgruppen wie die Rote Armee

9 Hier wird nicht beansprucht, den neuen Bürgerkrieg im Unterschied zum alten Bürgerkrieg umfassend zu charakterisieren. Uns geht es lediglich darum, die Aspekte des neuen Bürgerkrieges zu betonen, die diesen zu einem transnationalen Sicherheitsproblem werden lassen.

Fraktion, die Brigate Rosse oder die Action Directe transnational vernetzt. Die genannten Terrorgruppen pflegten insbesondere enge Verbindungen in den Nahen Osten. Dort wurden sie unter anderem zum Terrorkampf ausgebildet. Darüber hinaus haben sie gemeinsam mit Terrororganisationen aus dem Nahen Osten Terroranschläge geplant und vollzogen (Crenshaw 2000). Beispielsweise wurde 1977 die Flugzeugentführung der deutschen Lufthansa-Maschine »Landshut« nach Mogadischu von deutschen und palästinensischen Terroristen gemeinschaftlich durchgeführt. Auch rechtsradikale Terrorgruppen, die seit den 90er Jahren vermehrt aktiv sind, vernetzen sich offenbar transnational, um sich wechselseitig zu unterstützen. Bislang haben die rechtsradikalen Terrororganisationen zwar keine transnational geplanten Terroranschläge durchgeführt. Die rechte Terrorszene nutzt aber beispielsweise das Internet zum transnationalen Informationsaustausch. Dementsprechend entstammten viele der Informationen, die notwendig waren, um den Bombenanschlag auf das US-Regierungsgebäude in Oklahoma durchzuführen, aus dem Internet (Laqueur 2001).

Der neue transnationale Terrorismus reicht jedoch erheblich weiter. Er wendet grenzüberschreitend Gewalt an und hebt somit die gemeinsame Zugehörigkeit der Täter und der Opfer zu einer nationalen politischen Gemeinschaft auf. Im Extremfall kann der Anschlag in einem Land X von einer terroristischen Organisation, die im Land Y ihr Hauptquartier hat, durchgeführt werden, um die Bevölkerung in einem Land Z als zu interessierende Dritte aufzurütteln. Die größten Anschläge der in Afghanistan angesiedelten Al-Qa'ida fanden im Jemen, in Somalia, Tansania und den USA statt, um die islamische Bevölkerung in den traditionellen Ölmonarchien gegen den »amerikanischen Imperialismus« zu mobilisieren (Bergen 2001). Mit der Entkoppelung von Opfern und zu interessierenden Dritten, die im klassischen Terrorismus noch derselben politischen Gemeinschaft angehörten, fällt die letzte Beschränkung terroristischer Gewaltanwendung weg. Transnationale Terroristen wollen die Bevölkerung in den Staaten, die sie angreifen, meist gar nicht für ihre Sache gewinnen. Sie bekämpfen die Bevölkerung genauso wie deren Staat, und sie kämpfen gegen einen fremden Staat, indem sie dessen Bevölkerung terrorisieren. Bei derartigen transnationalen Terroranschlägen geht es darum, den angegriffenen Staat zu Gegenreaktionen zu verleiten, die diesen eben nicht in der eigenen, sondern in einer anderen Bevölkerung diskreditieren können. Somit gilt: Je höher die Opferzahl, um so wahrscheinlicher ist, daß es zu übermäßigen Gegenreaktionen kommt. Osama bin Ladens Terrornetz Al Qa'ida hofft offenbar, daß die USA auf seine Terroranschläge so reagieren, daß sie die islamische Bevölkerung zu einem heiligen Krieg gegen die USA bewegen können (Münkler 2001).

Damit ist der neue Terrorismus tatsächlich zu einem ernsthaften transnationalen Sicherheitsproblem geworden. Dies läßt sich anhand der Anzahl der transnationalen Terroranschläge zumindest annäherungsweise bemessen, die in den 1960er und 1970er Jahren geradezu sprunghaft angestiegen ist, um sich danach auf hohem Niveau einzupendeln (Hirschmann 2000: 48). Die Anzahl transnationaler Terrorakte lag somit bereits in den späten 1970er Jahren um 400 pro Jahr und erreichte in den späten 1980er Jahren sogar über 600 pro Jahr. Die Anzahl derartiger Terrorakte ging zwar dann in den frühen 1990er Jahren wieder etwas zurück, verbleibt aber weiterhin mit durchschnittlich über 400 pro Jahr deutlich über der Anzahl aus den späten 1960er und frühen 1970er Jahren (Waldmann 1998: 22-23).[10]

Aufgrund der besonders geringen Gewalthemmung des transnationalen Terrorismus sind insbesondere in den 1990er Jahren die Opferzahlen deutlich gestiegen. Gerade transnational agierende Terroristen zielen auf immer höhere Opferzahlen (Laqueur 1996: 25, Hirschmann 2000: 47). Bereits Mitte der 1990er Jahre forderten deshalb transnationale Terroranschläge mehr als 400 Opfer pro Jahr (Waldmann 1998: 22-23). In den späten 1990er Jahren haben schon einzelne Terroranschläge annähernd so viele Opfer gefordert. Beispielsweise fielen den zeitgleich durchgeführten Terroranschlägen auf die US-Botschaften in Kenia und Tansania zusammen 224 Menschen zum Opfer (Tophoven 2000: 181). Die Terroranschläge vom 11. September 2001 in New York und Washington sind jüngst mit mehr als 4000 Opfern in eine ganz neue Dimension vorgedrungen.

Indem der neue Terrorismus ein transnationales Sicherheitsproblem darstellt, hebt er die doppelte Grenzziehung zwischen Staat und Gesellschaft einerseits und zwischen konkurrierenden

10 Siehe dazu auch Enders/Sandler (2002: 150-155), welche sich auf die Daten von Mickolus (1980, 1982) sowie Mickolus et al. (1989, 1993) stützen.

Staaten andererseits partiell auf. Der transnationale Terrorismus durchschneidet diese doppelte Grenze, indem er private Gewalt grenzüberschreitend anwendet. Beim neuen Terrorismus versucht nicht die Rote Armee Fraktion durch Terroranschläge gegen Repräsentanten des deutschen Staates die deutsche Gesellschaftsordnung umzustürzen, sondern kurdische Terrorgruppen versuchen durch Terroranschläge in der Bundesrepublik die Türkei zu einer neuen Kurdenpolitik zu bewegen. Der Terrorismus von heute macht sich also nicht nur transnationale Verbindungen zunutze, um einen letztlich national begrenzten politischen Machtkampf zu führen, vielmehr legt er es darauf an, einen internationalen Machtkampf anzuzetteln. Das Terrornetz Al Qa'ida von Osama bin Laden will nicht nur die Machtverhältnisse in einzelnen islamischen Staaten revolutionieren, sondern auch die internationale Machtverteilung zugunsten islamischer Staaten verändern. Dabei ist Al Qa'ida genauso wie das Gros der transnationalen Terrorgruppen von heute in der islamischen, aber auch in der christlichen, der jüdischen oder der hinduistischen Welt nicht politisch-ideologisch oder ethnisch, sondern vornehmlich religiös motiviert (Hirschmann 2000: 46-47, Schneckener 2002b: 3).

Gleichzeitig verschwimmen die vormals klar etablierten Grenzen zwischen Terrorismus, Bürgerkrieg, Staatsterror und Kriminalität. Der transnationale Terrorismus von heute ist *zum einen* dadurch gekennzeichnet, daß er von Staaten vermehrt genutzt wird, um andere Staaten zu bekämpfen. Der Terrorismus wird damit als *transnationaler Staatsterror* zu einem Instrument des zwischenstaatlichen Krieges. Insofern tragen Staaten selbst zur Aufhebung der Grenze zwischen staatlicher und privater Gewalt bei. Dabei treten die Staaten freilich nur verdeckt auf (Laqueur 1996: 34). Trotzdem kann davon ausgegangen werden, daß seit den 80er Jahren vermehrt transnational operierende Terrornetzwerke von Staaten wie Libyen, Syrien, Sudan, Iran, Irak und Afghanistan nicht nur geduldet, sondern sogar gefördert werden (Crenshaw 2000, Laqueur 2001: 202-232). Ihre Geheimdienste arbeiten teilweise aktiv mit Terrororganisationen zusammen, die meist Anschläge in den USA verüben wollen. Durch diese staatliche Rükkendeckung ist der transnationale Terrorismus erheblich gestärkt worden. Denn selbst Top-Terroristen wie Carlos oder bin Laden sind darauf angewiesen, daß sie sich in bestimmte Staaten sicher zurückziehen können. Sie brauchen derartige Ruheplätze, um

Terroranschläge ungestört planen und ihre Terrororganisationen sicher führen zu können. Darüber hinaus sind sie auf solche Staaten angewiesen, um ihre Gefolgschaft sorgfältig ausbilden zu können.

Der transnationale Terrorismus gleicht sich *zum zweiten* dem *Bürgerkrieg* an. In Bürgerkriegen wird heute Gewalt nicht mehr nur eingesetzt, um den Gegner physisch, sondern eben auch psychisch zu treffen. Umgekehrt kann man argumentieren, daß der neue Terrorismus spätestens seit den Terroranschlägen von New York und Washington den Gegner nicht nur psychisch, sondern auch physisch signifikant bedrohen kann. Dies gilt insbesondere dann, wenn sich die von Terrorismusexperten vermehrt heraufbeschworene Gefahr bewahrheiten sollte, daß Terrororganisationen in den Besitz von Massenvernichtungswaffen gelangen können (Laqueur 2001: 315-322). Bislang wird zwar davon ausgegangen, daß auch den neuen Terrornetzwerken der Zugang zu Atomwaffen noch versperrt ist. Zugleich erscheint es zunehmend wahrscheinlich, daß diese Terrornetzwerke in naher Zukunft über Bio- oder Chemiewaffen verfügen können. Der islamische Topterrorist Osama bin Laden sieht es zumindest als »heilige Pflicht« an, nach Massenvernichtungswaffen zu streben, um seinen Terrorkampf wirksamer vorantreiben zu können (Bergen 2001, Pohly/Duran 2001).

Der neue Terrorismus zeichnet sich *zum dritten* durch seine engen Verbindungen zur Organisierten *Kriminalität* aus. Damit hebt er die Grenze zwischen Terrorismus und Kriminalität partiell auf (Laquer 2001: 262-280, Daase 2000: 73). Dabei handeln Terrororganisationen als Gewaltunternehmer, die sich für bestimmte »Gewaltdienste« bezahlen lassen. Terrororganisationen werden damit beauftragt, mit ihren Kampfverbänden Drogen-, Diamanten- oder Waffentransporte zu schützen. Darüber hinaus sind vielfach Terrororganisationen damit betraut, die betreffenden Staatsbeamten gegebenenfalls mit Gewalt gefügig zu machen, um die Drogen-, Diamanten-, oder Waffenlieferungen sicher abwickeln zu können. Eine wichtige Einnahmequelle für fast alle Terrororganisationen ist heute die Schutzgelderpressung. Manche Terrororganisationen sind sogar bereit, sich für Terroranschläge bezahlen zu lassen. Der Top-Terrorist Carlos beispielsweise hat sich und seine Organisation jahrelang mit Terroranschlägen finanziert, für die er von anderen Terrororganisationen

– aber auch von Staaten – beauftragt wurde (Laquer 2001: 226-231).[11]

Dieser Gewaltökonomie folgend sind auch Terrororganisationen heute nicht mehr zentral hierarchisch, sondern eher horizontal netzwerkartig organisiert (Hoffman 2000: 38, Schneckener 2002b: 3). Die Rote Armee Fraktion besaß noch eine Kommandoebene, die über verschiedene Kontaktleute mit den einzelnen Kommandos, die die Terroranschläge auszuführen hatten, verknüpft war. Diese höchste Ebene konnte den einzelnen Kommandos Terroranschläge befehlen. Dagegen besteht die Terrorszene heute mehr aus einer Vielzahl unabhängiger Kommandos, die vielfach von größeren Terrororganisationen dafür bezahlt werden, daß sie Terroranschläge durchführen. So wird zumeist unterstellt, daß das Terrornetzwerk Al Qa'ida von Osama bin Laden nicht im traditionellen Sinne angeführt wird. Osama bin Laden kann den verschiedenen Terrororganisationen nichts befehlen. Doch er hat die verschiedenen Terrororganisationen zu einem Terrornetz geformt, in dem sich die einzelnen Terrororganisationen wechselseitig unterstützen.

In der Zusammenschau zeigt sich, daß sich in der postnationalen Konstellation der Bürgerkrieg und der Terrorismus einander angleichen. In den neuen Bürgerkriegen wird Gewalt nicht mehr nur eingesetzt, um den Gegner physisch, sondern eben auch psychisch zu treffen. Umgekehrt kann man argumentieren, daß der neue Terrorismus spätestens seit den Terroranschlägen von New York und Washington den Gegner nicht nur psychisch, sondern auch physisch signifikant treffen kann. Insofern bewegen sich die Gewaltstrategien aufeinander zu.

Insbesondere in den neuen Bürgerkriegen, aber auch beim neuen Terrorismus bündeln sich daher alle drei oben angesprochenen klassisch innerstaatlichen Sicherheitsprobleme – Staatszerfall, Staatsterror und Straftaten. Erstens wird der Staat dort, wo sich neue Bürgerkriege breit machen oder wo der neue Terrorismus grassiert, gefährdet. Der jeweils betroffene Staat droht insbesondere in den neuen Bürgerkriegen vielfach gänzlich zu zerfallen. Reagiert der taumelnde Staatsapparat auf diese Bedrohungen, so besteht zweitens häufig die Tendenz, daß der Staat selbst zu ei-

11 Insgesamt hat der von staatlichen Akteuren unterstützte Terrorismus jedoch abgenommen. Terrorgruppen werden heute vermehrt durch private Akteure finanziert (Schneckener 2002b: 5-7).

*Schaubild 7.3: Neuer Terrorismus*

| | **zwischenstaatlicher Krieg** | **klassischer Terrorismus** | **neuer Terrorismus** |
|---|---|---|---|
| **Kampfverbände** | staatliche; zentrale Organisation | auch nicht-staatliche; dezentrale Organisation | nicht-staatliches dezentrales Netzwerk |
| **Gewaltmotiv** | internationale Machtverteilung | nationale Machtverteilung | auch internationale Machtverteilung |
| **Gewaltstrategie** | physische Kontrolle von Territorium | psychisch; Kommunikationsstrategie | psychisch, aber auch physisch |
| **Gewaltanwendung** | Einhegung der Gewalt durch Staat | schwache Einhegung der Gewalt | keine Einhegung der Gewalt |
| **Gewaltökonomie** | Versorgung durch Steuern, Kriegsanleihen | Versorgung durch Kriminalität (Bankraub) | Versorgung durch Organisierte Kriminalität |

ner Bürgerkriegspartei wird und sich selbst des Terrorismus bedient. Dies kann vor allem in neuen Bürgerkriegen bis zum systematischen Staatsterror reichen. Dazu kommt, daß drittens sowohl mit den neuen Bürgerkriegen als auch mit dem neuen Terrorismus eine praktisch ungehemmte Gewaltanwendung verbunden ist, die sich in bewußt geplanten Greueltaten übersetzt. Damit sind dem neuen Bürgerkrieg, aber auch dem neuen Terrorismus, grauenhafte Verbrechen wie massenhafter Mord, Vergewaltigung, Folter und Vertreibung eigen. In den neuen Bürgerkriegen und im neuen Terrorismus schaukeln sich also Staatszerfall, Staatsterror und Straftaten gegenseitig auf. Die Aufweichung der doppelten Grenzziehung zwischen Staat und Gesellschaft und zwischen verschiedenen Staaten führt zu einer Gemengelage von Sicherheitsbedrohungen, bei der die Trennschärfe zwischen Staatsterror und Staatszerfall sowie zwischen Terrorismus und Organisierter Kriminalität verlorengeht. Im Ergebnis kommt es zu einer Transnationalisierung der Sicherheitsbedrohungen: zu einer gleichzeitigen Denationalisierung ehemals rein nationaler Sicherheitsprobleme und einer Privatisierung von grenzüberschreitenden Sicherheitsbedrohungen.

*c) Neue Kriege*

Die Transnationalisierung der Sicherheitsprobleme deutet bereits auf einen weitreichenden Wandel in den Grundlagen politischer Ordnung hin. Sie bringt zudem paradoxerweise den klassischen Krieg – allerdings gleichfalls in neuer Form – zurück auf die internationale Sicherheitsagenda. Denn dort, wo sich das neue Bedrohungssyndrom in eine sich selbst verstärkende Gewaltspirale übersetzt, fühlt sich die internationale Staatengemeinschaft heute zunehmend zum Eingreifen verpflichtet. Die Staatengemeinschaft scheint nicht bereit, neuen Bürgerkriegen wie in Bosnien oder im Kosovo, aber auch neuen Terroranschlägen wie in New York und Washington tatenlos zuzusehen. Insofern bringen die neuen Bürgerkriege und der neuartige Terrorismus den Krieg zwischen Staaten gewissermaßen durch die Hintertür zurück in die internationale Sicherheitspolitik. Dabei entsteht ein neuer quasi-zwischenstaatlicher Krieg: der Krieg gegen den nicht-staatlichen Krieg.

Dieser Krieg von heute unterscheidet sich insbesondere hinsichtlich der Kriegsgründe von den klassischen Kriegen. Der neue Krieg wird nicht mehr vorrangig geführt, um die eigenen Machtinteressen gegenüber anderen Staaten zu wahren. Staaten versuchen in diesen Kriegen nicht, ihre relative Machtposition zu anderen Großmächten mit Gewalt zu verteidigen oder zu verbessern. Auch das Motiv der unmittelbaren Verteidigung der physischen Integrität des Territoriums scheint – ungeachtet der völkerrechtlichen Legitimierungsstrategien – eher nachgeordnet. Es geht also in den neuen quasi-zwischenstaatlichen Kriegen nicht wie beispielsweise in den beiden Weltkriegen des 20. Jahrhunderts vorrangig darum, das eigene Territorium vor anderen Staaten zu schützen und Territorialansprüche gegenüber anderen Staaten durchzusetzen. Zumindest vordergründig kann den Alliierten, die im Namen der UNO oder der NATO im letzten Jahrzehnt Kriege gegen den Krieg geführt haben, kein simples Machtinteresse unterstellt werden.[12] Der neue Krieg wird vielmehr geführt,

12 Die These, daß es bei den entsprechenden Interventionen vornehmlich um die Wahrung der Machtinteressen der westlichen Industriestaaten, insbesondere der USA, ging, wird lediglich in journalistischen, kaum aber in wissenschaftlichen Beiträgen ernsthaft vertreten. Das heißt freilich nicht, daß bei entsprechenden Interventionsentscheidungen die Interessen der beteiligten Staaten völlig belanglos sind. Doch diese Interessen

um neue Bürgerkriege und den transnationalen Terrorismus zu bekämpfen und um der Spirale von Staatszerfall, Staatsterror und schweren Kriegsverbrechen entgegenzutreten. Dabei geht es zumeist darum, in den betreffenden Staaten eine neue Machtbalance herzustellen, die den Kampf gegen die Gewalt zuläßt. Dementsprechend ist der Krieg, den die NATO 1999 gegen das ehemalige Jugoslawien geführt hat, ein neuer quasi-zwischenstaatlicher Krieg. Ganz ähnlich kann der Krieg, den insbesondere die USA gegen das Talibanregime in Afghanistan führten, eingestuft werden. Hier wie da ging es nicht vornehmlich um unmittelbare Machtinteressen der USA oder anderer NATO-Staaten, sondern vielmehr darum, in Afghanistan bzw. in Bosnien die Machtverhältnisse so zu verändern, daß der neue Bürgerkrieg und der neue Terrorismus niedergerungen werden.

Dementsprechend sind die neuen Kriege vielfach keine zwischenstaatlichen Kriege im engeren Sinne. Zumeist besteht lediglich die eine Kriegspartei aus Staaten, die, von der internationalen Staatengemeinschaft gestützt, in einem anderen Staat intervenieren. Die andere Kriegspartei hingegen ist zumeist eine Bürgerkriegspartei bzw. eine Terrororganisation, die allerdings im Zuge des Konflikts zumindest völkerrechtlich »verstaatlicht« wird. Der neue Krieg findet somit zwar wie ein klassischer Krieg staatsgrenzenüberschreitend statt. Damit ist er ein internationales Sicherheitsproblem. Doch er wird von Staaten nicht gegen Staaten, sondern gegen einzelne Bürgerkriegsparteien oder Terrororganisationen – bestenfalls gegen Quasi-Staaten – geführt. Der Staat, in dessen Staatsgebiet interveniert wird, ist nur insofern Kriegspartei, als er entweder identisch mit einer Bürgerkriegspartei ist oder bedingungslos eine transnationale Terrororganisation unterstützt. Der neue Krieg ähnelt also einem transnationalen Bürgerkrieg, da es gerade für Bürgerkriege kennzeichnend ist, daß sich private und staatliche Kampfverbände gegenüber stehen. Doch während dies bei herkömmlichen Bürgerkriegen innerhalb eines Staatsgebietes passiert, handelt es sich bei den neuen Kriegen um grenzüberschreitende Konstellationen. Staaten gehen mit ihren

stellen eben zumeist nicht den eigentlichen Interventionsgrund dar. Sie machen Interventionsentscheidungen lediglich einfacher. Dies mag auch erklären, warum seitens der westlichen Industrieländer bei vergleichbaren Bürgerkriegen nicht immer mit vergleichbaren Interventionsmaßnahmen reagiert wird.

Kampfverbänden auf fremdem Staatsgebiet gegen private Kriegsherren – Partisanen, Guerillakämpfer, Privatarmeen, Glaubenskrieger oder Befreiungskämpfer – vor. Der neue Krieg ist somit gleichfalls Ausdruck eines transnationalen Sicherheitsproblems.

Dementsprechend bedienen sich Staaten in den neuen Kriegen einer deutlich veränderten Kriegsführung. Sie gleicht weniger den Kampfstrategien klassischer Kriege als vielmehr denen von Staaten, um Bürgerkriege unter Kontrolle zu bekommen. Die Kriegsführung muß nicht darauf ausgerichtet sein, einen anderen Staat in einem internationalen Machtkampf militärisch niederzuringen, sondern die Machtverhältnisse in einem Staat zu verändern. Dies erweist sich schon deshalb als schwierig, weil die Staaten, die wie die NATO-Staaten im Kosovo in einen Bürgerkrieg ohne unmittelbares Eigeninteresse eingreifen, nicht bereit sind, eigene Opfer in größerem Umfang zu tolerieren. Derartige Einsätze im Namen der internationalen Staatengemeinschaft lassen sich innenpolitisch nur durchsetzen, wenn die nationalen Opfer gering sind. Somit bleibt den eingreifenden Staaten oft nur ein Luftkrieg, der zunächst die gegnerische Luftabwehr aus großer Höhe ausschaltet, um danach mit Luftangriffen aus geringerer Höhe im jeweiligen Bürgerkrieg die Machtverhältnisse zu kippen. Dadurch lassen sich, wie der Bosnien-, der Kosovo- und der Afghanistankrieg zeigen, zwar eigene Opfer weitgehend vermeiden, doch zugleich wird in Kauf genommen, daß die Opferzahlen in der zivilen Bevölkerung vor Ort besonders hoch sind. Während bei den NATO-Staaten im Kosovo- und im Afghanistankrieg militärische Opfer fast vollständig vermieden werden konnten, forderten die Luftangriffe in der zivilen Bevölkerung in Jugoslawien und Afghanistan erhebliche Opfer.

Wie der Bosnien-, der Kosovo- und der Afghanistankrieg aber auch gezeigt haben, ist es mit Luftangriffen allein nicht getan. Durch Luftschläge lassen sich zwar die Machtverhältnisse in einem Bürgerkrieg ändern. Staatsterror, Staatszerfall und schwere Kriegsverbrechen sind jedoch nur dann sicher auszuschalten, wenn Bodentruppen nachrücken können. Dazu sind die Staaten, die die Gewalt in einem Bürgerkrieg beenden wollen, zumeist nur dann bereit, wenn der Gegner, durch Luftschläge geschwächt, dem freiwillig zustimmt. Denn nur so kann eine höhere Anzahl an Opfern vermieden werden. Der neue Krieg kennt dementsprechend kaum umfassende Kriegshandlungen am Boden. Er bleibt vielmehr zunächst ein Luftkrieg, der sicherstellen soll, daß die Bodentruppen ohne Kampfhandlungen nachrücken können. Diese sind dann mehr mit Sicherheitsaufgaben befaßt, die eher der inneren als der äußeren Sicherheit zuzurechnen sind. Es geht dann nämlich darum, den Staatszerfall aufzuhalten, Staatsterror zu unterbinden und Straftaten zu ahnden. Dementsprechend verschwimmen auch in diesen neuen Kriegen die Grenzen zwischen innerer und äußerer Sicherheit und damit auch die Sicherheitsaufgaben von Polizei und Militär. Die neuen Kriege werden deshalb oft zwar zunächst vom Militär gefochten, danach folgen jedoch zumeist Kampfverbände, die sich durch besonders umfangreiche Polizeikontingente auszeichnen. Den Luftschlägen (NATO) im Kosovokrieg folgten deshalb nicht nur die Bodentruppen (KFOR), sondern auch eine umfassende Polizeieinheit (UNMIK). Und die UNO wurde damit beauftragt, den Kosovo zumindest vorübergehend zu verwalten, um einen Rückfall in den Bürgerkrieg zu verhindern.

*Schaubild 7.4: Der neue Krieg aus der Sicht der intervenierenden Staaten*

| | **Klassischer Krieg** | **Neuer Krieg** |
|---|---|---|
| **Kampfverbände** | staatliche; zentrale Organisation | staatliche; zentrale Organisation |
| **Gewaltmotiv** | internationale Machtverteilung | nationale Machtverteilung in fremdem Staat |
| **Gewaltstrategie** | Kontrolle von Territorium | vorübergehende Kontrolle von Territorium |
| **Gewalt-anwendung** | Einhegung der Gewalt durch internationale Konventionen | Einhegung der Gewalt durch nationale Öffentlichkeit |
| **Gewalt-ökonomie** | Versorgung durch Steuern, Kriegsanleihen | Versorgung durch Steuern |

## 7.4 Al-Qa'ida

Um zu verdeutlichen, wie sich die neuen Bürgerkriege, der neue Terrorismus und der neue Krieg zu einem besonders gefährlichen transnationalen Sicherheitsproblem verbinden können, soll im folgenden Osama bin Ladens Terrornetzwerk Al-Qa'ida aus illustrativen Gründen näher beleuchtet werden. Das islamistische transnationale Terrornetz, das für die Terroranschläge vom 11.09. 2001 in New York, Washington und Pennsylvania verantwortlich gemacht wird, geht nämlich letztlich auf den sog. Afghanistankrieg der 80er Jahre zurück. Damals meldeten sich zahlreiche islamische Fundamentalisten aus verschiedenen arabischen Staaten freiwillig, um in Afghanistan mit den Mudschaheddin gegen die UdSSR, die 1979 in Afghanistan intervenierten, zu kämpfen. Darunter befand sich ab 1980 auch Osama bin Laden, der später das Terrornetzwerk Al-Qa'ida gründen sollte (Bergen 2001). Der millionenschwere Geschäftsmann aus Saudi-Arabien kam freilich nicht als einfacher Kämpfer. Vielmehr wirkte er, gestützt auf sein Vermögen von ca. 300 Millionen Dollar, bei der Rekrutierung islamischer Freiwilliger in verschiedenen arabischen Staaten für den Kampf in Afghanistan mit. Insbesondere half er die sogenannten arabischen Afghanen zu organisieren (Rashid 2001: 224-226, Lüders 2001: 89-91). So richtete er Auffanglager ein, in denen sich islamische Fundamentalisten, u.a. aus Algerien, Ägypten, Saudi Arabien und dem Jemen, für den Kampf in Afghanistan melden konnten (Bergen 2001: 59-82, Pohly/Durán 2001: 28-29). Da die freiwilligen Kämpfer der Mudschaheddin in ihrem Kampf gegen die UdSSR zunächst zu wenig erfolgreich waren, errichtete er darüber hinaus Ausbildungslager, in denen sie das Kriegshandwerk erlernen sollten (Pohly/Durán 2001: 35). Dadurch entstand letztlich eine private Kampfeinheit, die Osama bin Laden treu ergeben ist und mit den Mudschaheddin gegen die UdSSR Krieg führte (Tophoven 2000: 183-184, Rashid 2001: 224-226).

Um auf diese islamistische Kampfeinheit auch nach dem Afghanistankrieg zurückgreifen zu können, begann Osama bin Laden 1988 seine Kämpfer zentral zu registrieren. Das entsprechende Register nannte er Al-Qa'ida – die Basis (Lüders 2001: 93). Tatsächlich wurde Al-Qa'ida mit seinen hervorragend ausgebildeten Kämpfern nach dem Rückzug der UdSSR aus dem Afghanistankrieg 1989 die Basis für bin Ladens globalen Terrorkampf (Rashid 2001: 232). Osama bin Laden wollte mit anderen islamischen Fundamentalisten einen Terrorkampf führen, um eine islamistische Revolution auszulösen, durch die ein auf der Scharia basierendes Kalifat erreicht werden kann (Tophoven 2000: 184).[13]

Dabei kam bin Laden zugute, daß seine Kämpfer nach dem Rückzug der UdSSR aus Afghanistan in verschiedene islamische Länder zurückkehrten oder aber nach Europa und Nordamerika gingen, so daß mit Al-Qa'ida fast automatisch ein transnationales Terrornetzwerk entstand (Rashid 2001: 224, Lüders 2001: 94). Hinzu kam, daß Osama bin Laden aufgrund seines Kampfes in Afghanistan in der gesamten islamistischen Terrorszene verehrt wurde. Dementsprechend verfügte er über beste Verbindungen zu islamistischen Terrorgruppen in Staaten wie Ägypten, Pakistan und Algerien (Bergen 2001, Rashid 2001: 232-233). Durch deren Unterstützung konnte bin Laden sein transnationales Terrornetz sukzessive ausbauen. Al-Qa'ida verfügte somit in verschiedenen Staaten über Kämpfer, die für die islamistische Revolution zu sterben bereit sind. Bin Laden wurde so zu *der* zentralen Terrorfigur des islamischen Fundamentalismus, der mit Al-Qa'ida weltweit auf 3000 bis 5000 islamistische Kämpfer zurückgreifen kann. Der »Terrorpate« ist somit zu einem »global player« des Terrorismus geworden (Tophoven 2001: 10).

Bin Laden verließ 1989 Afghanistan, als die Mudschaheddin nach dem Rückzug der UdSSR begannen, sich in einem blutigen Bürgerkrieg gegenseitig zu bekämpfen. Nur für kurze Zeit kehrte er nach Saudi-Arabien zurück, wo er allerdings wenig willkommen war. 1994 wurde ihm sogar die Staatsbürgerschaft aberkannt. Bin Laden verlegte deshalb 1991 das Hauptquartier von Al-Qa'ida in den Sudan, um dort an der islamischen Revolution teilzunehmen (Laqueur 2001: 228, Rashid 2001: 228). Im Sudan baute bin Laden dann wieder verschiedene Geschäfte auf – wohl nicht primär, um seinen ohnehin großen Reichtum zu mehren, sondern um die Staatsmacht milde zu stimmen. Der Sudan sollte bereit sein, bin Ladens Terroraktivitäten zu decken, zumindest aber zu tolerieren (Lüders 2001: 96-97). Tatsächlich ließen ihn die Islamisten im Sudan gewähren, so daß bin Laden Terrorangriffe

13 Die Scharia bezeichnet das aus dem Koran abgeleitete islamische Recht. Durch das Kalifat würde eine einheitliche Herrschaftsordnung für die gesamte islamische Gemeinschaft errichtet.

gegen die USA durchführen konnte. So wird beispielsweise der Sprengstoffanschlag auf das World Trade Center in New York, bei dem 1993 sechs Menschen getötet und weitere 1000 verletzt wurden, mit Al-Qa'ida in Verbindung gebracht. Auch für die Sprengstoffanschläge auf US-Militäreinrichtungen in Riad 1995 und in Dharan 1996, bei denen sieben bzw. neunzehn Menschen getötet wurden, gilt Al-Qa'ida gemeinhin als verantwortlich (Crenshaw 2000: 213, Pohly/Durán 2001: 25).

Dem Druck der USA nachgebend, forderte das Islamistenregime in Khartum Osama bin Laden 1996 auf, den Sudan zu verlassen. Er kehrte daraufhin nach Afghanistan zurück, wo weiterhin ein blutiger Bürgerkrieg herrschte. Rasch verbündete er sich mit den radikal-islamistischen Taliban (Bergen 2001: 179-208, Poyly/Durán 2001: 68-69). Bin Laden war bereit, sie im Bürgerkrieg mit seinen im Kampf erprobten privaten Kampfeinheiten von Al-Qa'ida zu unterstützen. Tatsächlich gelang es den Taliban, Afghanistan weitgehend unter Kontrolle zu bringen. Die übrigen Bürgerkriegsparteien schlossen sich zwar nun gegen die Taliban, die unter Mullah Omar eine radikal-islamische Terrorherrschaft errichteten, zusammen. Doch sie kontrollierten nur noch einen kleinen Teil im Nordosten Afghanistans, während der Süden und der Westen Afghanistans geschlossen von den Taliban beherrscht wurde. Die Taliban boten Osama bin Laden fortan einen idealen Ruheraum, um seine Terroraktivitäten vorzubereiten (Elwert 2001). Dieser zeigte sich dafür im Gegenzug bereit, die Taliban weiterhin mit seinen fanatischen arabischen Kämpfern im Bürgerkrieg zu unterstützen (Lüders 2001: 101, Rashid 2001: 237). Gerade in dieser Symbiose stellten der Bürgerkrieg in Afghanistan und der Terrorismus von Al-Qa'ida ein besonders gefährliches transnationales Sicherheitsproblem dar.

Die Transnationalisierung des Terrors wurde gewissermaßen zum Markenzeichen von Al-Qa'ida (Lüders 2001: 58). Seine Terroranschläge sind nicht auf islamische Staaten konzentriert, sondern richten sich vornehmlich gegen westliche Staaten, insbesondere die USA. Osama bin Laden war es nach dem Golfkrieg gelungen, verschiedene islamistische Terrororganisationen in den 90er Jahren sukzessive von einer veränderten Terrorstrategie zu überzeugen (Tophoven 2000: 181, 186-187). Die meisten islamistischen Terrororganisationen hatten zuvor darauf gesetzt, durch Terroranschläge in islamischen Staaten die islamische Revolution zu befördern. Sie wollten gegen pro-westliche Regierungen einen Gottesstaat durchsetzen. Dagegen war Osama bin Laden davon überzeugt, daß die islamische Revolution nur dann gelingen kann, wenn die westlichen Staaten, insbesondere die USA, mit Terrorschlägen angegriffen werden. Er betonte, daß die korrupten pro-westlichen Regierungen in den islamischen Staaten nur mit der Unterstützung des Westens bestehen konnten. Deshalb müßten sich die Terroranschläge gegen die westlichen Staaten richten (Pohly/Durán 2001: 38-49, Lüders 2001: 95). Diese Strategie scheint auch insofern erfolgversprechend, als Terroranschläge gegen die verhaßten USA in vielen islamischen Staaten sehr populär sind. Die islamischen Fundamentalisten konnten durch die auf die USA gerichtete Transnationalisierung des Terrors hoffen, ihre Gefolgschaft in den islamischen Staaten zu mobilisieren und zu erweitern (Elwert 2001). Gewissermaßen war eine »islamistische Internationale« entstanden, die auf ein transnationales Terrornetzwerk baute, um transnationale Terroranschläge durchführen zu können (Bergen 2001). Folgerichtig hat bin Laden seit 1989 immer wieder den heiligen Krieg angedroht. 1998 erklärte er den USA gleichsam offiziell den Krieg. Diese Kriegserklärung enthält eine Fatwa (religiöses Rechtsgutachten), das die Tötung von Amerikanern zur religiösen Pflicht aller Muslime macht (Lüders 2001: 99). Damit stellte Al-Qa'ida geradezu einen Prototyp der oben beschriebenen transnationalen Sicherheitsbedrohungen dar. Bundeskanzler Schröder hat daher recht, wenn er in einem Zeit-Interview sagt: »Im Grunde ist die Kriegserklärung privatisiert worden« (DIE ZEIT 43/2001).

Dieses transnationale Sicherheitsproblem wurde dadurch weiter verschärft, daß die Bürgerkriegsgesellschaft in Afghanistan mit ihren typischen Gewaltmärkten bin Laden ermöglichte, als Gewaltunternehmer aufzutreten (Elwert 1997, Hirschmann 2000: 49-50). Bin Laden mußte seinen Reichtum nicht nur aufwenden, um seine Kampfeinheit zu erhalten, sondern er konnte durch seine private Kriegstruppe seinen Reichtum auch mehren (Bergen 2001, Tophoven 2000: 188). Mit seinen Kämpfern produzierte er terroristische Gewalt, die ihm weltweit Spenden von islamistischen Gruppierungen einbrachte (Elwert 2001, Pohly/Durán 2001: 33). Und auch darüber hinaus hat bin Laden auf den Gewaltmärkten in Afghanistan Geschäft und Gewalt geschickt miteinander verknüpft, um seinen Reichtum zumindest zu erhalten. So half er, gestützt auf seine weltweiten Geschäftsverbindungen, den Taliban den Drogenhandel abzuwickeln und Afghanistan zum größten Drogenanbieter weltweit zu machen (Dorronsoro 1999: 143-146, Rashid 2001: 204-219). Dazu kam der Waffenhandel, den bin Laden mit seinen weltweiten Geschäftsverbindungen für die Taliban organisierte (Pohly/Durán 2001: 63). Afghanistan ist somit zu einer Schmuggelökonomie geworden, die nicht nur den Bürgerkrieg selbst, sondern auch die Terroraktivitäten von Al-Qa'ida finanzierte (Dorronsoro 1999: 128-129).

Da die Taliban im Rahmen dieser Bürgerkriegsgesellschaft auf bin Laden angewiesen waren, konnte es sich Al-Qa'ida erlauben, weitere Terroranschläge gegen die USA zu führen, ohne befürchten zu müssen, von den Taliban behelligt zu werden (Tophoven 2000: 186). So gilt es als sicher, daß Al-Qa'ida für die Sprengstoffanschläge auf die US-Botschaften 1998 im tansanischen Daressalam und im kenianischen Nairobi verantwortlich war, bei denen über 200 Menschen getötet wurden (Bergen 2001: 133-158, Crenshaw 200: 213). Der schlecht geplante Vergeltungsschlag der USA stärkte nur das Heldenbild von bin Laden in den islamischen Ländern. Zudem ging offenbar auch der Sprengstoffanschlag auf ein im Hafen von Aden liegendes US-Kriegsschiff auf das Konto von bin Laden (Bergen 2001, Lüders 2001: 105).

Der Terror gegen die USA sollte jedoch weiter gesteigert werden, so daß bei jedem weiteren Terroranschlag nochmals mehr Menschen ums Leben kamen (Tophoven 2001: 12-13). Dabei wollte sich bin Laden offenbar nicht mehr damit begnügen, US-Botschaften oder US-Militäreinrichtungen außerhalb der USA zu treffen. Mit den Terrorangriffen vom 11. September 2001 wurde der Terror in die USA getragen. Die USA erlebten einen terroristischen Anschlag von ungekanntem Ausmaß, bei dem mehr als 4000 Menschen getötet wurden. Al-Qa'ida-Terroristen entführten in den USA zeitgleich mehrere Passagierflugzeuge und steuerten sie auf symbolträchtige Ziele zu: zwei davon schlugen in New York in die Türme des World Trade Centers ein, ein drittes traf in Washington das Pentagon. Eine vierte Passagiermaschine erreichte nicht ihr Ziel (vermutlich Washington) und stürzte in Pennsylvania ab. Die USA beansprucht, überzeugende Beweise für die Täterschaft von Al-Qa'ida zu besitzen. Und bin Laden hat mittlerweile – wenn nicht direkt, so zumindest indirekt

– selbst die Verantwortung für die Terroranschläge übernommen (Lüders 2001: 105).

Das Ausmaß dieser Anschläge erreichte die gewünschte mediale Aufmerksamkeit. Anders als die Terroranschläge auf die Militäreinrichtungen in Riad 1995 und in Dharan 1996 brachten diese Terrorakte aber auch einen quasi-zwischenstaatlichen Krieg der neuen Art hervor. Denn diesmal reagierten die USA drastischer als zuvor. Präsident George W. Bush erklärte noch am 11. September 2001, daß die USA diejenigen, die die Terrorakte begangen haben, genauso zur Verantwortung ziehen werden, wie diejenigen, die den Terroristen Unterschlupf gewähren. Schon bald wurde Osama bin Laden als vermeintlicher Drahtzieher der Terroranschläge ausgemacht. Die Taliban wurden ultimativ aufgefordert, den »Bankier des Terrors« in die USA auszuliefern. Nur durch eine Auslieferung bin Ladens könnten sie einem Krieg seitens der USA entgehen. Die Taliban entsprachen aber nicht den amerikanischen Forderungen. Sie weigerten sich, ihren Kampfgefährten an die USA zu überstellen, und versuchten Zeit zu gewinnen. Sie argumentierten, daß bin Ladens Verantwortung für die Terrorakte nicht hinlänglich bewiesen sei. Weder könne er eindeutig für die Terrorakte in Washington und New York noch für die in Riad, Dharan oder Aden verantwortlich gemacht werden. Bin Ladens Kalkül, die Taliban von sich abhängig zu machen, um von ihnen selbst vor den USA geschützt zu werden, war offenbar aufgegangen (Lüders 2001).

Die USA waren jedoch nicht bereit, im Kampf gegen den Terrorismus auf eine Auslieferung bin Ladens zu verzichten oder sich mit einer Auslieferung an einen Drittstaat zufriedenzugeben. Sie stuften die Reaktion der Taliban als Ablenkungsmanöver ein, zumal der UN-Sicherheitsrat schon im Oktober 1999 die Aufforderung ausgesprochen hatte, bin Laden auszuliefern. Damals hatte Kabul eine Auslieferung abgelehnt und mußte deshalb seit November 1999 UN-Sanktionen in Kauf nehmen (Cortright/Lopez 2002: 47-60). Die USA bereiteten nun also einen Krieg gegen das Talibanregime in Afghanistan vor. Sie wollten im Kampf gegen den Terrorismus der Al-Qa'ida mit der Bekämpfung der Talibanherrschaft den Boden entziehen. Mit diesem Zug wurde der eigentlich transnationale Kriegsgegner verstaatlicht und völkerrechtlich quasi ein zwischenstaatlicher Krieg geführt. Auf der Grundlage einer Resolution des VN-Sicherheitsrates vom 12.09.

2001, in der der Terroranschlag als eine Bedrohung des internationalen Friedens eingestuft und der USA das Selbstverteidigungsrecht zuerkannt wurde, schmiedete die amerikanische Regierung eine breite Koalition gegen den Terrorismus, in der sich neben den westlichen auch viele islamische Staaten engagierten. Durch Luftangriffe zunächst gegen die Luftabwehr und schließlich auch gegen die Bodentruppen der Taliban sollten die Machtverhältnisse im afghanischen Bürgerkrieg umgekehrt werden. Die Bodentruppen der Mudschaheddin, die sich in der sogenannten Nordallianz gegen die Taliban verbündet hatten, sollten durch die Luftangriffe gestärkt werden. Tatsächlich gelang es, die Talibanherrschaft in Afghanistan zu beenden.

Ob damit auch der Bürgerkrieg in Afghanistan beendet und der Kampf gegen den Terrorismus erfolgreich abgeschlossen werden kann, bleibt abzuwarten. Es sollte aber deutlich geworden sein, wie sich die neuen Bürgerkriege, der neue Terrorismus und der neue Krieg zu einem transnationalen Sicherheitsproblem verbinden können. Der Bürgerkrieg in Afghanistan stellte die Voraussetzung dafür dar, daß mit Al-Qa'ida ein transnationales Terrornetzwerk entstehen und seine transnationalen Terroranschläge ungestört vorbereiten konnte. Dieser neue Terrorismus hat seinerseits wiederum zu einem neuen Krieg geführt, in dem die mit den USA verbündeten Staaten versucht haben, den Bürgerkrieg – und den damit einhergehenden Staatszerfall, Staatsterror und Straftaten – zu beenden, um damit dem Terrornetzwerk den Boden einer Bürgerkriegsgesellschaft zu entziehen. Zugleich haben sie versucht, in diesem neuen Krieg mit Osama bin Laden des Drahtziehers des neuen Terrorismus habhaft zu werden.

Insgesamt ist also in der postnationalen Konstellation eine ganz neue Sicherheitslage entstanden. Der klassische Krieg der nationalen Konstellation ist als das wichtigste internationale Sicherheitsproblem in den Hintergrund getreten. Dafür haben sich ehemals nationale zu transnationalen Sicherheitsproblemen entwickelt. Der Bürgerkrieg und der Terrorismus sind als neue transnationale Sicherheitsherausforderungen als Folge der Schwächung der doppelten Grenzziehung in den Vordergrund gerückt. Glaubte die Staatengemeinschaft mit dem Sieg gegen Piraterie und Söldnertum zu Beginn dieses Jahrhunderts (vgl. Thomson 1994) transnationale Gewalt überwunden zu haben, so taucht dieses Sicherheitsproblem im Übergang zur postnationalen Konstellation in neuem Gewand auf. Die neuen transnationalen Sicherheitsprobleme führen aber paradoxerweise auch zu einem neuen quasi-zwischenstaatlichen Krieg: dem Krieg gegen den Krieg. Der neue Krieg weist jedoch selbst wiederum Merkmale auf, die ihn vom klassischen Krieg unterscheiden und Elemente eines transnationalen Bürgerkrieges einfließen lassen. Festgehalten werden kann jedenfalls eines: Der Problemhaushalt im Bereich der Sicherheit hat sich transnationalisiert.

# 8. Vom nationalen zum supranationalen Regieren in den Sicherheitsbeziehungen

Das Regieren im Sicherheitsbereich konnte in der nationalen Konstellation mit den Instrumenten des methodologischen Nationalismus problemlos erfaßt werden. Jeder Staat versuchte sich selbständig vor Kriegshandlungen anderer Staaten zu schützen und verfolgte vornehmlich seine eigenen nationalen Sicherheitsinteressen. Gerade im Sicherheitsbereich dominierte zumindest bis 1945 der Unilateralismus. Dies änderte sich auch kaum während des Kalten Krieges. So waren die Interventionen der USA in Kuba, Grenada oder in Panama ebensowenig multilateral abgestützt wie die der UdSSR in Ungarn, der Tschechoslowakei oder Afghanistan. In den wenigen Fällen, in denen die Staaten mittels internationaler Sicherheitsinstitutionen gemeinsame Sicherheitsinteressen zu verwirklichen suchten, beschränkte sich dies auf rein zwischenstaatliches Regieren. Es bezog sich zum einen fast ausschließlich auf zwischenstaatliche Kriege und war zum anderen ganz dem zwischenstaatlichen Konsensprinzip verhaftet. Darüber hinaus blieb der Multilateralismus in der internationalen Sicherheitspolitik auch nach 1945 insofern begrenzt, als er vornehmlich auf exklusiven Sicherheitsinstitutionen wie der NATO beruhte – also auf Sicherheitsinstitutionen, durch die sich die beteiligten Staaten gemeinsam gegenüber anderen Staaten zu schützen suchten. Ein Multilateralismus, der auf inklusiven Sicherheitsinstitutionen wie der UNO basierte, die primär die Sicherheit aller Staaten untereinander förderte, war kaum entwickelt.[1]

In der postnationalen Konstellation hingegen wird auf die neuen Herausforderungen – den neuen Bürgerkrieg und den neuen Terrorismus – partiell in einer Weise reagiert, die vom methodologischen Nationalismus nicht vorgesehen ist. Angesichts der Transnationalisierung der Sicherheitsbedrohungen kooperieren Staaten zum einen verstärkt mit Hilfe von internationalen Institutionen und überwinden zumindest teilweise den bis dahin

1 Für die Unterscheidung zwischen inklusiven und exklusiven Sicherheitsinstitutionen siehe Wallander/Keohane (1999). Zürn (1987) unterscheidet allgemein zwischen inklusiven und exklusiven internationalen Regimen.

verbreiteten Unilateralismus. So wurden die zumeist von den USA angeführten Interventionen im Irak, in Somalia, Ruanda, Haiti, Bosnien, Kosovo, Ost-Timor und Afghanistan allesamt multilateral autorisiert und durchgeführt. Der sich andeutende Multilateralismus basiert dabei vermehrt auch auf inklusiven Sicherheitsinstitutionen. Exklusive Sicherheitsinstitutionen wie die NATO mögen zwar letztlich weiterhin bedeutsamer sein als inklusive, gleichwohl ist die Bedeutung inklusiver Sicherheitsinstitutionen relativ gewachsen. Zum anderen beziehen sich internationale Sicherheitsinstitutionen nicht mehr nur auf zwischenstaatliche Probleme. Sowohl exklusive Sicherheitsinstitutionen als auch inklusive Sicherheitsorganisationen nehmen sich verstärkt der transnationalen Sicherheitsbedrohungen des neuen Bürgerkrieges und des neuen Terrorismus an. So waren sie beispielsweise allesamt mit den Bürgerkriegen in Bosnien und im Kosovo befaßt. Außerdem überwinden die genannten Sicherheitsinstitutionen zumindest partiell das Konsensprinzip, das so zentral für das internationale Regieren in der postnationalen Konstellation war. Denn vielfach wird in diese Bürgerkriegsgesellschaften interveniert, ohne daß dem alle Bürgerkriegsparteien ausdrücklich zugestimmt hätten. Deshalb können sich die von der UNO legitimierten Interventionsmaßnahmen – wie etwa die der NATO in Bosnien – auch gegen einzelne Bürgerkriegsparteien richten.

Das Regieren in internationalen Institutionen befaßt sich also vermehrt mit neuen transnationalen Sicherheitsbedrohungen und läßt zugleich das Konsensprinzip zumindest partiell hinter sich. Dementsprechend kann in Reaktion auf die Transnationalisierung der Problemlagen von einer Supranationalisierung internationaler Sicherheitsinstitutionen gesprochen werden. Diese Entwicklung hin zu einer supranationalisierten Kriegsführung gegen die neuen transnationalen Sicherheitsprobleme wird im folgenden anhand der wichtigsten globalen Sicherheitsinstitution – dem Sicherheitsrat der Vereinten Nationen – nachgezeichnet werden. In Abschnitt 8.1 soll entsprechend der Typen des Regierens, die in Schaubild 6.1 dargelegt sind, zunächst das mit dem methodologischen Nationalismus noch kompatible *zwischenstaatliche Regieren* charakterisiert werden. In Abschnitt 8.2 diskutieren wir den Trend zum *internationalen Regieren* und in Abschnitt 8.3 den Trend zum *suprastaatlichen Regieren*, ehe wir in Abschnitt 8.4

einige Beispiele von *supranationalem Regieren* im Sicherheitsbereich vorstellen.

## 8.1 Regieren in der nationalen Konstellation und Hypothesen zum Wandel: die Suezkrise

In der nationalen Konstellation war die Sicherheitspolitik weitestgehend eine nationale Angelegenheit. Insofern der UNO überhaupt eine Rolle zugewiesen wurde, war sie ganz und gar dem zwischenstaatlichen Regieren verpflichtet. Der Sicherheitsrat blieb bis in die 80er Jahre auch bei massiven Verstößen gegen das Gewaltverbot weitgehend blockiert, so daß er kaum *Peace-enforcement* beschließen konnte. Die Sicherheitspolitik der UNO beschränkte sich weitgehend darauf, zwischen Staaten, die in Gewalthandlungen verstrickt waren, Waffenstillstandsabkommen zu vermitteln, um diese gegebenenfalls durch sogenanntes *Peacekeeping* umsetzen zu helfen.

Das *Peacekeeping* beruhte auf dem für das Regieren internationaler Institutionen in der nationalen Konstellation typischen Konsensprinzip (Debiel/Fischer 1994). Zu einer *Peacekeeping*-Operation konnte es nur dann kommen, wenn alle in Gewalthandlungen miteinander verstrickten Staaten in einer gemeinsamen Waffenstillstandsvereinbarung ausdrücklich zugestimmt hatten (Goulding 1993, Ansprenger 1994). Die im Rahmen des *Peacekeeping* von der UNO eingesetzten Beobachter und Blauhelme waren lediglich beauftragt, die von den betreffenden Staaten vereinbarte Waffenruhe zu kontrollieren. Darüber hinaus waren sie zu vollständigem Gewaltverzicht und auf strikte Neutralität verpflichtet, so daß sie nicht feststellen durften, welcher der beteiligten Staaten für eine etwaige Waffenstillstandsverletzung verantwortlich war. Durch *Peacekeeping* konnte also selbst ein bereits vereinbarter Waffenstillstand nicht gegen die beteiligten Staaten durchgesetzt werden. Das *Peacekeeping* setzte vielmehr dem Konsensprinzip entsprechend ganz darauf, daß die Überwachung eines Waffenstillstandes durch leichtbewaffnete Blauhelme oder gar unbewaffnete Beobachter der UNO dazu beitragen kann, einen von allen beteiligten Staaten gewünschten Waffenstillstand zu stabilisieren (Rittberger 1995: 167-170, Urquart 1995).

Das *Peacekeeping* der ersten Generation war zusätzlich insofern ganz dem Regieren in der nationalen Konstellation verpflichtet, als es sich fast ausschließlich auf die Gewaltanwendung zwischen Staaten – also auf klassische Kriege – bezog. Von den insgesamt fünfzehn *Peacekeeping*-Missionen, die die UNO zwischen 1948 und 1988 durchführte, waren zwölf vorhergehenden Kriegshandlungen zwischen Staaten geschuldet; lediglich bei dreien ging es darum, Kriege innerhalb von Staaten zu verhindern (Ansprenger 1994, Debiel/Fischer 1994). Dabei fungierten die eingesetzten Blauhelme bzw. Beobachter zumeist als Puffer, der die verfeindeten Staaten voneinander trennt, um diesen so zu versichern, daß keiner der Staaten gegen die entsprechenden Waffenstillstandsvereinbarungen verstoßen kann, ohne dadurch auch die UNO »anzugreifen« (Rittberger/Zangl 2003: 202-206). Derartige Puffer haben beispielsweise die Waffenstillstandsvereinbarungen zwischen Israel und Ägypten (UNEF I 1956-1967 und UNEF II 1973-1979), zwischen Indien und Pakistan (UNIPOM 1956-1966), zwischen Israel und Syrien auf den Golanhöhen (UNDOF seit 1974), zwischen Israel und dem Libanon (UNIFIL seit 1978) sowie zwischen dem Iran und dem Irak (UNIIMOG 1988-1991) stabilisiert (Ansprenger 1994, United Nations 1990).

Wie sehr die Sicherheitspolitik der UNO in dieser Phase einem ausschließlich zwischenstaatlichen Regieren verhaftet blieb, kann anhand von UNEF I, der ersten zwischen Israel und Ägypten stationierten Blauhelmtruppe, illustriert werden (UNO 1990). Die Blauhelmtruppe der UNEF war 1957 infolge der Suezkrise von 1956 aufgestellt worden. Damals hatte Israel mit der Unterstützung von Frankreich und Großbritannien über die Waffenstillstandslinie von 1948 hinweg Ägypten angegriffen. Israel nahm die Sinaihalbinsel ein, um palästinensische Guerillaangriffe zu unterbinden. Frankreich und Großbritannien nahmen ihrerseits die Kanalzone ein, vorgeblich um die freie Durchfahrt durch den Suezkanal zu sichern (Schreiber/Wolffsohn 1988, Heenen-Wolff 1990).

Die Suezkrise führte schnell zu einer gefährlichen Supermachtkrise (Hellmann 1993, Jung 1997). Die UdSSR drohte nämlich, zugunsten von Ägypten zu intervenieren, was wiederum die USA keinesfalls zulassen wollten. Um eine Eskalation zu vermeiden, verlangten somit auch die USA ultimativ, daß sich Frankreich und Großbritannien aus der Kanalzone und Israel von der Sinaihalbinsel zurückziehen (Pfetsch 1991: 20). Darüber hinaus wurde die UNO eingeschaltet, um zwischen Ägypten und Israel zu vermitteln und eine Ausweitung der Krise auf die USA und die UdSSR zu verhindern. Da jedoch mit Frankreich und Großbritannien zwei Vetomächte in den Suezkrieg verstrickt waren, blieb der Sicherheitsrat blockiert. Die Generalversammlung der UNO, die sich deshalb gemäß der sogenannten *Uniting for Peace*-Resolution von 1950 eingeschaltet hatte, drängte jedoch auf einen unverzüglichen Waffenstillstand, dem der Rückzug Frankreichs, Großbritanniens und Israels hinter die vormalige Waffenstillstandslinie zu folgen hätte (GA-Res 997). Darüber hinaus beschloß die Generalversammlung auf Vorschlag des Generalsekretärs Dag Hammarsköld, der damit dem kanadischen Außenministers Lester Pearson folgte, erstmals in der Geschichte der UNO mit der *United Nations Emergency Force* (UNEF I) eine leichtbewaffnete Blauhelmtruppe ins Leben zu rufen. Diese sollte mit dem Konsens der beteiligten Staaten den angestrebten Waffenstillstand überwachen (GA-Resolution 998 und 1001).

Durch die Stationierung der Blauhelmtruppen wurden die Vermittlungsbemühungen der UNO erheblich erleichtert (Urquhart 1995). Die Blauhelme der UNEF I waren gewissermaßen die Voraussetzung für einen Waffenstillstand, dem der Rückzug von Frankreich und Großbritannien sowie auch Israel folgen sollte. Nachdem Großbritannien, Frankreich und Israel einerseits und Ägypten andererseits dem Waffenstillstand zugestimmt hatten, konnte UNEF I am 12. 11. 1956 sein vorläufiges Hauptquartier in Kairo aufschlagen. Zunächst konzentrierte sich UNEF I darauf, in der Kanalzone einen Puffer zu bilden, durch den der Waffenstillstand so gesichert würde, daß ein geordneter Rückzug der britischen und französischen Truppen möglich wurde. Danach begann die erheblich schwierigere Aufgabe, den Waffenstillstand während des Rückzugs der Israelis von der Sinaihalbinsel durch einen Puffer abzusichern (Trautner 1997: 215, UNO 1990). Der Rückzug konnte somit bis zum 13. März 1957 weitgehend reibungslos abgeschlossen werden; gleichwohl verblieben gut 6000 UNEF-Blauhelme an der Waffenstillstandslinie stationiert (UNO 1990).

Dank UNEF I blieb es entlang der Waffenstillstandslinie zwischen Ägypten und Israel vergleichsweise ruhig. Ruhiger jedenfalls als an den Waffenstillstandslinien, die Israel von den übrigen arabischen Nachbarstaaten trennten (UNO 1990: 76). Doch auch dieser von den Blauhelmen der UNO ermöglichte Waffenstillstand konnte nur solange halten, bis sich 1967 die Konflikte im Nahen Osten zwischen Israel einerseits und Ägypten, Syrien und Jordanien andererseits erneut erheblich zuspitzten. Ägyptens Präsident Nasser stimmte damals einer weiteren Stationierung von Blauhelmtruppen nicht mehr zu, so daß UNEF I von der Sinaihalbinsel zurückgezogen werden mußte (Urquart 1995: 577, Tibi 1989: 93). Durch diesen Rückzug wuchsen in Israel die Befürchtungen, von Ägypten gemeinsam mit Syrien und Jordanien angegriffen zu werden (Laqueur 1968: 85-89, 111-113). Um einem solchen Angriff zuvorzukommen, griff Israel seinerseits Ägypten, Jordanien und Syrien an und löste damit den sogenannten Sechs-Tage-Krieg aus.[2] Daß es mit dem Rückzug von UNEF erneut zum Krieg kam, zeigt einerseits die Schwäche einer Friedensregelung, die vom Konsens der Konfliktparteien abhängig ist. Sie zeigt aber andererseits auch, wie bedeutsam die Blauhelmtruppe gewesen war, um den fragilen Waffenstillstand zwischen Israel und Ägypten aufrechtzuerhalten.

Insgesamt wurden in der nationalen Konstellation jedoch Sicherheitsprobleme nur selten unter Rückgriff auf die UNO angegangen. Und wenn die UNO wie nach der Suezkrise ausnahmsweise am Regieren im Sicherheitsbereich beteiligt wurde, blieb dies auf zwischenstaatliche Problemlagen bezogen und an das Konsensprinzip gebunden. Selbst dann, wenn die UNO mitwirkte, entsprach das Regieren im Sicherheitsbereich also dem methodologischen Nationalismus. Allerdings hat sich in Reaktion auf die veränderten Sicherheitsprobleme das Regieren der UNO im vergangenen Jahrzehnt erheblich gewandelt. Mit dem Übergang von der nationalen zur postnationalen Konstellation stellt sich in der UNO eine Supranationalisierung des sicherheitspolitischen Regierens ein, welche mit dem methodologischen Nationalismus immer weniger zu vereinen ist. Die These von der Supranationalisierung ist dadurch zu belegen, daß sich die folgenden zwei Entwicklungen aufzeigen lassen:

- *Das Regieren der UNO bezieht sich im Sicherheitsbereich relativ gesehen immer weniger auf den zwischenstaatlichen Krieg*

2 Für eine noch immer lesenswerte Rekonstruktion der Eskalationsprozesse, die in den Sechs-Tage-Krieg führten, siehe Laqueur (1968: 71-108).

*und richtet sich relativ gesehen immer mehr auf die neuen Bürgerkriege und den neuen Terrorismus.*

- *In dem Maße, wie die UNO auf die neuen Sicherheitsbedrohungen reagiert, löst sich das Regieren zunehmend vom zwischenstaatlichen Konsensprinzip.*

## 8.2 Die Umorientierung auf Bürgerkriege: der Kambodschakonflikt

Das Regieren in der UNO hat sich in der letzten Dekade tatsächlich fortentwickelt. Die Entspannung im Ost-West-Konflikt in den späten 80er Jahren reichte zwar noch nicht aus, um die Fortsetzung der Blockaden im Sicherheitsrat vollständig aufzulösen und *Peaceenforcement* zu ermöglichen. Um auf die neuen transnationalen Sicherheitsprobleme – zunächst die neuen Bürgerkriege – reagieren zu können, wurde jedoch das *Peacekeeping* erheblich ausgeweitet. Das resultierende *Peacekeeping der zweiten Generation* verkörpert ein internationales Regieren, das zwar deutlich über das zwischenstaatliche Regieren hinausgeht, ohne jedoch bereits ein supranationales Regieren zu konstituieren.

Das *Peacekeeping* der zweiten Generation geht insofern deutlich über das zwischenstaatliche Regieren hinaus, als es sich nicht mehr nur auf zwischenstaatliche Kriege, sondern auch auf Bürgerkriege bezieht (Burci 1996, Doyle: 2001: 530-534, Liese 1996, Rittberger/Zangl 2003: 202-206). Die Blauhelme der UNO kontrollieren zwar weiterhin auch Waffenstillstandsvereinbarungen zwischen Staaten, doch von den insgesamt 22 *Peacekeeping*-Operationen, die die UNO in den frühen 90er Jahren beschloß, bezogen sich nur noch drei auf zwischenstaatliche Kriege, die übrigen 19 richteten sich auf Bürgerkriegssituationen (Ansprenger 1994, Debiel/Fischer 1994).

Die neuen *Peacekeeping*-Operationen können sich dabei nicht mehr wie das *Peacekeeping* der ersten Generation darauf beschränken, zwischen die verfeindeten Konfliktparteien einen Puffer zu legen, um dadurch einen zuvor erreichten Waffenstillstand zu sichern. Anders als bei zwischenstaatlichen Kriegen sind in Bürgerkriegen die Konfliktparteien zumeist weder räumlich getrennt, noch können sie getrennt werden. In Bürgerkriegsgesellschaften sind Waffenstillstandsvereinbarungen deshalb flächendeckend zu überwachen (Walter 1999). Dementsprechend mußten beim *Peacekeeping* der zweiten Generation erheblich mehr Blauhelme und Beobachter eingesetzt werden, um die Friedensprozesse langfristig abzusichern. Auf diese Blauhelme und Beobachter warteten nunmehr erheblich komplexere Aufgaben. Die Blauhelme in Kambodscha (UNTAC 1992-1993), Somalia (UNOSOM II 1993-1995) und Nicaragua (ONUVEN 1989-1990) wurden beauftragt, die Entwaffnung der ehemaligen Kriegsparteien zu sichern. Die Missionen in Nicaragua, Namibia (UNTAG 1989-1990), Angola (UNAVEM 1989-1991) und Haiti (ONUVEH 1990-1991) sollten demokratische Wahlen überwachen, in Kambodscha sogar selbst durchführen. In Nicaragua, Somalia und insbesondere in Kambodscha waren sie zudem beauftragt, die Regierungsgeschäfte zu kontrollieren. Im Kosovo (UNMIK seit 1999) und in Ost-Timor (UNTAET seit 1999) übernahm die UNO die Regierung sogar vorübergehend selbständig (UNO 1990, Ansprenger 1994, Debiel/Fischer 1994, Doyle 2001).

Das *Peacekeeping* der zweiten Generation bleibt gleichwohl hinter einem vollständig ausgeprägten supranationalen Regieren deutlich zurück. Es bleibt nämlich dem Konsensprinzip weitgehend verhaftet (Goulding 1993, Ansprenger 1994, Debiel/Fischer 1994). Bevor die UNO Blauhelmtruppen stationieren kann, müssen alle verfeindeten Konfliktparteien in einer entsprechenden Friedensvereinbarung zugestimmt haben. Die UNO konnte solche Friedensvereinbarungen lediglich vermitteln, nicht aber erzwingen. Dementsprechend ist auch beim *Peacekeeping* der zweiten Generation eine einmal erreichte Friedensvereinbarung nicht wirklich gegen die Konfliktparteien durchzusetzen (Rittberger/Zangl 2003: 202-206, Urquart 1995). Die von der UNO eingesetzten Beobachter, Blauhelme und vermehrt auch zivilen Beamten sind zumeist nur damit beauftragt, nach einem Bürgerkrieg die Beachtung der Friedensvereinbarungen durch die Konfliktparteien zu überwachen bzw. zu unterstützen. Dies gilt letztlich auch für das gerade in Bürgerkriegssituationen vermehrt praktizierte sogenannte robuste *Peacekeeping*. Dabei ist die UNO zwar dann zur Gewaltanwendung berechtigt, wenn eine der Konfliktparteien gegen die Friedensvereinbarung verstößt. Doch angesichts der weiterhin nur sehr leichten Bewaffnung kann die UNO gerade bei massiven Verstößen gegen Friedensvereinbarungen kaum wirksam gegen die dafür verantwortlichen Konfliktparteien vorgehen (Crocker 2001).

Daß auch beim *Peacekeeping* der zweiten Generation Friedensvereinbarungen nur im Konsens durchzusetzen sind, läßt sich beispielhaft anhand von UNTAC, der von der UNO 1992 in Kambodscha stationierten *Peacekeeping*-Operation verdeutlichen, durch die der dort seit 1979 schwelende Bürgerkrieg beendet werden sollte. Zu diesem Bürgerkrieg war es gekommen, nachdem Vietnam in Kambodscha die Schreckensherrschaft der von China unterstützten Roten Khmer (PDK) unter Pol Pot beendet hatte, um gemeinsam mit der UdSSR der Sozialistischen Partei (CPP) zur Regierungsgewalt zu verhelfen. Gegen diese von der UdSSR und Vietnam gestützte Regierung kämpften fortan nicht nur die von China gestützten Roten Khmer, sondern auch die von den USA unterstützte Partei der Republikaner (KPLNF) und die u. a. von den Europäern favorisierte Monarchistische Partei (FUNCINPEC) des ehemaligen Königs Norodom Sihanouk. Der Bürgerkrieg wurde zwar durch die Konkurrenz der miteinander verfeindeten Konfliktparteien entfacht, jedoch durch die für den Ost-West-Konflikt typische Rivalität zwischen der UdSSR und den USA mit einer eigenständigen Rolle für China weiter angeheizt. Die USA unterstützten die von Son Sann geführten Republikaner der KPLNF, um Kambodscha nicht ganz an die Sozialisten der CPP zu verlieren. Die UdSSR half den Sozialisten unter Heng Samrin bzw. Hun Sen, um Kambodscha sowohl gegen die von China favorisierten Roten Khmer als auch gegen die mit den USA sympathisierenden Republikaner der KPLNF zu verteidigen. Schließlich stützte die chinesische Regierung die Roten Khmer, damit nicht die UdSSR über die Sozialisten der CPP in Kambodscha dauerhaft Fuß faßte. Da der Krieg in Kambodscha somit die für den Ost-West-Konflikt typische Konkurrenz der USA, der UdSSR und Chinas widerspiegelte, waren die Konfliktparteien militärisch außerordentlich gut versorgt – so gut, daß sie die Kämpfe jahrelang durchhalten konnten (Doyle 1995: 16-24, 1999: 191-194, Liese 1996: 61-69).

Dies änderte sich ab 1989: Anstatt die Konfliktparteien weiter zu unterstützen, drängten nun insbesondere die USA und die UdSSR ihre Klienten zur Beendigung des Bürgerkrieges. Zudem wollte sich Vietnam aus Kambodscha zurückziehen, weil sich ein fortgesetztes militärisches Engagement zugunsten der Sozialisten als zu kostspielig erwies (Liese 1996: 69-72). Diese Konstellation mündete bereits 1989 in die von der UNO organisierte Pariser Konferenz über Kambodscha, an der neben den kambodschanischen Konfliktparteien mit den USA, der UdSSR, China, Großbritannien und Frankreich die fünf ständigen Sicherheitsratsmitglieder teilnahmen (Doyle 1995: 22). Dabei konnte zwar Einvernehmen über den Rückzug der noch immer in Kambodscha befindlichen vietnamesischen Truppen erzielt werden, doch der eigentliche Knackpunkt, wie die Regierungsgewalt organisiert werden soll, blieb ungelöst (Liese 1996: 72). Deshalb flammte der Bürgerkrieg nach dem Rückzug der vietnamesischen Truppen erneut auf (Berdal/Leifer 1996: 33, Doyle 1995: 23).

Der UN-Sicherheitsrat erhöhte daraufhin den Druck auf die kambodschanischen Konfliktparteien. Da die USA, die UdSSR und China ihr Engagement in Kambodscha beenden wollten, versuchten sie gemeinsam mit Großbritannien und Frankreich durch monatliche Verhandlungen, abwechselnd in Paris und New York einen Friedensplan zu gestalten, der es den Konfliktparteien ermöglichen sollte, den Krieg unter für alle Parteien akzeptablen Friedensbedingungen zu beenden. Schließlich gelang es den fünf ständigen Sicherheitsratsmitgliedern, sich im Rahmen der UNO auf einen gemeinsamen Friedensplan zu einigen, den der Sicherheitsrat am 16. 10. 1991 in Resolution 717 verabschiedete. Demnach sollten nicht die Konfliktparteien selbst, sondern eine *Peacekeeping*-Mission – die *United Nations Transitional Authority in Cambodia* (UNTAC) – die Regierungsgeschäfte vorübergehend übernehmen, bis aus freien Wahlen eine eigenständige kambodschanische Regierung hervorgehen konnte. Um solchermaßen freie Wahlen zu ermöglichen, sollte UNTAC insbesondere zwei Aufgaben wahrnehmen: Zum einen war die Entwaffnung der Konfliktparteien vorzunehmen und zum anderen dafür zu sorgen, daß keine der Konfliktparteien die Verwaltung kontrollieren kann (Doyle 1995: 25-28, 1999: 184-185, Berdal/Leifer 1996: 33-36, Liese 1996: 72-77, Ratner 1993). Die fünf ständigen Sicherheitsratsmitglieder bedrängten die Konfliktparteien in Kambodscha, diesem Friedensplan zuzustimmen, was schließlich zur Unterzeichnung des Friedensplans am 23. 10. 1991 in Paris führte. Der Sicherheitsrat konnte daraufhin die mit insgesamt 15 000 Blauhelmsoldaten und Beobachtern sowie 7000 Beamten und Polizisten umfangreichste *Peacekeeping Operation* in der Geschichte der UNO beschließen (Resolution 745, 28.02. 1992).

Der Friedensprozeß blieb jedoch prekär. Die Konfliktparteien stellten zwar ihre Kampfhandlungen weitgehend ein, so daß mit Unterstützung der UNO mehr als 370 000 Flüchtlinge, die während des Krieges in Flüchtlingslagern in Thailand gelebt hatten, nach Kambodscha zurückkehren konnten. Doch vollständig wurde der Friedensprozeß nur von den Monarchisten der FUNCINPEC und den Republikanern der KPLNF getragen. Denn beide militärisch vergleichsweise schwache Parteien konnten hoffen, durch Wahlen eine politische Stärkung zu erfahren. Sowohl die Sozialisten als auch die Roten Khmer unterstützten den Friedensprozeß hingegen nur halbherzig. Die Stärke der Sozialisten beruhte darauf, als bisherige Regierungspartei die Verwaltung zu kontrollieren. Dementsprechend versuchten sie, die Kontrolle der Verwaltung durch die UNTAC zu unterlaufen und hofften statt dessen, daß die UNTAC durch die Entwaffnung zur Schwächung der Roten Khmer beitragen würde. Da aber die Stärke der Roten Khmer gerade auf ihren Waffen beruhte, versuchten sie sich der Entwaffnung durch die UNTAC zu entziehen. Sie setzten vielmehr darauf, daß UNTAC durch die Kontrolle der Verwaltung zur Schwächung der Sozialisten beitragen würde. Beide wünschten nur einen »halbierten Friedensprozeß«, bei dem sich die jeweiligen Positionen wechselseitig ausschlossen (Doyle 1999: 194-196).

Es gelang UNTAC nicht, seine militärische Aufgabe der Entwaffnung gegen die Roten Khmer und seine zivile Aufgabe der Verwaltungskontrolle gegen die Sozialisten durchzusetzen. Die mangelnde Verwaltungskontrolle durch die UNTAC nutzten die Roten Khmer als Begründung, sich der Entwaffnung durch die UNTAC zu entziehen. Und umgekehrt: Die mangelnde Entwaffnung der Roten Khmer lieferte den Sozialisten die Begründung, ihrerseits die Verwaltung weiterhin kontrollieren zu müssen (Berdal/Leifer 1996: 40-45). Die demokratischen Wahlen, welche den Kern des Friedensprozesses ausmachten, waren somit stark gefährdet. Trotzdem gelang es, die Wahlen einigermaßen fair durchzuführen. Dazu beigetragen hat unter anderem, daß UNTAC einen unabhängigen Radiosender betrieb, der Wahlprogramme sendete und neutral über die Wahlen informierte. Darüber hinaus bildete UNTAC 4000 Kambodschaner für die Wahlregistrierung und weitere 50 000 Kambodschaner als Wahlhelfer aus. Diese sollten nicht nur für einen ordnungsgemäßen Wahlgang sorgen, sondern die Wähler zudem frühzeitig über die Wahlen aufklären. Dabei gelang es, glaubhaft zu machen, daß die Wahlen absolut geheim stattfinden würden. Die Konfliktparteien waren daher kaum in der Lage, die Wähler tatsächlich wirksam einzuschüchtern, um sie bei der Wahl nennenswert zu beeinflussen.

Dank UNTAC konnten somit vom 23. bis zum 27.05.1993 ordentliche Wahlen ausgetragen werden. Die Wahlbeteiligung betrug landesweit fast 90 Prozent. Selbst in den von den Roten Khmer beherrschten Gebieten nahmen 80 Prozent der Wähler teil (Berdal/Leifer 1996: 54-57, Liese 1996: 87). Daß nicht die mächtigen Sozialisten, sondern die Monarchisten die Wahl gewannen (die Roten Khmer hatten die Wahlen boykottiert), spricht für einen zumindest einigermaßen fairen Verlauf. Die Monarchisten der FUNCINPEC erhielten mit 58 die meisten der 120 Sitze. Die Sozialisten der CPP folgten mit 51 Sitzen, während die Republikaner der BLDP (vormals KPLNF) 10 Sitze und die Moulinka (Abspaltung der FUNCINPEC) einen Sitz in der verfassunggebenden Versammlung erhielten (Berdal/Leifer 1996: 55). Die Versammlung verabschiedete am 21.09.1992 die neue Verfassung, dergemäß Kambodscha eine konstitutionelle Monarchie unter König Sihanouk werden sollte. Darüber hinaus gelang es der Versammlung, eine Regierung zu bilden, die von den Monarchisten der FUNCINPEC unter Prinz Ranariddh und den Sozialisten unter Hun Sen gemeinsam geführt wurde. Deren Regierungsgewalt erstreckte sich allerdings nur auf die Gebiete, die vormals von den Sozialisten, den Monarchisten und den Republikanern kontrolliert wurden. Über die von den Roten Khmer kontrollierten Gebiete konnte sie zunächst nicht verfügen.

Als sich die UNTAC am 26.09.1993 aus Kambodscha zurückzog, hatte sie noch keinen stabilen Frieden erreicht. Das zeigte sich schon 1994, als die Roten Khmer eine Gegenregierung bildeten, die von der gewählten Regierung militärisch bekämpft wurde (Berdal/Leifer 1996: 55). Die Roten Khmer brachen zwar 1996 auseinander, so daß die Regierung aus Monarchisten und Sozialisten auch in deren Gebieten zunehmend die Regierungsgewalt übernehmen konnten, doch mittlerweile brodelte es innerhalb der Regierungskoalition. Die Sozialisten vertrieben 1997 mit einem Putsch die Monarchisten aus der Regierung und zogen die

Regierungsgewalt wieder ganz an sich. Dies war insbesondere deshalb möglich geworden, weil die Entwaffnung durch die UNTAC gescheitert war, so daß die Truppen weiterhin nicht der gemeinsamen Regierung, sondern getrennt den Sozialisten und Monarchisten unterstanden. Da die Sozialisten auf diesem Gebiet den Monarchisten klar überlegen waren, konnte der Putsch kaum verhindert werden. Dank weltweiter Proteste wurden die Monarchisten 1998 zwar wieder in die Regierung aufgenommen. Doch bei den folgenden Wahlen nahmen die Spannungen in der Regierungskoalition wieder zu: Die Monarchisten der FUNCINPEC bezichtigten die Sozialisten der CPP des Wahlbetrugs. Trotz des zweifelhaften Wahlsiegs der Sozialisten gelang es allerdings, erneut eine Regierungskoalition mit den Monarchisten zu schmieden, die Kambodscha weiterhin regiert (Doyle 1999: 182). UNTAC konnte Kambodscha zwar vorübergehend vom Krieg befreien, ein stabiler Friede läßt jedoch weiter auf sich warten.

Das Beispiel macht deutlich, wie sehr auch das *Peacekeeping* der zweiten Generation dem Konsensprinzip verpflichtet bleibt. Gleichzeitig zeigt sich, wie tief es in innerstaatliche Gewaltverhältnisse eingreift. UNTAC hat demnach das für die nationale Konstellation typische zwischenstaatliche Regieren hinter sich gelassen. UNTAC demonstrierte jedoch zugleich, daß das Instrument des *Peacekeeping*, das nach wie vor auf dem Konsensprinzip beruht, nur bedingt geeignet ist, um in Bürgerkriegssituationen dauerhaften Frieden zu schaffen.

## 8.3 Die Überwindung des Konsensprinzips: der Golfkrieg

Das *Peaceenforcement* der UNO, das seit den frühen 90er Jahren zu beobachten ist, verkörpert einen Trend zum suprastaatlichen Regieren, da es mit dem Konsensprinzip bricht. Das *Peaceenforcement* beruht ja gerade darauf, daß der Sicherheitsrat *gegen* die an Gewalthandlungen beteiligten Staaten vorgehen kann (Rittberger/Zangl 2003: 192-199, Roberts 1996, Miller 1999). Der Sicherheitsrat darf nach Art. 39 der Charta feststellen, ob »eine Bedrohung oder ein Bruch des Friedens« – mithin eine unerlaubte Gewalthandlung – vorliegt. Und der Sicherheitsrat kann dann gestützt auf die Charta nach Art. 41 nicht-militärische oder nach

Art. 42 militärische Sanktionen gegen den Aggressor beschließen. Dazu müssen im Sicherheitsrat lediglich neun der insgesamt 15 Sicherheitsratsmitglieder zustimmen, wobei freilich keines der fünf ständigen Sicherheitsratsmitglieder dagegen gestimmt haben darf. Doch die ständigen Sicherheitsratsmitglieder, die den Sicherheitsrat zwischen 1945 und 1990 durch ihr Vetorecht weitgehend lahmgelegt hatten, zeigten sich nun zunehmend bereit, darauf zu verzichten: Zwischen 1990 und 1994 kam es im Sicherheitsrat nur viermal zu einem Veto (Roberts 1996: 316).

Damit wurde erstmals ein vom Sicherheitsrat getragenes *Peaceenforcement* möglich.[3] Das einfache *Peaceenforcement* der UNO verkörpert dabei allerdings noch kein supranationales Regieren. Es bezieht sich zunächst ausschließlich auf klassische Kriegshandlungen zwischen Staaten und reagiert nicht auf die Transnationalisierung der Problemlagen. Denn beim von der UNO gestützten *Peaceenforcement*, das nach dem Ost-West-Konflikt letztlich mit dem Golfkrieg »wiederentdeckt« wurde, geht es nur darum, das in Artikel 2 Absatz 4 der UN-Charta beschriebene Gewaltverbot zwischen Staaten durchzusetzen. Dieses allgemeine Gewaltverbot bezieht sich jedoch nicht auf Gewaltverhältnisse innerhalb von Staaten.

Der Zweite Golfkrieg war am 2. August 1990 durch den Überfall des Irak auf Kuwait mit anschließender Annexion ausgelöst worden. Der Irak, der etwa 90 Prozent seines Staatshaushaltes aus Ölexporten bestritt, war in den späten 80er Jahren u. a. aufgrund sinkender Ölpreise in wirtschaftliche Schwierigkeiten geraten. Um seine Diktatur weiter finanziell sichern zu können, verlangte Saddam Hussein deshalb bei einem Gipfeltreffen der Arabischen Liga am 28. Mai 1990 in Bagdad, daß die arabischen Staaten gemeinsam mit dem Irak die Ölpreise anheben müßten. Neben Saudi-Arabien und den Vereinigten Arabischen Emiraten widersetzte sich insbesondere auch Kuwait der geforderten Ölpreissteigerung. Saddam Hussein drohte deshalb, einen alten Grenzkonflikt zwischen Irak und Kuwait wieder zu beleben. Kuwait wurde vom Irak beschuldigt, aus dessen Ölfeld Rumiala Öl geför-

3 Zu einer militärischen *Peaceenforcement*-Operation war es zwar bereits einmal 1950 während des Korea-Kriegs gekommen. Doch diese war nur ausnahmsweise möglich geworden, weil die UdSSR dem Sicherheitsrat ferngeblieben war, um die Anerkennung der VR China durch die UNO durchzusetzen.

dert zu haben. Kuwait hingegen weigerte sich zuletzt am 31. Juli 1990, dem Irak und seinen etwas abstrusen Forderungen entgegenzukommen, so daß sich der Irak zum Überfall auf Kuwait entschloß (Schimmelfennig/Schmidt 1991: 82-86).

Der Sicherheitsrat trat unverzüglich zusammen, um den Überfall in Resolution 660 noch am 2. August 1990 gemäß Artikel 39 UN-Charta (SVN) als »breach of international peace and security« zu verurteilen und nach Artikel 40 SVN den bedingungslosen Rückzug des Irak aus Kuwait zu verlangen. Der Irak folgte dieser Resolution jedoch nicht. Daraufhin verhängte der Sicherheitsrat auf Betreiben der fünf ständigen Sicherheitsratsmitglieder zunächst mit Resolution 661 vom 6.08.1990 Wirtschaftssanktionen, die durch seine Resolution 666 vom 13.09.1990 verschärft wurden. Darüber hinaus gestattete der Sicherheitsrat, die Wirtschaftssanktionen gegebenenfalls auch mit Gewalt durchzusetzen. Konkret erlaubte er in seiner Resolution 665 vom 25.08.1990 Schiffe, die Häfen im Irak anlaufen wollten bzw. aus Häfen im Irak ausgelaufen waren, zu kontrollieren. Sollten sich die Schiffe dem entziehen, so dürfte der Schiffsverkehr mit dem Irak gegebenenfalls auch mit Gewalt unterbrochen werden. Dazu wurde das Schiffsverkehrsembargo mit Resolution 670 vom 25.09.1990 durch ein Luftverkehrsembargo ergänzt, so daß aus den ursprünglichen Wirtschaftssanktionen eine tiefgreifende Wirtschaftsblockade geworden war.

Der Sicherheitsrat konnte deshalb so außergewöhnlich rasch reagieren, weil die fünf ständigen Sicherheitsratsmitglieder an einem Strang zogen. Bei all den Entscheidungen des Sicherheitsrates handelten die ständigen Sicherheitsratsmitglieder die Resolutionsentwürfe vorab gemeinsam aus, um sie dem Sicherheitsrat nur dann vorzulegen, wenn sie sich über die entsprechenden Resolutionen weitgehend einig geworden waren (Risse-Kappen 1997: 275, Taylor 1994: 213-214). Dazu kam, daß zum einen die USA mit George Bush, dem ehemaligen US-Botschafter bei der UNO, einen gegenüber dem Sicherheitsrat vergleichsweise positiv eingestellten Präsidenten hatten, der bereit war, die UNO sogar zum Kern einer »Neuen Weltordnung« zu erklären. Zum anderen leitete in der UdSSR mit Michael Gorbatschow ein Politiker die Geschicke, in dessen »Neuem Denken« der UNO eine besondere Bedeutung zukam (Taylor 1994: 212, Risse-Kappen 1997: 276). Darüber hinaus gab es jedoch bei allen fünf ständigen

Sicherheitsratsmitgliedern auch handfeste Interessen, im Sicherheitsrat Beschlüsse gegen den Irak zu erreichen. Während die USA, Großbritannien und Frankreich insbesondere aufgrund ihres Interesses an einer gesicherten Ölversorgung die Annexion Kuwaits durch den Irak nicht dulden wollten, hatten die UdSSR und China ein Interesse, vermehrt Wirtschaftshilfe zu bekommen und die Beziehungen mit den Westmächten zu verbessern (Nirumand 1991).

Trotz der Drohgebärden und Resolutionen des Sicherheitsrates erwies sich die irakische Regierung als kompromißlos. Angesichts der Unnachgiebigkeit Saddam Husseins diskutierten die fünf ständigen Sicherheitsratsmitglieder im nächsten Schritt darüber, ob der bislang erfolglosen Wirtschaftsblockade eine militärische Befreiung folgen sollte. Die USA, die bereits am 7. August 1990 Truppen nach Saudi-Arabien entsandten, um den Irak vor einer weiteren Aggression abzuschrecken, waren bereit, den Irak mit Gewalt aus Kuwait zu vertreiben. Dementsprechend kündigten sie am 8. November 1990 an, weitere Truppenkontingente nach Saudi-Arabien zu verlegen. Auch Großbritannien, das während der gesamten Golfkrise mit den USA eng kooperierte, sowie Frankreich, das zumeist zwischen den USA und Großbritannien einerseits sowie der UdSSR und China andererseits vermittelte, wollten, daß Kuwait gegebenenfalls mit Gewalt befreit wird. Dagegen zeigten sich sowohl die UdSSR als auch China zunächst gegenüber einer etwaigen Gewaltanwendung zurückhaltend. Beide bevorzugten, die Wirtschaftsblockade länger wirken zu lassen. Doch je länger die Wirtschaftsblockade wirkungslos blieb, desto weniger konnten sich auch die UdSSR und China der Gewaltoption verschließen (Taylor 1994: 212-214).

Die fünf ständigen Sicherheitsratsmitglieder mußten sich allerdings zunächst einig werden, wie der Sicherheitsrat die Gewaltanwendung gegenüber dem Irak in einer neuerlichen Resolution autorisieren sollte. Großbritanniens Premierministerin Margaret Thatcher hielt eine solche autorisierende Resolution des Sicherheitsrats für überflüssig, da die Gewaltanwendung gegen den Irak auch mit dem durch den Sicherheitsrat in Resolution 661 bestätigten Recht auf individuelle und kollektive Selbstverteidigung nach Artikel 51 der Charta gerechtfertigt werden könne. Durch eine weitere Resolution des Sicherheitsrates werde möglicherweise – so das Kalkül Thatchers – die für eine wirksame Gewaltoperation notwendige Handlungsfreiheit beschränkt (Taylor 1994: 223). Demgegenüber präferierte der amerikanische Präsident George W. Bush eine zusätzliche Resolution, in der der Sicherheitsrat die gewaltsame Befreiung Kuwaits autorisiert. Dadurch hoffte Bush, im Falle einer Gewaltanwendung gegen den Irak die Zustimmung des US-Kongreß zu erreichen und den Zusammenhalt der Staatenkoalition, der u. a. auch arabische Staaten angehörten, zu sichern (Risse-Kappen 1997: 275-276, Freedman/Karsh 1994: 228-229). Dagegen forderte die UdSSR, daß der Sicherheitsrat eine etwaige militärische Befreiung Kuwaits nicht nur in einer Resolution autorisiert, sondern daß er diese der Charta gemäß nach Artikel 47 durch seinen Generalstabsausschuß auch selbst führt. Dadurch hoffte Gorbatschow den Kritikern in der UdSSR begegnen zu können, die ihm vorwarfen, den USA zu weit entgegenzukommen (Taylor 1994: 216-218).

Dem Vorschlag der UdSSR wollten jedoch die USA genauso wenig wie Großbritannien und Frankreich zustimmen. Der dem Sicherheitsrat unterstehende Generalstabsausschuß könne die für eine militärische Befreiung Kuwaits notwendigen Befehlsstrukturen nicht garantieren. Die USA wollten deshalb die Befehlsstrukturen der NATO nutzen. Da Gorbatschow aufgrund massiver innenpolitischer Kritik kaum riskieren konnte, daß die USA doch auf das Selbstverteidigungsrecht nach Artikel 51 der Charta rekurrierten, um Kuwait zu befreien, blieb die UdSSR kompromißbereit und verzichtete darauf, den Sicherheitsrat einfach zu blockieren. So stimmten letztlich beide Supermächte zu, als Großbritannien vorschlug, daß der Sicherheitsrat die Gewaltanwendung zur Befreiung Kuwaits gegen den Irak nicht explizit, sondern eher implizit autorisiert. Die entsprechende Resolution sollte die Gewaltanwendung nicht direkt legitimieren, sondern der Gewaltanwendung lediglich indirekt zustimmen, in dem sie erlaubt, alle zur Befreiung Kuwaits erforderlichen Mittel einzusetzen (Taylor 1994: 218).

Nachdem auch noch Einvernehmen über den Zeitpunkt der vorgesehenen militärischen Befreiung Kuwaits erzielt werden konnte (Freedman/Karsh 1994), autorisierte der Sicherheitsrat am 29. November 1990 bei 12 Ja-Stimmen, einer Enthaltung und zwei Nein-Stimmen durch seine Resolution 678 die militärische Befreiung Kuwaits:

»Der Sicherheitsrat (...) ermächtigt die Mitgliedstaaten, die mit der Regierung Kuwaits kooperieren, für den Fall, daß der Irak die oben genannten Resolutionen bis zum 15. Januar 1991 nicht (...) vollständig durchführt, alle erforderlichen Mittel einzusetzen, um der Resolution 660 (1990) und allen dazu später verabschiedeten Resolutionen Geltung zu verschaffen (...)«

Da auch ein letzter Versuch von UN-Generalsekretär Perez de Cuellar scheiterte, Saddam Hussein durch seinen Besuch am 13.01.1991 in Bagdad zum Rückzug aus Kuwait zu bewegen, begannen am 17.01.1991 die Angriffe gegen den Irak. Die von den USA angeführte, 30 Staaten umfassende Koalition beschränkte sich zunächst darauf, den Irak durch massive Luftangriffe zu schwächen, um den nachfolgenden Bodenkrieg bei möglichst geringem Risiko rasch für sich entscheiden zu können. So startete erst nach sechswöchigem Luftkrieg am 24.02.1991 die entscheidende Bodenoffensive. Der Luftkrieg war für den Irak so verheerend, daß die Bodentruppen kaum mehr auf nennenswerten Widerstand stießen, so daß Kuwait bereits am 29.02.1991 befreit werden konnte (Freedman/Karsh 1994).

Der Sicherheitsrat, der bei der militärischen Befreiungsoperation selbst unbedeutend blieb, kam erst jetzt wieder ins Spiel. Die ständigen Sicherheitsratsmitglieder hatten sich bereits während der Befreiungsoperation über die Waffenstillstandsbedingungen verständigt, die der Irak nach dem Golfkrieg zu erfüllen haben würde. Dementsprechend konnte der Sicherheitsrat bereits am 2.03.1991 in Resolution 686 zunächst die vorläufigen und am 3.04.1991 in Resolution 687 bereits die endgültigen Waffenstillstandsbedingungen festlegen (Taylor 1994: 228-235, Johnstone 1994). Der Irak, der diese unverzüglich akzeptiert hatte, wurde nicht nur verpflichtet, die Grenze zu Kuwait anzuerkennen, sondern ihm wurde darüber hinaus auferlegt, künftig auf Massenvernichtungswaffen aller Art zu verzichten.[4]

4 Um dies durchzusetzen, beauftragte der Sicherheitsrat sogenannte Inspektionsteams (UNSCOM), die Produktions-, Forschungs- und Lagerstätten von Massenvernichtungswaffen im Irak zu erfassen und zu zerstören. Der Irak legte jedoch seine Massenvernichtungswaffenprogramme nicht freiwillig offen. Vielmehr wurden die Inspektionsteams nahezu fortwährend behindert. Deshalb hat der Sicherheitsrat den Irak in mehreren Resolution insbesondere zwischen 1996 und 1998 nicht nur wiederholt verurteilt, sondern insbesondere auch die zu Beginn des Golfkrieges verhängten Handelssanktionen weitgehend bekräftigt. Da der Irak bis heute seine Massenvernich-

Insgesamt weist das *Peaceenforcement* im Golfkrieg auf eine Entwicklung hin, derzufolge die UNO Resolutionen beschließen kann, mit denen ohne den Konsens aller Konfliktparteien in zwischenstaatliche Gewaltverhältnisse eingegriffen werden kann.

## 8.4 Regieren in der postnationalen Konstellation: Somalia, Haiti, Bosnien, Afghanistan

Die Sicherheitspolitik der UNO hat sich im Laufe der 90er Jahre noch weiter entwickelt (Doyle 2001, Crocker 2001). Es entstand ein *Peaceenforcement*, das durch die UNO getragene Interventionen in ehemals innerstaatliche Angelegenheiten zuläßt und einen Trend zu supranationalem Regieren andeutet. Im Ergebnis ist ein »neuer Interventionismus« entstanden (Mayall 1996, Debiel/Nuscheler 1996), der die nationale Konstellation transzendiert.

Das erweiterte *Peaceenforcement* der UNO verkörpert supranationales Regieren, weil es das Konsensprinzip verläßt und sich gleichzeitig auf transnationale Sicherheitsprobleme erstreckt. Damit geht es deutlich über den von der UN-Charta ursprünglich gesteckten Rahmen hinaus:

> »Aus dieser Charta kann eine Befugnis der Vereinten Nationen zum Eingreifen in Angelegenheiten, die ihrem Wesen nach zur inneren Zuständigkeit eines Staates gehören, (...) nicht abgeleitet werden; die Anwendung von Zwangsmaßnahmen nach Kapitel VII wird durch diesen Grundsatz nicht berührt« (Art. 2, Abs. 7 SVN).

Trotz dieses Interventionsverbots bleibt dem Sicherheitsrat allerdings für ein *Peaceenforcement* in Bürgerkriegssituationen ein Einfallstor. Die Interpretation dessen, was nach Kapitel VII der Charta eine Friedensbedrohung darstellt, bleibt nämlich dem Sicherheitsrat selbst überlassen. Stellt er eine Friedensbedrohung

tungswaffenprogramme nicht vollständig beseitigt hat, hat der Sicherheitsrat diese Handelssanktionen bis heute nicht zurückgenommen. Darüber hinaus hat er eine neue Inspektionskommission (UNMOVIC) eingesetzt, die die verbliebenen Massenvernichtungswaffenprogramme ausfindig machen soll. Allerdings verwehrte der Irak dieser Inspektionskommission bislang die Einreise. Erst vor dem Hintergrund einer vehementen Kriegsandrohung und einer neuerlichen Intervention konnten die Waffeninspektoren Ende 2002 ihre Tätigkeit wieder aufnehmen.

fest, so kann er Interventionsmaßnahmen beschließen – und zwar unabhängig davon, wodurch die Friedensbedrohung hervorgerufen wird. Dementsprechend kann der Sicherheitsrat *Peace-enforcement* auch aufgrund der Gewalt in Bürgerkriegsgesellschaften oder durch Terrororganisationen beschließen (Mills 1998: 131, Abiew 1999: 99, 230, Semb 2000: 471).

Bis in die 90er Jahre hat der Sicherheitsrat allerdings kaum in Betracht gezogen, sich in dieser Weise über das Interventionsverbot hinwegzusetzen. Nur ausnahmsweise konstatierte er aufgrund der Rassendiskriminierungspolitik in Rhodesien und in Südafrika in Resolution 232 von 1966 sowie in Resolution 418 von 1976 eine Friedensbedrohung (Damrosch 1993: 100-101; Semb 2000: 475). In Bürgerkriegen wurde das Interventionsverbot hingegen lange Zeit als bindend angesehen. Erst seit den 90er Jahren hat der Sicherheitsrat Bürgerkriege wiederholt als Friedensbedrohung eingestuft, um Interventionsmaßnahmen beschließen zu können (Lailach 1998). So hat er beispielsweise die Bürgerkriegssituationen 1991 im Irak (Resolution 688), 1992 in Somalia (Resolution 794), 1992 in Bosnien (Resolution 770), 1994 in Ruanda (Resolution 929) und 1994 in Haiti (Resolution 940) als Friedensbedrohungen bewertet. Der Sicherheitsrat hat sich somit das Recht angeeignet, bei Bürgerkriegen Interventionsmaßnahmen zu beschließen (Pape 1997, Lailach 1998, Abiew 1999):

»Die Abwesenheit von Krieg und militärischen Konflikten zwischen den Staaten garantiert für sich allein noch nicht den Weltfrieden und die internationale Sicherheit. Die nichtmilitärischen Ursachen von Instabilität im wirtschaftlichen, sozialen, humanitären und ökologischen Bereich sind zu Bedrohungen des Friedens und der Sicherheit geworden« (UN-Dok S/23500).

Die Interpretation von bestimmten Bürgerkriegssituationen als Friedensbedrohung entwickelte sich im Sicherheitsrat freilich nur schrittweise. Erstmals traf der Sicherheitsrat eine solche Feststellung in bezug auf den unmittelbar nach dem Golfkrieg an den Kurden im Irak verübten Völkermord (Weiss 1999: 43-68). Die damit verbundene humanitäre Katastrophe wird jedoch nur indirekt als Friedensbedrohung angeführt (Pape 1997: 163-182). Da eine direkte Nennung des Problems am Widerstand von China und Rußland gescheitert wären, verwies der Sicherheitsrat darauf, daß die mit dem Bürgerkrieg verbundene humanitäre Katastrophe zu einer massiven Fluchtbewegung von Kurden an die Grenzen zur Türkei und zum Iran geführt habe, die ihrerseits den internationalen Frieden gefährde (Semb 2000: 473; Lailach 1998: 72-76). Dadurch konnte eine Friedensbedrohung festgestellt werden, ohne einen Präzedenzfall zu schaffen, demgemäß Bürgerkriegssituationen, die sich in humanitäre Katastrophen übersetzen, grundsätzlich als Friedensbedrohungen zu werten sind (Abiew 1999: 145-158):

»Der Sicherheitsrat (...) verurteilt die in vielen Teilen Iraks, insbesondere auch in allerjüngster Zeit in den kurdischen Siedlungsgebieten, stattfindende Unterdrückung der irakischen Zivilbevölkerung, deren Folgen den Weltfrieden und die internationale Sicherheit in der Region bedrohen« (Resolution 688, 05.04.1991).

Der Sicherheitsrat scheute sich allerdings, militärische Gewaltmaßnahmen ausdrücklich zu genehmigen (Abiew 1999: 145-158). Der Sicherheitsrat mußte sich damit begnügen, die Intervention so verklausuliert zu befürworten, daß sich einerseits die USA, Großbritannien und Frankreich darauf berufen konnten, um im Irak militärisch eingreifen zu können, andererseits sich aber Rußland und China nicht gezwungen sahen, dies zu blockieren (Damrosch 1993: 104, Semb 2000: 473). Indem der Sicherheitsrat die Mitgliedstaaten lediglich dazu aufrief, die humanitären Hilfsoperationen zu unterstützen, gab er den USA, Großbritannien und Frankreich die Möglichkeit, ihre nachfolgende Intervention zugunsten der Kurden im Irak zu legitimieren, und bot zugleich Rußland und China die Möglichkeit, diese Intervention zu dulden, ohne sie befürworten zu müssen (vgl. Weiss 1999: 43-68, Pape 1997: 163-182). Ausdrücklich autorisiert hat der Sicherheitsrat die Intervention damit freilich nicht:

»Der Sicherheitsrat (...) appelliert an alle Mitgliedstaaten und alle humanitären Organisationen, zu diesen humanitären Soforthilfebemühungen beizutragen« (Resolution 688, 05.04.1991).

Entgegen der ursprünglichen russischen und chinesischen Absicht entwickelte sich diese Resolution gleichwohl zum Präzedenzfall für die nachfolgenden Interventionen in Somalia, Ruanda, Bosnien und Haiti. Der Sicherheitsrat zeigte sich *zum einen* zunehmend bereit, durch Bürgerkriege ausgelöste humanitäre Katastrophen unmittelbar als Friedensbedrohung zu bewerten, anstatt sie wie noch im Falle des Irak aufgrund der grenzüberschreitenden Flüchtlingsströme nur mittelbar als Friedensbedrohung zu qualifizieren (Pape 1997, Greenwood 1998, Abiew 1999).

Nach dem Präzedenzfall der Intervention zugunsten der Kurden im Irak war der Sicherheitsrat *zum anderen* zunehmend bereit, bei humanitären Katastrophen Gewaltmaßnahmen ausdrücklich zu autorisieren, anstatt sie wie im Falle der Kurden als humanitäre Hilfsaktion nur verklausuliert zu unterstützen (Pape 1997, Greenwood 1998, Abiew 1999). Dabei bediente er sich der mittlerweile als eindeutig geltenden, durch den Golfkrieg geschaffenen Interventionsformel, wonach die Mitgliedstaaten ermächtigt werden »alle erforderlichen Mittel« einzusetzen, um die jeweils durch Bürgerkriegssituationen ausgelösten humanitären Katastrophen zu beenden.

Das vom Sicherheitsrat gestützte *Peaceenforcement* bedient sich dabei verschiedener – militärischer und nicht-militärischer – Interventionsmaßnahmen, um in Bürgerkriegsgesellschaften einzugreifen. Grob lassen sich folgende Interventionsmaßnahmen unterscheiden (Posen 1997):

1. *Embargomaßnahmen*: Ein Waffenembargo, ein Erdölembargo, ein Luftverkehrsembargo oder ein Handelsembargo, die gegebenenfalls mit Gewalt durchgesetzt werden können, werden zumeist als erste Maßnahmen beschlossen, bevor schärfere Formen der Intervention folgen. Der Sicherheitsrat hat deshalb in bezug auf Somalia, Ruanda, Haiti, Bosnien und Kosovo zunächst Embargomaßnahmen verfügt, die zumindest teilweise mit Gewalt durchgesetzt werden sollten (Cortright/Lopez 2000, Jonge Oudraat 2001).

2. *Hilfslieferungen*: Hilfslieferungen zielen darauf ab, trotz eines kriegerischen Konflikts die Versorgung der Zivilbevölkerung sicherzustellen. Die Hilfslieferungen müssen dann mit Gewalt geschützt werden, wenn sie ohne solchen Schutz von den Konfliktparteien vor Ort geplündert werden würden. Deshalb hatte der Sicherheitsrat beispielsweise die in Bosnien stationierte Truppe der UNPROFOR beauftragt, die Hilfslieferungen zu verteidigen (Abiew 1999: 175-189).

3. *Strafgerichtshöfe*: Durch internationale Strafgerichtshöfe soll erreicht werden, daß die für Kriegsverbrechen Verantwortlichen zur Rechenschaft gezogen werden können. Dementsprechend müssen die Entscheidungsträger aller Konfliktparteien

sich darauf einstellen, daß sie im Falle von massiven Kriegsverbrechen nicht ungeschoren davonkommen werden (Huhle 1996, Tomuschat 1996).

4. *Flugverbotszonen*: Durch Flugverbotszonen soll die vielfach besonders grausame Gewaltanwendung aus der Luft beschränkt werden. Dementsprechend hat der Sicherheitsrat beispielsweise auch über Bosnien-Herzegowina ein – wenn auch nur wenig wirksames – Flugverbot verhängt, das von der NATO durchgesetzt werden sollte (Calic 1996).

5. *Sicherheitszonen*: Sicherheitszonen werden gebildet, um die Zivilbevölkerung vor Gewalthandlungen durch die jeweiligen Konfliktparteien zu schützen. Dabei sind Sicherheitszonen gegebenenfalls mit Gewalt gegen die Konfliktparteien zu verteidigen. Derartige Sicherheitszonen haben sich beispielsweise im Irak und in Ruanda als erfolgreich erwiesen, um die bedrohten Kurden bzw. Tutsi etwas zu schützen (Weiss 1999). Dagegen ist es in Bosnien nicht gelungen, die Muslime durch Sicherheitszonen auch nur annäherungsweise wirksam zu schützen (Calic 1996, Economides/Taylor 1996).

6. *Luftschläge*: Durch Luftschläge wird zumeist versucht, die Konfliktpartei, die für die schlimmsten Gewalthandlungen verantwortlich ist, zu strafen und gegenüber den anderen Konfliktparteien zu schwächen. Der Sicherheitsrat hat beispielsweise in Bosnien Luftschläge der NATO gegen serbische Truppenstellungen erlaubt (Calic 1996, Pape 1997). Dadurch gerieten die serbischen gegenüber den kroatischen und bosnischen Truppen in die Defensive, so daß sie sich schließlich in Dayton bereit erklären mußten, einem Friedensabkommen zuzustimmen (Holbrooke 1998).

7. *Übergangsverwaltung*: Eine Übergangsverwaltung wird zumeist dann eingesetzt, wenn nach einem Bürgerkrieg der betreffende Staat bzw. bestimmte Staatsgebiete erst wieder aufgebaut werden müssen. Dazu werden in dem betreffenden Staat zumeist internationale Truppenverbände stationiert, die der Übergangsverwaltung helfen sollen, ein Friedensabkommen gegebenenfalls auch mit Gewalt gegenüber den Konfliktparteien durchzusetzen. So ist die Übergangsverwaltung der UNO in Kosovo (UNMIC) auf die in der KFOR zusammengeschlossenen Truppen (der NATO) angewiesen. Die UN-Übergangsverwaltung in Ost-Timor (UNTAET) konnte sich hingegen nur vorübergehend auf

von Australien angeführte Truppen (INTERFET) stützen (Doyle 2001).

8. *Stationierung*: Bei der Stationierung von Truppen in einem fremden Staat geht es zumeist darum, einen Bürgerkrieg dauerhaft zu beenden. Truppen werden hier eingesetzt, um ein mit den Konfliktparteien vereinbartes Friedensabkommen abzusichern. Die Truppenpräsenz soll die Konfliktparteien davon abhalten, gegen das Friedensabkommen zu verstoßen. Die Truppen sind deshalb autorisiert, das Friedensabkommen gegebenenfalls auch gewaltsam durchzusetzen. Die jeweiligen Truppen können dabei entweder wie im Kosovo eine von der UN selbst geführte Übergangsverwaltung oder aber wie in Afghanistan die aus dem Friedensabkommen hervorgehende lokale Übergangsregierung unterstützen (Crocker 2001, Betts 2001).

9. *Invasionen*: Bei einer Invasion werden Truppen mit Gewalt in einen Staat verbracht, um dort beispielsweise einen Konflikt gewaltsam zu beenden. Derartige Invasionen hat der Sicherheitsrat beispielsweise in Somalia und Haiti genehmigt (Laitin 1999, Abiew 1999). Da sich hier die jeweiligen Konfliktparteien jedoch der Invasion der von den USA angeführten Truppen nicht entgegenzustellen versuchten, konnte sowohl in Somalia als auch in Haiti eine besonders gewaltträchtige Konfrontation verhindert werden (Weiss 1999).

Indem der Sicherheitsrat diese verschiedenen militärischen und nicht-militärischen Maßnahmen zur Intervention in Bürgerkriegsgesellschaften beschloß, hat er ein neues *Peaceenforcement* geschaffen.

Das entsprechende Maßnahmenbündel wird nun vermehrt auch im Falle des transnationalen Terrorismus eingesetzt. Der Sicherheitsrat hat bereits in den 90er Jahren begonnen, auch mit Blick auf den transnationalen Terrorismus *Peaceenforcement* zu betreiben. Er definierte Terroranschläge als Friedensbedrohung und autorisierte verschiedene Interventionsmaßnahmen. Damit hat der Sicherheitsrat das Einfallstor in das Interventionsverbot der Charta sukzessive immer weiter aufgestoßen (Stuby 2001). Erstmals hat der Sicherheitsrat den transnationalen Terrorismus am 31. März 1992 in Resolution 748 unmißverständlich als Friedensbedrohung interpretiert. Konkret verurteilte er Libyen, das sich weigerte, die offenbar für den Terroranschlag auf den Pan-Am-Flug 103 über Lockerbie verantwortlichen Terroristen auszuliefern. Da Libyen verdächtigt worden war, diesen Terroranschlag zumindest unterstützt zu haben, beschloß der Sicherheitsrat darüber hinaus mit einem Luftverkehrs- und Waffenembargo bereits damals erste – allerdings noch vergleichsweise »weiche« – Interventionsmaßnahmen. Sie sollten Libyen zwingen, seine Unterstützung des transnationalen Terrorismus aufzugeben (Cortright/Lopez 2000: 107-121, 2002: 116-120, Heintze 2000: 219). Ebenso reagierte der Sicherheitsrat nach dem Terroranschlag auf den ägyptischen Präsidenten Mubarak. Da sich der Sudan weigerte, die dafür verantwortlichen Terroristen auszuliefern, wertete er in Resolution 1054 vom 26. April 1996 den Anschlag als Friedensbedrohung. Und um den Sudan zu zwingen, seine Unterstützung für den transnationalen Terrorismus aufzugeben, beschloß er, daß alle Staaten ihre diplomatischen Kontakte mit dem Sudan drastisch reduzieren müssen (Cortright/Lopez 2000: 121-126, 2002: 116-120, Stuby 2001: 1339).

Ähnlich ist der Sicherheitsrat mit dem Talibanregime in Afghanistan verfahren. Nach den Bombenanschlägen auf die US-Botschaften 1998 im tansanischen Daressalam und im kenianischen Nairobi forderte er das Talibanregime auf, Osama bin Laden, dessen Terrornetz Al-Qua'ida dafür verantwortlich gemacht wurde, auszuliefern. Daß sich die Taliban weigerten, diesem Auslieferungsbegehren nachzukommen, wertete der Sicherheitsrat 1999 schließlich in Resolution 1267 als eine Friedensbedrohung. Nachdem sich die Taliban trotzdem nicht zu einer Auslieferung bin Ladens bereit fanden, verhängte der Sicherheitsrat 2000 in Resolution 1333 ein umfassendes Luftverkehrs- und Waffenembargo (Cortright/Lopez 2000: 127-130, 2002:120-121). Noch einen Schritt weiter ging der Sicherheitsrat schließlich in seiner Reaktion auf die Terroranschläge vom 11. September 2001 in New York, Washington und Pennsylvania, bei denen ebenfalls Osama bin Laden als Drahtzieher gilt. Hatte er bis dahin nur die Weigerung, Terroristen auszuliefern, als Friedensbedrohung bewertet, so sah er nun in den Terroranschlägen selbst eine Friedensbedrohung, aufgrund deren verschiedene Interventionsmaßnahmen zu rechtfertigen sind.

Der Sicherheitsrat hat im Ergebnis somit ein neues *Peace-enforcement* zweiter Generation geschaffen, das einen Trend zum supranationalen Regieren zum Ausdruck bringt. Wie die nachfolgende Betrachtung verschiedener Interventionen im Detail zeigt, kann aber auch das *Peaceenforcement* der UNO keineswegs garantieren, daß transnationale Sicherheitsbedrohungen zuverlässig überwunden werden (Crocker 2001, Betts 2001).

### 8.4.1 *Somalia*

In Somalia autorisierte die UNO 1992 eine von den USA angeführte militärische Intervention, um die humanitäre Katastrophe, die der dortige Bürgerkrieg ausgelöst hatte, zu bekämpfen. Der Bürgerkrieg war 1991 nach dem Sturz von Siad Barre, der Somalia seit 1969 diktatorisch regiert hatte, entbrannt. Sowohl Mohammed Farah Aideed als auch Ali Mahdi wollten Barre beerben. Doch weder Aideed noch Mahdi konnten die Staatsgewalt entscheidend an sich reißen. Darüber hinaus blieben die zwischen Aideed und Mahdi getroffenen Waffenstillstandsvereinbarungen Makulatur. Weder Aideed noch Mahdi gelang es, die Waffenruhe gegenüber den sie unterstützenden Klans durchzusetzen. Der Bürgerkrieg spitzte sich deshalb immer weiter zu, so daß auch die letzten verbliebenen Staatsstrukturen zerfielen.

Der infolge des Bürgerkrieges fortschreitende Staatszerfall wirkte sich für die Bevölkerung fürchterlich aus, zumal viele internationale Hilfsorganisationen gezwungen waren, sich aus Somalia zurückzuziehen. Nur einige wenige Hilfsorganisationen wie das Rote Kreuz entschieden sich, trotz der gefährlichen Bürgerkriegssituation in Somalia zu verbleiben. Durch eine anhaltende Dürreperiode verschärft, übersetzte sich der Bürgerkrieg deshalb besonders rasch in eine verheerende Hungersnot. Der Bürgerkrieg forderte damit insgesamt annähernd 300 000 Menschenleben und zwang ungefähr 1,5 Millionen Menschen – fast ein Drittel der Bevölkerung Somalias – zur Flucht (Weiss 1999).

Die UNO reagierte auf den Bürgerkrieg zunächst allerdings nicht. Dem amtierenden Generalsekretär der Vereinten Nationen Boutros Boutros-Ghali gelang es anfänglich nicht, die Staatengemeinschaft auf die sich abzeichnende humanitäre Katastrophe hinreichend aufmerksam zu machen. Die USA verhinderten anfänglich, daß sich der Sicherheitsrat mit dem Bürgerkrieg in Somalia befaßte (Clark 1993: 221, Eikenberg 1993: 193). Erst am 23. Januar 1992 stellte der Sicherheitsrat in seiner Resolution 733 fest, daß vom Bürgerkrieg in Somalia eine Friedensbedrohung ausgehe. Um dem Bürgerkrieg zu begegnen, verhängte er aber lediglich ein Waffenembargo. Die gut ausgerüsteten Bürgerkriegsparteien sollten sich zumindest nicht mit weiteren Waffen eindekken können (Cortright/Lopez 2000: 183-187). Die zugleich eingeleiteten Bemühungen der UNO, einen Waffenstillstand zu erreichen, führten zwar zu einer Waffenstillstandsvereinbarung zwischen Aideed und Mahdi, die aber von beiden Seiten mißachtet wurde. Daraufhin beschloß der Sicherheitsrat am 25. April 1992 in Resolution 751, mit UNOSOM I in einer *Peacekeeping* Operation 500 Blauhelmsoldaten nach Somalia zu entsenden (Semb 2000: 474).

Währenddessen zeichnete sich im Bürgerkrieg eine Niederlage von Ali Mahdi ab, so daß Mohammed Farah Aideed an einem baldigen Waffenstillstand zunehmend weniger interessiert war. Er versuchte deshalb die *Peacekeeping*-Operation der UNO zu behindern. Die Blauhelmsoldaten der UNO wurden wiederholt angegriffen, so daß sie mehr damit beschäftigt waren, sich selbst zu verteidigen, als den Waffenstillstand umzusetzen. Die viel zu kleine Blauhelmmission wäre ohnehin damit überfordert gewesen, den Waffenstillstand gegen die Bürgerkriegsparteien durchzusetzen (Semb 2000: 474). Da nützte es auch wenig, daß der Sicherheitsrat die Blauhelm-Mission in Resolution 775 vom 28. August 1992 um weitere 3000 Soldaten aufstockte. Das klassische *Peacekeeping* inmitten eines fortwährenden Bürgerkrieges mußte scheitern (Abiew 1999: 163).

Unterdessen war es jedoch verschiedenen Hilfsorganisationen gelungen, die Öffentlichkeit auf die mit dem Bürgerkrieg verbundene humanitäre Katastrophe zu lenken (Hasenclever 2001). Um ihre Hilfsleistungen wiederaufnehmen zu können, forderten sie u. a. die USA auf, wirksam in den Bürgerkrieg einzugreifen. So schlug der scheidende Präsident der USA, George Bush, der UNO am 25. November 1992 eine gewaltsame Intervention einer von den USA geführten multinationalen Streitmacht in Somalia vor. Sollte der Sicherheitsrat eine solche Intervention autorisieren, könnten die USA für eine ungefähr 35 000 Soldaten starke Streitmacht 25 000 Soldaten bereitstellen. Durch die Intervention in den Bürgerkrieg sollte erreicht werden, daß die Hilfsorganisationen nach Somalia zurückkehren konnten, um die andauernde humanitäre Katastrophe lindern zu helfen.

Auch UN-Generalsekretär Boutros Boutros-Ghali befürwortete eine Intervention, so daß im Sicherheitsrat darüber nun eilig diskutiert wurde.[5] Da der Sicherheitsrat ohne die Bereitschaft der USA, Streitkräfte zu stellen, in Somalia kaum hätte gewaltsam intervenieren können, mußte er akzeptieren, daß die Intervention von den USA befehligt wurde. Da aber umgekehrt auch die USA ohne die Zustimmung des Sicherheitsrates kaum hätten in Somalia eingreifen können, mußten sie akzeptieren, daß sie den Sicherheitsrat regelmäßig über die Intervention zu unterrichten hatten. Dementsprechend konnte der Sicherheitsrat bereits am 3. Dezember 1992 die Intervention von UNITAF – einer von den USA geführten multinationalen Streitmacht – einstimmig beschließen. Die UNITAF sollte in Somalia ein sicheres Umfeld für humanitäre Hilfsmaßnahmen schaffen.

Die Intervention der insgesamt 37 000 Soldaten umfassenden Streitmacht konnte am 9. Dezember 1992 beginnen. Obwohl die Bürgerkriegsparteien der Intervention nicht zugestimmt hatten, stieß UNITAF auf keinen nennenswerten Widerstand. Die Intervention konnte weitgehend gewaltlos erfolgen und führte vorerst tatsächlich zu einem sicheren Umfeld für humanitäre Hilfsmaßnahmen. Die Flüchtlinge wurden versorgt und die Hungersnot gelindert (Weiss 1999). Die Todesquote in den Flüchtlingslagern sank von täglich mehr als 200 auf ungefähr 10 Menschen (Clark 1993: 206).

Durch Resolution 814 vom 26. März 1993 wurde daraufhin vom Sicherheitsrat mit UNOSOM II eine neue *Peaceenforcement*-Operation beauftragt, die am 2. Mai 1993 die Sicherheitsaufgaben von der UNITAF übernahm. Damit wurden erstmals Streitkräfte von der UNO selbst befehligt, die nicht nur *Peacekeeping*, sondern auch *Peaceenforcement* betreiben sollten. Dies hatte der UN-Generalsekretär empfohlen, da der Bürgerkrieg in Somalia auch nach dem Waffenstillstandsabkommen vom 27. März 1993 von Addis Abbeba keineswegs beendet war (Weiss 1999: 88). UNOSOM II sollte mit ihren insgesamt 28 000 Soldaten und Polizisten über die Sicherung der Hilfslieferungen hinaus dazu beitragen, daß der Bürgerkrieg endgültig beendet wurde. Um das von der UNO vermittelte Waffenstillstandsabkommen umzusetzen, wurde UNOSOM II insbesondere auch damit be-

5 Der Generalsekretär unterstrich in einem Brief vom 29. 11. 1992, daß für Somalia das Interventionsverbot nach Artikel 2 Absatz 7 der Charta nicht gelten könne, da sich dieses nur auf bestehende Staaten beziehe, Somalia sei aber als Staat zerfallen (Roberts 1993: 440).

auftragt, die Bürgerkriegsparteien weitgehend zu entwaffnen. Darüber hinaus sollte sie die Polizeikräfte Somalias wieder aufbauen (Abiew 1999: 164, Clark 1993: 231).

Die Entwaffnung stieß bei den Bürgerkriegsparteien allerdings auf erheblichen Widerstand, so daß UNOSOM II wiederholt in Gefechte verwickelt wurde. Als besonders problematisch sollte sich dabei erweisen, daß die Streitkräfte der UNO nicht neutral bleiben konnten, sondern gegen Aideed zugunsten von Ali Mahdi agierten. Denn während sich Mahdi bereit zeigte, die Waffenruhe umzusetzen und mit der UNO zusammenzuarbeiten, wurde Aideed dafür verantwortlich gemacht, daß der Waffenstillstand nicht umgesetzt werden konnte und die UN-Streitmacht wiederholt angegriffen wurde. Da UNOSOM II den Waffenstillstand gegen die obstruierenden Bürgerkriegsparteien gewaltsam durchzusetzen versuchte, wurde die UNO mehr und mehr als eine Bürgerkriegspartei unter anderen wahrgenommen. Die Gewalt drohte gar zu eskalieren, nachdem am 5. Juni 1993 in Mogadischu 25 pakistanische UN-Soldaten getötet worden waren. Amerikanische UN-Soldaten gingen daraufhin am 12. Juni 1993 gegen die verantwortlichen Bürgerkriegsparteien vor, um Waffen zu beschlagnahmen. Darüber hinaus versuchte die UNO nunmehr, die für die Gefechte in Mogadischu verantwortlichen Bürgerkriegsparteien – insbesondere General Aideed – gefangenzunehmen. Bei einem Gefecht am 3. Oktober 1993 in Mogadischu kamen dabei 18 amerikanische Soldaten ums Leben (Abiew 1999: 165).

Angesichts dieser Verluste veränderten die USA ihre Politik. Der neu gewählte Präsident Bill Clinton kündigte an, daß die USA ihre Soldaten bis zum 31. März 1994 aus Somalia zurückziehen würden. Dem folgten andere Staaten, die die UNO in Somalia unterstützt hatten, darunter auch ein deutsches Bundeswehrkontingent. Die so geschwächte UNOSOM II selbst konzentrierte sich deshalb nun wieder stärker darauf, die Hilfsorganisationen in Somalia zu unterstützen. Anstatt den Waffenstillstand gegen die Bürgerkriegsparteien gewaltsam durchzusetzen, versuchten sie verstärkt, einen Waffenstillstand zwischen den verfeindeten Bürgerkriegsparteien zu vermitteln, um diesen dann abzusichern. Da aber die Bürgerkriegsparteien zu einem Waffenstillstand nicht zu bewegen waren, zog die UNO am 28. März 1995 ihre Streitkräfte ganz zurück, ohne den Bürgerkrieg in Somalia beendet zu haben (Abiew 1999).

Der Versuch, den Bürgerkrieg durch eine Intervention zu beenden, um den Staatszerfall aufzuhalten, war zwar gescheitert, doch die Intervention hatte immerhin zeitweise humanitäre Hilfslieferungen ermöglicht und konnte somit die mit dem Bürgerkrieg verbundene humanitäre Katastrophe lindern (Weiss 1999). Gleichzeitig zeigte die Intervention in Somalia einen Zeitenwechsel in der Sicherheitspolitik an: Erstmals fand eine supranationale Intervention statt.

### *8.4.2 Haiti*

In Haiti autorisierte die UNO 1994 eine von den USA geführte Intervention. Bei dieser Intervention ging es vor allem darum, den von der UNO gestützten Demokratisierungsprozeß durchzusetzen. Um nach der jahrelangen Diktatur beim Übergang zur Demokratie eine Bürgerkriegssituation zu vermeiden, hatte sich die UNO bereits 1990 in Haiti engagiert. Mit ihrer Unterstützung konnte am 16. Dezember 1990 Haiti erstmals in seiner Geschichte einen Präsidenten demokratisch wählen. Doch gegen den mit 67 Prozent gewählten Präsident Bertrand Aristide, der am 7. Februar 1991 in das Präsidentenamt eingeführt worden war, putschte bereits am 30. September 1991 das Militär unter General Raoul Cédras. Der Präsident mußte aus Haiti fliehen. Die UNO, die am 3. Oktober 1991 vom gewählten Präsidenten angerufen worden war, reagierte zunächst nur halbherzig: Zwar mißbilligte die Generalversammlung den Militärputsch am 11. Oktober 1991 in Resolution 46/7, jedoch weigerte sich der Sicherheitsrat, den Militärputsch in einer Resolution auch nur zu verurteilen. Dementsprechend war es zunächst der Organisation Amerikanischer Staaten (OAS) vorbehalten, gegen Haiti weitgehend wirkungslose Wirtschaftssanktionen sowie ein Waffenembargo zu empfehlen (Abiew 1999: 212-221, Acevedo 1993).

Unterdessen entwickelte sich in Haiti eine bürgerkriegsähnliche Situation. Die Militärjunta versuchte die Anhängerschaft des rechtmäßigen Präsidenten mit Gewalt auszuschalten. Bis April 1993 wurden mehr als 3000 Haitianer getötet, weit mehr wurden willkürlich verhaftet, gefoltert oder verschleppt. Der Staatsterror löste schließlich eine massive Fluchtwelle aus: Mehr als 300 000 Haitianer sahen sich zur Flucht vor der Militärjunta gezwungen. In zumeist völlig überfüllten Booten flüchteten alleine 100 000 Haitianer in die USA.

Die USA, die ursprünglich die Wahl von Bertrand Aristide zum Präsidenten Haitis zu hintertreiben versucht hatten, änderten daraufhin ihre Haitipolitik. So drängten sie den Sicherheitsrat, Interventionsmaßnahmen zu beschließen, durch die die Rückkehr des rechtmäßigen Präsidenten erzwungen werden könnte. Schließlich gelang es, neben Großbritannien und Frankreich insbesondere auch Rußland von Interventionsmaßnahmen zu überzeugen. Nun konnte der Sicherheitsrat sich sogar mit der Unterstützung Chinas gegen die diktatorische Gewaltherrschaft in Haiti stellen. Der Sicherheitsrat beschloß mit Resolution 841 am 16. Juni 1993, daß die humanitäre Katastrophe in Haiti als Friedensbedrohung zu werten sei und ein Waffen- und Erdölembargo gegenüber Haiti zu verhängen (Cortright/Lopez 2000: 87-106, Weiss 1999).

Die Militärjunta in Haiti sah sich nun genötigt, mit der UNO eine Verhandlungslösung anzustreben. Die UNO verlangte, daß sich die Militärjunta zurückziehen müsse, damit das Waffen- und Erdölembargo aufgehoben werden könnte. Tatsächlich gelang es, zwischen dem gewählten Präsidenten Bertrand Aristide und der Militärjunta unter Raoul Cédras ein entsprechendes Abkommen zu vermitteln. Nach dem sogenannten *Governors Island Agreement* vom 3. Juli 1993 sollte die Militärjunta von Cédras zurücktreten, damit Aristide als Präsident nach Haiti zurückkehren konnte. Die UNO wollte die Rückkehr zur Demokratie mit der *United Nations Mission in Haiti* (UNMIH), einer 1000 Blauhelmsoldaten umfassenden *Peacekeeping*-Operation absichern. Da die Militärjunta das Abkommen zunächst wie vorgesehen umzusetzen schien, setzte der Sicherheitsrat mit Resolution 861 das Waffen- und Erdölembargo bereits am 27. August 1993 wieder aus (Cortright/Lopez 2000: 93). Dies erwies sich jedoch als voreilig. Die Militärjunta weigerte sich kurz darauf zurückzutreten. Darüber hinaus verhinderte sie, daß die Blauhelmsoldaten der UNMIH wie in Resolution 867 vom 23. September 1993 vorgesehen, eingesetzt werden konnten (Rittberger/Mogler/Zangl 1997).

Der Sicherheitsrat setzte daraufhin das Waffen- und Erdölembargo bereits am 13. Oktober 1993 durch Resolution 873 wieder in Kraft (Cortright/Lopez 2000: 94-95). Da die Militärjunta jedoch die Bevölkerung Haitis mit immer grausameren Gewalthandlungen drangsalierte – beispielsweise wurden am 27. Dezember 1993 in Cité Soleil zwischen 250 und 1000 Häuser niedergebrannt –, wurden weitergehende Interventionsmaßnahmen notwendig. Der Sicherheitsrat beschloß mit Resolution 917 vom 6. Mai 1994 gegen Haiti eine Seeblockade, dergemäß der Schiffsverkehr von und nach Haiti durch insgesamt elf Kriegsschiffe militärisch überwacht wurde (Abiew 1999, Weiss 1999). Die Militärjunta lenkte jedoch nicht ein (Cortright/Lopez 2000: 94-95). Unter dem Eindruck einer sich stetig verschlimmernden humanitären Katastrophe erklärten sich daher die USA bereit, im Rahmen einer von der UNO autorisierten multinationalen Streitmacht in Haiti gewaltsam zu intervenieren, um so die Rückkehr des gewählten Präsidenten zu erzwingen. Da Großbritannien und Frankreich eine gewaltsame Intervention ohnehin befürworteten und China und die UdSSR eine begrenzte Intervention zumindest nicht verhindern wollten, konnte der Sicherheitsrat am 30. Juli 1994 eine entsprechende Resolution verabschieden:

»Der Sicherheitsrat (...) ermächtigt die Mitgliedstaaten, eine multinationale Streitkraft unter einer vereinten Einsatzführung zu bilden und in diesem Rahmen alle erforderlichen Mittel einzusetzen, um die Ausreise der militärischen Führungsspitze aus Haiti in Übereinstimmung mit der Vereinbarung von Governors Island [und] die umgehende Rückkehr des rechtmäßig gewählten Präsidenten (...) von Haiti zu erleichtern« (Resolution 940, 30. 07. 1994).[6]

Die gewaltsame Invasion konnte allerdings vermieden werden, weil die Militärjunta am 19. September 1994 angesichts der unmittelbar bevorstehenden Landung der multinationalen Streitmacht mit 22 000 Soldaten in ihren Rücktritt einwilligte. Die Invasion konnte daraufhin noch am 19. September 1994 gewaltfrei erfolgen (Semb 2000: 476) und der gewählte Präsident Bertrand Aristide am 15. Oktober 1994 wieder eingesetzt werden (Rittberger/Mogler/Zangl 1997, Weiss 1999). Die zuletzt noch aus 8000 Soldaten bestehende multinationale Streitmacht diente dem Präsidenten zunächst als Ordnungsmacht, bis sie am 1. April 1995 von 6000 Blauhelmsoldaten der UNO (UNMIH) abgelöst wurde. Diese unterstützten Haiti bei seinen weiteren Demokratisierungsbemühungen, ehe auch sie von weiteren Blauhelmmissio-

6 Die vom Sicherheitsrat autorisierte Intervention in Haiti wurde als Indiz eines entstehenden internationalen Rechts auf Demokratie bewertet (Franck 1992).

nen der UNO (UNSMIH, UNTMIH und MIPONUH) abgelöst wurden. Bis heute ist es allerdings nicht gelungen, in Haiti eine Demokratie zu installieren, in der die Menschenrechte tatsächlich als gesichert gelten können (Weiss 1999, Rittberger/Mogler/Zangl 1997, Abiew 1999). Denn nun ist Präsident Aristide dazu übergegangen, Haiti auf Gewalt gestützt und zunehmend autoritär zu regieren.

### *8.4.3 Bosnien*

In Bosnien autorisierte die UNO unterschiedliche Interventionsmaßnahmen, um den dortigen Bürgerkrieg zumindest einzudämmen. In unserer illustrativen Darstellung wollen wir uns vor allem auf die Maßnahmen gegen die in diesem Bürgerkrieg begangenen Straftaten – die Kriegsverbrechen – konzentrieren.

Der Bürgerkrieg in Bosnien war Resultat des Zerfalls der ehemaligen Bundesrepublik Jugoslawien. In diesem Zusammenhang erklärte sich Bosnien-Herzegowina, das zu 31 Prozent von Serben, 17 Prozent von Kroaten und 44 Prozent von Muslimen (den sogenannten Bosniaken) bevölkert war, am 15. Oktober 1991 für unabhängig. Dadurch verschärften sich innerhalb Bosniens die Spannungen zwischen Serben, Kroaten und Moslems ganz erheblich. Die Moslems fürchteten, von den Serben und den Kroaten an den Rand gedrängt zu werden, falls es zu einer Zerschlagung Bosnien-Herzegowinas und zu einer Eingliederung des Gebietes nach Serbien und Kroatien kommen sollte. Tatsächlich gab die Politik der Präsidenten von Serbien und Kroatien – Milosevic und Tudjman – zu derartigen Befürchtungen durchaus berechtigten Anlaß. Umgekehrt fürchteten allerdings auch die Serben und Kroaten in Bosnien-Herzegowina eine muslimische Dominanz.

Die bosnischen Serben und die bosnischen Kroaten gründeten eigene Kampfverbände, die im Rahmen des einsetzenden Bürgerkriegs damit begannen, die von Serben bzw. Kroaten besiedelten Gebiete in Bosnien-Herzegowina gewaltsam unter ihre Kontrolle zu bringen. Diese Kampfverbände lieferten sich in verschiedenen Gebieten in Bosnien jedoch nicht nur untereinander zunehmend erbitterte Kämpfe, sondern wendeten vielmehr brutale Gewalt auch gegen die vor Ort lebende zivile Bevölkerung an. Die serbischen und die kroatischen Kampfverbände betrieben im Rahmen des Bürgerkriegs gegenüber der muslimischen Bevölkerung eine menschenverachtende Vertreibungspolitik. Gestützt auf Folter, Mord und Vergewaltigung wurden »fremde« Bevölkerungsgruppen aus den von den jeweiligen Kampfverbänden kontrollierten Gebieten vertrieben.

Diese sogenannten »ethnischen Säuberungen« – tatsächlich handelte es sich um Völkermord – wurden vom Sicherheitsrat erstmals in Resolution 752 vom 15. Mai 1992 verurteilt. Doch zunächst konzentrierte sich der Sicherheitsrat darauf, neben einem Wirtschafts- und Waffenembargo gegen das ehemalige Jugoslawien ein Flugverbot über Bosnien zu verhängen, um dadurch den Bürgerkrieg zumindest einzudämmen (Cortright/Lopez 2000: 67-81). Darüber hinaus entsandte er mit UNPROFOR eine *Peacekeeping*-Operation nach Bosnien, die humanitäre Hilfslieferungen zugunsten der bosnischen Bevölkerung sichern sollte. Darüber hinaus wurde UNPROFOR beauftragt, Schutzzonen zu schaffen, in die sich bedrohte Bevölkerungsgruppen vor feindlichen Kampfverbänden flüchten können sollten. Obwohl formal auch zum *Peaceenforcement* berechtigt, konnte UNPROFOR angesichts ihrer leichten Bewaffnung weder die Hilfslieferungen noch die Schutzzonen gegen die serbischen und kroatischen Kampfverbände wirksam verteidigen, so daß die vielfältigen serbischen und kroatischen Kampfverbände ihre Vertreibungspolitik unvermindert fortsetzten.

Vor dem Hintergrund dieser Ereignisse beschloß der Sicherheitsrat eine neuartige Interventionsmaßnahme. Er traf die notwendigen Vorbereitungen, um einen internationalen Strafgerichtshof für das ehemalige Jugoslawien zu begründen. Dieser sollte die für die verbrecherische Vertreibungspolitik Verantwortlichen persönlich zur Rechenschaft ziehen (Keohane et al. 2000: 471). Nachdem der Sicherheitsrat die Vertreibungspolitik in Bosnien u. a. in Resolution 757 vom 30. Mai 1992 und in Resolution 769 vom 7. August 1992 nochmals scharf als Verletzung des humanitären Völkerrechts verurteilt hatte, setzte er mit Resolution 780 vom 6. Oktober 1992 zunächst eine Sachverständigenkommission ein. Sie wurde beauftragt, die mit der Vertreibungspolitik in Bosnien verbundenen Verstöße gegen das humanitäre Völkerrecht zu dokumentieren. Darüber hinaus beauftragte er auf Drängen der USA den UN-Generalsekretär in Resolution 808 vom 22. Februar 1993, einen Satzungsentwurf für einen internationalen Strafgerichtshof für das ehemalige Jugoslawien vorzulegen, um diesen mit Resolution 827 vom 25. Mai 1993 *einstimmig* anzunehmen.

Der internationale Strafgerichtshof für das ehemalige Jugoslawien in Den Haag konnte zwar den Bürgerkrieg nicht stoppen, doch sollten erstmals seit den Kriegsverbrecherprozessen von Nürnberg und Tokio zumindest diejenigen, die sich der Verletzung des humanitären Völkerrechts schuldig gemacht haben, sich persönlich vor einem internationalen Gericht verantworten müssen (Ratner/Abrams 2001, Huhle 1996). Der Strafgerichtshof darf dabei gegen drei Typen von Straftaten vorgehen: gegen Kriegsverbrechen, gegen das Verbrechen des Völkermords und gegen Verbrechen an der Menschheit (Sands et al. 1999: 273-286, Tomuschat 1996).[7]

Freilich konnte der internationale Strafgerichtshof während des Bürgerkrieges der vermeintlichen Kriegsverbrecher aus dem ehemaligen Jugoslawien nicht habhaft werden. Die Machthaber in Bosnien weigerten sich, vermeintliche Kriegsverbrecher dem Strafgerichtshof zu überstellen. Der internationale Strafgerichtshof mußte sich daher während des Bürgerkrieges damit begnügen, gegen Kriegsverbrecher vorzugehen, die sich nicht mehr im Gebiet des ehemaligen Jugoslawien aufhielten. So befand sich beispielsweise der Serbe Dusko Tadic 1994 in Deutschland, als er von einem Flüchtling aus Bosnien angezeigt worden war. Tadic wurde daraufhin festgenommen und – nachdem Deutschland dafür die verfassungsmäßigen Voraussetzungen geschaffen hatte – an den Strafgerichtshof nach Den Haag überstellt. Dort hatte die Anklagebehörde unter Richard Goldstone aufgrund seiner Verbrechen in einem Gefangenenlager in Omarska Anklage erhoben. Die Spruchkammer des Strafgerichtshofs verurteilte ihn im Juli 1997 zu einer 20-jährigen Haftstrafe. Das Urteil wurde im Januar 2000 von der Revisionskammer bestätigt (http://www.un.org/icty/judgement.htm).

Damit nicht nur Straftäter ergriffen werden können, die sich

7 Während Kriegsverbrechen durch die Genfer Konvention von 1949 und Völkermord durch die Völkermordkonvention von 1948 klar definiert sind, sind Verbrechen gegen die Menschheit lange nur wenig bestimmt geblieben. Nach dem Statut des Internationalen Strafgerichtshofs von 1998 fallen darunter u.a. Mord, Ausrottung, Versklavung, Deportation, Vergewaltigung, Folter und andere vergleichbare unmenschliche Handlungen (Ratner/Abrams 2001).

außerhalb des ehemaligen Jugoslawien aufhalten, entschloß sich der Sicherheitsrat zu weiteren *Peaceenforcement*-Maßnahmen. So ermächtigte er 1995 die nach dem Friedensabkommen von Dayton in Bosnien stationierten IFOR bzw. SFOR, vom Strafgerichtshof gesuchte mutmaßliche Kriegsverbrecher festzunehmen und an den Strafgerichtshof auszuliefern. Da die IFOR und die SFOR jedoch vornehmlich dafür zu sorgen hatten, daß nach Beendigung des Bürgerkrieges das Friedensabkommen durchgesetzt wird, scheuten sie zunächst davor zurück, die wichtigsten Kriegsverbrecher wie insbesondere den politischen Führer der bosnischen Serben Karadcic sowie deren militärischen Führer Mladic zu verhaften. Gegen beide war bereits im Juli 1995 beim Strafgerichtshof in Den Haag Anklage erhoben worden. Die Leitung von IFOR und SFOR befürchtete jedoch, daß durch eine Verhaftung der mühsam eingeleitete Friedensprozeß gefährdet werde und Bosnien zurück in den Bürgerkrieg fallen könnte.

Doch je stabiler der Frieden in Bosnien wurde, um so »mutiger« konnte die SFOR, welche die IFOR abgelöst hatte, vorgehen. Dementsprechend sind seit 1997 einige vom Strafgerichtshof gesuchte Kriegsverbrecher von der SFOR festgenommen und nach Den Haag überstellt worden. Dabei handelt es sich nicht mehr nur um »kleine« Kriegsverbrecher. Zwar befindet sich mit Karadcic und Mladic die politische wie militärische Führung der bosnischen Serben weiter auf freiem Fuß. Doch beispielsweise ist im April 2000 mit Momcilo Krajisnik ein langjähriger Vertrauter Karadcics von französischen SFOR-Soldaten in seinem Haus in Pale festgenommen worden. Krajisnik, der inzwischen nach Den Haag überstellt wurde, werden von der Anklagebehörde unter Carla Del Ponte Völkermord, schwere Kriegsverbrechen sowie Verbrechen gegen die Menschlichkeit vorgeworfen (http://www.un.org/icty/indictment.htm).

Insgesamt ist beim internationalen Strafgerichtshof mittlerweile gegen 80 mutmaßliche Kriegsverbrecher öffentlich Anklage erhoben und Haftbefehl erlassen worden (Stand: Januar 2002). Bislang konnten 49 der gesuchten Kriegsverbrecher festgenommen und nach Den Haag überstellt werden. Inzwischen sind 10 Verfahren ganz abgeschlossen, weitere 6 Verfahren wurden zwar vor der Spruchkammer entschieden, sind nun aber noch bei der Revisionskammer anhängig. Weitere 18 Verfahren müssen noch von der Spruchkammer entschieden werden. Die höchste Haftstrafe hat der Strafgerichtshof bislang mit 45 Jahren aufgrund von Verbrechen an der Menschheit gegen den bosnischen Kroaten Tihomir Blaskic verhängt. Die Verteidigung von Blaskic hat allerdings gegen das Strafmaß Revision beantragt (http://www.un.org/icty/glance/index.htm).

### *8.4.4 Afghanistan*

In Afghanistan, das über zwei Jahrzehnte von einem grausamen Bürgerkrieg heimgesucht wurde, befand sich der Hauptsitz von Osama bin Ladens islamistischem Terrornetzwerk Al-Qa'ida. Al-Qa'ida wird für die Flugzeuganschläge vom 11. September 2001 und für die Sprengstoffanschläge auf die US-Botschaften 1998 im tansanischen Daressalam und im kenianischen Nairobi verantwortlich gemacht. Darüber hinaus ging 2000 offenbar auch der Sprengstoffanschlag auf ein im jemenitischen Hafen von Aden liegendes US-Kriegsschiff auf das Konto von Al-Qa'ida (siehe Kapitel 7).

Der Sicherheitsrat der UNO wertete die Terroranschläge von New York, Washington und Pennsylvania bereits am 12. September 2001 in Resolution 1368 als Friedensbedrohung. Damit ging er über seine bisherige Praxis bei der Terrorbekämpfung deutlich hinaus. Der Sicherheitsrat hatte zwar auch auf die Terroranschläge gegen die US-Botschaften in Kenia und Tansania reagiert. In Resolution 1267 vom 15. Oktober 1999 hatte er das Talibanregime in Afghanistan verurteilt, weil es Al-Qa'ida Unterschlupf gewährte. Darüber hinaus forderte er die Taliban auf, gegen das Terrornetzwerk vorzugehen und Osama bin Laden auszuliefern (Cortright/Lopez 2000: 127-130, 2002:47-60). Nicht die Terroranschläge selbst, sondern lediglich die Weigerung des Talibanregimes, in Afghanistan gegen das Terrornetzwerk von Osama bin Laden vorzugehen, wertete der Sicherheitsrat damals als Friedensbedrohung. Bei den Terroranschlägen von New York und Washington hingegen waren es die Terroranschläge selbst, die der Sicherheitsrat als Friedensbedrohung einstufte.

Darüber hinaus brachte der Sicherheitsrat nach den Terroranschlägen von New York und Washington in Resolution 1368 erstmals das durch die Charta verbürgte Selbstverteidigungsrecht mit einem Terroranschlag in Verbindung. Der Sicherheitsrat erkannte nämlich in seiner Resolution ausdrücklich das von der UN-

Charta verbürgte Recht auf individuelle und kollektive Selbstverteidigung an. Das Selbstverteidigungsrecht nach Artikel 51 der UN-Charta war bis dahin ausschließlich als Selbstverteidigungsrecht gegenüber anderen Staaten betrachtet worden. Wird ein Staat von einem anderen Staat angegriffen, so steht ihm danach unabhängig vom Sicherheitsrat das Recht zu, sich auch mit Gewalt zu verteidigen. Durch Resolution 1368 gesteht der Sicherheitsrat – nicht direkt, aber zumindest indirekt – Staaten auch bei transnationalen Terroranschlägen ein derartiges Selbstverteidigungsrecht zu. Er ermächtigte mithin Staaten, sich auch mit Gewalt gegen Terroranschläge zu wehren, die von anderen Staaten aus durchgeführt werden.

Damit legitimierte der Sicherheitsrat die nachfolgende militärische Intervention der USA in Afghanistan. Die USA, die Osama bin Ladens Terrornetzwerk Al-Qa'ida rasch als Drahtzieher der Terrorschläge von Washington und New York ausgemacht hatten, drohten zunächst dem Talibanregime mit derartigen Interventionsmaßnahmen. Da sich die Taliban weigerten, Osama bin Laden auszuliefern, sahen sich die USA – gestützt auf das vom Sicherheitsrat bestätigte Selbstverteidigungsrecht – zu einer militärischen Intervention in Afghanistan berechtigt. Die USA legten die Beweise für eine Drahtzieherschaft Osama bin Ladens zwar nicht der UNO vor, sondern begnügten sich damit, das Beweismaterial ihren Verbündeten zugänglich zu machen. Doch UN-Generalsekretär Kofi Annan bestätigte am 8. Oktober 2001, daß die militärischen Interventionsmaßnahmen der USA (und Großbritanniens) durch die Sicherheitsratsresolution 1368 gedeckt seien.

Die militärische Intervention, die von den USA diplomatisch sorgfältig vorbereitet worden war, begann am 7. Oktober 2001. Durch Luftangriffe zunächst gegen die Luftabwehr und schließlich auch gegen die Bodentruppen der Taliban sollten die Machtverhältnisse im afghanischen Bürgerkrieg umgekehrt werden. Die Bodentruppen der Mudschaheddin, die sich in der sogenannten Nordallianz gegen die Taliban verbündet hatten, sollten durch die Luftangriffe gestärkt werden. Tatsächlich gelang es, die Talibanherrschaft in Afghanistan zu beenden. Die Nordallianz konnte aufgrund der Luftunterstützung seitens der USA die Taliban militärisch besiegen und Afghanistan unter ihre Kontrolle bringen. Die USA konnten somit nun ihrerseits mit Bodentruppen in Afghanistan operieren, um insbesondere Osama bin Laden und seine Kämpfer von Al-Qa'ida zu jagen. Dabei wurden zahlreiche Kämpfer getötet und zahlreiche Knotenpunkte von Al-Qa'ida zerstört, so daß dem Terrornetzwerk weitere Anschläge für eine gewisse Zeit schwerer fallen sollten.

Durch die militärische Intervention der USA wurde zwar die Talibanherrschaft gebrochen, doch der Bürgerkrieg, aufgrund dessen Osama bin Laden in Afghanistan hatte ungestört operieren können, war damit keineswegs zuverlässig beendet. Die Nordallianz, die die Taliban vor dem Hintergrund der amerikanischen Luftangriffe besiegt hatte, war nur ein militärisches Zweckbündnis, das jederzeit wieder zerbrechen konnte. Dementsprechend drohte sich der Bürgerkrieg nach der Talibanherrschaft ebenso wie nach dem Rückzug der UdSSR zwischen verschiedenen Kampfverbänden der Mudschaheddin fortzusetzen. Um dies zu verhindern, bemühte sich nun die UNO, die verschiedenen afghanischen Bürgerkriegsparteien und Bevölkerungsgruppen für einen Friedensprozeß zu gewinnen. So ernannte Generalsekretär Kofi Annan am 3. Oktober 2001 Lakhdar Brahimi zum Sonderbeauftragten für Afghanistan. Dieser sollte dazu beitragen, daß nach der Talibanherrschaft der Bürgerkrieg überwunden werden kann. Noch während der Luftangriffe der USA und Großbritanniens gegen die Taliban führte Brahimi erste Gespräche über eine Friedensordnung, die alle Bevölkerungsgruppen sowie die relevanten Bürgerkriegsparteien berücksichtigen sollte. Dabei versuchte er auch den in Rom lebenden ehemaligen afghanischen König Mohammed Zahir Shah für eine solche Friedensordnung zu gewinnen. Tatsächlich gelang es Brahimi, einen Friedensplan für Afghanistan zu entwerfen, welcher zunächst vom Sicherheitsrat am 14. Januar 2002 in Resolution 1378 verabschiedet wurde.

Dem Friedensplan entsprechend wurde ab dem 27. November 2001 eine Afghanistan-Konferenz in Bonn abgehalten, auf der die verschiedenen Bevölkerungsgruppen sowie die relevanten Bürgerkriegsparteien unter Vermittlung der UNO über eine Friedensordnung für Afghanistan verhandeln sollten. Dort war nicht nur die Vereinigte Front – wie sich die Nordallianz nun nannte – vertreten. Auch die sogenannte Rom-Gruppe um den ehemaligen König Mohammed Zahir Shah sowie die Zypern-Gruppe und die Peshawar-Gruppe, die die Paschtunen repräsentierten, welche während der Talibanherrschaft im Exil gelebt hatten, waren nach

Bonn geladen worden. Der Afghanistan-Konferenz gelang es nicht zuletzt aufgrund der geschickten Vermittlung durch den UN-Sonderbeauftragten, ein Friedensabkommen zu erarbeiten, das am 6. Dezember 2001 in Resolution 1383 vom Sicherheitsrat gebilligt wurde.

Nach der Bonner Konferenz konnte eine Interimsregierung unter Hamid Karsai gebildet werden, die innerhalb ihrer sechsmonatigen Amtszeit eine außerordentliche Loja-Dschirga (Ratsversammlung) vorbereiten sollte, die dann eine Übergangsregierung für achtzehn Monate bilden konnte. Zwischenzeitlich soll eine neue Verfassung ausgearbeitet werden, aufgrund deren eine neue Regierung demokratisch gewählt werden kann. Die Interimsregierung wird dem Friedensabkommen von Bonn entsprechend durch eine bis zu 5000 Soldaten starke *International Security Assistance Force* (ISAF) der UNO unterstützt. Die ISAF soll gemäß Resolution 1386 vom 20. Dezember 2001 des Sicherheitsrats insbesondere die Sicherheit in und um Kabul gewährleisten. Die ISAF darf wie beim *Peaceenforcement* Gewalt anwenden, um die Sicherheit in und um Kabul zu gewährleisten. Ob es dadurch jedoch tatsächlich gelingt, das Friedensabkommen umzusetzen und den annähernd 25 Jahre währenden Bürgerkrieg zu beenden, bleibt abzuwarten.

Insgesamt zeigen die Interventionen in Somalia, Haiti, Bosnien und Afghanistan, wie sehr sich das Regieren in der UNO-Sicherheitspolitik weiterentwickelt hat, wie sehr es sich von der klassischen Sicherheitspolitik in der nationalen Konstellation entfernen konnte. Die UNO hat mit ihrem Regieren auf die neuen transnationalen Sicherheitsprobleme reagiert. Sie ist nicht mehr allein auf die klassischen Sicherheitsprobleme zwischenstaatlicher Kriege orientiert. Dabei hat sie zugleich das Konsensprinzip partiell hinter sich gelassen, so daß heute auch ein Regieren gegen die Staaten, die für die transnationalen Sicherheitsprobleme verantwortlich gemacht werden, möglich geworden ist. Die entsprechenden Interventionen in Somalia, Haiti, Bosnien und Afghanistan machen allerdings auch deutlich, daß derartige Interventionen keineswegs garantieren können, daß die Bürgerkriege beendet und der Terrorismus überwunden werden können.[8]

8 Für eine Analyse zu Auswegen aus dem Bürgerkrieg siehe Schneckener (2002a). Zu den Erfolgsbedingungen von Interventionen in Bürgerkriegen vgl. u.a. Regan (2000), Doyle (2001), Betts (2001), Crocker (2001).

# 9. Ressourcen und Legitimierungsprozesse in der postnationalen Sicherheitspolitik

Die transnationalen Sicherheitsprobleme der postnationalen Konstellation haben dazu beigetragen, daß das Regieren in internationalen Sicherheitsinstitutionen wie der UNO teilweise supranationalisiert wurde. Hier gilt es nun zu zeigen, daß die dafür notwendigen Ressourcen gerade im Sicherheitsbereich national beim modernen Staat in der OECD-Welt gebunden bleiben. Dessen Anerkennung als legitimer Souverän muß heute allerdings vermehrt transnational erfolgen.

## 9.1 Ressourcen in der nationalen und postnationalen Konstellation

In der nationalen Konstellation konnten die zumeist nationalen Sicherheitsprobleme in der Regel durch nationales Regieren wirksam bearbeitet werden, weil die dafür notwendigen Ressourcen national beim Staat gebündelt waren. Gestützt auf diese Ressourcen – insbesondere ihr Gewaltmonopol – war es zumindest den größeren und erfolgreicheren Staaten möglich, durch nationales Regieren sowohl für äußere als auch innere Sicherheit zu sorgen. In der postnationalen Konstellation haben sich nun die Sicherheitsprobleme transnationalisiert, und gleichzeitig hat sich das Regieren in Reaktion auf diese Entwicklung partiell supranationalisiert. Die dafür notwendigen Ressourcen – insbesondere die Gewaltmittel – bleiben allerdings zumeist noch beim Staat konzentriert.

### *9.1.1 Ressourcen in der nationalen Konstellation und Hypothesen zum Wandel*

Die Ressourcenabhängigkeit internationaler Organisationen zeigt sich am Fall der UNO überdeutlich. Die UNO verfügt über keine Streitkräfte, um unabhängig von einzelnen mächtigen Staaten agieren zu können. Die UN-Charta sah zwar ursprünglich in

Artikel 43 vor, daß die Staaten dem Sicherheitsrat Streitkräfte zur Verfügung stellen. Diese sollten nach Artikel 47 der Charta beim *Peaceenforcement* durch den sogenannten Generalstabsausschuß des Sicherheitsrats befehligt werden. Bis heute wurden der UNO jedoch keine derartigen Streitkräfte unterstellt. Selbst beim klassischen *Peacekeeping* bleibt die UNO darauf angewiesen, von den Staaten entsprechende Ressourcen *ad hoc* bereitgestellt zu bekommen. Um die Blauhelm- und Beobachtermissionen durchführen zu können, die vom Sicherheitsrat beschlossen worden waren, mußte der Generalsekretär also zuerst an einzelne Staaten bittstellend herantreten, der UNO Blauhelmsoldaten und Beobachter bereitzustellen. Die Staaten waren nicht verpflichtet, einem solchen Gesuch des Generalsekretärs nachzukommen, sondern konnten vielmehr souverän darüber entscheiden, ob sie die betreffende *Peacekeeping*-Operation unterstützen wollten. Falls die Staaten dem Gesuch des Generalsekretärs entsprachen, wurden die Truppen zwar der Befehlskette der UNO unterstellt, doch die Staaten konnten ihre Streitkräfte, die in ihren nationalen Verbänden verblieben, jederzeit abziehen.

Das klassische *Peacekeeping* der nationalen Konstellation stützte sich vornehmlich auf Blauhelme und Beobachter aus kleineren und mittleren, zugleich neutralen Staaten. Die Ressourcen mächtiger Staaten wie der USA und der UdSSR wurden nicht herangezogen, was angesichts der Funktion der meisten *Peacekeeping*-Operationen auch gar nicht notwendig war. Die meisten *Peacekeeping*-Operationen kamen mit weniger als 1000 leicht bewaffneten Blauhelmsoldaten und Beobachtern aus.[1] So wurde auch das Gros der Streitkräfte von UNEF I, die nach der Suezkrise im Grenzgebiet zwischen Israel und Ägypten stationiert worden waren, mit insgesamt gut 6000 Blauhelmsoldaten aus Brasilien, Kanada, Kolumbien, Dänemark, Finnland, Indien, Indonesien, Norwegen, Schweden und Jugoslawien gestellt (UNO 1990: 421).

Die UNO war beim klassischen *Peacekeeping* in der nationalen Konstellation aber nicht nur hinsichtlich der Bereitstellung von Streitkräften, sondern auch mit Blick auf die Finanzierung von Staaten abhängig. Auch die Finanzierung von *Peacekeeping*-Missionen erfolgt bis heute nicht aus dem regulären Haushalt der

1 Die *Peacekeeping*-Truppe (ONUC), die die UNO zwischen 1960 und 1964 im Kongo stationiert hatte, stellt hier allerdings eine bedeutende Ausnahme dar. Sie bestand zeitweise aus annähernd 20 000 Blauhelmsoldaten.

UNO, sondern muß zumeist durch einen Spezialhaushalt gesichert werden, der von den Staaten kontrolliert wird. Deshalb kam es bereits bei den insgesamt noch relativ wenig kostenintensiven klassischen *Peacekeeping*-Missionen wiederholt zu Finanzengpässen, die einige *Peacekeeping*-Operationen sogar gefährdeten. So wurde beispielsweise UNEF I nach 1957 nicht nur deshalb schrittweise verkleinert, weil der Rückzug der Israelis von der Sinaihalbinsel erfolgreich abgeschlossen worden war, sondern auch, weil die Finanzierung dieser Blauhelmmission nicht mehr gesichert werden konnte (UNO 1990: 57).

Die Abhängigkeit der UNO von den nationalstaatlichen Ressourcen besteht in der postnationalen Konstellation fort und hat sich weiter akzentuiert. Obgleich die Streitkräfte unter der Kontrolle der Nationalstaaten bleiben und die UNO weiterhin nicht über eine eigene Streitmacht verfügt, steigt gleichzeitig angesichts der erweiterten Sicherheitspolitik der UNO der Bedarf an Streitkräften sowie zivilem Personal dramatisch an. Die UNO kommt für ihre immer zahlreicheren Missionen nicht mehr mit kleinen, leichtbewaffneten Blauhelmtruppen aus, sondern ist zumindest teilweise auch auf große, schwerbewaffnete Kampfverbände angewiesen. Denn beim neuen *Peacekeeping* bzw. *Peaceenforcement* gilt es erheblich komplexere Sicherheitsaufgaben zu lösen. Dementsprechend lassen sich für die Sicherheitspolitik der UNO in der postnationalen Konstellation zwei überprüfbare Erwartungen über die Entwicklung formulieren:

- *Die für die Sicherheitspolitik der UNO notwendigen Ressourcen werden weiterhin von der nationalstaatlichen Ebene kontrolliert. Es läßt sich kein Trend zur Supranationalisierung der Ressourcen ausmachen.*
- *Je mehr die UNO das Konsensprinzip verläßt und je mehr sie sich in neue Bürgerkriege einmischt, um so mehr wächst die Abhängigkeit der UNO von großen und reichen Staaten.*

### *9.1.2 Ressourcen in der postnationalen Konstellation*

Auf den ersten Blick scheint die Ressourcenausstattung der UNO gegenüber der nationalen Konstellation gewachsen zu sein. Heute stehen insgesamt ca. 50 000 Blauhelmsoldaten, Beobachter, Beamte und Polizisten unter UNO-Befehl, um durch *Peacekeeping* insbesondere in den weltweit zahlreichen Bürgerkriegsgesellschaften Friedensprozesse zu unterstützen. Doch um diese Friedensmissionen bestreiten zu können, bleibt die UNO auf die Ressourcenbereitstellung der Staaten angewiesen. Die UNO besitzt nach wie vor keine eigenen Streitkräfte, um von den Staaten unabhängig Friedensmissionen durchführen zu können. Der Generalsekretär muß nach wie vor an die Staaten herantreten, um Streitkräfte für *Peacekeeping*-Operationen zu erbitten. Selbst bei den Staaten, die sich, wie die Bundesrepublik Deutschland, bereit erklärt haben, gesonderte Streitkräfte für *Peacekeeping*-Einsätze der UNO vorzuhalten, ist für jeden Einzelfall ein Gesuch zu stellen.

Die Abhängigkeit der UNO von der Streitkräftegestellung der Staaten fällt insbesondere bei den *Peacekeeping-Operationen der zweiten Generation*, die bei Bürgerkriegen eingesetzt werden, besonders ins Gewicht. In diesen Fällen geht es nicht mehr nur darum, Waffenstillstände durch Pufferbildung zu sichern, vielmehr soll Friedenskonsolidierung betrieben werden. Deshalb besteht ein zumeist erheblich größerer Ressourcenbedarf. Die Streitkräfte müssen von der Entwaffnung bis zur Wahlbeobachtung und von der Verwaltungskontrolle bis zu Hilfslieferungen vielfältige Friedensmaßnahmen begleiten. Die drei größten Blauhelmoperationen in der Geschichte des *Peacekeeping* richteten sich mit UNTAC in Kambodscha, mit UNOSOM II in Somalia und mit UNPROFOR im ehemaligen Jugoslawien gegen Bürgerkriege. Bei UNTAC in Kambodscha wurden 22 000 Blauhelme, Polizisten, Beamte und Beobachter eingesetzt; bei UNOSOM II und UNPROFOR belief sich die Stärke des eingesetzten Personals gar auf 28 000 bzw. 38 000.

Trotz des in Bürgerkriegsgesellschaften besonders umfassenden Streitkräftebedarfs stützt sich das *Peacekeeping* der UNO weiterhin vornehmlich auf kleinere und mittlere Staaten.[2] So stellt momentan Bangladesch mit mehr als 6000 Blauhelmsoldaten, Be-

2 Dementsprechend entsandten die USA, Rußland, Großbritannien, Frankreich, Deutschland und China beispielsweise auch bei UNTAC in Kambodscha nur einen kleinen Bruchteil der aus insgesamt 46 Staaten stammenden 22.000 Blauhelme, Beobachter, Beamten und Polizisten. Die größten Kontingente stellten Indonesien mit 1752 und Indien mit 1363 Personen; aber auch Pakistan (1109), Bangladesch (931), Malaysia (908) und Ghana (901) stellten bemerkenswert große Kontingente. Von den mächtigen Staaten war allein Frankreich mit einem größeren Kontingent (1325) vertreten (Stand: 30. 04. 2001). Die entsprechenden Daten finden sich auf der Homepage der UNO (http://www.un.org).

obachtern und Polizisten das größte Kontingent an Streitkräften, gefolgt von Pakistan mit gut 5500, Nigeria mit fast 3500, Indien mit fast 2900, Jordanien mit gut 2700 sowie Kenia und Ghana mit jeweils etwas über 2000. Aufgrund des gewachsenen Streitkräftebedarfs wird zwar mittlerweile auch auf größere und einflußreichere Staaten wie die USA, Großbritannien, Frankreich, Deutschland und Rußland zurückgegriffen. Doch deren Streitkräftegestellung bleibt zumindest im Rahmen der UNO weiter hinter der von kleinen Staaten zurück. So stellen die USA momentan mit 732 Blauhelmsoldaten, Beobachtern und Polizisten weniger *Peacekeeping*-Streitkräfte als etwa Australien, das insgesamt auf 1580 kommt; Rußland bleibt mit 334 hinter dem mit 1538 deutlich stärkeren Kontingent aus der Ukraine zurück; Großbritannien, Frankreich und Deutschland kommen momentan mit jeweils ca. 500 in etwa auf dieselbe Anzahl von Blauhelmen, Beobachtern und Polizisten wie beispielsweise Österreich (Stand: September 2001).

Die UNO bleibt beim *Peacekeeping* der zweiten Generation auch in Finanzierungsfragen von den Staaten komplett abhängig. Dabei wuchs die Zahlungsmoral der Staaten in den letzten Dekaden keineswegs an. Im Gegenteil, die Staaten schulden der UNO allein für Blauhelmoperationen annähernd 3 Mrd. US-Dollar. Dieser Sachverhalt fällt um so mehr ins Gewicht, als das *Peacekeeping*, das sich auf neue Bürgerkriege bezieht, erheblich höhere Kosten mit sich bringt als das der ersten Generation.[3] Denn während beispielsweise das klassische *Peacekeeping* von UNEF zwischen Israel und Ägypten jährlich weniger als 20 Mio. US-Dollar kostete, verschlang das *Peacekeeping* durch UNTAC nach dem Bürgerkrieg in Kambodscha in eineinhalb Jahren mehr als 1,6 Mrd. US-Dollar. Die zur Finanzierung der Blauhelmmissionen verausgabten Gelder sind deshalb seit 1990 sprunghaft angestiegen. Insgesamt werden mittlerweile jährlich annähernd 3 Mrd. US-Dollar für *Peacekeeping*-Operationen ausgegeben.

3 Der Finanzbedarf der UNO ist jedoch nicht nur aufgrund der komplexeren Aufgabenstellung von *Peacekeeping*-Operationen der zweiten Generation gestiegen, sondern auch aufgrund der deutlich gestiegenen Anzahl von *Peacekeeping*-Operationen insgesamt. Von insgesamt 54 *Peacekeeping*-Operationen wurden alleine 36 nach 1990 ins Leben gerufen. Zwei Drittel aller jemals von der UNO durchgeführten *Peacekeeping*-Missionen wurden in den vergangenen zwölf Jahren initiiert.

Mit dem wachsenden Ressourcenbedarf hält die Finanzierungsbereitschaft der Staaten nicht Schritt. Die UNO kann daher nicht überall, wo es angebracht wäre, auch wirksam eingreifen. Zwar wird aus finanziellen Gründen selten auf *Peacekeeping*-Missionen komplett verzichtet, doch die wacklige Finanzierung behindert häufig die Effektivität. So können manche Friedensmissionen mangels verfügbarer Streitkräfte erst verspätet beginnen. Hinzu kommt, daß notwendige Mandatsausweitungen oder -verlängerungen nicht vorgenommen werden können. So war es beispielsweise UNTAC im Rahmen des Bürgerkriegs in Kambodscha nicht möglich, die geplanten demokratischen Wahlen zu verschieben, um zunächst eine bessere Sicherheitslage zu schaffen. Denn die damit verbundene Mandatsverlängerung hätte den für UNTAC vorgesehenen Finanzrahmen gesprengt. Die Wahlen mußten trotz der ungünstigen Sicherheitslage durchgeführt werden, um die Finanzierung von UNTAC sichern zu können (Liese 1996: 110-111).

Beim *Peaceenforcement* ist die UNO noch mehr von der Ressourcenbereitstellung der Staaten abhängig als beim *Peacekeeping* der zweiten Generation. Dies gilt insbesondere für *Peaceenforcement*-Maßnahmen, bei denen Kampftruppen eingesetzt werden sollen. Die UNO bleibt damit weiterhin darauf angewiesen, daß einzelne Staaten, wie die USA im Golfkrieg, bereit sind, vom Sicherheitsrat beschlossene *Peaceenforcement*-Operationen mit ihren eigenen, entsprechend ausgerüsteten Streitkräften durchzuführen (Miller 1999, Roberts 1996).

Im Gegensatz zum *Peacekeeping* muß die UNO beim *Peaceenforcement* sogar darauf verzichten, die bereitgestellten Truppen in die eigene Befehlsstruktur einzugliedern. Die Staaten haben sich bislang nicht bereit gefunden, ihre Streitkräfte unter der Leitung des Sicherheitsrates dem Befehl des Generalstabsausschusses zu unterstellen. Die UNO autorisiert die Staaten lediglich dazu, solche Einsätze mit ihren Streitkräften durchzuführen. Im Golfkrieg waren beispielsweise die Streitkräfte General Norman Schwarzkopf unterstellt, der ausschließlich auf Befehl des damaligen US-Präsidenten George Bush handelte (Rittberger/Mogler/Zangl 1997: 29). Ebenso verblieben die Streitkräfte, die in Somalia und Haiti von der UNO autorisiert intervenierten, in ihren nationalen Befehlsstrukturen integriert.

Lediglich bei den nachgelagerten Interventionsmaßnahmen in

den Bürgerkrieg in Somalia erklärten sich die teilnehmenden Staaten ausnahmsweise bereit, ihre Streitkräfte im Rahmen einer *Peaceenforcement*-Operation dem Befehl der UNO zu unterstellen. Selbst die Streitkräfte aus den USA wurden in die Befehlskette der UNO integriert. Doch UNOSOM II, das die Bürgerkriegsparteien in Somalia entwaffnen sollte, um den zuvor in Addis Abeba vereinbarten Friedensprozeß durchzusetzen, scheiterte kläglich. Nicht zuletzt aufgrund der wenig effizienten Befehlsstrukturen wurden bei einem Gefecht am 3. Oktober 1993 in Mogadischu 18 Soldaten aus den USA getötet. US-Präsident Bill Clinton beschloß daraufhin nicht nur, die US-Streitkräfte aus Somalia abzuziehen, sondern er erklärte zugleich, daß die USA künftig nicht mehr bereit sein werden, ihre Streitkräfte bei *Peaceenforcement*-Operationen einer UNO-Befehlsstruktur zu unterstellen. In der Tat kam es bis heute zu keiner *Peaceenforcement*-Operation mehr, bei der die UNO die Befehlsgewalt hätte ausüben können. Auch die in Bosnien stationierten Streitkräfte der IFOR und später der SFOR, die sich vornehmlich aus NATO-Staaten zusammensetzen, unterstehen nicht einer UNO-Befehlsstruktur, sondern greifen auf die Befehlskette der NATO zurück. Dasselbe gilt für die KFOR im Kosovo.

Die Abhängigkeit der UNO von den Streitkräften der Staaten fällt beim *Peaceenforcement* also nochmals deutlicher ins Gewicht als beim *Peacekeeping*. Denn angesichts des Risikos, das mit Kampfeinsätzen verbunden ist, verringert sich die Bereitschaft der Staaten, eigene Streitkräfte bereitzustellen. Darüber hinaus bedarf es beim *Peaceenforcement* erheblich umfangreicherer Truppen, die weitaus besser ausgerüstet sein müssen als beim *Peacekeeping*. Sie müssen sich gegebenenfalls gewaltsam durchsetzen können. Deshalb kamen beispielsweise im zweiten Golfkrieg mehr als 780000 Soldaten zum Einsatz. Nicht nur bei Kampfeinsätzen, mit denen in zwischenstaatliche Kriege interveniert wird, sondern auch im Falle von *Peaceenforcement* in Bürgerkriegen erweisen sich zumeist größere Streitkräftekontingente als notwendig. Die Truppen, die in Somalia und in Haiti intervenierten, zählen beispielsweise 37000 bzw. 22000 Soldaten; die IFOR, die den Friedensprozeß in Bosnien abgestützt hat, bestand, ähnlich wie die KFOR, zunächst sogar aus 60000 Soldaten.

Um diesem Streitkräftebedarf nachkommen zu können, kann sich die UNO nicht wie bei Blauhelmmissionen auf kleine und mittlere Staaten stützen. Sie ist darauf angewiesen, daß mächtige Staaten wie die USA, aber auch Großbritannien und Frankreich bereit sind, von ihr autorisierte Kampfeinsätze durchzuführen. Im Golfkrieg konnte also nur deshalb eingeschritten werden, weil die USA gewillt waren, mit 500 000 Soldaten fast zwei Drittel der Streitmacht aufzubringen. Ebenso stellten die USA für die Interventionen in Somalia und Haiti mit 28 000 bzw. 21 000 Soldaten das Gros der dafür notwendigen Streitkräfte. In Bosnien wie im Kosovo waren es hingegen die NATO-Staaten, die im Rahmen der IFOR bzw. der KFOR zunächst jeweils mehr als 50 000 der insgesamt 60 000 eingesetzten Soldaten bereitstellten. Daran waren die USA jeweils mit rund 15 000 Soldaten beteiligt.

Neben der Abhängigkeit von nationalen Streitkräften hat sich auch die finanzielle Abhängigkeit der UNO beim *Peaceenforcement* gegenüber dem *Peacekeeping* der zweiten Generation nochmals erhöht. Während die Friedensmissionen über einen Spezialhaushalt finanziert werden können, in den die Staaten nach einem festgelegten Verteilungsschlüssel einzahlen, werden Kampfeinsätze überhaupt nicht über die UNO finanziert. Die UNO kann also nicht wie bei Blauhelmeinsätzen den Staaten die Finanzierung der von ihnen bereitgestellten Streitkräfte anbieten, sondern muß darauf hoffen, daß die daran beteiligten Staaten den Kampfeinsatz selbst finanzieren. Da Kampfeinsätze ohnehin erheblich kostenintensiver sind als Friedensoperationen, verschärft sich das Problem zusätzlich. So waren zur Finanzierung der Intervention in den zweiten Golfkrieg insgesamt mehr als 100 Mrd. US-Dollar notwendig. Angesichts dieses gewaltigen Finanzbetrages mußten die USA bei Staaten wie Japan und Deutschland, die sich am Kampfeinsatz selbst nicht beteiligen konnten oder wollten, dafür werben, zu dessen Finanzierung beizutragen. Demgegenüber erscheinen selbst die IFOR in Bosnien und die KFOR im Kosovo kostengünstig. Doch auch sie verschlingen mit jährlich 7 bis 15 Mrd. US-Dollar ein Vielfaches der *Peacekeeping*-Operation wie etwa in Kambodscha, die auf ca. 1,6 Mrd. US-Dollar kam.

Da die UNO hinsichtlich der Ressourcen beim *Peaceenforcement* noch mehr als beim *Peacekeeping* auf einzelne, besonders mächtige Staaten angewiesen ist, kann sie nur dort militärisch eingreifen, wo mächtige Staaten willens sind, eine von der UNO autorisierte Intervention zu übernehmen. Das *Peaceenforcement* der UNO bleibt somit zwangsläufig selektiv. Da mächtige Staaten gerade bei Bürgerkriegen nur in Ausnahmefällen daran interessiert sein werden, mit den eigenen Streitkräften einzugreifen, bleibt die UNO häufig machtlos. Dementsprechend war sie nicht in der Lage, beispielsweise in die Bürgerkriegssituationen in Myanmar, Sudan, Angola oder Liberia einzugreifen. Keiner der mächtigen Staaten war hier bereit, seine Streitkräfte in einen von der UNO autorisierten Kampfeinsatz zu schicken.

Insgesamt ist die UNO also insbesondere dort, wo sie das für die nationale Konstellation typische Regieren hinter sich läßt, auf die Ressourcenbereitstellung durch mächtige Staaten angewiesen. Denn im Gegensatz zum Regieren, das im Sicherheitsbereich partiell auf die UNO verlagert wurde, bleiben die dafür notwendigen Ressourcen national bei den Staaten konzentriert. Die Angewiesenheit internationaler Institutionen auf die Ressourcen mächtiger Staaten begründet ihrerseits die Selektivität des Regierens in der post-nationalen Konstellation.

## 9.2 Legitimierungsprozesse in der nationalen und postnationalen Konstellation

Während es keinerlei Anzeichen dafür gibt, daß sich die Ressourcenkontrolle in der postnationalen Konstellation nennenswert verändert hat, gibt es erste Anzeichen für einen gewissen Wandel bei den Legitimierungsprozessen. Daß heute Staaten hin und wieder nationale Ressourcen internationalen Sicherheitsinstitutionen wie der UNO bereitstellen, ist erst durch diese veränderten Legitimierungsprozesse denkbar geworden. In der nationalen Konstellation folgte die Anerkennung der Staaten der Logik des methologischen Nationalismus. Um als Staat gelten zu können, mußte dieser zum einen innenpolitisch durch die eigene Gesellschaft und zum anderen durch die internationale Staatengemeinschaft als solcher anerkannt werden. Die einmal erreichte Anerkennung galt zudem für alle Zeiten. Selbst Staaten, die für erhebliche internationale Sicherheitsprobleme sorgten, mußten nicht damit rechnen, ihre externe Anerkennung als souveräner Staat und die damit verbundenen Nichtinterventionsrechte zu verlieren.

In der postnationalen Konstellation haben sich die Prozesse der Legitimierung politischer Einheiten verändert. Die externe

Anerkennung eines Staates hängt inzwischen nicht zuletzt davon ab, ob er nach innen Sicherheit bereitstellen kann und auch nach außen kein Sicherheitsproblem darstellt. Staaten, die für transnationale Sicherheitsbedrohungen verantwortlich sind, müssen heute damit rechnen, ihre Anerkennung als souveräner Staat bzw. zumindest die damit verbundenen Nichtinterventionsrechte zu verwirken. Diese faktische Entrechtung macht es anderen Staaten erst möglich zu rechtfertigen, daß sie ihre nationalen Ressourcen für ein supranationales Regieren einsetzen, das sich gegen »souveräne Staaten« richtet. Dabei kommt für die Legitimierungsprozesse in der postnationalen Konstellation nicht mehr nur der nationalen Gesellschaft und der internationalen Staatengemeinschaft eine zentrale Bedeutung zu. Vielmehr sind es heute vermehrt transnationale Organisationen, die den Prozeß der Entrechtung eines souveränen Staates anstoßen.

### *9.2.1 Legitimierungsprozesse in der nationalen Konstellation und Hypothesen zum Wandel*

Mit seiner internationalen Anerkennung als legitimer und souveräner Staat war in der nationalen Konstellation insbesondere zweierlei verbunden. Zum einen konnte sich jeder souveräne Staat auf das Gewaltverbot nach Artikel 2 Absatz 4 der UN-Charta berufen. Demnach besaß kein Staat und auch nicht die UNO das Recht, gegen einen anderen Staat mit Gewalt vorzugehen, außer wenn sich dieser einer zwischenstaatlichen Aggression schuldig gemacht hatte. Und selbst im Falle einer solchen Aggression bestand nur die Möglichkeit, den Akt der Aggression rückgängig zu machen, und nicht in innere Angelegenheiten einzugreifen. Zum anderen konnten Staaten sich auf das Interventionsverbot nach Artikel 2 Absatz 7 der UN-Charta stützen. Unabhängig von den inneren Gewaltverhältnissen behielten alle Staaten das Nichtinterventionsrecht, so daß weder ein anderer Staat noch die UNO das Recht besaßen, sich einzumischen. Selbst dann, wenn eine Regierung mit brutaler Gewaltanwendung im Innern regierte oder Gewaltexzesse nicht verhindern konnte, blieb das Nichtinterventionsrecht unangetastet.

Insgesamt wurde also auch Staaten, die – intern oder extern – ein ernsthaftes Sicherheitsproblem darstellten, die Anerkennung nicht – noch nicht einmal teilweise – entzogen. Die Möglichkeit einer zumindest faktischen Entrechtung war nicht vorgesehen. Die betreffenden Staaten behielten alle ihre Souveränitätsrechte. Wie sakrosankt die Anerkennung von Staaten in der nationalen Konstellation war, läßt sich anhand der Sicherheitsbeziehungen zwischen Israel und Ägypten, die mehrfach in blutige Kriege mündeten, deutlich machen. Israel konnte Ägypten im Suezkrieg 1956 und im Sechs-Tage-Krieg 1967 genauso attackieren wie umgekehrt Ägypten 1973 Israel im sogenannten Yom-Kippur-Krieg angreifen konnte, ohne ernsthaft befürchten zu müssen, die Anerkennung als souveräner Staat zu verlieren. Israel und Ägypten blieben international wie innergesellschaftlich anerkannte Staaten, sieht man davon ab, daß die in Israel lebenden Palästinenser lange Zeit die Legitimität des israelischen Staates in Frage stellten. International wurden die Sicherheitsprobleme im Nahen Osten von der Staatengemeinschaft traditionell als Angelegenheit zwischen souveränen Staaten behandelt. Die Kriege blieben somit eine Angelegenheit unter formal gleichberechtigten Staaten. National erzeugten die verschärften Sicherheitsprobleme im Nahen Osten meist sogar Solidarisierungseffekte, aufgrund deren die Gesellschaft sowohl in Israel als auch in Ägypten vielfach national noch enger zusammenrückte (*rally around the flag*). Die Kriege wurden als nationale Angelegenheit betrachtet, hinter die politische, soziale und religiöse Differenzen zurücktraten. In diesem Sinne wurden alle Regierungen in Ägypten und Israel durch die Kriege in ihrer Legitimität möglicherweise sogar eher gestärkt als geschwächt.

Daß die Anerkennung eines Staates noch in den frühen 90er Jahren selbst dann nicht zur Disposition stand, wenn dieser massive Sicherheitsprobleme verursachte, wird zudem am Beispiel des Golfkrieges zwischen Irak und Kuwait deutlich. Nachdem der Irak mit dem Krieg gegen Kuwait gegen das Gewaltverbot verstoßen hatte, geriet er zwar unter heftigen internationalen Beschuß, blieb aber als souveräner Staat anerkannt. Die irakische Regierung blieb trotz ihrer Kriegspolitik der anerkannte Repräsentant des Irak samt dem damit verbundenen Nichtinterventionsrecht. Die Staatengemeinschaft verzichtete darauf, eine andere Regierung (etwa eine Exilregierung) zu installieren. Die von der UNO autorisierte Intervention wurde deshalb unverzüglich gestoppt, nachdem der Irak aus Kuwait vertrieben worden war. Die alliierten Kampfverbände sollten nicht weiter nach Bagdad vordringen, um dort etwa die für den Krieg verantwortliche Regierung Saddam Husseins zu stürzen. Erst im weiteren Verlauf der Auseinandersetzung wurde das Nichtinterventionsrecht des Irak aufgehoben.

Die für die nationale Konstellation typischen Legitimierungsprozesse weisen seit den frühen 90er Jahren und im Zuge des weiteren Verlaufs des Irakkonfliktes erste Anzeichen einer Veränderung auf. Gemäß unserer These vom Übergang von der nationalen zur postnationalen Konstellation kann dabei eine Transnationalisierung der Anerkennungspolitik erwartet werden. Danach bedarf ein Staat heute auch der Anerkennung durch die transnationale Öffentlichkeit, um als Staat alle die Souveränität begleitenden Nichtinterventionsrechte in Anspruch nehmen zu können. Eine derartige transnationale Anerkennung hängt wiederum entscheidend davon ab, daß ein Staat kein transnationales Sicherheitsproblem von erheblichem Ausmaß konstituiert. Dort, wo massive Menschenrechtsverletzungen und Verbrechen an der Menschheit verübt oder transnationale Terroristengruppen unterstützt werden, verwirken die Verantwortlichen gemäß unserer Hypothese die Anerkennung seitens relevanter transnationaler Teilöffentlichkeiten. Dies ermöglicht eingriffswilligen Staaten, die Nichtinterventionsrechte in Frage zu stellen, um von der UNO autorisierte Interventionen gegenüber der nationalen Öffentlichkeit rechtfertigen zu können. Ohne die vorhergehende Entrechtung durch transnationale Teilöffentlichkeiten und eine von der UNO zumindest im Prinzip autorisierte Intervention können die intervenierenden Staaten innenpolitisch kaum die Interventionsanstrengungen durchsetzen. Der beschriebene Trend läßt sich belegen, wenn die folgenden beobachtbaren Entwicklungen festgestellt werden können:

- *Die Anerkennung eines souveränen Staates erfolgt nicht mehr ein für allemal und unkonditional. Die Entrechtung in Form der Aberkennung der die Souveränität begleitenden Nichtinterventionsrechte eines Staates ist möglich, wenn von ihm ein ernsthaftes transnationales Sicherheitsproblem ausgeht.*
- *Die Anerkennung eines Staates hängt nicht mehr ausschließlich von der internationalen Staatengemeinschaft und der nationalen Gesellschaft ab. Die Entrechtung eines Staates kann auch von der transnationalen Öffentlichkeit ausgehen.*
- *Nur dort, wo die transnationale Öffentlichkeit einem Staat,*

*der transnationale Sicherheitsprobleme verursacht, die Anerkennung entzogen hat, werden eingriffswillige Staaten eine gewaltsame Intervention gegenüber der nationalen Öffentlichkeit rechtfertigen können.*

### *9.2.2 Legitimierungsprozesse in der postnationalen Konstellation*

Legitimierungsprozesse in der postnationalen Konstellation haben eine transnationale Komponente. Transnationale Teilöffentlichkeiten werden allerdings nicht automatisch immer dann mobilisiert, wenn etwa durch einen Bürgerkrieg eine humanitäre Katastrophe ausgelöst worden ist. Für die Mobilisierung einer sektoralen Teilöffentlichkeit scheint vielmehr entscheidend, daß es transnationalen Menschenrechts- und/oder Hilfsorganisationen gelingt, nationale und transnationale Medien für die betreffende Bürgerkriegssituation zu interessieren (Hasenclever 2001: 183, Strobel 1997: 127-210). Vielfach sind es solche Organisationen, die in einer Krisenregion tätig sind, welche gezielt versuchen, über die Medien auf den jeweiligen Bürgerkrieg aufmerksam zu machen. Die meisten Menschenrechts- und Hilfsorganisationen halten deshalb heute sehr engen Kontakt zu den Medien. Oftmals laden sie Medienvertreter sogar in die betreffenden Bürgerkriegsregionen ein, um ihnen den Stoff für spektakuläre Medienberichte zu liefern (Strobel 1997: 127-210). Gelingt es auf diese Art und Weise, einige umfangreichere Medienberichte anzustoßen und gut zu plazieren, werden andere Medienvertreter im In- und Ausland aufmerksam. Die Rolle der transnationalen Nichtregierungsorganisationen bei der Thematisierung des Problems und die grenzüberschreitenden Diffusionsprozesse bei der Ausbreitung von Fakten, Bildern und Neuigkeiten über ein Krisengebiet machen die transnationale Komponente in diesem Prozeß aus.[4]

Gleichzeitig stoßen diese transnationalen Prozesse auch nationale Öffentlichkeiten an. Zusätzlich zu den Medien lassen sich nämlich zumeist auch Parlamentsabgeordnete in westlichen Demokratien mobilisieren, die gegenüber der nationalen Öffentlichkeit demonstrieren wollen, daß sie den durch Bürgerkriege

4 Zur Thematisierungsmacht internationaler Nicht-Regierungsorganisationen siehe u. a. Risse et al. (1999, 2002), Keck/Sikkink (1998), Finnemore (1994).

ausgelösten humanitären Katastrophen nicht tatenlos zusehen wollen. Dies führt wiederum fast zwangsläufig zu weiteren nationalen Medienberichten, so daß in einer zunehmend breiten Öffentlichkeit diskutiert wird, ob und wie in den Bürgerkrieg einzugreifen ist (Hasenclever 2001: 183-185). Zentrale Voraussetzung für derartige Debatten ist die grenzüberschreitende Problemwahrnehmung: Nur dadurch, daß eine humanitäre Katastrophe transnational als solche definiert wird, werden nationale Interventionsdebatten möglich. Der Ausgang der nationalen Interventionsdebatte hängt wiederum davon ab, ob und inwieweit die Interventionsbefürworter auf parallel gelegene Problemwahrnehmungen in anderen Nationen und in der transnationalen Expertenöffentlichkeit verweisen können.

Als Folge dieses Zusammenspiels von transnationalen und nationalen Öffentlichkeiten können dem betroffenen Staat faktisch die Souveränitätsrechte entzogen werden. Seine »innerstaatlichen« Angelegenheiten werden zu »transnationalen Angelegenheiten«, die jenseits etablierter Souveränitätsrechte zumindest potentiell eine Intervention rechtfertigen können. Dies hat für die Interventionsentscheidungen von Staaten aus der OECD-Welt folgende weitreichende Implikationen:

(1) Gewaltsame *Interventionen* in Bürgerkriegsgesellschaften werden *begründungsfähig*: Eingriffswillige Regierungen können sich auf die transnationalen Öffentlichkeiten berufen, um somit die nationalen Öffentlichkeiten davon zu überzeugen, daß eine solche Intervention notwendig ist. Eine mobilisierte transnationale Teilöffentlichkeit fordert zwar bei Bürgerkriegen, die sich in humanitäre Katastrophen übersetzen, nicht zwangsläufig militärische Interventionen. Gerade unter Menschenrechts- und Hilfsorganisationen bleibt die Interventionsfrage oft strittig. Doch eingriffswillige Regierungen können dort, wo die Öffentlichkeit mobilisiert wurde, Interventionen rechtfertigen. Sie können sich darauf berufen, daß eine wirksame Bekämpfung der humanitären Katastrophe eine Intervention erforderlich macht.

(2) Gewaltsame *Interventionen* in Bürgerkriegssituationen werden zugleich aber auch zunehmend *begründungsbedürftig*. Dadurch, daß sich die Öffentlichkeit in Interventionsfragen einmischt, wird der Spielraum eingriffswilliger Regierungen, Interventionen selbstherrlich und im Namen der nationalen Interessen durchzuführen, eingeengt. Dort, wo aufgrund vermeintlicher Si-

cherheitsbedrohungen keine transnationale Teilöffentlichkeit mobilisiert werden konnte, werden humanitäre Interventionen vielfach schon allein deshalb unterbleiben müssen, weil die betreffenden Regierungen ihre Intervention in einen Bürgerkrieg gegenüber der nationalen Öffentlichkeit kaum rechtfertigen könnten. Die nationalen Öffentlichkeiten neigen immer weniger dazu, eine Intervention zu befürworten, die von der transnationalen Expertenöffentlichkeit nicht akzeptiert wird – die den eigenen Staat gewissermaßen in eine Paria-Situation bringen würde. Der Einfluß der transnationalen Teilöffentlichkeit auf die nationale Öffentlichkeit ist zwar nicht in allen Staaten gleich – in den USA ist er sicherlich geringer als in den meisten EU-Staaten. Gleichwohl stieg er in allen Staaten der OECD-Welt an, so daß die Interventionsentscheidungen ihrer Regierungen zunehmend davon abhängen, daß die transnationale Öffentlichkeit die Souveränitätsrechte des betroffenen Staates zumindest partiell beschränkt hat. Mittels dieses Prozesses rückversichern sich die nationalen Öffentlichkeiten auch gegenseitig und verhindern somit stark national gefärbte Problemwahrnehmungen von Rechten und Pflichten.

(3) Bei spezifischen Bürgerkriegssituationen kann sogar ein *Interventionsverzicht begründungsbedürftig* werden. Regierungen müssen sich gegenüber einer mobilisierten Öffentlichkeit rechtfertigen, falls sie nicht bereit sind, wirksame Interventionsmaßnahmen zu ergreifen. Denn vielfach sind selbst demokratisch gewählte Regierungen von sich aus kaum bereit, bei Bürgerkriegen von der UNO autorisierte Interventionen durchzuführen (Hippler 1996: 92). Deshalb kann es zumeist nur dann zu militärischen Interventionen kommen, wenn sich Staaten wie die USA, Großbritannien, Frankreich oder auch Deutschland von ihrer Öffentlichkeit implizit oder explizit gedrängt sehen, in einen Bürgerkrieg einzugreifen (Hasenclever 2001: 178). Setzt sich in der Öffentlichkeit solcher Staaten die Überzeugung durch, daß der betreffende Bürgerkrieg – ohne übermäßige Risiken eingehen zu müssen – mit einer militärischen Intervention wirksam gestoppt werden kann, so geraten die jeweiligen Regierungen zwangsläufig unter Druck, dem jeweiligen Bürgerkrieg nicht tatenlos zuzusehen.[5]

5 Dies gilt insbesondere dann, wenn sich die parlamentarische Opposition für eine Intervention stark macht und der Regierung vorwerfen kann, die humanitäre Katastrophe grundlos zu ignorieren.

Dieses Zusammenspiel von nationalen und transnationalen Öffentlichkeiten mit seinen Implikationen für die Interventionsentscheidungen der Regierungen der Staaten in der OECD-Welt kann anhand der Intervention in Somalia besonders klar illustriert werden. Daß der Bürgerkrieg in Somalia in die öffentliche Diskussion geraten konnte, ist nämlich zunächst verschiedenen transnationalen Hilfsorganisationen zu verdanken, die seit 1991 versuchten, die Medien auf die humanitäre Katastrophe aufmerksam zu machen (Strobel 1997: 132). Insbesondere das Internationale Komitee vom Roten Kreuz (IKRK) sorgte dafür, daß die US-Medien ab Ende Juli bzw. Anfang August 1992 intensiviert über die durch den Bürgerkrieg heraufbeschworene Hungersnot in Somalia berichteten. Bereits im Dezember 1991 hatte es einen Bericht zur humanitären Katastrophe in Somalia vorgelegt, in dem es eindringlich vor der Hungersnot warnte und die Staatengemeinschaft aufforderte, im Rahmen der UNO dagegen vorzugehen (Matthies 1994: 6). Die Medien reagierten darauf allerdings zunächst nicht. Das Internationale Komitee vom Roten Kreuz lud deshalb im Juli 1992 Jane Perlez von der New York Times ein, die Bürgerkriegsregionen in Somalia zu bereisen, um sich selbst ein Bild von der humanitären Katastrophe machen zu können. Durch den Bericht vom 19. Juli 1992 auf der Titelseite der New York Times wurde die Hungersnot erstmals in den USA publik (Hasenclever 2001: 250). Von nun an diffundierte die Medienberichterstattung über die Hungerkatastrophe in Somalia. Während über Somalia noch im Juli 1992 in den großen Fernsehstationen in den USA nur dreimal berichtet worden war, wurde es im August bereits 36mal thematisiert. In der Folge ergaben sich ähnliche Entwicklungen in den anderen westlichen Gesellschaften (Strobel 1997: 133).

Das Medieninteresse an Somalia war zudem dadurch deutlich verstärkt worden, daß in den USA nun auch im Kongreß über den Bürgerkrieg in Somalia debattiert wurde (Strobel 1997: 136). James Kunder, Direktor des Büros für internationale Katastrophenhilfe der USA, das in Somalia mit zahlreichen Hilfsorganisationen zusammenarbeitete, war am 19. Juli 1992 in die Bürgerkriegsregion gereist. Nachdem er bereits länger vergeblich versucht hatte, die Medien auf die Hungersnot in Somalia aufmerksam zu machen, bat er die US-Senatorin Nancy Kassebaum, ihn zu begleiten. Die Senatorin war von der humanitären Katastrophe schockiert und machte sich fortan für eine aktivere Somaliapolitik stark, wodurch das Medieninteresse am Bürgerkrieg in Somalia zweifellos weiter befördert wurde. Insbesondere nachdem der Senat am 10.08. 1992 eine von Nancy Kassebaum eingebrachte Resolution verabschiedete, wonach sich US-Präsident George Bush für eine aktivere Somaliapolitik der UNO verwenden sollte, war der dortige Bürgerkrieg fest in der Medienberichterstattung verankert (Hasenclever 2001: 248-250).

Das Medieninteresse in den USA ließ zwar wegen des Präsidentschaftswahlkampfes im September und Oktober 1992 vorübergehend nach, wurde aber dann im November wieder verstärkt aufgenommen. Die großen Fernsehsender strahlten insgesamt 33 Medienberichte über den Bürgerkrieg in Somalia aus (Strobel 1997: 133). Verschiedene transnationale Hilfsorganisationen drängten den scheidenden US-Präsidenten George Bush, sich an einer von der UNO legitimierten Intervention in den Bürgerkrieg zu beteiligen. Beispielsweise forderte der Vorsitzende von CARE International in einem Beitrag in der International Herald Tribune vom 4. November 1992, daß die UNO angesichts der durch den Bürgerkrieg heraufbeschworenen Hungersnot in Somalia eine militärische Intervention durchführen müsse, um Hilfslieferungen zu ermöglichen. Am 19. November 1992 forderten 160 in Inter-Action zusammengeschlossene Hilfsorganisationen von US-Präsident George Bush, wirksam gegen die Hungersnot vorzugehen (Strobel 1997: 106). Es hatte sich eine sektorale Teilöffentlichkeit mit transnationalem Charakter formiert, die Somalia als Problem definierte und Forderungen an die Regierungen stellte. In diesen Forderungen wurden die transnationalen Hilfsorganisationen in den USA nun auch vom Kongreß unterstützt. Bereits am 2. und 8. Oktober 1992 verabschiedeten das Repräsentantenhaus und der Senat Resolutionen, nach denen der Präsident der UNO übermitteln sollte, daß die USA bereit seien, sich angesichts des Bürgerkrieges an Interventionsmaßnahmen der UNO zu beteiligen (Hasenclever 2001: 251-253). Das skizzierte Zusammenspiel von transnationaler Teilöffentlichkeit und der US-Öffentlichkeit zwang die Bush-Administration – zumal in Wahlkampfzeiten –, etwas zu tun.

Diese Prozesse führten dazu, daß Somalia die Nichtinterventionsrechte gleichsam entzogen bekam. Am 25. November 1992 gab Präsident Bush bekannt, daß die USA bereit seien, eine von der UNO autorisierte militärische Intervention in Somalia durchzuführen. Um Mißverständnisse zu vermeiden: Es ist nicht erheblich, ob die USA zur Intervention in diesen Bürgerkrieg vornehmlich deshalb bereit waren, weil die Öffentlichkeit darauf drängte, die Katastrophe in Somalia zu beenden. Fraglos hätte George Bush die Intervention trotz des öffentlichen Drucks auch unterlassen können. Entscheidend ist vielmehr, daß die transnationale und die amerikanische Öffentlichkeit Somalia entrechtet hat, so daß zum einen die Intervention in Somalia begründet werden konnte und zum anderen es für die amerikanische Regierung immer schwieriger wurde, der humanitären Katastrophe einfach tatenlos zuzusehen.

Diese veränderten, partiell transnationalisierten Legitimierungsprozesse begleiteten in ähnlicher Weise die Interventionen in Haiti und Bosnien. Auch in diesen Fällen konnte es nur deshalb zu einschneidenden Interventionsmaßnahmen kommen, weil transnationale Teilöffentlichkeiten den humanitären Katastrophen in den betreffenden Bürgerkriegsgesellschaften nicht länger tatenlos zusehen wollten. So veränderte US-Präsident Bill Clinton seine Haitipolitik, nachdem es insbesondere TransAfrika – einer Organisation, die sich für Demokratie und Menschenrechte in Afrika und der Karibik einsetzt – gelungen war, die Öffentlichkeit auf die Situation in Haiti aufmerksam zu machen. Der Direktor von TransAfrica, Randall Robinson, war am 12. April 1994 in einen von den Medien viel beachteten Hungerstreik getreten. TransAfrica wollte damit insbesondere gegen die Rückführung der in den USA gelandeten Flüchtlinge protestieren, forderte aber angesichts der Menschenrechtssituation insgesamt eine aktivere Haitipolitik der USA (Strobel 1997: 185). Da TransAfrica darauf aufmerksam machen konnte, daß US-Präsident Bill Clinton noch im Präsidentschaftswahlkampf 1992 selbst gegen die Flüchtlingsrückführung in eine Bürgerkriegsgesellschaft eingetreten war, nahmen die Medien die Haitiproblematik bereitwillig auf. Während die großen Fernsehstationen in den USA vom 1. bis zum 11. April 1994 kein einziges Mal die Menschenrechtsverletzungen und das resultierende Flüchtlingsdrama in Haiti thematisierten, wurde es zwischen dem 12. April und dem 5 Mai 1994 insgesamt 25mal behandelt (Strobel 1997: 187). In dieser Zeit breitete sich die mit dieser Berichterstattung verbundene Problemsicht grenzüberschreitend aus.

Das Medieninteresse in den USA war dabei wie im Fall von Somalia dadurch gestützt worden, daß auch im Kongreß das Flüchtlingselend von Haiti aufgegriffen wurde. Insbesondere der Congressional Black Caucus nahm sich der humanitären Katastrophe in Haiti an und forderte von Präsident Bill Clinton eine konsequentere Haitipolitik, um das Flüchtlingsdrama zu beenden (Cortright/Lopez 2000: 94). Damit drohte dem Präsidenten ein Konflikt mit jenen Kongreßabgeordneten, auf deren Unterstützung er sich ansonsten verlassen konnte. Gerade dies machte Haiti zu einem besonders interessanten Medienereignis. Das Gros der Medienberichte handelte zum einen von den Menschenrechtsverletzungen, die viele Haitianer zur Flucht zwangen, und zeigte, wie die Flüchtlinge in hoffnungslos überfüllten Booten in den USA strandeten. Zum anderen thematisierten die meisten Berichte die Kritik, die Clinton seitens des Congressional Black Caucus bzw. von TransAfrica einstecken mußte (Strobel 1997: 185-186). Die transnationale Teilöffentlichkeit und die nationalen Medien drängten zwar nicht auf eine militärische Intervention. Vielmehr waren die öffentlichen Meinungen in dieser Frage gespalten. Doch dadurch, daß sie US-Präsident Clinton vorwarfen, seiner Menschenrechtsrhetorik keine entsprechende Haitipolitik folgen zu lassen, wurde er mittelbar zu einer aktiveren Politik angehalten (Shaw 1996:169).

Am 20. April 1994 kündigte der Präsident eine offensivere Haitipolitik an. Die USA verschärften nun die Interventionsmaßnahmen gegen das Militärregime, durch die die Rückkehr des demokratisch gewählten Präsidenten Aristide nach Haiti erzwungen werden konnte. Möglich wurde eine solche Politik nur dadurch, daß die Militärjunta in Haiti nicht auf die Nichtinterventionsrechte pochen konnte, die souveränen Staaten normalerweise zuerkannt werden. Die Militärjunta war längst entrechtet worden. Die Intervention in Haiti verdeutlicht somit, daß es nicht sosehr darauf ankommt, daß eine breite Öffentlichkeit auf eine militärische Intervention drängt. Es kommt vielmehr darauf an, ob dem betreffenden Staat zuvor in nationalen und transnationalen Legitimatonsprozessen die Anerkennung entzogen worden ist. Dabei müssen die transnationalen und die nationalen Öffentlichkeiten so weit mobilisiert werden, daß Staaten, die wie die USA zu einer Intervention bereit sind, diese auch mit Referenz auf universelle Normen begründen können und die Staaten, die sich gegen eine Intervention sperren, umgekehrt in eine Begründungspflicht für ihre Tatenlosigkeit geraten.

Ein weiteres Beispiel ist der Bürgerkrieg in Bosnien. Auch hier kam es erst dann zu wirksamen Interventionsmaßmahmen, nachdem verschiedene transnationale Menschenrechts- und Hilfsorganisationen die Verbrechen, die in Bosnien insbesondere an den Moslems begangen wurden, in der Öffentlichkeit scharf verurteilt hatten. Der Bürgerkrieg in Bosnien war zwar bereits seit der Unabhängigkeitserklärung am 15. Oktober 1991 in den Medien präsent. Doch deutliche Interventionsforderungen kamen erst auf, als Roy Gutman am 2. August 1992 in Newsday von Gefangenenlagern berichtete, in denen insbesondere Moslems, aber auch Kroaten systematisch gefoltert, geschlagen, getötet und vergewaltigt wurden. Die Medien richteten nun verstärkt ihr Interesse auf diese Gefangenenlager, die sogar mit den Konzentrationslagern des nationalsozialistischen Deutschland verglichen wurden. Doch abgesehen von der Errichtung eines Internationalen Strafgerichtshofs für Jugoslawien waren Staaten wie die USA, Großbritannien, Frankreich und Deutschland zunächst nur widerwillig bereit, weitergehende Interventionsmaßnahmen durchzuführen (Strobel 1997: 149-153).[6]

Eine völlig andere Dynamik setzte ein, als aufgrund von Mörsergranaten, die erstmals am 5. Februar 1994 und dann nochmals am 28. August 1995 auf dem belebten Wochenmarkt in Sarajevo 68 bzw. 37 Menschenleben kosteten, das Medieninteresse in den westlichen Demokratien, das zwischenzeitlich wieder etwas abgeflaut war, nochmals deutlich anschwoll. Dazu kam, daß nun einige transnationale Menschenrechts- und Hilfsorganisationen vehement militärische Interventionsmaßnahmen forderten. Die verschiedenen Menschenrechts- und Hilfsorganisationen waren sich zwar keineswegs einig, daß eine Intervention zweckmäßig sei. Doch zu den Interventionsbefürwortern zählten immerhin so anerkannte Menschenrechtsorganisationen wie Human Rights Watch, das, von den westlichen Medien weithin unterstützt, die USA und die europäischen Staaten wiederholt dazu aufrief, im Rahmen der UNO gegen die für den Bürgerkrieg verantwortlichen bosnischen Serben vorzugehen. Selbst der Papst machte in

6 Allerdings beteiligten sich Großbritannien und Frankreich an der UNPROFOR-Operation.

diesem Umfeld deutlich, daß er eine militärische Intervention für gerechtfertigt halte (Hasenclever 2001: 384-386).

Obwohl die nationalen Öffentlichkeiten letztlich auch hier gespalten blieben, verschärften die USA und die mit ihnen in der NATO verbündeten europäischen Staaten sukzessive ihre Interventionsmaßnahmen. Insbesondere unternahmen sie ab Sommer 1995 im Rahmen der NATO Luftschläge gegen serbische Truppenstellungen, die somit gegenüber den kroatischen und bosniakischen Truppen geschwächt wurden. Erst dadurch konnte der Friedensprozeß von Dayton herbeigeführt werden, in dessen Folge mit IFOR und SFOR von der NATO gestellte Streitkräfte in Bosnien stationiert wurden. Ob diese Interventionsmaßnahmen aufgrund des Drucks der Öffentlichkeit zustande gekommen sind, ist umstritten (Strobel 1997: 147-159, Hasenclever 2001: 383-417). Doch es kann kaum bezweifelt werden, daß ohne diese Debatte militärische Interventionsmaßnahmen nicht möglich gewesen wären. Nur weil es diese Interventionsdebatte in der transnationalen und den nationalen Öffentlichkeiten gab, konnten die NATO-Staaten ihre Intervention normativ begründen bzw. mußte sich die NATO dafür rechtfertigen, daß sie zunächst nicht militärisch eingreifen wollte.

In der postnationalen Konstellation kommen also neue Legitimationsprozesse mit einer transnationalen Komponente zum Vorschein. Die internationale Staatengemeinschaft kann nicht mehr allein bestimmen, wer als Staat gelten darf und mithin in das Kartell der Staaten aufgenommen wird. Vielmehr können die Nichtinterventionsrechte ehemals souveräner Staaten, die ihren Sicherheitsaufgaben nicht hinreichend nachkommen und ein transnationales Sicherheitsproblem konstituieren, durch das Zusammenspiel von transnationalen Teilöffentlichkeiten und demokratisch konstituierten nationalen Öffentlichkeiten eingeschränkt werden. Die Problemstaaten werden entrechtet. Es sind diese veränderten Legitimierungsprozesse, die verständlich machen, warum die Regierungen von Staaten aus der OECD-Welt Interventionen in Bürgerkriegssituationen heute rechtfertigen können, warum sie solche Interventionen heute auch öffentlich rechtfertigen müssen und warum sie teilweise sogar zu rechtfertigen haben, daß sie bei solchen Bürgerkriegen auf eine Intervention verzichten wollen.

Dabei variert die Bedeutung solcher Entrechtungs- und Legitimierungsprozesse je nach Land ganz erheblich. Zum einen kann sich das Zusammenspiel von transnationalen Teilöffentlichkeiten und nationalen Öffentlichkeiten wohl nur in demokratischen Staaten entfalten und wirksam werden. Ohne eine freie Medienlandschaft und ohne den Mechanismus nationaler Wahlen fehlt den beschriebenen Prozessen die Wirksamkeit. Zum anderen lassen sich auch innerhalb der Gruppe der demokratischen Staaten erhebliche Differenzen ausmachen. Die Autonomie nationaler Öffentlichkeiten wächst mit der Größe und Macht sowie mit einem ungebrochenen Geschichtsverständnis eines Landes. Offensichtlich ist der Rückversicherungswunsch und die Bedeutung transnationaler Expertenöffentlichkeiten im Falle von militärischen Interventionsentscheidungen in der BRD erheblich ausgeprägter als in den USA. Die amerikanische Öffentlichkeit sperrt sich partiell der Transnationalisierung von Legitimationsprozessen und ist hin und wieder dazu bereit, aufgrund national definierter Erwägungen die transnationale Öffentlichkeit zu ignorieren. Da die USA aber zugleich der wichtigste Ressourcenlieferant für supranationale Interventionen darstellen, zeichnet sich an dieser Stelle eine Gegenbewegung zu den skizzierten, sich transnationalisierenden Legitimationsprozessen ab.

Wie weit diese Legitimierungsprozesse der postnationalen Konstellation sich bereits etabliert haben, kann daher unter Umständen bereits in Bälde die von den USA angedachte Intervention im Irak zeigen. Die US-Administration von George W. Bush jr. ist offensichtlich an einer solchen Intervention interessiert, um Saddam Hussein zu stürzen, welcher aufgrund seines Strebens nach Massenvernichtungswaffen als ernsthafte Bedrohung der Sicherheitsinteressen der USA betrachtet wird. Sollten sich die von uns für die postnationale Konstellation unterstellten Legitimierungsprozesse bereits etabliert haben, so müßte jedoch beim gegenwärtigen transnationalen Meinungsstand diese Intervention unterbleiben. Dies wäre zumindest solange zu erwarten, wie die transnationale Öffentlichkeit nicht von der Notwendigkeit einer solchen Intervention überzeugt werden kann. Solange sollte sich nach unserer These auch die nationale Öffentlichkeit in den USA gegen eine solche Intervention aussprechen, da eine solche Entscheidung nicht ausreichend transnational rückversichert wäre.

Da die nationale Öffentlichkeit in den USA jedoch weniger von der transnationalen Öffentlichkeit beeinflußbar ist als etwa die in den meisten EU-Staaten, erscheint es mit den unterstellten Legitimierungsprozessen in der postnationalen Konstellation allerdings auch vereinbar, daß sich die Öffentlichkeit in den USA von einer entschieden handelnden Administration beeindrucken läßt und eine Interventionsentscheidung zumindest toleriert. Neuere Arbeiten über den Öffentlichkeitsfaktor bei Interventionsentscheidungen haben verdeutlicht, daß eine im Konsens mit den außenpolitischen Eliten agierende Administration die Öffentlichkeit auch dann für eine Intervention gewinnen kann, wenn diese einer solchen gegenüber zunächst skeptisch eingestellt war (Hasenclever 2000: 202, Powlick/Katz 1998: 34, Robinson 1999: 308). Allerdings dürfte gemäß der für die postnationale Konstellation behaupteten Legitimierungsprozesse eine solche Interventionsentscheidung der USA nicht ohne weiteres auf die Unterstützung etwa der Staaten in der EU stoßen. Denn da dort die nationalen Öffentlichkeiten viel stärker mit der transnationalen Öffentlichkeit verknüpft sind, sollten deren Regierungen größere innenpolitische Schwierigkeiten zu überwinden haben, um sich an den Interventionsmaßnahmen der USA beteiligen zu können. In jedem Falle läßt sich erwarten, daß im Vorfeld einer denkbaren Intervention ein heftiges Ringen um die Unterstützung der transnationalisierten Öffentlichkeit zu beobachten ist.

# 10. Die postnationale Konstellation und die Theorie internationaler Politik

Wenn wir uns tatsächlich im Übergang von der nationalen zur postnationalen Konstellation befinden, dann bedarf es einer Revision unserer Theorien über internationale Politik. Ein solcher Wandel wäre nämlich ähnlich grundlegend wie der Übergang von der Feudalordnung des Mittelalters zum territorial definierten Staatensystem der Neuzeit. Dementsprechend muß der in der Politikwissenschaft nach wie vor dominante methodologische Nationalismus als konzeptionelle Grundlage unserer Theorien hinterfragt und ggf. überwunden werden. Dabei dürfen die Kenntnisse und das theoretische Wissen über Krieg und Frieden, das in der nationalen Konstellation erarbeitet worden ist, allerdings nicht in Vergessenheit geraten. Im Gegenteil: Eine Theorie von Krieg und Frieden in der postnationalen Konstellation muß auf den vorhandenen theoretischen Grundlagen aufbauen und sich in Auseinandersetzung mit ihnen entwickeln.

Ein solches Vorhaben wird sicher nicht durch das abschließende Kapitel in diesem Buch vollzogen werden können. Es wird großer sozialwissenschaftlicher Anstrengungen bedürfen, um auch nur kleine Schritte voranzukommen. In diesem Kapitel können wir bestenfalls einige Anregungen zur Diskussion stellen. Wir wollen dabei in vier Schritten vorgehen. In einem ersten Schritt soll der Prozeß des Übergangs von der nationalen zur postnationalen Konstellation für den Sicherheitsbereich nochmals summarisch dargestellt werden. Dabei gilt es auch, auf inzwischen erkennbare Gegentendenzen aufmerksam zu machen. Im zweiten Schritt sollen dann die in Teil I diskutierten Theorien der internationalen Politik in der nationalen Konstellation nochmals auf den Prüfstand gestellt werden. Diesmal geht es um die Frage, ob und inwieweit sie genutzt werden können, um den Übergang von der nationalen zur postnationalen Konstellation verständlich zu machen, und welche Elemente auch für eine Theorie über Krieg und Frieden in der postnationalen Konstellation von Bedeutung sind. Vor diesem Hintergrund wollen wir in einem dritten Schritt die konstitutiven Merkmale der sich abzeichnenden postnationalen Konstellation wiederum im Unterschied zu den konstitutiven Merkmalen der nationalen Konstellation herausstellen. Aus dem neuartigen Mehrebenenspiel von Problemlagen, Regieren, Ressourcen und Legitimierungsprozessen, das gleichsam den *historischen Kontext* markiert, gilt es *grundlegende sozialwissenschaftliche Konzepte* wie Struktur, Akteure und Handlungsmotivationen angemessen herzuleiten. In einem vierten Schritt möchten wir schließlich einige *Hypothesen über beobachtbare Begebenheiten und Trends der Weltpolitik* in der postnationalen Konstellation zur Diskussion stellen. Dabei wird der empirische Bezugspunkt der Bereich der Sicherheitspolitik und die Frage nach Krieg und Frieden bleiben. Die Logik dieser Vorgehensweise entspricht guter Theoriebildung, wie wir sie aus der nationalen Konstellation kennen. Einer Beschreibung grundlegenden Wandels mit der Herausbildung eines neuen historischen Kontextes (entspricht der Beschreibung der Rahmenbedingungen wie beispielsweise die Herausbildung des modernen Staatensystems) folgt die Darlegung der konzeptionellen Grundlagen zur theoretischen Durchdringung der neuen Konstellation (Struktur, Akteure und Handlungsmotivationen). Auf dieser Grundlage wird dann schließlich die Formulierung von überprüfbaren Hypothesen über politische Prozesse und Entwicklungen möglich (Wenn-dann-Aussagen).

## 10.1 Sicherheitspolitik im Übergang zur postnationalen Konstellation

Der Übergang von der nationalen zur postnationalen Konstellation – so haben wir insgesamt versucht zu argumentieren – zeichnet sich generell und auch im Sicherheitsbereich dadurch aus, daß sich die zentralen Komponenten der Politik – die wahrgenommenen Problemlagen, das darauf bezogene Regieren, die dafür notwendigen Ressourcen und die damit verbundenen Legitimierungsprozesse – nicht mehr länger auf einer, der nationalstaatlichen Ebene bündeln. Sie scheinen sich vielmehr auf unterschiedliche Ebenen zu verteilen. Dabei haben wir die veränderten Problemlagen als den zentralen Motor dieser Transformation ausgemacht. Im Sicherheitsbereich wurde der zwischenstaatliche Krieg demnach als das zentrale grenzüberschreitende Problem durch transnationale Sicherheitsprobleme abgelöst. Der Krieg wurde zum einen privatisiert, und zugleich haben sich Bürgerkrieg und Terrorismus denationalisiert.

Die mit dem neuen Bürgerkrieg und dem neuen Terrorismus verbundene Transnationalisierung zentraler Sicherheitsprobleme hat – so haben wir weiterhin argumentiert – das Regieren in internationalen Sicherheitsinstitutionen grundlegend verändert. Das Regieren in internationalen Organisationen wie der UNO bezieht sich nicht mehr nur auf den zwischenstaatlichen Krieg als klassisches Sicherheitsproblem, sondern befaßt sich auch mit den neuen Sicherheitsbedrohungen. Damit greift die UNO mit ihrer Sicherheitspolitik heute verstärkt in Staaten ein, von denen transnationale Sicherheitsprobleme ausgehen. Und das Regieren der UNO ist dabei nicht mehr zwingend auf den Konsens der davon betroffenen Staaten und Konfliktparteien angewiesen. Vielmehr kann die UNO heute auch militärisch gegen Staaten vorgehen, die für Bürgerkrieg und Terrorismus verantwortlich zeichnen.

Die Transnationalisierung zentraler Sicherheitsbedrohungen hat damit zwar zu Ansätzen einer Supranationalisierung des Regierens in internationalen Sicherheitsinstitutionen beigetragen, doch bei den dafür notwendigen Ressourcen gibt es keinerlei Anzeichen für eine entsprechende Veränderung. Die Ressourcen bleiben auch in der postnationalen Konstellation beim Staat national gebunden. Insbesondere zeigen die Staaten keinerlei Bereitschaft, ihre Streitkräfte an internationale Sicherheitsinstitutionen wie die UNO abzutreten. Will die UNO in Bürgerkriegsgesellschaften eingreifen, so ist sie sowohl beim *Peacekeeping* als auch beim *Peaceenforcement* auf nationalstaatliche Streitkräfte angewiesen. Dabei sind die Staaten bestenfalls bei Friedensmissionen bereit, ihre Streitkräfte fallweise der Befehlskette der UNO zu unterstellen. Bei Kampfeinsätzen hingegen bestehen sie weiterhin darauf, ihre Streitkräfte unter nationaler Befehlsgewalt zu behalten. Die UNO kann somit Interventionen zur Verhinderung humanitärer Katastrophen lediglich autorisieren. Selbst durchführen kann sie diese nicht.

Die vielleicht wichtigsten und gleichzeitig am schwersten zu fassenden Veränderungen zeigen sich im Bereich der postnationalen Legitimierungsprozesse, die sich gemäß unserer Argumentation partiell transnationalisiert haben. Die Anerkennung von Staaten als legitim und souverän und die Verleihung der damit verbundenen Nichtinterventionsrechte ist heute nicht mehr nur Sache der nationalen Gesellschaften und der internationalen Staatengemeinschaft. Vielmehr unterliegen die Staaten heute einer permanenten Kontrolle durch sektorale transnationale Öffentlichkeiten, die in einem zunehmend engeren Wechselverhältnis mit nationalen Öffentlichkeiten stehen. In diesem Zusammenspiel von nationaler und transnationaler Öffentlichkeit können heute Staaten die Anerkennung und damit die Nichtinterventionsrechte entzogen werden. Infolge derartiger Delegitimierungsprozesse wird es den großen und mächtigen Staaten ermöglicht, sich, von der UNO autorisiert, über das Interventionsverbot hinwegzusetzen, um zur Bekämpfung transnationaler Sicherheitsprobleme einzugreifen.

Durch diese Entwicklungen und Prozesse entsteht etwas Neuartiges. Die sich abzeichnende postnationale Konstellation unterscheidet sich von der nationalen Konstellation auch im Sicherheitsbereich primär dadurch, daß sich ihre konstitutiven Elemente nicht mehr alle auf der nationalen Ebene konzentrieren, sondern sich auf unterschiedlichen Ebenen ansiedeln:

- die zentralen *Sicherheitsprobleme* sind heute vornehmlich auf der *transnationalen* Ebene zu finden;
- das *Regieren* findet heute in internationalen Sicherheitsinstitutionen vermehrt auf *supranationaler* Ebene statt;
- die *Ressourcen*, die für die Sicherheitspolitik entscheidend sind, verbleiben weiterhin auf der *nationalen* Ebene;
- die auch für die Sicherheitspolitik wichtigen *Legitimierungsprozesse* haben sich zunehmend auf die *transnationale* Ebene verlagert.

Die internationale Sicherheitspolitik scheint somit in der postnationalen Konstellation zu einer *Mehrebenenpolitik* geworden zu sein, die sich von der »Einebenenpolitik« der nationalen Konstellation grundlegend unterscheidet.

Die zum Beleg für eine solche Entwicklung vorgetragenen Indizien und Trends sind gleichwohl nicht unumkehrbar. Vielmehr gilt es zu konzedieren, daß der Trend in Richtung auf eine postnationale Konstellation keinesfalls gefestigt ist. Indizien für eine Regression zurück zur nationalen Konstellation sind mit Blick auf die Transnationalisierung der Probleme sicherlich am schwersten auszumachen. Der entsprechende Trend erscheint tatsächlich im Zusammenhang mit der gesellschaftlichen Denationalisierung vergleichsweise robust. Ebenso deutlich dürfte die Tendenz der Staaten sein, ihre Ressourcen nicht zu verlagern. Dagegen erscheint sowohl der Trend zu einer Supranationalisierung des Regierens sowie zu einer Transnationalisierung der Anerkennungspolitik weiterhin brüchig. Insbesondere das durch die UNO gestützte supranationale Regieren ist nach wie vor ein »zartes Pflänzlein«. Die folgenden drei Entwicklungen machen dies deutlich.

Die erste Tendenz, die gegen einen fortgesetzten Trend zur postnationalen Konstellation sprechen könnte, ist die insgesamt vergleichsweise *geringe Erfolgsbilanz*, die das durch die UNO gestützte supranationale Regieren bei transnationalen Problemlagen aufzuweisen hat (Luttwak 2001). So hat die UNO damit zu kämpfen, daß die von ihr unterstützten humanitären Interventionen in Somalia, Ruanda und Haiti, aber auch in Bosnien und Kosovo in den verschiedenen Öffentlichkeiten als insgesamt wenig erfolgreich wahrgenommen werden (Doyle 2001: 529-530). Ob die Intervention in Afghanistan letztlich als Erfolg bewertet werden wird, bleibt abzuwarten.

Allerdings scheint uns diese skeptische Wahrnehmung nicht völlig berechtigt. Im Falle der Intervention in Somalia beispielsweise wird heute kaum mehr gesehen, daß durch die Intervention zumindest humanitäre Hilfslieferungen ermöglicht wurden, die angesichts der dort drohenden Hungersnot tausenden Menschen das Leben gerettet haben dürften (Weiss 1999). Die Öffentlichkeiten betrachten die Intervention in Somalia vielmehr als gescheitert, weil es der UNO nicht gelungen war, den Bürgerkrieg selbst zu beenden. So hat sich in der Erinnerung festgesetzt, daß die UNO aufgrund des Bürgerkriegs Somalia verlassen mußte, weil die Staaten, auf deren Ressourcen sich die UNO stützte, nicht bereit waren, den Bürgerkrieg gewaltsam zu beenden. Ebenso wird die von der UNO gestützte Intervention in Ruanda vielfach als gescheitert angesehen, obwohl die Errichtung einer Schutzzone, in die sich die von den Hutus verfolgten Tutsis zurückziehen konnten, das Leben tausender Menschen gerettet hat. In Erinnerung geblieben ist vielfach nur, daß die UNO der Verfolgung viel zu lange tatenlos zusah und erst viel zu spät eine Intervention autorisierte (Strobel 1997). Auch die Intervention in Haiti gilt vielen als gescheitert. Dort konnte zwar die Militärjunta, die sich massiver Menschenrechtsverletzungen schuldig gemacht hatte, gestürzt werden, um den rechtmäßig gewählten Präsidenten Aristide wiedereinzusetzen. Doch mittlerweile macht sich Aristide selbst massiver Menschenrechtsverletzungen schuldig.

Selbst die Intervention in Bosnien gilt bestenfalls als partiell erfolgreich. Auch hier wird beklagt, daß die UNO den Gewaltexzessen mit ihrer Vertreibungspolitik viel zu lange weitgehend tatenlos zusehen mußte, ohne dagegen wirksam vorgehen zu können. Darüber hinaus stößt sich die Öffentlichkeit häufig daran, daß es der UNO noch immer nicht gelungen ist, die in Bosnien für Vertreibung, Folter, Mord und Vergewaltigung Verantwortlichen festzunehmen und an den Internationalen Strafgerichtshof in Den Haag zu überstellen. Zwar konnte auf Druck der USA Serbien dazu bewegt werden, den ehemaligen jugoslawischen Präsidenten Milosevic nach Den Haag »auszuliefern«, doch sowohl der bosnische Serbenführer Karadcic als auch dessen Generalstabschef Mladic befinden sich weiterhin auf freiem Fuß. Den transnationalen und den nationalen Öffentlichkeiten vermittelt sich damit der Eindruck einer bestenfalls begrenzten Durchschlagskraft von durch die UNO autorisierten Interventionen. Um solche einseitigen Interpretationen zu verhindern, bedarf es seitens der UNO und der transnationalen Nicht-Regierungsorganisationen verstärkt einer »Postinterventionsinformationspolitik«.

Eine andere – damit eng verbundene – Tendenz, die dazu führen könnte, daß die internationale Sicherheitspolitik bereits wieder in die nationale Konstellation zurückzufallen droht, ist die *Selektivität* von durch die UNO gestützten Interventionen. Denn die Beurteilung der Legitimität einzelner Interventionen hängt auch davon ab, ob bei vergleichbaren Gewaltexzessen mit vergleichbaren Interventionsmaßnahmen reagiert wird. Dementsprechend hat die UNO damit zu kämpfen, daß den angesprochenen Interventionsmaßnahmen im Irak, in Somalia, Ruanda, Haiti und Bosnien zahlreiche sogenannte Nicht-Interventionen beispielsweise in Myanmar, Sudan, Angola, Kongo, Nigeria, Sri Lanka und lange auch in Afghanistan gegenüber stehen. Obwohl sich in diesen Staaten vergleichbare Gewaltexzesse mit Folter, Mord, Vertreibung, Hunger und Völkermord abspielten, kam es nicht zu entsprechenden von der UNO gestützten Interventionsmaßnahmen. Da sie dort nicht gleichermaßen wie im Irak, in Somalia, Ruanda, Haiti und auch Bosnien eingegriffen hat, setzt sich fast automatisch jede von der UNO autorisierte Intervention dem Verdacht aus, nicht vornehmlich humanitär motiviert zu sein. Diese Selektivität der Interventionen verweist unmittelbar auf die nationalstaatlich kontrollierten Ressourcen, die eine nach wie vor übermäßige Berücksichtigung der Stimmung national konstituierter Öffentlichkeiten und der Interessen der großen und einflußreichen Staaten zur Folge hat.

Vor diesem Hintergrund fanden 1995 die von der UNO autorisierten Luftschläge der NATO gegen serbische Stellungen in Bosnien in der transnationalen Öffentlichkeit keine ungeteilte Unterstützung. So wurde u. a. argumentiert, daß die NATO nicht aus humanitären Gründen handle, sondern vielmehr egoistische Motive verfolge. Dies zeige sich daran, daß sich die NATO-Staaten bei vergleichbaren Gewaltexzessen in anderen Staaten nicht zu einem gewaltsamen Vorgehen entschließen können. Beispielsweise wurde behauptet, die NATO versuche durch die Luftschläge ihren Einfluß auf dem Balkan systematisch auszudehnen. Insbesondere wolle sie den Einfluß Rußlands in der Region weiter einschränken. Ähnlichen Vorwürfen sahen sich auch die USA aufgrund der Intervention in Haiti sowie Frankreich wegen seiner Intervention in Ruanda ausgesetzt. Hier wurden gleichfalls die humanitären Gründe bezweifelt. Statt dessen wurde behauptet, daß sowohl die USA als auch Frankreich mit ihren Interventionen traditionelle Einflußpolitik betrieben.

Um sich nicht permanent dem Verdacht auszusetzen, die klassische Einflußpolitik mächtiger Staaten wie der USA zu legitimieren, muß die UNO also künftig darauf hinarbeiten, trotz ihrer Abhängigkeit von den Ressourcen mächtiger Staaten die Selektivität der von ihr gestützten humanitären Interventionen abzubauen. Solange sie auf vergleichbare Gewaltexzesse nicht zuverlässig mit vergleichbaren Interventionsmaßnahmen reagieren kann, werden ihre humanitären Interventionen in der transnationalen und in den nationalen Öffentlichkeiten weiterhin – und möglicherweise sogar verstärkt – derartige Verdächtigungen auf sich ziehen (vgl. ausführlich Zangl/Zürn 1999).

Eine dritte Regressionstendenz stellt der erneut aufkeimende *eigenmächtige Interventionismus* der Großmächte ohne hinreichende Legitimierung durch die UNO dar. Während es zwischen 1991 und 1995 zu insgesamt fünf von der UNO gestützten humanitären Interventionen kam, gab es zwischen 1996 und 2001 abgesehen von Afghanistan und Ost-Timor keine derartigen Interventionen. Statt dessen ergaben sich in den späten 90er Jahren Interventionen, die zwar im Namen der Humanität erfolgten, aber nicht von der UNO ausreichend mandatiert wurden. So hat insbesondere die NATO aufgrund der jugoslawischen Gewaltpolitik im Kosovo 1999 Luftangriffe gegen das ehemalige Jugoslawien geflogen, ohne dafür vom Sicherheitsrat der UNO autorisiert worden zu sein. Der Sicherheitsrat hatte zwar 1998 die Vertreibungs- und Verfolgungspolitik im Kosovo in Resolution 1199 als Friedensbedrohung bewertet, die NATO aber nicht ermächtigt, gegen das ehemalige Jugoslawien mit Gewalt vorzugehen. Da Rußland einem solchen Mandat des Sicherheitsrats nicht zustimmen wollte, sahen sich die NATO-Staaten zu einer eigenmächtigen Intervention jenseits der UNO berechtigt. Dieser selbstmandatierte westliche Interventionismus wurde zudem auch im Neuen Strategischen Konzept der NATO von 1999 verankert. Dort heißt es zwar, daß die Allianz »bestrebt« sei, Interventionen nur im Rahmen der UNO durchzuführen. Doch letztlich besagt dies auch, daß sie wie im Kosovo zu eigenmächtigen Interventionen zumindest grundsätzlich bereit ist. Die NATO will die Selbstmandatierung zwar offenbar nicht zum Regelfall machen, hält sie sich jedoch für nicht näher bestimmte Ausnahmefälle ausdrücklich offen (Varwick/Woyke 2000: 94-98).

Diese Tendenz zur humanitären Intervention ohne UNO wird dadurch bestärkt, daß die UNO bei einigen Interventionsmaßnahmen der NATO an den Rand gedrängt worden ist. Insbesondere bei den Konflikten auf dem Balkan hat die NATO schrittweise immer mehr die Sicherheitsaufgaben, die vormals von der UNO wahrgenommen wurden, an sich gezogen. In Bosnien beispielsweise war es zunächst die UNO, die zwischen Serben, Kroaten und Muslimen ein Friedensabkommen zu vermitteln suchte, um dieses durch UNPROFOR, eine von ihr befehligte Truppe, zu stabilisieren. Sukzessive haben die USA in diesem Prozeß die zentrale Vermittlerrolle übernommen. Ihnen gelang es durch Richard Holbrooke, die Friedensvereinbarung von Dayton zu erzielen. Die Einhaltung dieser Vereinbarung sicherte dann nicht mehr die UNPROFOR, sondern zunächst die IFOR, später die SFOR, die beide in die Befehlsstruktur der NATO integriert wurden. Die UNO hat diese Truppenverbände nur autorisiert, sie ist aber an der Befehlskette nicht beteiligt. Ebensowenig kann sie auf die KFOR einwirken, die, von der UNO legitimiert, den Friedensprozeß im Kosovo absichern soll.[1] Befehlsstrukturen wie in Somalia, wo mit UNOSOM II eine Truppe den Friedensprozeß durchsetzen sollte, die der UNO unterstand, scheinen heute kaum mehr denkbar. Die UNO kann den Friedensprozeß somit nur mehr begrenzt beeinflussen.

Der Trend zum eigenmächtigen Interventionismus der Großmächte ist von den USA seit der Präsidentschaft von George W. Bush, jr. deutlich akzentuiert worden. Die Intervention in Afghanistan hatte von Beginn an einen Doppelcharakter: Neben der multilateralen Absicherung in Form der UN-Autorisierung der Intervention gegen eine transnationale Sicherheitsbedrohung beinhaltete sie schon immer auch Elemente eines unilateralen Gegenschlags der USA gegen einen Feind, der durch nationale Entscheidungs- und Willensbildungsprozesse definiert wurde und im Namen des Selbstverteidigungsrechtes bekriegt werden durfte. Dieser Trend zum amerikanischen Unilateralismus ist insbesondere im Zusammenhang mit der Debatte über eine Intervention im Irak und den Auseinandersetzungen über den Internationalen Strafgerichtshof unterstrichen worden.

Trotz dieser gegenläufigen und den Haupttrend abschwächenden Tendenzen spricht jedoch manches dafür, daß sich die internationale Sicherheitspolitik ähnlich wie die internationale Wirtschafts- oder Umweltpolitik aus der nationalen Konstellation gelöst hat und sich trotz einer Vielzahl von Rückschlägen in einem keinesfalls linearen Prozeß auf eine postnationale Konstellation zubewegt.

## 10.2 Theorien der internationalen Politik aus der nationalen Konstellation

Sind die Theorien der Internationalen Beziehungen, die wir in Teil I diskutiert haben und aus denen sich unser vorhandenes Wissen über Krieg und Frieden speist, noch adäquat, um die skiz-

1 Dasselbe gilt für Mazedonien. Auch hier werden die verschiedenen Bemühungen, den Konflikt zwischen der albanischen Minderheit und der mazedonisch-slawischen Mehrheit zu begrenzen, kaum von der UNO bestimmt. Vielmehr haben ebenso wie im Kosovo und in Bosnien die NATO bzw. nun vermehrt auch die EU die zentralen Sicherheitsaufgaben übernommen.

zierten aktuellen Transformationsprozesse zu erfassen? Worin bestehen die Beschränkungen von Theorien, die im historischen Kontext des modernen Staatensystems entwickelt worden sind, wenn es Krieg und Frieden in der postnationalen Konstellation zu verstehen gilt? Wie stark sind die traditionellen Theorien der Internationalen Beziehungen an den methodologischen Nationalismus gebunden? Sind sie hinreichend offen, um die für die postnationale Konstellation typische Mehrebenenpolitik zu erfassen?

Die *neorealistische Theorie* konnte lange als der Inbegriff der Theorie internationaler Politik gesehen werden. Nur vor dem Hintergrund eines starken methodologischen Nationalismus ergab der Versuch einen Sinn, Internationale Beziehungen als akademische Disziplin mit einer eigenständigen Theorie zu etablieren. Der Neorealismus von Kenneth N. Waltz (1979) stellte dementsprechend einen der letzten großen Versuche dar, Internationale Beziehungen als respektable und eigenständige akademische Disziplin vor den Herausforderungen der grenzüberschreitenden Interdependenzen zu retten. Dieser Rettungsversuch ist jedoch spätestens mit der Herausbildung der postnationalen Konstellation überholt. Dementsprechend scheinen alle neueren Versuche, die Internationalen Beziehungen als eine separate Disziplin zu retten (vgl. z. B. Buzan et. al. 1993), so viele Anleihen bei der generellen Sozialtheorie und der Theorie der Politik machen zu müssen, daß die Disziplinengrenzen eher unterminiert als gestärkt werden (vgl. Guzzini 1998). Mit anderen Worten, der methodologische Nationalismus ist der neorealistischen Theorie Internationaler Beziehungen so stark eingeschrieben und zugunsten der Staatenkonkurrenz vereinseitigt, daß sie nur bedingt geeignet erscheint, die gegenwärtigen Transformationsprozesse zu erfassen.

Indem die Differenz zwischen Staat und Gesellschaft und somit auch die Differenzen in der Gestaltung des Verhältnisses zwischen Staat und Gesellschaft im Neorealismus gleichsam negiert werden und die Konkurrenz zwischen Staaten als das einzig zentrale Strukturprinzip hervorgehoben wird, ist der Neorealismus beispielsweise nicht in der Lage, transnationale Legitimierungsprozesse oder supranationales Regieren ernstlich in den Blick zu nehmen. Darüber hinaus bleiben ihm die neuen Sicherheitsprobleme, die eben nicht mehr nur an der Schnittstelle zwischen Staaten auftauchen, verschlossen. Gleichzeitig verkennt der Neorealismus die weitreichenden Differenzen zwischen unterschiedlichen Akteuren im internationalen System. So müssen in dieser Denkweise einerseits transnationale Sicherheitsbedrohungen notwendigerweise »verstaatlicht« werden und andererseits von der UNO gestützte Interventionen in »neue Bürgerkriege« auf nationale Machtinteressen zurückgeführt werden. Darüber hinaus muß der Neorealismus von der prinzipiellen Gleichartigkeit des intervenierenden Staates und des Staates, in den interveniert wird, ausgehen. Durch Bürgerkrieg geplagte gescheiterte Staaten und die stabilen Staaten der OECD-Welt sind aber auch jenseits ihrer Machtdifferenzen keineswegs *like units* (Sørensen 2001: Kap. 6). Derartig konzeptionell bedingte Einschätzungen werden den aktuellen Transformationsprozessen nicht gerecht.

Mit diesem harschen Urteil über den Neorealismus ist freilich nicht gesagt, daß zentrale Kategorien der neorealistischen Theorie bedeutungslos geworden sind. Solange die zentralen Ressourcen von den Staaten kontrolliert werden, erscheint insbesondere die Abwesenheit einer den Staaten übergeordneten Autorität mit einem Gewaltmonopol und die daraus resultierende Anarchie der Staatenwelt für das Verständnis von Krieg und Frieden in der postnationalen Konstellation weiterhin zentral. Die anarchische Grundstruktur begründet, warum auch in der postnationalen Konstellation Staaten nach Macht streben, um ihre eigene Sicherheit garantieren zu können. Die Anarchie der Staatenwelt macht zudem verständlich, warum sich dieses Machtstreben zumindest potentiell in ein Sicherheitsdilemma übersetzen kann, aufgrund dessen jeder Staat die Machtentfaltung anderer Staaten als Sicherheitsbedrohung wahrnimmt, welche ihn veranlaßt, seinerseits zusätzliche Machtressourcen zu erwerben, so daß ein Kreislauf von Machterwerb und Gegenmachtbildung entstehen kann. Dementsprechend darf für das Verständnis von Krieg und Frieden die Machtverteilung zwischen Staaten keinesfalls vernachlässigt werden. Dies gilt um so mehr, als in der postnationalen Konstellation die Abwesenheit einer übergeordneten Autorität nicht mehr nur zwischen Staaten, sondern auch innerhalb von Staaten verbreitet ist. Gerade in Bürgerkriegssituationen ist die zentrale Autorität des Staates zumeist soweit geschwächt, daß aufgrund der resultierenden Anarchie unter den Bürgerkriegsparteien ein Sicherheitsdilemma entsteht, das dasselbe Muster von Machterwerb und Gegenmachtbildung aufweist, wie es in der nationalen Konstellation für das Verständnis von Krieg und Frieden zwischen Staaten entscheidend war. Da jedoch in der postnationalen Konstellation Kriege nicht mehr nur diesem der Anarchie entspringenden Sicherheitsdilemma geschuldet sind, kann sich in der postnationalen Konstellation sowohl innerhalb als auch zwischen Staaten ein adäquates Verständnis von Krieg und Frieden nicht mehr ausschließlich an der Machtverteilung festmachen.

Der *liberalen Theorie* und auch weiten Teilen der marxistischen Theorie der internationalen Politik sind gerade in zentralen neuen Beiträgen wie Andrew Moravcsiks »Choice for Europe« (1998) oder Joachim Hirschs »Der nationale Wettbewerbsstaat« (1995) die konzeptionellen Vorentscheidungen des methodologischen Nationalismus inhärent. Ähnlich wie im Realismus wird die Konkurrenz zwischen Nationalstaaten betont. Allerdings wird zusätzlich die Unterscheidung zwischen Gesellschaft und Staat berücksichtigt und hervorgehoben. Das eröffnet konzeptionell die Möglichkeit, daß in internationalen Institutionen ein gemeinsames Regieren stattfinden kann. Dieses kann sich im Rahmen regionaler Integrationsprozesse sogar in ein supranationales Regieren übersetzen. Die transnationalen Legitimierungsprozesse bleiben der liberalen und der marxistischen Theorie jedoch weitgehend fremd. Die liberale Theorie hat zwar schon immer die Bedeutung von Öffentlichkeit für die internationale Politik betont, doch diese bleibt hier immer eine national gebundene Öffentlichkeit. Die mit einer zunehmend transnationalen Öffentlichkeit verknüpften veränderten Legitimierungsprozesse geraten somit nicht in den Blick. Dementsprechend sind der liberalen genauso wie der marxistischen Theorie auch die besonderen Legitimierungsprobleme des Regierens in internationalen Institutionen weitgehend verschlossen geblieben.

Doch auch die liberale und die traditionelle marxistische Theorie der internationalen Politik wird in der postnationalen Konstellation keinesfalls bedeutungslos. Vielmehr sind zentrale Kategorien dieser Theorie für das Verständnis der Politik in der postnationalen Konstellation von großer Bedeutung. Daß grenzüberschreitende Transaktionsprozesse eine wichtige Rahmenbedingung internationaler Politik im allgemeinen und internationaler Sicherheitspolitik im besonderen darstellen, wird bei diesen Theorien vehement hervorgehoben. Dies trifft in der postnationalen Konstellation noch mehr zu als in der nationalen Konstellation, da die drängenden Problemlagen primär auf grenzüberschreitenden gesellschaftlichen Transaktionsprozessen beruhen. Darüber hinaus dürften auch die materiellen Interessen gesellschaftlicher Gruppierungen, welche u. a. durch diese Transaktionsprozesse mit geprägt werden, für die Politik in der postnationalen Konstellation von entscheidender Bedeutung sein. Außerdem dürften die unterschiedlichen Staatenmerkmale für das Verständnis internationaler Politik insofern wichtig bleiben, als sie mitbestimmen, welche gesellschaftlichen Interessen die nationale Politik bestimmen. Daß Demokratien untereinander keine Kriege führen, gilt offenbar für die nationale wie die postnationale Konstellation gleichermaßen. Und daß Demokratie auch eine wichtige innerstaatliche Friedensbedingung darstellt, bleibt weiterhin richtig. Doch allein durch gesellschaftliche Transaktionen, die durch sie beeinflußten materiellen Interessen primär national gebundener Gruppierungen sowie die Strukturen von Staaten, in denen diese Gruppen ihre Interessen zu wahren versuchen, wird sich Krieg und Frieden in der postnationalen Konstellation nicht mehr angemessen analysieren lassen.

Die *neo-institutionalistische Theorie* ist weniger strikt an die nationale Konstellation gebunden. Der rationalistische Institutionalismus löst sich stärker vom konzeptionellen Käfig des methodologischen Nationalismus. Obgleich der herausragende Beitrag zu dieser Theorie – Keohanes »After Hegemony« (1984) – in der konkreten Ausformulierung noch sehr stark an den methodologischen Nationalismus gebunden war, erscheint uns eine derartige Verbindung nicht zwingend. Die neo-institutionalistische Theorie erkennt zumindest an, daß staatliche und nicht-staatliche Akteure für die internationale Politik bedeutsam sind. Damit ist die Möglichkeit eines komplexen Mehrebenenspiels unterschiedlicher Akteure auf und zwischen verschiedenen politischen Ebenen angelegt. Die Perspektive eines »Regieren jenseits des Nationalstaates« (Zürn 1998) bzw. *Global Governance*, dergemäß internationale Institutionen nicht nur problemfeldspezifisch internationale Kooperation befördern, sondern konstitutionell zu betrachten sind, hat sich gerade im Rahmen der neo-institutionalistischen Theorie ergeben.

Gleichwohl gilt es das entsprechende Potential der neo-institutionalistischen Theorie für ein besseres Verständnis von Politik im allgemeinen und internationaler Sicherheitspolitik im besonderen in der postnationalen Konstellation noch zu entfalten. Arbeiten zu *Global Governance*, welche die konstitutionellen Grundlagen der Politik – gerade auch der Sicherheitspolitik – in der postnationalen Konstellation zu identifizieren versuchen, sind häufig theoretisch noch wenig entwickelt. Umgekehrt orientieren sich gerade die theoretisch anspruchsvolleren neo-institutionalistischen Arbeiten weiterhin am methodologischen Nationalismus. Dort werden transnationale gesellschaftliche Legitimierungsprozesse nur wenig in der Theoriebildung berücksichtigt. Dabei müssen für ein erfolgreiches Regieren in internationalen Institutionen in der postnationalen Konstellation, diese nicht mehr nur den intergouvernementalen Interessenkonstellationen folgen, vielmehr scheint es heute gerade auch darum zu gehen, gleichzeitig transnationalen Legitimitätserfordernissen zu genügen. Zudem scheint die Transnationalisierung der Problemlagen und die sich selbst verstärkende Supranationalisierung, die mit dem Regieren in internationalen Institutionen häufig verbunden ist, noch kaum theoretisch aufgearbeitet.

Die *sozialkonstruktivistische Theorie* der internationalen Politik hat sich bislang am deutlichsten vom methodologischen Nationalismus entfernt. Gleichwohl fußt auch hier mit Alexander Wendt's »Social Theory of International Politics« (1999) der möglicherweise prominenteste Beitrag auf einem methodologischen Nationalismus, der sich kaum vom methodologischen Nationalismus eines Kenneth Waltz, Robert O. Keohane oder Andrew Moravcsik unterscheidet. Trotzdem gilt für den Sozialkonstruktivismus im allgemeinen, daß er stärker als die übrigen angesprochenen Theorien den Mehrebenencharakter internationaler Politik in der postnationalen Konstellation beleuchten kann. So wird vielfach gerade in sozialkonstruktivistischen Theorien auf die veränderten Legitimierungsprozesse aufgrund einer zunehmend transnationalen Öffentlichkeit aufmerksam gemacht, die nicht nur materielle Interessen, sondern auch moralische Überzeugungen in die internationale Politik einbringt. Beispielsweise haben die Autoren in Risse/Ropp/Sikkink (1999) überzeugend gezeigt, daß transnationale Menschenrechtsorganisationen, die ihren Ursprung in OECD-Staaten haben, entscheidend dazu beitragen konnten, daß sich in einigen Staaten jenseits der OECD-Welt die Menschenrechtssituation verbessert hat. Gleichzeitig haben die neogramscianischen Arbeiten von Cox

(1987) u. a. dargelegt, inwieweit sich gesellschaftliche Konfliktlinien längst transnationalisiert haben.

Doch auch bei den sozialkonstruktivistischen Theorien erscheint das Potential für ein besseres Verständnis von Politik in der postnationalen Konstellation noch keineswegs ausgereizt. Vielfach wird zwar auf interessante Mehrebenenkonstellationen zwischen einer zunehmend transnationalen Öffentlichkeit und dem Regieren in internationalen Institutionen verwiesen, doch liegen bisher kaum verallgemeinernde Befunde vor. Vielfach begnügen sich sozialkonstruktivistische Arbeiten damit, in Auseinandersetzung mit realistischen, liberalen und institutionalistischen Theorien zu zeigen, daß die Ideen und Normen transnational vernetzter Gruppierungen zu berücksichtigen sind, um internationale Politik zu verstehen. Doch sie geben nur wenig Aufschluß darüber, in welchem Verhältnis deren Ideen und Normen zu grundlegenden Interessen anderer Gruppierungen stehen. Diese Beschränkung muß gerade bei der Frage nach Krieg und Frieden als besonders problematisch gelten, weil bei den Interventionen in Bürgerkriegsgesellschaften sehr häufig normative Handlungsimperative und materielle Interessenlagen in einem Spannungsverhältnis zueinander stehen bzw. nur die Gleichgerichtetheit von normativen Handlungsimperativen und materiellen Interessenlagen zu einer realen Interventionsbereitschaft führt. Hinzu kommt, daß in der sozialkonstruktivistischen Theoriebildung bislang die Supranationalisierung des Regierens in internationalen Institutionen zuwenig beachtet wurde. In sozialkonstruktivistischen Theorien wird die Bedeutung internationaler Institutionen häufig zugleich über- und unterschätzt. Überschätzt wird ihre Bedeutung als Sozialisierungsinstanzen, in denen u. a. Staaten gemeinsame Identitäten, Normen und Ideen entwickeln. Unterschätzt wird hingegen die Bedeutung internationaler Institutionen, die als Akteure auf das internationale Regieren einwirken und die Kosten und Nutzen bestimmter Handlungen bei gegebenen Interessenlagen verändern. Die UNO stellt in der internationalen Sicherheitspolitik nicht nur eine wichtige Sozialisierungsinstanz dar, sondern sie ist auch als Akteur am Regieren in den internationalen Sicherheitsbeziehungen beteiligt.

Eine Theorie der Weltpolitik in der postnationalen Konstellation braucht also nicht gänzlich neu erfunden zu werden. Vielmehr kann sie sich zumindest partiell auf die bestehenden Theorieangebote stützen. Eine bloße Fortschreibung einer dieser Theorien der internationalen Politik aus der nationalen Konstellation erscheint allerdings ebenfalls nicht hinreichend.

## 10.3 Prämissen für eine Theorie postnationaler Politik

Mit der nationalen Konstellation haben sich in der Politikwissenschaft theoretische Perspektiven verbunden, die meist auf einem methodologischen Nationalismus beruhten. Angesichts des historischen Kontextes der nationalen Konstellation erwies sich der methodologische Nationalismus als eine plausible und nützliche Konzeptualisierung zur Analyse von Politik. Im Kontext einer postnationalen Konstellation droht der methodologische Nationalismus jedoch hinderlich zu werden. Er blendet aufgrund theoretischer Vorentscheidungen systematisch wichtige Sachverhalte aus und sperrt sich der empirischen Widerlegung.

Eine Theorie der Politik in der postnationalen Konstellation muß also die »Selektivität erprobter Perspektiven« (Mayntz 2001) abbauen und bedarf einer Rekonzeptualisierung politischer Prozesse, die eine Ablösung vom Denken in nationalstaatlichen Kategorien ermöglicht. Daß Politik in der postnationalen Konstellation sich aus dem Zusammenspiel verschiedener Ebenen ergibt und damit die scharfe Trennung von Innen und Außen, von nationaler und internationaler Politik nicht mehr aufrechterhalten werden kann, gibt dabei zunächst nur eine Charakterisierung des historischen Kontextes ab. In einem weiteren Schritt müssen die Prämissen über die Politik in der postnationalen Konstellation herausgearbeitet und zu einem theoretischen Modell zusammengefügt werden, um im Ergebnis zu verallgemeinerungsfähigen Aussagen zu gelangen. Da sich Politik immer als Resultat einerseits der Strukturen, in denen sie stattfindet, und andererseits der Akteure, durch die sie bestimmt wird, darstellt, müssen diese Prämissen in bezug auf die grundlegenden Strukturen und die zentralen Akteure formuliert werden. Es gilt zu klären, wodurch sich die postnationalen Strukturen auszeichnen und wer die zentralen postnationalen Akteure sind. Dabei zeigt sich, daß einige dieser Prämissen sich sowohl von den entsprechenden Prämissen über die nationale als auch die internationale Politik in der nationalen Konstellation unterscheiden.

*(a) Struktur*

(1) Das *Organisationsprinzip* in den Strukturen des internationalen Systems in der postnationalen Konstellation ist durch die Abwesenheit einer übergeordneten Zentralinstanz geprägt, die in der Lage ist, Politiken gegenüber untergeordneten Akteuren gegebenenfalls auch mit Gewalt durchzusetzen. Die Weltpolitik ist auch in der postnationalen Konstellation nicht hierarchisch, sondern bleibt vielmehr anarchisch strukturiert. Gleichzeitig werden in der postnationalen Konstellation die hierarchischen Strukturen in den nationalen politischen Systemen flacher. Der Staat als Zentralinstanz verlegt sich vielmehr zunehmend darauf, bestimmte Politiken anzustoßen, die dann von den beteiligten Akteuren freiwillig umzusetzen sind. Die nationale Politik in der postnationalen Konstellation ähnelt in dieser Hinsicht der internationalen Politik in der nationalen Konstellation. Die Strukturen im internationalen und in den nationalen politischen Systemen gleichen sich mithin einander an und verbinden sich in politischen Mehrebenensystemen.[2]

(2) Mit den anarchischen Strukturen verbindet sich in der postnationalen Konstellation aber nicht wie in der traditionellen Vorstellung von internationaler Politik die funktionale Homogenität der Akteure. Im Gegenteil: *Funktionale Differenzierung*, d. h. die Zuweisung unterschiedlicher Aufgaben an unterschiedliche Akteure, und Elemente *funktional begrenzter Autorität* sind kennzeichnend für die Weltpolitik in der postnationalen Konstellation. So haben transnationale Nichtregierungsorganisationen deutlich andere Funktionen als etwa Nationalstaaten. *Amnesty International* beispielsweise identifizierte und verifizierte drastische Menschenrechtsverletzungen in Bosnien, die Staaten hingegen stellten die Ressourcen bereit, um mit einer militärischen Intervention gegen die dortigen Menschenrechtsverletzungen einzuschreiten. Hinzu kommt, daß den supranationalen Organisationen, die im Kontext von weithin anerkannten internationalen Institutionen entstehen, eine funktional begrenzte Autorität zugewiesen wird. In dieser Hinsicht nähert sich die Weltpolitik in der postnationalen Konstellation der nationalen Politik der nationalen Konstellation an.

2 Vgl. Jachtenfuchs/Kohler-Koch (1996) und Marks et. al. (1996) als einflußreiche Versuche, die EU als dynamisches Mehrebenensystem zu konzeptualisieren.

(3) Die funktionale Differenzierung ist im internationalen System der postnationalen Konstellation allerdings bei weitem *weniger institutionalisiert* als in den traditionellen nationalen politischen Systemen. Während in nationalen politischen Systemen typischerweise bestimmten Akteuren spezifische Aufgaben auch rechtlich zugewiesen sind, befinden sich derartige Aufgabenzuweisungen jenseits des Nationalstaates häufig im rechtlichen Graubereich. Daß beispielsweise *Greenpeace* internationale Umweltschutznormen transnational überwachen kann, ist rechtlich nirgendwo festgelegt. Spezifische Aufgabenzuweisungen sind in der postnationalen Konstellation institutionell kaum festgeschrieben und nur selten allgemein anerkannt. Das Ausmaß der *Konstitutionalisierung* wird zunächst vergleichsweise gering bleiben.[3]

(4) Das internationale System kennt jedoch nicht nur funktionale, sondern auch *sektorale und territoriale Differenzierungen.* In dieser Hinsicht unterscheidet sich das internationale System in der postnationalen Konstellation sowohl vom internationalen System als auch von den nationalen politischen Systemen in der nationalen Konstellation.

Politische Prozesse unterscheiden sich erstens nach der jeweils betrachteten Region. Die Transformation des politischen Systems der nationalen Konstellation ist in unterschiedlichen Regionen unterschiedlich weit fortgeschritten, so daß sich Politik in unterschiedlichen Regionen sehr unterschiedlich darstellen kann. Da nur in der OECD-Welt starke Anzeichen für eine Überwindung der nationalen Konstellation bestehen, erscheint vieles von dem, was bisher ausgeführt worden ist, nur mit Blick auf die OECD-Welt plausibel. Dagegen sind viele Regionen außerhalb der OECD-Welt nach wie vor der nationalen Konstellation verhaftet, andere Regionen noch nicht einmal in der nationalen Konstella-

3 Wir folgen hier einer Definition von Alec Stone Sweet and James Caporaso (1998: 102), die mit Blick auf die EU formuliert worden ist. Demnach bezieht sich Konstitutionalisierung »to the process by which the EC treaties have evolved from a set of legal arrangements binding upon sovereign states, into a vertically integrated legal regime conferring judicially enforceable rights and obligations on all legal persons and entities, public and private, within EC territory. The phrase captures the transformation of an intergovernmental organization governed by international law into a multitiered system of governance founded on higher-law constitutionalism.«

tion angekommen.[4] Trotz dieser wichtigen Differenzierungen darf allerdings nicht übersehen werden, daß die entsprechenden regionalen Subsysteme in ein größeres System integriert sind, das vom regionalen Subsystem der OECD-Welt dominiert wird.[5]

Politische Prozesse differieren zweitens auch mit Blick auf das jeweils betrachtete Politikfeld. Die Transformation des politischen Systems der nationalen Konstellation ist nämlich nicht nur in unterschiedlichen Regionen, sondern eben auch in unterschiedlichen Sektoren unterschiedlich weit fortgeschritten. Dementsprechend kann sich internationale Politik auch in unterschiedlichen Sektoren sehr unterschiedlich darstellen. So ist beispielsweise mit Buzan/Little (2000: 73) zwischen dem militärischen Sektor, dem politischen Sektor, dem ökonomischen Sektor, dem soziokulturellen Sektor und dem ökologischen Sektor zu differenzieren. Im ökonomischen und im ökologischen Sektor scheint die Transformation von der nationalen zur postnationalen Konstellation vergleichweise weit fortgeschritten. Im militärischen Sektor scheint sie ebenfalls erkennbar, während sie im soziokulturellen Sektor noch deutlich hinterherhinkt.

*(b) Akteure*

(5) Die politischen *Akteure* der postnationalen Konstellation sind immer weniger individuelle, sondern vorwiegend korporative Akteure – also etwa Verbände, Organisationen und Bürokratien – in hochorganisierten und hochspezialisierten Subsystemen. Während Politik in der nationalen Konstellation noch durch die regulative Idee von individuellen Akteuren als Repräsentanten der Gesellschaft getragen wurde, vermittelt sich Politik in der postnationalen Konstellation fast immer assoziativ. Nicht der einzelne Parlamentarier, der nur seinem Gewissen verpflichtet die Gesellschaft repräsentiert, bestimmt die Politik. Politik in der postnationalen Konstellation wird vielmehr von unterschied-

4 Dementsprechend unterscheidet Sørensen (2001) zwischen postmodernen, modernen und postkolonialen (gewissermaßen prä-modernen) Staaten, in denen sich je unterschiedliche Politikprozesse vollziehen.

5 »States form a system to the extent that they interact with each other regularly, and to the degree that their interaction affects the behaviour of each other.« (Tilly 1990: 62) Auf der Grundlage dieser Minimalvoraussetzung mag man dann »schwache« und »starke« internationale Systeme unterscheiden, wobei starke Systeme ein hohe Präge- und Penetrationskraft besitzen (Buzan/Little 2000: 411-12).

lichen Verbänden, Organisationen, Bürokratien, Staaten und Netzwerken getragen. In dieser Hinsicht hat sich die Politik in der postnationalen Konstellation an die internationale Politik der nationalen Konstellation angenähert.

(6) Allerdings lassen sich im internationalen System der postnationalen Konstellation – wie bereits von den nationalen politischen Systemen in der nationalen Konstellation gewohnt – *unterschiedliche Typen von politischen Akteuren* unterscheiden, die je unterschiedliche Interessen repräsentieren und je eigene Aufgaben besitzen: Staaten, vertreten durch Regierungen, stellen territoriale Interessenorganisationen dar, die zudem die Aufgabe haben, ihre Ressourcen bei der Umsetzung internationaler Politiken einzusetzen. Transnationale Nicht-Regierungsorganisationen vertreten dagegen sektorale Interessen. Sie haben wichtige Aufgaben bei der Formulierung einzelner Politiken sowie bei der Überwachung der Politikumsetzung. Internationale und insbesondere supranationale Organisationen besitzen dagegen zumeist eine funktional begrenzte Autorität, um die gemeinsamen Interessen der daran beteiligten Staaten zu vertreten. Ihre Aufgabe ist es zumeist, die Politikformulierung zu erleichtern und insbesondere die Politikdurchsetzung zu begünstigen.

(7) Die Akteure müssen im postnationalen Mehrebenensystem ihre Politiken sowohl gegenüber den transnationalen Teilöffentlichkeiten als auch nationalen *Öffentlichkeiten*, die zunehmend miteinander vernetzt sind, legitimieren können. Weltpolitik in der postnationalen Konstellation ist nicht mehr nur Sache einiger weniger korporativer Akteure – insbesondere Staaten –, welche unter Ausschluß der Öffentlichkeit ihre Interessen aufeinander abstimmen, um zu gemeinsamen Politiken zu gelangen. Vielmehr sind sie darauf angewiesen, daß sie diese Politiken gegenüber den nationalen *und* transnationalen Öffentlichkeiten rechtfertigen können. Weltpolitik entspricht damit nicht mehr dem »exekutiven Multilateralismus« der nationalen Konstellation, sondern sollte in der postnationalen Konstellation auf einen gesellschaftlich getragenen Multilateralismus zusteuern.

(8) Die *Motivation* der Akteure zur Teilnahme an Politikprozessen unterscheidet sich sowohl von der nationalen als auch von der internationalen Politik in der nationalen Konstellation. Im Gegensatz zum Idealtyp einer nationalen Gemeinschaft ist es nicht die Bereitschaft, die gemeinsame Suche nach dem kollektiv

Guten zu gestalten, die politische Partizipation motiviert. Im Gegensatz zur internationalen Politik kann jedoch auch kaum davon gesprochen werden, daß ausschließlich der Versuch, die eigenen Interessen durchzusetzen, zum politischen Handeln treibt. Im Vordergrund steht vielmehr ein gemeinsames Interesse an der Problemlösung. Mitglieder im Politikformulierungsprozeß teilen die Vorstellung eines »upgrading the common interest« (Kohler-Koch/Eising 1999). Ein solches Grundverständnis schließt die breite Akzeptanz von Grundwerten ein. Diese »moralischen« Grundwerte sind aber schlank gehalten. Postnationale Politik beruht deshalb nicht auf einer belastbaren gemeinsamen Identität. Vielmehr gerät sie zu einer auf Ideen und Interessen gleichermaßen beruhenden Auseinandersetzung über das Regieren jenseits des Nationalstaates.

## 10.4 Hypothesen über die postnationale Politik

Mit der Benennung der zentralen Strukturen sowie der Akteure, den Akteursinteressen und der daraus resultierenden Akteurskonstellationen der postnationalen Konstellation sind einige Prämissen formuliert, die zusammen mit der Beschreibung der postnationalen Konstellation selbst das Rohmaterial für eine angemessene Theorie der postnationalen Politik abgeben können. Diese Theorie soll den Käfig des methodologischen Nationalismus verlassen, um ein besseres Verständnis der Politik in der postnationalen Konstellation zu ermöglichen. Um zumindest anzudeuten, wie eine solche Theorie letztlich aussehen könnte, wollen wir nun in einem letzten Schritt einige überprüfbare Hypothesen zu zentralen Aspekten internationaler Politik in der postnationalen Konstellation benennen. Diese Hypothesen greifen nochmals die grundlegenden Konzepte der Theorien der Internationalen Beziehungen in der nationalen Konstellation auf, die auch für ein Verständnis der postnationalen Konstellation relevant bleiben: der Neorealismus thematisiert Macht und Machtgebrauch, der Liberalismus lenkt den Blick auf gesellschaftliche Interessen, der rationale Institutionalismus macht die Bedeutung internationaler Institutionen deutlich, und der Sozialkonstruktivismus hat die Rolle von Ideen hervorgehoben. Unsere Hypothesen greifen diese Konzepte auf, um sie im Lichte des oben beschriebenen theoretischen Rahmens für die postnationale Konstellation zu reformulieren. Die jeweiligen Hypothesen beziehen sich dabei primär auf den Bereich der Sicherheitspolitik und berühren mithin v. a. die Grundfragen von Krieg und Frieden. Insofern stellen sie bestenfalls einen Ausschnitt einer Theorie der postnationalen Konstellation dar.

(1) *Machtgebrauch*: Auch in der postnationalen Konstellation konzentrieren sich zentrale Machtressourcen wie Finanzen und Militär beim Staat. Doch aus der Prämisse hinsichtlich der Problemlösungsmentalität zentraler Akteure folgt unmittelbar, daß sich der Machtgebrauch gegenüber der internationalen Politik in der nationalen Konstellation verändert. Wenn die Akteure primär dadurch motiviert werden, sich an Politikprozessen im Sinne einer gemeinsamen Problemlösung zu beteiligen und bei der Bestimmung gemeinsamer Politiken die eigenen Interessen einzubringen, wandelt sich auch der Machtgebrauch. Macht wird dann nicht mehr vornehmlich eingesetzt, um die eigene Sicherheit zu gewährleisten oder gar neue Territorien zu erwerben. Dementsprechend kann der Machteinsatz der USA im Kosovokonflikt, im Bosnienkrieg und selbst im Golfkrieg nicht ausschließlich mit nationalen Sicherheitsinteressen erklärt werden. Vielmehr ging es auch darum, kollektiv vereinbarte Politiken umzusetzen, um gemeinsame Interessen zu wahren. Mittels Machtressourcen können zum einen internationale Politikprozesse wirksam beeinflußt werden. So nutzen die USA ihre überlegenen Machtmittel heute vornehmlich, um in internationalen Institutionen wie der UNO ihre Interessen durchzusetzen. In seltenen Fällen wird Macht zum anderen auch eingesetzt werden, um die Politiken, die im gemeinsamen Interesse in internationalen Institutionen wie der UNO vereinbart wurden, mit oder ohne Gewalt tatsächlich durchzusetzen. Mit diesem veränderten Machtgebrauch geht freilich auch eine veränderte Bedeutung unterschiedlicher Machtressourcen einher. *Unsere Hypothese besagt, daß harte – insbesondere militärische – Machtressourcen trotz deren Funktionalität bei der Durchsetzung internationaler Normen gegenüber weicheren Machtressourcen, mittels deren die Politikformulierung in internationalen Institutionen beeinflußt werden kann, relativ an Bedeutung verlieren.*

(2) *Gesellschaftliche Interessen*: Aus der Prämisse hinsichtlich der gewachsenen Bedeutung der Öffentlichkeiten, um bestimmte

Politiken rechtfertigen zu können, folgt, daß sich nationale Außenpolitik immer weniger ausschließlich auf gesellschaftliche Partikularinteressen stützen kann. Da sich Politik in der postnationalen Konstellation vor einer breiten – vielfach sogar transnationalen – Öffentlichkeit legitimieren können muß, werden die spezifischen Interessen einzelner gesellschaftlicher Gruppierungen nur dann durchsetzbar sein, wenn sie den allgemeinen Interessen einer breiten und nicht mehr ausschließlich auf nationale Interessen fixierten Öffentlichkeit entgegenkommen. Dementsprechend dürfte es Staaten in der postnationalen Konstellation beispielsweise kaum mehr möglich sein, gestützt auf einige wenige nationale Interessengruppen eine expansive Gewaltpolitik zu betreiben, die den eigenen Staat in umfangreiche Kriegshandlungen verwickelt. Die breite Öffentlichkeit kann für den Krieg kaum mehr allein durch den Appell an nationale Emotionen begeistert werden. Wer in der postnationalen Konstellation militärische Gewaltmittel einzusetzen wünscht, der muß gegenüber den Öffentlichkeiten überzeugend argumentieren können, daß die Gewaltanwendung notwendig ist, um kollektive Interessen zu wahren. Dabei definieren sich die kollektiven Interessen nicht mehr nur national. Vielmehr hat sich in einer partiell transnationalen Öffentlichkeit die Interessenbestimmung partiell denationalisiert und berücksichtigt universelle Normen und Werte. Alle militärischen Gewaltmaßnahmen von OECD-Staaten waren demnach seit den 90er Jahren durch öffentliche Debatten begleitet, in denen nicht nur darüber gestritten wurde, ob der Gewalteinsatz den nationalen Interessen folgt. Diese Debatten hatten stets zumindest auch die kollektiven Interessen einer sich transnationalisierenden Gesellschaft im Blick. *Die Hypothese lautet also, daß in der postnationalen Konstellation der Einsatz militärischer Gewalt nicht mehr nur eine Angelegenheit national bestimmter gesellschaftlicher Interessen darstellt, sondern eine Angelegenheit von großen Debatten geworden ist, die zumindest partiell transnationalisiert sind und bei denen transnationale kollektive Interessen Berücksichtigung finden.*

Da sich die Interessenlagen, die gesellschaftliche Akteure in das politische System der postnationalen Konstellation einbringen, partiell transnationalisiert haben, läßt sich auch die These formulieren, daß sich die zentralen Konfliktlinien grundlegend gewandelt haben. Während in der nationalen Konstellation die zentralen Konfliktlinien im internationalen System zwischen verschiedenen Staaten verliefen, waren die zentralen Konfliktlinien in den nationalen politischen Systemen durch die sogenannte Klassenfrage geprägt. Diese beiden dyadischen Konfliktlinien scheinen sich im politischen System der postnationalen Konstellation grundlegend zu verändern (Zürn et al. 2000). Insbesondere zeichnen sich zwei dazu querliegende neue Konfliktlinien ab. Zum einen hat sich eine neue Konfliktlinie zwischen Internationalisten und Nationalisten gebildet. Bei diesem Konflikt geht es vielfach darum, ob die in der postnationalen Konstellation auftretenden neuen Probleme vornehmlich in nationalen Institutionen bewältigt werden sollten oder vermehrt in internationalen Institutionen zu bearbeiten sind. Zum anderen haben sich die Konflikte zwischen Staat und Gesellschaft akzentuiert. Denn gerade durch die Problembearbeitung in internationalen Institutionen haben die Staaten eine zusätzliche Autonomie gegenüber Anforderungen aus der eigenen Gesellschaft erlangt (Wolf 2000). Während die Staaten diese Autonomie gerne bewahren möchten, drängen Gesellschaften vielfach darauf, in internationalen Institutionen demokratische Beteiligungsmöglichkeiten zu erhalten. Durch diese beiden »neuen« Konfliktlinien dürften gerade auch die Grundfragen nach Krieg und Frieden geprägt werden. *Die These lautet also, daß alte Konfliktlinien zwischen einerseits Staaten und andererseits Klassen durch neue Konfliktlinien im postnationalen Mehrebenensystem überlagert werden.*

(3) *Internationale Institutionen*: Die Staaten reagieren auf die Transnationalisierung der Problemlagen in der postnationalen Konstellation, in dem sie ihre Regierungsaufgaben vermehrt in internationalen Institutionen erfüllen. Deshalb kommt internationalen Institutionen in der postnationalen Konstellation für das Regieren eine größere Bedeutung zu als noch in der nationalen Konstellation. Noch nie war die Anzahl internationaler Institutionen so groß wie heute, und noch nie konnten internationale Institutionen so tief in gesellschaftliche Transaktionen eingreifen. Auf der Grundlage der Prämissen über die internationale Politik in der postnationalen Konstellation lassen sich in bezug auf internationale Institutionen folgende Hypothesen formulieren.

Aus unserer Prämisse über die wachsende Bedeutung transnationaler Öffentlichkeiten folgt, daß das Regieren in internationalen Institutionen sich vermehrt gegenüber einer zunehmend breiten Öffentlichkeit legitimieren können muß. Dementsprechend reicht es nicht mehr aus, daß das Regieren in internationalen Institutionen sich vor allem auf Verhandlungen stützt, in denen ausschließlich Staatenvertreter am Verhandlungstisch sitzen. Gemeinsame staatliche Interessen sind zwar auch in der postnationalen Konstellation Voraussetzung dafür, daß das Regieren in internationalen Institutionen gelingen kann. Doch ein effektives Regieren in internationalen Institutionen wird gerade auch im Sicherheitsbereich zunehmend davon abhängen, daß es der transnationalen Öffentlichkeit Partizipationsmöglichkeiten bietet. *Effektive internationale Institutionen sind zunehmend davon abhängig, daß sie das Spannungsverhältnis von transnationaler Legitimation und nationaler Ressourcenbereitstellung auflösen können.*

Mit dieser Entwicklung verbindet sich ein intensiviertes Nachdenken über Demokratie jenseits des Nationalstaates. Demokratie jenseits des Nationalstaates wird sich nicht einfach als die vom Nationalstaat gekannte parlamentarische Demokratie reproduzieren lassen. Das originäre Demokratieprinzip – alle diejenigen, die von einer Entscheidung betroffen sind, sollten die Möglichkeit der Mitwirkung an der Entscheidung haben – ist offen für vielerlei verschiedene institutionelle Umsetzungen (vgl. z.B. Schmalz-Bruns 1999). *Jedenfalls – so unsere Hypothese – wird die postnationale Konstellation auch durch Debatten über die institutionelle Umsetzung von Demokratie jenseits des Nationalstaates gekennzeichnet sein.* Derartige Debatten werden internationale Sicherheitsinstitutionen über kurz oder lang genauso erfassen wie internationale Wirtschaftsinstitutionen.

Aus der Prämisse über die Abwesenheit einer gewaltbegabten Zentralinstanz folgt, daß Politik in postnationalen Mehrebenensystemen im Normalfall einem Entscheidungsmodus entspricht, der eher dem Prinzip des Konsenses als dem der einfachen Mehrheitsregel nahe kommt. *Insofern ist zu erwarten, daß Argumentations- (arguing) und Aushandlungsprozesse (bargaining) weiterhin gegenüber Abstimmungsverfahren in internationalen Institutionen bevorzugt werden.* Dies begrenzt auch den für die postnationale Konstellation kennzeichnenden Trend, beim Regieren in internationalen Sicherheitsinstitutionen das vollständige Konsensprinzip zu überwinden.

(4) *Ideen*: Ideen über internationale Politik werden auch in der

postnationalen Konstellation von Bedeutung bleiben. Allerdings wird sich das Set an Ideen verändern, das für die Politik jenseits des Nationalstaates bedeutsam ist. Insbesondere werden Ideen über grundlegende Ordnungsprinzipien den Konstitutionalisierungsprozeß der internationalen Politik begleiten (Jachtenfuchs et. al 1998). Dabei werden Ideen, welche Ordnungsprinzipien dem der Souveränität folgen könnten, an Bedeutung gewinnen. Welchen Ordnungsvorstellungen kann internationale Politik in der postnationalen Konstellation gehorchen, nachdem die Souveränität der Staaten nicht zuletzt aufgrund des veränderten Regierens in internationalen Institutionen zunehmend ausgehöhlt worden ist? Wie können in diesen internationalen Institutionen die nach unseren Prämissen wachsenden gesellschaftlichen Partizipationsbedürfnisse befriedigt werden? Darüber hinaus werden auch Ideen wichtig werden, die Aufschluß darüber geben, wie die nach unseren Prämissen zunehmende funktionale Differenzierung zwischen unterschiedlichen Akteuren institutionalisiert werden kann. Kurzum: Ideen über eine politische Ordnung, die der postnationalen Konstellation gemäß ist, werden Konjunktur haben. Dementsprechend werden die ideologischen Auseinandersetzungen über die künftigen internationalen Ordnungsprinzipien zunehmen (Jachtenfuchs 2002). *Damit verbindet sich die Hypothese, daß der Konstitutionalisierungsprozeß von der Generierung und Diffusion von Ordnungsvorstellungen über postnationale Mehrebenensysteme nachhaltig beeinflußt werden wird.*

Ob sich die hier vorgetragenen Hypothesen zur postnationalen Politik als tragfähig erweisen, bleibt abzuwarten. Ebenso wird es sich zeigen, ob die oben vorgetragenen Prämissen nützlich sein werden, um eine angemessene Theorie der Politik in der postnationalen Konstellation zu entwickeln. Jedenfalls ist zu betonen, daß diese Prämissen und die damit verbundenen Hypothesen bestenfalls nur einen kleinen Schritt auf dem langen Weg zu einer solchen Theorie der Politik in der postnationalen Konstellation darstellen. Um weitere Schritte auf diesem Weg gehen zu können, gilt es weitere Brücken zwischen theoretischer und empirischer Forschung, zwischen der Analyse nationaler und der internationaler Politik, zwischen normativen und analytischen Ansätzen sowie zwischen unterschiedlichen theoretischen Perspektiven zu bauen. Denn ohne diese Brücken wird sich Politik in der postnationalen Konstellation nicht verstehen lassen. Dabei ist es gerade ein angemessenes Verständnis der Politik, das wir brauchen, um den Herausforderungen in der postnationalen Konstellation gerecht werden zu können. Dies gilt insbesondere auch für die neuen Herausforderungen, denen sich die internationale Sicherheitspolitik ausgesetzt sieht. Die alten Rezepte, den Frieden zu stabilisieren und Krieg zu vermeiden, tragen in der postnationalen Konstellation nur mehr bedingt. Gerade um den Frieden zu sichern und Krieg zu vermeiden, sind wir deshalb auf ein profunderes Verständnis der Politik in der postnationalen Konstellation angewiesen.

# Literaturliste


Abiew, Francis Kofi, *The Evolution of the Doctrine and Practice of Humanitarian Intervention*, Den Haag 1999.

Abromeit, Heidrun/Schmidt, Thomas, »Grenzprobleme der Demokratie: Konzeptionelle Überlegungen«, in: *Regieren in entgrenzten Räumen* (PVS Sonderheft 29), hg. v. Beate Kohler-Koch, Opladen 1998, S. 293-320.

Acevedo, Domingo E., »The Haitian Crisis and the OAS Response: A Test of Effectiveness in Protecting Democracy«, in: *Enforcing Restraint. Collective Intervention in Internal Conflicts*, hg. v. Lori Fisler Damrosch, New York 1993, S. 119-155.

Adler, Emanuel, »Seizing the Middle Ground: Constructivism in World Politics«, in: *European Journal of International Relations* 3:3, 1997, S. 319-363.

Adler, Emanuel/Barnett, Michael (Hg.), *Security Communities*, Cambridge 1998.

Alston, Philip (Hg.), *The United Nations and Human Rights. A Critical Appraisal*, Oxford 1995.

Anderson, Jeffrey J., »Hard Interests, Soft Power, and Germany's Changing Role in Europe«, in: *Tamed Power. Germany in Europe*, hg. v. Peter J. Katzenstein, Ithaca, NY 1997, S. 80-107.

Anderson, Perry, *Die Entstehung des absolutistischen Staates*, Frankfurt/M. 1979.

Ansprenger, Franz, »Blauhelme. Markenzeichen und Alpdruck der Vereinten Nationen«, in: *Die Reform der Vereinten Nationen. Die Weltorganisation zwischen Krise und Erneuerung*, hg. v. Klaus Hüfner, Opladen 1994, S. 55-79.

Archer, Clive, *International Organizations*, 2. Auflage, Oxford 1992.

Armstrong, David, *From Versailles to Maastricht: International Organisation in the Twentieth Century*, Basingstoke 1996.

Armstrong, David/Lloyd, Lorna/Redmond, John, *From Versailles to Maastricht. International Organisation in the Twentieth Century*, London 1996.

Beck, Ulrich, *Risikogesellschaft. Auf dem Weg in eine andere Moderne*, Frankfurt/M. 1986.

Beck, Ulrich, *Die Erfindung des Politischen. Zu einer Theorie reflexiver Modernisierung*, Frankfurt/M. 1993.

Beck, Ulrich, *Was ist Globalisierung?*, Frankfurt/M. 1997.

Beck, Ulrich, *World Risk Society*, Cambridge 1999.

Beisheim, Marianne/Dreher, Sabine/Walter, Gregor/Zangl, Bernhard/Zürn, Michael, *Im Zeitalter der Globalisierung? Thesen und Daten zur gesellschaftlichen und politischen Denationalisierung*, Baden-Baden 1999

Bender, Peter, *Neue Ostpolitik: Vom Mauerbau zum Moskauer Vertrag*, München 1986.

Berdal, Mats/Leifer, Michael, »Cambodia«, in: *The New Interventionism 1991-1994. United Nations Experience in Cambodia, Former Yugoslavia, and Somalia*, hg. v. James Mayall, Cambridge 1996, S. 25-58.

Bergen, Peter L., *Heiliger Krieg Inc.: Osama Bin Ladens Terrornetz*, Berlin 2001.

Betts, Richard K., »The Delusion of Impartial Intervention«, in: *Turbulent Peace. The Challenge of Managing International Conflict*, hg. v. Chester A. Crocker/Fen Osler Hampson/Pamela Aall, Washington 2001, S. 285-294.

BICC (Bonn International Center for Conversion) (Hg.), *Conversion Survey 2001*, Baden Baden 2001.

Blechmann, Barry M., »Efforts to Reduce the Risk of Accidental or Inadvertent War«, in: *US-Soviet Security Cooperation. Achievements, Failures, Lessons*, hg. v. Alexander L. George/Philip J. Farley/Alexander Dallin, Oxford 1988, S. 466-481.

Boulding, Kenneth E., *Stable Peace*, Austin 1978.

Bonß, Wolfgang, »Unsicherheit und Gesellschaft – Argumente für eine soziologische Risikoforschung«, in: *Soziale Welt* 91:4, 1991, S. 258-275.

Breitmeier, Helmut, *Wie entstehen globale Umweltregime?*, Opladen 1996.

Brzoska, Michael, »Warum gibt es so wenige Atomwaffenstaaten? Zum Erklärungswert verschiedener theoretischer Ansätze«, in: *Politische Vierteljahresschrift* 32:1, 1991, S. 24-55.

Bueno de Mesquita, Bruce, »Theories of International Conflict. An Analysis and Appraisal«, in: *Handbook of Political Conflict. Theory and Research*, hg. v. Ted Robert Gurr, New York 1980, S. 361-398.

Bull, Hedley, *The Anarchical Society. A Study of Order in World Politics*, Basingstoke/London 1977.

Bulmer, Simon J., »Shaping the Rules? The Constitutive Politics of the European Union and German Power«, in: *Tamed Power. Germany in Europe*, hg. v. Peter J. Katzenstein, Ithaca, NY 1997, S. 49-79.

Burci, Gian Luca, »United Nations Peacekeeping Operations in Situations of Internal Conflict«, in: *The New World Order. Sovereignty, Human Rights and the Self-Determination of Peoples*, hg. v. Mortimer Sellers, Oxford, 1996, S. 237-273.

Burley, Anne-Marie/Mattli, Walter, »Europe before the Court: A Political Theory of Legal Integration«, in: *International Organization* 47:1, 1993, S. 41-76.

Buzan, Barry/Jones, Charles/Little, Richard, *The Logic of Anarchy: Neorealism to Structural Realism*, New York 1993.

Buzan, Barry/Little, Richard: *International Systems in World History: Remaking the Study of International Relations*, Oxford 2000.

Buzan, Barry/Wæver, Ole/Wilde, Jaap de, *Security: A New Framework for Analysis*, Boulder, CO 1998.
Calic, Marie-Janine, *Krieg und Frieden in Bosnien-Hercegovina*, Frankfurt/M. 1996.
Carlsnaes, Walter, »The Agency-Structure Problem in Foreign Policy Analysis«, in: *International Studies Quarterly* 36:3, 1992, S. 245-270.
Carr, Edward Hallett, *The Twenty Years' Crisis. 1919-1939. An Introduction to the Study of International Relations*, London 1964.
Chan, Steve, »In Search of Democratic Peace, Problems and Promise«, in: *Mershon International Studies Review* 41:1, 1997, S. 59-91
Chayes, Abram/Chayes, Antonia Handler, »On Compliance«, in: *International Organization* 47:2, 1993, S. 175-205.
Chayes, Abram/Chayes, Antonia Handler, *The New Sovereignty. Compliance with International Regulatory Agreements*, Cambridge, MA 1995.
Checkel, Jeffrey T., »Why Comply? Social Learning and European Identity«, in: *International Organization* 55:3, 2001, S. 553-588.
Clark, Jeffrey, »Debacle in Somalia. Failure of Collective Response«, in: *Enforcing Restraint. Collective Interventionism in Internal Conflicts*, hg. v. Lori Fisler Damrosch, New York 1993, S. 205-240.
Conybeare, John A. C., *Trade Wars. The Theory and Practice of International Commercial Rivalry*, New York 1987.
Cortright, David/Lopez, George A., *The Sanctions Decade. Assessing UN Strategies in the 1990s*, London 2000.
Cortright, David/Lopez, George A., *Sanctions and the Search for Security. Challenges to UN Action*, Boulder/London 2002.
Cox, Robert W., »Social Forces, States and World Orders. Beyond International Relations Theory«, in: *Neorealism and Its Critics*, hg. v. Robert O. Keohane, New York 1986, S. 204-255.
Cox, Robert W., *Production, Power, and World Order. Social Forces in the Making of History*, New York 1987.
Cox, Robert W., »Gramsci, Hegemony and International Relations: An Essay in Method«, in: *Gramsci, Historical Materialism and International Relations*, hg. v. Stephen Gill, Cambridge, UK 1993, S. 49-66.
Cox, Robert W./Sinclair, Timothy J., *Approaches to World Order*, Cambridge 1996.
Craig, Gordon/George, Alexander L., *Force and Statecraft. Diplomatic Problems of Our Time*, New York/Oxford 1983.
Crenshaw, Martha, »The Vulnerability of Post-Modern Societies: Case Study ›United States of America‹«, in: *Terrorismus als weltweites Phänomen*, hg. v. Kai Hirschmann/Peter Gerhard, Berlin 2000 S. 209-214.
Creveld, Martin van, *Die Zukunft des Krieges*, München 1998.
Crocker, Chester A., »Intervention. Toward Best Practices and a Holistic View«, in: *Turbulent Peace. The Challenge of Managing International*

*Conflict*, hg. v. Chester A. Crocker/Fen Osler Hampson/Pamela Aall, Washington 2001, S. 229-248.
Czempiel, Ernst-Otto, *Internationale Politik. Ein Konfliktmodell*, Paderborn 1981.
Czempiel, Ernst-Otto, »Nachrüstung und Systemwandel«, in: *Aus Politik und Zeitgeschichte* B5, 1982, S. 22-46.
Czempiel, Ernst-Otto, *Friedensstrategien. Systemwandel durch Internationale Organisationen, Demokratisierung und Wirtschaft*, Paderborn 1986.
Czempiel, Ernst-Otto, *Weltpolitik im Umbruch. Das internationale System nach dem Ende des Ost-West-Konflikts*, München 1991.
Daase, Christopher, *Kleine Kriege – Große Wirkung. Wie unkonventionelle Kriegführung die internationale Politik verändert*, Baden-Baden 1999.
Daase, Christopher, »Terrorismus – Begriffe, Theorie und Gegenstrategien. Ergebnisse und Probleme sozialwissenschaftlicher Forschung«, in: *Die Friedenswarte* 76:1, 2001, S. 55-79.
Damrosch, Lori Fisler (Hg.), *Enforcing Restraint. Collective Intervention in Internal Conflicts*, New York 1993.
Debiel, Tobias/Fischer, Jörg, »Ohnmächtige Blauhelme? Zum Funktionswandel der UNO-Friedensmissionen«, in: *Sicherheit und Frieden* 12:3, 1994, S. 104-135.
Debiel, Tobias/Nuscheler, Franz (Hg.), *Der neue Interventionismus. Humanitäre Einmischung zwischen Anspruch und Wirklichkeit*, Bonn 1996.
Dessler, David, »What's at Stake in the Agent-Structure Debate?«, in: *International Organization* 43:3, 1989, S. 441-473.
Deutsch, Karl W., *Political Community at the International Level. Problems of Definition and Measurement*, New York 1954.
Deutsch, Karl W., *Der Nationalismus und seine Alternativen*, München 1972.
Deutsch, Karl W. et al., *Political Community and the North Atlantic Area: International Organization in the Light of Historical Experience*, Princeton, NJ 1957.
Deutsch, Karl W./Singer, J. David, »Multipolar Power Systems and International Stability«, in: *World Politics* 16, 1964, S. 390-406.
Donelly, Jack, »International Human Rights: A Regime Analysis«, in: *International Organization* 40:3, 1986, S. 599-642.
Dorronsoro, Gilles, »Afghanistan: Von Solidaritätsnetzwerken zu regionalen Räumen«, in: *Ökonomie der Bürgerkriege*, hg. v. François Jean/Jean-Christophe Rufin, Hamburg, 1999, S. 121-154.
Downs, George W./Rocke, David M./Siverson, Randolph M., »Arms Races and Cooperation«, in: *Cooperation Under Anarchy*, hg. v. Oye A. Kenneth,, Princeton, NJ 1986, S. 118-146.

Doyle, Michael W., »Kant, Liberal Legacies, and Foreign Affairs«, in: *Philosophy and Public Affairs* 12:3, 1983, S. 205-235 und 12:4, 1983 S. 323-353.

Doyle, Michael W., *Empires*, Ithaca/ London 1986.

Doyle, Michael W., *UN Peacekeeping in Cambodia: UNTAC's Civil Mandate*, Boulder, CO 1995.

Doyle, Michael W., »War and Peace in Cambodia«, in: *Civil Wars, Insecurity and Intervention*, hg. v. Barbara F. Walter/Jack Snyder, New York 1999, S. 181-217.

Doyle, Michael W., »War Making and Peace Making. The United Nations' Post-Cold War Record«, in: *Turbulent Peace. The Challenge of Managing International Conflict*, hg. v. Chester A. Crocker/Fen Osler Hampson/Pamela Aall, Washington 2001, S. 529-560.

Economides, Spyros/Taylor, Paul, »Former Yugoslawia«, in: *The New Interventionism, 1991-1994. United Nations Experience in Cambodia, Former Yugoslavia, and Somalia*, hg. v. James Mayall, Cambridge 1996, S. 59-93.

Eder, Klaus, »Zur Transformation nationalstaatlicher Öffentlichkeit in Europa. Von der Sprachgemeinschaft zur issuespezifischen Kommunikationsgemeinschaft«, in: *Berliner Journal für Soziologie* 10:2, 2000, S. 167-284.

Eder, Klaus/Hellmann, Kai-Uwe/Trenz, Hans-Jörg, »Regieren in Europa jenseits öffentlicher Legitimation? Eine Untersuchung zur Rolle von politischer Öffentlichkeit in Europa«, in: *Regieren in entgrenzten Räumen* (PVS Sonderheft 29), hg. v. Beate Kohler-Koch, Opladen 1998, S. 321-344.

Efinger, Manfred, *Vertrauen ist gut, Kontrolle ist besser: Entstehungsbedingungen effektiver Verifikationsvereinbarungen im Politikfeld Sicherheit*, Baden-Baden 1991.

Efinger, Manfred/Nielebock, Thomas/Rittberger, Volker, »Was muß uns ängstigen? Zur Kriegsgefahrenwahrnehmung der Friedensbewegung und Kriegsgefahrenanalyse der Friedens- und Konfliktforschung«, in: *Mit Kriegsgefahren leben*, hg. v. Klaus Horn/Volker Rittberger, Opladen 1987, S. 11-59.

Eichengreen, Barry, *Globalizing Capital. A History of the International Monetary System*, Princeton New York 1996.

Eikenberg, Kathrin, »Testfall Somalia: Läßt sich der Frieden erzwingen?«, in: *Jahrbuch Dritte Welt 1994*, hg. v. Joachim Betz/Stefan Brüne, München 1993, S. 99-113.

Eknes, Age, »The United Nations' Predicament in the Former Yugoslawia«, in: *The United Nations and Civil Wars*, hg. v. Thomas G. Weiss, London 1995, S. 109-126.

Elias, Norbert, *Über den Prozeß der Zivilisation. Soziogenetische und psychogenetische Untersuchungen*, Bern 1969.

Elias, Norbert, *Die Gesellschaft der Individuen*, Frankfurt/M. 1987.

Elwert, Georg, »Gewaltmärkte: Beobachtungen zur Zweckrationalität der Gewalt«, in: *Soziologie der Gewalt* (Kölner Zeitschrift für Soziologie und Sozialpsychologie, Sonderheft 37), hg. v. Trutz von Trotha, Köln 1997, S. 59-85.

Elwert, Georg, »Rational und lernfähig«, in: *Der Überblick* 37:3, 2001, S. 1-8.

Enders, Walter/Sandler, Todd, »Patterns of Transnational Terrorism, 1970-1999: Alternative Time-Series Estimates«, in: *International Studies Quarterly* 46:2, 2002, S. 145-166.

Eurobarometer (Kommission der Europäischen Gemeinschaft), *Eurobarometer* 32, Brüssel 1989.

Finnemore, Martha, »Norms, Culture and World Politics: Insights From Sociology's Institutionalism«, in: *International Organization* 50:2, 1994, S. 325-348.

Forschungsgruppe Menschenrechte, »Internationale Menschenrechtsnormen, transnationale Netzwerke und politischer Wandel in den Ländern des Südens«, in: *Zeitschrift für Internationale Beziehungen* 5:1, 1998, S. 5-41.

Franck, Thomas M., *The Power of Legitimacy Among Nations*, New York/Oxford 1990.

Franck, Thomas M., »The Emerging Right to Democratic Governance«, in: *American Journal of International Law* 86:1, 1992, S. 46-91.

Frank, André Gunder, *Sociology of Development and Underdevelopment of Sociology*, Lund 1969.

Freedman, Lawrence/Karsh, Efraim, *The Gulf Conflict, 1990-1991: Diplomacy and War in the New World Order*, London 1994.

Fukuyama, Francis, *Das Ende der Geschichte. Wo stehen wir?*, München 1992.

Gaddis, John L., »The Long Peace. Elements of Stability in the Postwar International System«, in: *International Security* 10:4, 1986, S. 99-142.

Galtung, Johan, »Gewalt, Frieden und Friedensforschung«, in: *Kritische Friedensforschung*, hg. v. Dieter Senghaas, Frankfurt/M. 1971, S. 55-104.

Gantzel, Klaus-Jürgen, »Die Kriegsherde der Welt«, in: *Der Bürger im Staat* 45:1, 1995, S. 8-14.

Gantzel, Klaus-Jürgen, »Handel und Frieden. Ein klassisches Topos der Friedensbestrebungen und seine Bedeutung im Zeitalter der Globalisierung«, in: *Vom ewigen Frieden und vom Wohlstand der Nationen*, hg. v. Ulrich Menzel, Frankfurt/M. 2000, S. 323-346.

Gantzel, Klaus-Jürgen/Schwinghammer, Torsten, *Die Kriege nach dem Zweiten Weltkrieg bis 1992. Daten und Tendenzen*, Münster 1995.

Garthoff, Raymond L., *Détente and Confrontation: American-Soviet Relations from Nixon to Reagan*, Washington, DC 1985.

Gartzke, Erik/Li, Quam/Boehmer, Charles, »Investing in the Peace: Economic Interdependence and International Conflict«, in: *International Organization* 55:2, 2001, S. 391-438.
Genschel, Philipp, *Standards in der Informationstechnik. Institutioneller Wandel in der internationalen Standardisierung*, Frankfurt/M. 1995.
George, Alexander L., *Problems of Crisis Management and Crisis Avoidance in US-Soviet Relations*, Paper presented to the Nobel Institute Symposium on War and Peace Research, Oslo 1985.
George, Alexander L./Farley, Philip J./Dallin, Alexander (Hg.), *U. S.-Soviet Security Cooperation: Achivements, Failures, Lessons*, Oxford 1988.
Giddens, Anthony, *The Nation-State and Violence*, Cambridge 1985.
Giddens, Anthony, *Konsequenzen der Moderne*, Frankfurt/M. 1990.
Gill, Stephen (Hg.), *Gramsci, Historical Materialism and International Relations*, Cambridge 1993.
Gilpin, Robert, *War and Change in World Politics*, Cambridge 1981.
Gilpin, Robert, *The Challenge of Global Capitalism: The World Economy in the 21st Century*, Princeton, NJ 2000.
Gleditsch, Kristian S./Ward, Michael D., »War and Peace in Space and Time: The Role of Democratization«, in: *International Studies Quarterly* 44:1, 2000, S. 1-29.
Goldman, Ralph M., »Political Distrust as Generator of the Arms Race. Prisoner's and Security Dilemmas«, in: *Toward Nuclear Disarmament and Global Security. A Search for Alternatives*, hg. v. Burns H. Weston, Boulder, CO 1984, S. 90-94.
Goldmann, Kjell, *Transforming the European Nation-State. Dynamics of Internationalization*, London 2001.
Goulding, Marrack, »The Evolution of United Nations Peacekeeping«, in: *International Affairs* 69:3, 1993, S. 451-464.
Greenwood, Christopher, »Gibt es ein Recht auf humanitäre Intervention?«, in: *Einmischung erwünscht? Menschenrechte und bewaffnete Intervention*, hg. v. Hauke Brunkhorst, Frankfurt/M. 1998, S. 15-36.
Grieco, Joseph M., »Anarchy and the Limits of Cooperation. A Realist Critique of the Newest Liberal Institutionalism«, in: *International Organization* 42:3, 1988, S. 485-507.
Gurr, Ted Robert/Marshall, Monty G./Khosla Deepa, *Peace and Conflict 2001. A Global Survey of Armed Conflicts, Self-Determination Movements, and Democracy*, Center for International Development and Conflict Management, University of Maryland, College Park 2001.
Guzzini, Stefano, *Realism in International Relations and International Political Economy*, London 1998.
Haas, Ernst B., *Beyond the Nation-State. Functionalism and International Organization*, Stanford 1964.
Haas, Ernst B., *The Uniting of Europe. Political, Social, and Economic Forces 1950-1957*, 2. Auflage, Stanford 1968.

Haas, Ernst B., *When Knowledge is Power. Three Models of Change in International Organizations*, Berkley 1990.
Haas, Peter M., »Do Regimes Matter? Epistemic Communities and Mediterranean Pollution Control«, in: *International Organization* 43, 1989, S. 377-403.
Haas, Peter M., *Saving the Mediterranean. The Politics of International Environmental Cooperation*, New York/Oxford 1990.
Haas, Peter M., »Introduction: Epistemic Communities and International Policy Coordination«, in: *International Organization* 46:1, 1992, S. 1-35.
Haas, Peter M./Keohane, Robert O./Levy, Marc A. (Hg.), *Institutions for the Earth: Sources of Effective International Environmental Protection*, Cambridge, MA 1993.
Habermas, Jürgen, *Strukturwandel der Öffentlichkeit. Untersuchungen zu einer Kategorie der bürgerlichen Gesellschaft*, Frankfurt/M. 1990.
Habermas, Jürgen, *Die postnationale Konstellation. Politische Essays*, Frankfurt/M. 1998.
Haftendorn, Helga/Keohane, Robert O./Wallander, Celeste A. (Hg.), *Imperfect Unions. Security Institutions Over Time and Space*, Oxford 1999.
Hall, Peter A./Taylor, Rosemary C. R., *Political Science and the Three New Institutionalisms* (MPIFG Discussion Paper 96/6), Köln 1996.
Hasenclever, Andreas, *Die Macht der Moral in der Internationalen Politik. Militärische Interventionen westlicher Staaten in Somalia, Ruanda und Bosnien-Herzegowina*, Frankfurt/M. 2001.
Hasenclever, Andreas, »The Democratic Peace meets International Institutions. Überlegungen zur internationalen Organisation des demokratischen Friedens«, in: *Zeitschrift für Internationale Beziehungen* 9:1, 2002, S. 75-111.
Hasenclever, Andreas/Mayer, Peter/Rittberger, Volker, *Theories of International Regimes*, New York 1997.
Hauchler, Ingomar/Messner, Dirk/Nuscheler, Franz (Hg.), *Globale Trends 2002. Fakten, Analysen, Prognosen*, Frankfurt/M. 2001.
Hauser, Heinz/Schanz, Kai-Uwe, *Das neue GATT. Die Welthandelsordnung nach Abschluß der Uruguay-Runde*, München 1995.
Heenen-Wolff, Susann, *Juden und Palästinenser im Konflikt um ein Land*, Frankfurt/M. 1990.
Heintze, Hans-Joachim, »Völkerrecht und Terrorismus«, in: *Terrorismus als weltweites Phänomen*, hg. v. Kai Hirschmann/Peter Gerhard, Berlin 2000, S. 217-240.
Held, David/McGrew, Anthony/Goldblatt, David/Perraton, Jonathan, *Global Transformations. Politics, Economics and Culture*, Cambridge 1999.
Helleiner, Eric, *States and the Reemergence of Global Finance. From Bretton Woods to the 1990s*, Ithaca, NY 1994.

Hellmann, Gunther, *Weltmachtrivalität und Kooperation in regionalen Konflikten: Die USA und die Sowjetunion in den Kriegen des Nahen und Mittleren Ostens 1973-1991*, Baden-Baden 1993.

Helm, Carsten/Sprinz, Detlef F., *Measuring the Effectiveness of International Environmental Regimes* (Potsdam Institute für Climate Impact Research 52), Potsdam 1999.

Herz, John H., »Idealist Internationalism and the Security Dilemma«, in: *World Politics* 2:2, 1950, S. 157-180.

Herz, John H., *Politischer Realismus und politischer Idealismus. Eine Untersuchung von Theorie und Wirklichkeit*, Meisenheim am Glan 1959.

Hilferding, Rudolf, *Das Finanzkapital*, Wien 1910.

Hippler, Jochen, »Das langsame Austrocknen des humanitären Interventionismus«, in: *Der neue Interventionismus. Humanitäre Einmischung zwischen Anspruch und Wirklichkeit*, hg. v. Tobias Debiel/Franz Nuscheler, Bonn 1996, S. 77-102.

Hirsch, Joachim, *Der nationale Wettbewerbsstaat. Staat, Demokratie und Politik im globalen Kapitalismus*, Berlin 1995.

Hirschi, Christian/Serdült, Uwe/Widmer, Thomas, »Schweizerische Außenpolitik im Wandel«, in: *Schweizerische Zeitschrift für Politikwissenschaft* 5:1, 1999, S. 31-56.

Hirschmann, Kai, »Today's Terrorism: A New Challenge?«, in: *Terrorismus als weltweites Phänomen*, hg. v. Kai Hirschmann/Peter Gerhard, Berlin 2000, S. 45-56.

Hobsbawm, Eric J., *Nationen und Nationalismus. Mythos und Realität seit 1780*, Frankfurt/New York 1992, 2. Aufl.

Hobson, John A., *Imperialism*, London 1902.

Hoekman, Bernard/Kostecki, Michel, *The Political Economy of the World Trading System. From GATT to WTO*, Oxford 1995.

Hoffman, Bruce, »New Forms of Terrorism and the Threat of Terrorist Use of Chemical, Biological, Nuclear and Radiological Weapons«, in: *Terrorismus als weltweites Phänomen*, hg. v. Kai Hirschmann/Peter Gerhard, Berlin 2000, S. 37-44.

Hoffmann, Stanley, »International Systems and International Law«, in: *World Politics* 14:1, 1961, S. 205-237.

Holbrooke, Richard, *Meine Mission. Vom Krieg zum Frieden in Bosnien*, München 1998.

Holler, Manfred J./Illing, Gerhard, *Einführung in die Spieltheorie*, Heidelberg 1993.

Hollis, Martin/ Smith, Steve, *Explaining and Understanding International Relations*, Oxford 1990.

Holsti, Kalevi J.: *Peace and War: Armed Conflicts and International Order, 1648-1989*, Cambridge 1991.

Hopf, Ted, »The Promise of Constructivism in International Relations Theory«, in: *International Security* 23:2, 1998, S. 171-200.

Huhle, Rainer, »Menschenrechtsverbrechen vor Gericht. Zur aktuellen Bedeutung des Nürnberger Prozesses«, in: *Von Nürnberg nach Den Haag. Menschenrechtsverbrechen vor Gericht – Zur Aktualität des Nürnberger Prozesses*, hg. v. Nürnberger Menschenrechtszentrum, Hamburg 1996, S. 11-45.

Hurd, Ian, »Legitimacy and Authority in International Politics«, in: *International Organization* 53:2, 1998, S. 379-408.

Hurrell, Andrew, »International Society and the Study of Regimes. A Reflective Approach«, in: *Regime Theory and International Relations*, hg. v. Volker Rittberger, Oxford 1993, S. 49-72.

Ipsen, Knut/Haltern, Ulrich H., *Reform des Welthandelssystems? Perspektiven zum GATT und zur Uruguay-Runde*, Frankfurt/M. 1991.

Jachtenfuchs, Markus, *Die Konstruktion Europas. Verfassungsideen und institutionelle Entwicklung*, Baden-Baden 2002.

Jachtenfuchs, Markus/Kohler-Koch, Beate, »Regieren im dynamischen Mehrebenensystem«, in: Europäische Integration, hg. v. Markus Jachtenfuchs/Beate Kohler-Koch, Opladen 1996, S. 15-44.

Jachtenfuchs, Markus/Diez, Thomas/Jung, Sabine, »Which Europe? Conflicting Models of a Legitimate European Political Order«, in: *European Journal of International Relations* 4:4, 1998, S. 409-445.

Jackson, John H., »The WTO Dispute Settlement Understanding – Misunderstandings on the Nature of Legal Obligation«, in: *American Journal of International Law* 91:1, 1997, S. 60-64.

Jackson, John H., *The World Trade Organization: Constitution and Jurisprudence*, London 1998.

Jackson, John H., *The World Trading System: Law and Policy of International Economic Relations*, Cambridge, 2. Auflage, MA 1999.

Jacobsen, Harold K./Kaplan, Jeffrey H./Shanks, Cheryl, »Inertia and Change in the Constellation of International Governmental Organizations, 1981-1992«, in: *International Organization* 50:4, 1996, S. 593-627.

Jean, François, »Kriegswirtschaft in internen Konflikten«, in: *Ökonomie der Bürgerkriege*, hg. v. Francois Jean/Jean-Christophe Rufin, Hamburg 1999, S. 15-46.

Jervis, Robert, »Security Regimes«, in: *International Regimes*, hg. v. Stephen D. Krasner, Ithaca, NY 1983, S. 173-194.

Joas, Hans, »Die Modernität des Krieges. Die Modernisierungstheorie und das Problem der Gewalt«, in: *Die Gegenwart des Krieges. Staatliche Gewalt in der Moderne*, hg. v. Wolfgang Knöbl/Gunnar Schmidt, Frankfurt/M. 2000, S. 177-193.

Jonge Oudraat, Chantel de, »UN Sanction Regimes and Violent Conflict«, in: *Turbulent Peace. The Challenge of Managing International Conflict*, hg. v. Chester A. Crocker/Fen Osler Hampson/Pamela Aall, Washington 2001, S. 323-351.

Johansen, Robert C., »Salt II: A Symptom of the Arms Race«, in: *Toward Nuclear Disarmament and Global Security. A Search for Alternatives*, hg. v. Burns H. Weston, Boulder, CO 1984, S. 94-104.
Johnstone, Ian, *Aftermath of the Gulf War: An Assessment of UN Action* (International Peace Academy Occasional Paper Serie), Boulder, CO 1994.
Jung, Dietrich, *Kriege im Nahen und Mittleren Osten seit 1945. Daten, Hintergründe und Analysen* (IPW-Arbeitspapier Nr. 3/1997), Hamburg 1997.
Kahler, Miles, *International Institutions and the Political Economy of Integration*, Washington, DC 1995.
Kaiser, David, *Politics and War. European Conflict from Philip II to Hitler*, Cambridge, MA 1990.
Kaldor, Mary, *Der imaginäre Krieg. Eine Geschichte des Ost-West-Konflikts*, Hamburg 1992.
Kaldor, Mary, *Neue und alte Kriege. Organisierte Gewalt im Zeitalter der Globalisierung*, Frankfurt/M. 2000.
Kant, Immanuel, *Zum ewigen Frieden. Ein philosophischer Entwurf*, Königsberg 1795.
Kapstein, Ethan B., *Governing the Global Economy: International Finance and the State*, Cambridge 1994.
Katzenstein, Peter J., *Cultural Norms and National Security: Police and Military in Postwar Japan*, Ithaca, NY 1996.
Katzenstein, Peter J. (Hg.), *The Culture of National Security. Norms and Identity in World Politics*, New York 1996.
Katzenstein, Peter J. (Hg.), *Tamed Power. Germany in Europe*, Ithaca, NY 1997.
Kaufmann, Franz-Xaver, *Herausforderungen des Sozialstaates*, Frankfurt/M. 1997.
Keck, Margaret E./Sikkink, Kathryn, *Activists Beyond Borders: Advocacy Networks in International Politics*, Ithaca, NY 1998.
Keck, Otto, »Der neue Institutionalismus in der Theorie der Internationalen Politik«, in: *Politische Vierteljahresschrift* 32:4, 1991, S. 635-653.
Keck, Otto, »Rationales kommunikatives Handeln in den internationalen Beziehungen. Ist eine Verbindung von Rational-Choice-Theorie und Habermas' Theorie des kommunikativen Handelns möglich?«, in: *Zeitschrift für Internationale Beziehungen* 2:1, 1995, S. 5-48.
Kennedy, Paul, *Aufstieg und Fall der großen Mächte*, Frankfurt/M. 1989.
Keohane, Robert O., »The Theory of Hegemonic Stability and Changes in International Economic Regimes, 1967-1977«, in: *Change in the International System*, hg. v. Ole R. Holsti/Randolph M. Siverson/Alexander L. George, Boulder, CO 1980, S. 131-162.
Keohane, Robert O., *After Hegemony: Collaboration and Discord in the World Political Economy*, Princeton, NJ 1984.

Keohane, Robert O., *International Institutions and State Power. Essays in International Relations Theory*, Boulder, CO 1989.

Keohane, Robert O., »International Liberalism Reconsidered«, in: *The Economic Limits to Modern Politics*, hg. v. John Dunn, Cambridge 1990, S. 165-194.

Keohane, Robert O., »Hobbes's Dilemma and Institutional Change in World Politics: Sovereignty in International Society«, in: *Whose World Order*, hg. v. Hans-Henrik Holm/Georg Sørensen, Boulder, CO 1995, S. 165-186.

Keohane, Robert O., »Governance in a Partially Globalized World«, in: *American Political Science Review* 95:1, 2001, S. 1-13.

Keohane, Robert O./Moravcsik, Andrew/Slaughter, Anne-Marie, »Legalized Dispute Resolution: Interstate and Transnational«, in: *International Organization* 54:3, 2000, S. 457-488.

Keohane, Robert O./Nye, Joseph S., *Power and Interdependence. World Politics in Transition*, 3. Auflage, London 2001.

Kehr, Eckart, *Der Primat der Innenpolitik*, Berlin 1970.

Kindleberger, Charles P., »Systems of International Economic Organization«, in: *Money and the Coming World Order*, hg. v. David P. Calleo, New York 1976, S. 15-39.

Klingebiel, Stephan, *Leistungsfähigkeit und Reform des Entwicklungsprogramms der Vereinten Nationen*, Köln 1998.

Klotz, Audie, »Norms Reconstituting Interests: Global Racial Equality and U. S. Sanctions Against South Africa«, in: *International Organization* 49:3, 1995, S. 451-478.

Knöbl, Wolfgang/Schmidt, Gunnar (Hg.), *Die Gegenwart des Krieges. Staatliche Gewalt in der Moderne*, Frankfurt/M. 2000.

Kohler-Koch, Beate, »Interdependenz«, in: *Theorien der Internationalen Beziehungen: Bestandsaufnahme und Forschungsperspektiven* (PVS-Sonderheft 21), hg. v. Volker Rittberger, Opladen 1990, S. 110-129.

Kohler-Koch, Beate/Eising, Rainer (Hg.), *The Transformation of Governance in the European Union*, London 1999.

Krasner, Stephen D., *Sovereignty. Organized Hypocrisy*, Princeton, NJ 1999.

Krause, Keith/Williams, Michael C. (Hg.), *Critical Security Studies. Concepts and Cases*, London 1997.

Kugler, Jacek/Lemke, Douglas, »The Power Transition Research Program: Assessing Theoretical and Empirical Advances«, in: *The Handbook of War Studies II*, hg. v. Manus Midlarsky, Ann Arbor, Michigan 2000.

Lailach, Martin, *Die Wahrung des Weltfriedens und der internationalen Sicherheit als Aufgabe des Sicherheitsrates der Vereinten Nationen*, Berlin 1998.

Laitin, David D., »Somalia, Civil War and International Intervention«, in: *Civil Wars, Insecurity and Intervention*, hg. v. Barbara F. Walter/Jack Snyder, New York, S. 146-180.
Laqueur, Walter, *Nahost – Vor dem Sturm: Die Vorgeschichte des Sechstage-Krieges im Juni 1967*, Frankfurt/M. 1968.
Laqueur, Walter, »Postmodern Terrorism«, in: *Foreign Affairs* 75:5, 1996, S. 24-36.
Laqueur, Walter, *Die globale Bedrohung. Neue Gefahren des Terrorismus*, München 2001.
Lebow, Richard Ned, »The Long Peace, the End of the Cold War, and the Failure of Realism«, in: *International Organization* 48:2, 1994, S. 249-277.
Lenin, Wladimir I., *Der Imperialismus als höchstes Stadium des Kapitalismus,* Wien 1916.
Levy, Marc A., »European Acid Rain. The Power of Tote-Board Diplomacy«, in: *Institutions for the Earth. Sources of Effective International Environmental Protection*, hg. v. Peter M. Haas/Robert O. Keohane/Marc A. Levy, (Hg.):, Cambridge 1993, S. 75-132.
Levy, Marc A./Young, Oran R./Zürn, Michael, »The Study of International Regimes«, in: *European Journal of International Relations* 1:3, 1995, S. 267-330.
Liese, Andrea, *Friedenskonsolidierung bei internen Konflikten. Die Rolle der Vereinten Nationen in Kambodscha*, Mosbach 1996.
Liese, Andrea, *Staaten am Pranger: Zur Wirkung internationaler Regime auf die innerstaatliche Menschenrechtspolitik*, Diss. Bremen 2001.
Link, Werner, *Der Ost-West-Konflikt. Die Organisation der Internationalen Beziehungen im 20. Jahrhundert*, 2. Auflage, Stuttgart 1988.
Luard, Evan, *A History of the United Nations. Vol 1. The Years of Western Domination, 1945-1955*, London 1982.
Lüders, Michael, *Wir hungern nach dem Tod: Woher kommt die Gewalt im Dschihad-Islam?*, Zürich 2001.
Luhmann, Niklas, *Soziologie des Risikos*, Berlin/New York 1991.
Luttwak, Edward N., »The Curse of Inconclusive Intervention«, in: *Turbulent Peace. The Challenge of Managing International Conflict,* hg. v. Chester A. Crocker/Fen Osler Hampson/Pamela Aall, Washington 2001, S. 265-272.
Luxemburg, Rosa, *Die Akkumulation des Kapitals*, Berlin 1913/1979.
Malaquias, Assis, »Diamonds Are a Guerilla's Best Friend. The Impact of Illicit Wealth on Insurgency Strategy«, in: *Third World Quarterly* 22:3, 2001, S. 311-325.
Mann, Michael (Hg.), *The Rise and Decline of the Nation-State*, Oxford 1990.
Mann, Michael, *The Sources of Social Power. Volume II: The Rise of Classes and Nation States, 1760-1914*, Cambridge 1993.

Mann, Michael, »Krieg und Gesellschaftstheorie: Klassen, Nationen und Staaten auf dem Prüfstand«, in: *Die Gegenwart des Krieges. Staatliche Gewalt in der Moderne*, hg. v. Wolfgang Knöbl/Gunnar Schmidt, Frankfurt/M. 2000, S. 25-51.

Mansfield, E. D./Pollins, B. M., »The Study of Interdependence and Conflict: Recent Advances, Open Questions, and Directions for Future Research«, in: *Journal of Conflict Resolution* 45:6, 2001, S. 834-859.

Maoz, Zeev/Russett, Bruce M., »Normative and Structural Causes of Democratic Peace, 1946-1986«, in: *American Political Science Review* 87:3, 1993, S. 624-638.

March, James G./Olsen, Johan P., *Rediscovering Institutions. The Organizational Basis of Politics*, New York 1989.

Marks, Gary/Hooghe, Liesbet/Blank, Kermit, »European Integration from the 1980s: State Centric vs. Multi-level Governance«, in: *Journal of Common Market Studies* 34:3, 1996, S. 341-378.

Marx, Karl, *Der Achtzehnte Brumaire des Louis Bonaparte*, Berlin 1946.

Marshall, Thomas H., *Bürgerrechte und Soziale Klassen. Zur Soziologie des Wohlfahrtsstaates*, Frankfurt/M. 1992.

Martin, Lisa, »Interests, Power, and Multilateralism«, in: *International Organization* 46:4, 1992, S. 765-792.

Matthies, Volker, *Immer wieder Krieg? Eindämmen – beenden – verhüten? Schutz und Hilfe für die Menschen?*, Opladen 1994.

Mayall, James (Hg.), *The New Interventionism, 1991-1994. United Nations Experience in Cambodia, Former Yugoslavia, and Somalia*, Cambridge 1996.

Mayntz, Renate, »Politik in einer entgrenzten Welt«, in: *Politik in einer entgrenzten Welt*, hg. v. Christine Landfried, Köln 2001, 28-47.

Mearsheimer, John J., »Back to the Future. Instability in Europe After the Cold War«, in: *International Security* 15:1, 1990, S. 5-56.

Mearsheimer, John J., *The Tragedy of Great Power Politics*, New York 2001.

Menzel, Ulrich, *Zwischen Idealismus und Realismus. Die Lehre von den Internationalen Beziehungen*, Frankfurt/M., 2001.

Meyers, Reinhard, *Die Lehre von den Internationalen Beziehungen: Ein entwicklungsgeschichtlicher Überblick*, Königstein 1981.

Meyers, Reinhard, »Grundbegriffe, Strukturen und theoretische Perspektiven der Internationalen Beziehungen«, in: *Grundwissen Politik*, hg. v. Bundeszentrale für politische Bildung, Frankfurt/M. 1991, S. 220-316.

Mickolus, Edward F., *Transnational Terrorism: A Chronology of Events, 1968-1979*, London 1980.

Mickolus, Edward F., *International Terrorism: Attributes of Terrorist Events 1968-1977*, Ann Arbor, Michigan 1982.

Mickolus, Edward F./Sandler, Todd/Murdock, Jean M., *International Terrorism in the 1980s: A Chronology of Events*, Ames 1989.

Mickolus, Edward F./Sandler,Todd/Murdock, Jean M/Flemming, P., *International Terrorism. Attributes of Terrorist Events 1988-1991*, Dunn Loring 1993
Miles, Edward L./Underdal, Arild/Andresen, Steinar/Carlin, Elaine M. (Hg.), *Environmental Regime Effectiveness*, Cambrigde 2001.
Miller, Lynn H., »The Idea and the Reality of Collective Security«, in: *Global Governance* 5:3., 1999.
Mills, Kurt, *Human Rights in the Emerging Global Order: A New Sovereignty*, London 1998.
Milner, Helen V., *Interests, Institutions and Information. Domestic Politics and International Relations*, Princeton 1997.
Milward, Alan S./Lynch, Francis M. B./Romero, Federico/Sorensen, Vibeke, *The Frontier of National Sovereignty. History and Theory 1945-1992*, London 1993.
Milward, Alan S./Sorensen, Vibek, »Interdependence or Integration? A National Choice«, in: Milward et al. 1993 (siehe oben).
Mitchell, Ronald B., *Intentional Oil Pollution at Sea. Environmental Policy and Treaty Compliance*, Cambridge, MA 1994.
Modelski, George, *Long Cycles in World Politics*, Seattle/London 1987.
Mommsen, Wolfgang J., *Das Zeitalter des Imperialismus*, Frankfurt/M. 1969.
Mommsen, Wolfgang J., *Imperialismustheorien: Ein Überblick über die neueren Imperialismusinterpretationen,* Göttingen 1977.
Moore, Barrington, *Soziale Ursprünge von Diktatur und Demokratie*, Frankfurt/M. 1969.
Moravcsik, Andrew, *Liberalism and International Relations Theory* (Center for International Affairs, Working Paper Series 92-6), Cambridge 1992.
Moravcsik, Andrew, »Integrating International and Domestic Theories of International Bargaining«, in: *Double-edged Diplomacy. International Bargaining and Domestic Politics*, hg. v. Peter B. Evans/Harold K. Jacobson/Robert D. Putnam, Berkeley, CA 1993, S. 3-42.
Moravcsik, Andrew, »Taking Preferences Seriously: A Liberal Theory of International Politics«, in: *International Organization* 51:4, 1997, S. 513-553.
Moravcsik, Andrew, *The Choice for Europe. Social Purpose and State Power from Messina to Maastricht*, Ithaca, NY 1998.
Morgenthau, Hans J., *Macht und Frieden: Grundlegung einer Theorie der Internationalen Beziehungen*, Gütersloh 1963.
Morrow, James D., *Game Theory for Political Scientists*, Princeton 1994.
Müller, Harald, »Regimeanalyse und Sicherheitspolitik. Das Beispiel Nonproliferation«, in: *Regime in den internationalen Beziehungen*, hg. v. Beate Kohler-Koch, Baden-Baden 1989, S. 277-313.

Müller, Harald, »The Internalization of Principles, Norms, and Rules by Governments: The Case of Security Regimes«, in: *Regime Theory and International Relations*, hg. v. Volker Rittberger, Oxford 1993, S. 361-388.

Müller, Harald, »Internationale Beziehungen als kommunikatives Handeln. Zur Kritik der utilitaristischen Handlungstheorien«, in: *Zeitschrift für Internationale Beziehungen* 1:1, 1994, S. 15-44.

Müller, Harald/Fischer, David/Kötter, Wolfgang, *Nuclear Non-Proliferation and Global Order*, Oxford 1994.

Müller, Michael, »Vom Dissensrisiko zur Ordnung der internationalen Staatenwelt. Zum Projekt einer normativ gehaltvollen Theorie der internationalen Beziehungen«, in: *Zeitschrift für Internationale Beziehungen* 3:2, 1996, S. 367-379.

Münkler, Herfried, *Gewalt und Ordnung: Das Bild des Krieges im politischen Denken*, Frankfurt/M. 1992.

Münkler, Herfried, »Die brutale Logik des Terrors«, in: *Süddeutsche Zeitung*, 29./30. 9. 2001.

Münkler, Herfried, »Im Schatten der Globalisierung«, in: *Frankfurter Rundschau*, 4. 7. 2002.

Münkler, Herfried, *Die neuen Kriege*, Reinbek bei Hamburg 2002.

Neyer, Jürgen/Joerges, Christian, »From Intergovernmental Bargaining to Deliberative Political Processes: The Constitutionalization of Comitology«, in: *European Law Journal* 3:3, 1997, S. 274-300.

Niebuhr, Reinhold, *The Nature and Destiny of Man*, New York 1953.

Nirumand, Bahman, *Sturm im Golf: Die Irak-Krise und das Pulverfaß Nahost*, Reinbek 1991.

North, Douglass C., *Institutions, Institutional Change and Economic Performance*, Cambridge 1990.

Nye, Joseph S., »Nuclear Learning and U. S.-Soviet Security Regimes«, in: *International Organization* 41:3, 1987, S. 371-402.

Nye, Joseph S., Jr., »Neorealism and Neoliberalism«, in: *World Politics* 40:2, 1988a, S. 235-251.

Nye, Joseph S., »U.S.-Soviet Cooperation in a Non-Proliferation Regime«, in: *U.S.-Soviet Security Cooperation*, hg. v. Alexander L. George/ Philip J. Farley/Alexander Dallin, New York Oxford 1988b.

Nye, Joseph S., Jr., *Understanding International Conflicts. An Introduction to Theory and History*, New York 1993.

Olson, Mancur, Jr., *The Logic of Collective Action. Public Goods and the Theory of Groups*, Cambridge, MA 1965.

Olson, Mancur, Jr., *The Rise and Decline of Nations*, New Haven/London 1982.

Oneal, John R./Russett, Bruce, »The Kantian Peace. The Pacific Benefits of Democracy, Interdependence, and International Organizations, 1885-1992«, in: *World Politics* 52:1, 1999, S. 1-37.

Organski, Abramo F. K./Kugler, Jacek, *The War Ledger*, Chicago 1980.
Osiander, Andreas, *The States System of Europe, 1640-1990. Peacemaking and the Conditions of International Stability*, Oxford 1994.
Osiander, Andreas, »Sovereignty, International Relations, and the Westphalian Myth«, in: *International Organization* 55:2, 2001, S. 251-288.
Overbeek, Henk (Hg.), *Restructuring Hegemony in the Global Political Economy*, London 1993.
Owen, John M., »How Liberalism Produces Democratic Peace«, in: *International Security* 19:2, 1994, S. 87-125.
Oye, Kenneth A. (Hg.), *Cooperation Under Anarchy*, Princeton 1986.
Pape, Matthias, *Humanitäre Intervention. Zur Bedeutung der Menschenrechte in den Vereinten Nationen*, Baden-Baden 1997.
Peters, Bernhard, »Der Sinn von Öffentlichkeit«, in: *Öffentlichkeit, öffentliche Meinung, soziale Bewegung* (Kölner Zeitschrift für Soziologie und Sozialpsychologie, Sonderheft 34), hg. v. Friedhelm Neidhardt, Opladen 1994, S. 42-76.
Petersmann, Ernst-Ulrich (Hg.), *International Trade Law and the GATT/WTO Dispute Settlement System*, Den Haag 1997.
Pfeil, Alfred, *Der Völkerbund. Literaturbericht und kritische Darstellung seiner Geschichte*, Darmstadt 1976.
Pfetsch, Frank R., »Internationale und nationale Konflikte nach dem 2. Weltkrieg«, in: *Politische Vierteljahresschrift* 32:2, 1991, S. 258-285.
Pfetsch, Frank R./Billing, Peter, *Datenhandbuch nationaler und internationaler Konflikte*, Baden-Baden 1994.
Pohly, Michael/Durán, Khalid, *Osama bin Laden und der internationale Terrorismus*, München 2001.
Porter, Gareth/Brown, Janet Welsh, *Global Environmental Politics*, Oxford 1995, 2. Auflage.
Posen, Barry R., »Can Military Intervention Limit Refugee Flows?«, in: *Migrants, Refugees, and Foreign Policy*, hg. v. Rainer Münz/Myron Weiner, Oxford 1997, S. 273-321.
Powlick, Philip J./Katz, Andrew Z., »Defining the American Public Opinion/Foreign Policy Nexus«, in: *Mershon International Studies Review* 42:1, 1998, S. 29-61.
Putnam, Robert D., »Diplomacy and Domestic Politics. The Logic of Two-Level Games«, in: *International Organization* 42:3, 1988, S. 427-460.
Rashid, Ahmed, *Taliban: Afghanistans Gotteskrieger und der Dschihad*, München 2001.
Ratner, Steven R., »The United Nations in Cambodia: A Model for Resolution of Internal Conflicts?«, in: *Enforcing Restraint: Collective Intervention in Internal Conflicts*, hg. v. Lori Fisler Damrosch, New York 1993, S. 241-273.

Ratner, Steven R./Abrams, Jason S., *Accountability for Human Rights Atrocities in International Law. Beyond the Nuremberg Legacy*, 2. Aufl., Oxford 2001.

Ray, James Lee, »Democracy, On the Level(s), Does Democracy Correlate with Peace«, in: *What Do We Know About War*, hg. v. John A. Vasquez, Lanham, MD, u. a. 2000., S. 299-316

Regan, Patrick M., *Civil Wars and Foreign Powers. Outside Intervention in Intrastate Conclict*, Ann Arbor, Michigan 2000.

Richardson, Louise, »The Concert of Europe and Security Management in the Nineteenth Century«, in: *Imperfect Unions. Security Institutions Over Time and Space*, hg. v. Helga Haftendorn/Robert O. Keohane/ Celeste A. Wallander, Oxford 1999, S. 48-79.

Rieck, Christian, *Spieltheorie. Einführung für Wirtschafts- und Sozialwissenschaftler*, Wiesbaden 1993.

Risse-Kappen, Thomas, *Null-Lösung. Entscheidungsprozesse zu den Mittelstreckenwaffen 1970-1987*, Frankfurt/M. 1988.

Risse-Kappen, Thomas, »Ideas Do Not Float Freely: Transnational Coalitions, Domestic Structures, and the End of the Cold War«, in: *International Organization* 48:2, 1994, S. 185-214.

Risse-Kappen, Thomas, »Democratic Peace – Warlike Democracies? A Social Constructivist Interpretation of the Liberal Argument«, in: *European Journal of International Relations* 1:4, 1995, S. 491-517.

Risse-Kappen, Thomas, »Between a New World Order and None. Explaining the Reemergence of the United Nations in World Politics«, in: *Critical Security Studies. Concepts and Cases*, hg. v. Keith Krause/ Michael C. Williams, London 1997, S. 255-297.

Risse, Thomas, »Let's Argue!«. Communicative Action in World Politics«, in: *International Organization* 54:1, 2000, S. 1-40.

Risse, Thomas/Ropp, Stephen C./Sikkink, Katheryn (Hg.), *The Power of Human Rights. International Norms and Domestic Change*, Cambridge 1999.

Risse, Thomas/Jetschke, Antje/Schmitz, Hans Peter, *Die Macht der Menschenrechte. Internationale Normen, kommunikative Prozesse und politischer Wandel in den Ländern des Südens*, Baden Baden 2002.

Rittberger, Volker, »Zur Friedensfähigkeit von Demokratien. Betrachtungen zur politischen Theorie des Friedens«, in: *Aus Politik und Zeitgeschichte* B 44, 1987, S. 3-12.

Rittberger, Volker (Hg.), *International Regimes in East-West Politics*, London/New York 1990.

Rittberger, Volker/Mogler, Martin/Zangl, Bernhard, *Vereinte Nationen und Weltordnung. Zivilisierung der internationalen Politik?*, Opladen 1997.

Rittberger, Volker/Zangl, Bernhard, *Internationale Organisationen. Politik und Geschichte*, 3. Auflage, Opladen 2003.

Rittberger, Volker/Zürn, Michael, »Towards Regulated Anarchy in East-West Relations«, in: *International Regimes in East-West Politics*, hg. v. Volker Rittberger, London/New York 1990, S. 9-63.
Rittberger, Volker/Zürn, Michael, »Transformation der Konflikte in den Ost-West-Beziehungen. Versuch einer institutionalistischen Bestandsaufnahme«, in: *Politische Vierteljahresschrift* 32:3, 1991, S. 399-424.
Roberts, Adam, »Humanitarian War. Military Intervention and Human Rights«, in: *International Affairs* 69:3, 1993, S. 429-449.
Roberts, Adam, »The United Nations. Variants of Collective Security«, in: *Explaining International Relations Since 1945*, hg. v. Nagire Woods, Oxford 1996, S. 309-336.
Robertson, Roland, *Globalization. Social Theory and Global Culture*, London/Beverly Hills 1992
Robinson, Piers, »The CNN-Effect. Can the News Media Drive Foreign Policy«, in: *Review of International Studies* 25:2, 1999, S. 301-309.
Ruggie, John Gerard, »Continuity and Transformation in the World Polity: Toward a Neorealist Synthesis«, in: *Neorealism and Its Critics*, hg. v. Robert O. Keohane, New York 1986, S. 131-157.
Ruggie, John Gerard, *Constructing the World Polity. Essays on International Institutionalization*, London 1998.
Russett, Bruce, *Grasping the Democratic Peace. Principles for a Post-Cold War World*, Princeton, NJ 1993.
Russett, Bruce/Oneal, John R., *Triangulating Peace. Democracy, Interdependence, and International Organization*, New York 2001.
Sahlmann, Herbert, »UNDP – Entwicklungsprogramm der Vereinten Nationen«, in: *Handbuch Vereinte Nationen*, hg. v. Rüdiger Wolfrum, 2. Auflage, München 1991, S. 895-904.
Sands, Philippe/Mackenzie, Ruth/Shany, Yuval (Hg.), *Manual on International Courts and Tribunals*, London 1999.
Schaber, Thomas/Ulbert, Cornelia, »Reflexivität in den Internationalen Beziehungen. Literaturbericht zum Beitrag kognitiver, reflexiver und interpretativer Ansätze zur dritten Theoriedebatte«, in: *Zeitschrift für Internationale Beziehungen* 1:1, 1994, S. 139-169.
Scharpf, Fritz W., »Demokratie in der transnationalen Politik«, in: *Politik der Globalisierung*, hg. v. Ulrich Beck, Frankfurt/M. 1998, S. 228-253.
Scharpf, Fritz W., *Regieren in Europa. Effektiv und demokratisch?*, Frankfurt/M. 1999.
Schelling, Thomas C., *The Strategy of Conflict*, Cambridge, MA 1980.
Schimmelfennig, Frank, *Debatten zwischen Staaten. Eine Argumentationstheorie internationaler Systemkonflikte*, Opladen 1995.
Schimmelfennig, Frank, »Rhetorisches Handeln in der internationalen Politik«, in: *Zeitschrift für Internationale Beziehungen* 4:2, 1997, S. 219-254.

Schimmelfennig, Frank, *The Double Puzzle of Enlargement: Liberal Norms, Rhetorical Action and the Decision to Expand to the East* (ARENA Working Paper 99/15), Oslo 1999.

Schimmelfennig, Frank, »International Socialization in the New Europe: Rational Action in an Institutional Environment«, in: *European Journal of International Relations* 6:1, 2000, S. 109-139.

Schimmelfennig, Frank, »The Community Trap: Liberal Norms, Rhetorical Action, and the Eastern Enlargement of the European Union«, in: *International Organization* 55:1, 2001, S. 47-80.

Schimmelfennig, Frank/Schmidt, Claudia, »Regionale Ursachen und Folgen des Golfkriegs«, in: *Friedensgutachten 1991*, hg. v. Johannes Schwerdtfeger/Egon Bahr/Gert Krell, Hamburg 1991, S. 82-96.

Schlichte, Klaus, »Neues über den Krieg? Einige Anmerkungen zum Stand der Kriegsforschung in den Internationalen Beziehungen«, in: *Zeitschrift für Internationale Beziehungen* 9:1, 2002, S. 113-137.

Schmalz-Bruns, Rainer, »Deliberativer Supranationalismus. Demokratisches Regieren jenseits des Nationalstaates«, in: *Zeitschrift für Internationale Beziehungen* 6:2, 1999, S. 185-244.

Schneckener, Ulrich, *Auswege aus dem Bürgerkrieg. Modelle zur Regulierung ethno-nationaler Konflikte in Europa*, Frankfurt/M. 2002a.

Schneckener, Ulrich, *Trends des internationalen Terrorismus. Der Terrorismusbericht des US-Außenministeriums* (SWP-Aktuell 21, Juni 2002), Berlin 2002b.

Schreiber, Friedrich/Wolffsohn, Michael, *Nahost: Geschichte und Struktur des Konflikts*, Opladen 1988.

Schreiber, Wolfgang, *Kriegerische Gewalt. Trends und Tendenzen des weltweiten Kriegsgeschehens 1945-2000*, Opladen 2001.

Schumpeter, Joseph, »Zur Soziologie der Imperialismen«, in: *Archiv für Sozialwissenschaft und Sozialpolitik* 46:1, 1918, S. 1-39 und 46:2, 1918, S. 275-310.

Schumpeter, Joseph, »Die Unvereinbarkeit von kapitalistischer Wirtschaftsform und militärischer Aggression«, in: *Militär, Krieg, Gesellschaft. Texte zur Militärsoziologie*, hg. v. Günther Wachtler, Frankfurt/New York 1983, S. 83-96.

Semb, Anne Julie, »The New Practice of UN-Authorized Interventions. A Slippery Slope of Forcible Interference?«, in: *Journal of Peace Research* 37:4, 2000, S. 469-488.

Senghaas, Dieter, *Zur Pathologie des Rüstungswettlaufs: Beiträge zur Friedens- und Konfliktforschung*, Freiburg 1970.

Senghaas, Dieter, *Konfliktformationen im internationalen System*, Frankfurt/M. 1988.

Senghaas, Dieter, »Frieden in einem Europa demokratischer Rechtsstaaten. Ausgangslage, Perspektiven, Probleme«, in: *Aus Politik und Zeitgeschichte* B 4-5, 1990, S. 31-39.

Senghaas, Dieter, *Wohin driftet die Welt? Über die Zukunft friedlicher Koexistenz*, Frankfurt/M. 1994.
Senti, Richard, *GATT – WTO. Die neue Handelsordnung nach der Uruguay-Runde*, Zürich 1994.
Senti, Richard, *WTO: System und Funktionsweise der Welthandelsordnung*, Zürich 2000.
Shaw, Martin, *Civil Society and Media in Global Crises. Representing Distant Violence*, London 1996.
Sheehan, Michael, *The Balance of Power: History and Theory*, London 1996.
Siegelberg, Jens, *Kapitalismus und Krieg. Eine Theorie des Krieges in der Weltgesellschaft*, Münster 1994.
Singer, David J., »The Level-of-Analysis Problem in International Relations«, in: *World Politics* 14:1, 1961, S. 77-92.
Singer, Max/Wildavsky, Aaron, *The Real World Order*, Chatham 1993.
SIPRI (Stockholm International Peace Research Institute), *SIPRI Yearbook 1991-2001. World Armaments and Disarmament*, Oxford 1991-2001.
Skocpol, Theda, »Bringing the State Back In: Strategies of Analysis in Current Research«, in: *Bringing the State Back In*, hg. v. Peter B. Evans/Dietrich Rueschemeyer/Theda Skocpol, Cambridge 1985, S. 3-27.
Smith, Roger K., »Explaining the Non-Proliferation Regime. Anomalies for Contemporary International Relations Theory«, in: *International Organization* 41:2, 1987, S. 253-282.
Snidal, Duncan, »Coordination Versus Prisoners' Dilemma: Implications for International Cooperation and Regimes«, in: *American Political Science Review* 79:4, 1985, S. 923-942.
Snidal, Duncan, »The ›Game Theory‹ of International Politics«, in: *Cooperation Under Anarchy*, hg. v. Kenneth A. Oye, Princeton, NJ 1986, S. 25-57.
Snyder, Glenn H., *Alliance Politics*, Ithaca, NY 1997.
Snyder, Jack, *Myths of Empire: Domestic Politics and International Ambition*, Ithaca, NY 1991.
Snyder, Jack/Jervis, Robert, »Civil War and the Security Dilemma«, in: *Civil Wars, Insecurity and Intervention*, hg. v. Barbara F. Walter/Jack Snyder, New York 1999, S. 15-37.
Sørensen, Georg, *Changes in Statehood: The Transformation of International Relations*, Basingstoke 2001.
Spruyt, Hendrik, »Institutional Selection in International Relations: State Anarchy as Order«, in: *International Organization* 48:4, 1994a, S. 527-557.
Spruyt, Hendrik, *The Sovereign State and its Competitors. The Analysis of Systems Change*, Princeton 1994b.

Stein, Arthur A., »Coordination and Collaboration: Regimes in an Anarchic World«, in: *International Regimes*, hg. v. Stephen D. Krasner, Ithaca, NY 1983, S. 115-140.

Stone Sweet, Alec, »The New Gatt. Dispute Resolution and the Judicialization of the Trade Regime«, in: *Law Above Nations. Supranational Courts and the Legalization of Politics*, hg. v. Mary L. Volcansek, Gainsville 1997, S. 118-141.

Stone Sweet, Alec/Caporaso, James A., »From Free Trade to Supranational Polity. The European Court and Integration«, in: *European Integration and Supranational Governance*, hg. v. Wayne Sandholtz/Alec Stone Sweet, Oxford 1998, S. 92-133.

Strobel, Warren, *Late Breaking Foreign Policy*, Washington, DC 1997.

Stuby, Gerhard, »Internationaler Terrorismus und Völkerrecht«, in: *Blätter für deutsche und internationale Politik* 46:11, 2001, S. 1330-1341.

Taylor, A. J. P., *The Origins of the Second World War*, London 1961.

Taylor, Paul, *International Organization in the Modern World*, London 1994.

Tetzlaff, Rainer, *Weltbank und Währungsfonds – Gestalter der Bretton-Woods-Ära. Kooperations- und Integrations-Regime in einer sich entwickelnden Weltgesellschaft*, Opladen 1996.

Teusch, Ulrich/Kahl, Martin, »Ein Theorem mit Verfallsdatum? Der »Demokratische Frieden« im Kontext der Globalisierung«, in: *Zeitschrift für Internationale Beziehungen* 8:2, 2001, S. 287-320.

Thomson, Janice E., *Mercenaries, Pirates, and Sovereigns. State-Building and Extraterritorial Violence in Early Modern Europe*, Princeton, NJ 1994.

Thucydides, *Der Peloponnesische Krieg*, München 1959.

Tibi, Bassam, *Konfliktregion Naher Osten. Regionale Eigendynamik und Großmachtinteressen*, München 1989.

Tilly, Charles, *The Formation of National States in Western Europe*, Princeton 1975.

Tilly, Charles, »War Making and State Making as Organized Crime«, in: *Bringing the State Back In*, hg. v. Peter B. Evans/Dietrich Rueschemeyer/Theda Skocpol, Cambridge 1985, S. 169-191.

Tilly, Charles, *Coercion, Capital and European States*, AD 990-1990, Oxford 1990.

Tomuschat, Christian, »Von Nürnberg nach Den Haag«, in: *Von Nürnberg nach Den Haag. Menschenrechtsverbrechen vor Gericht. Zur Aktualität des Nürnberger Prozesses*, hg. v. Nürnberger Menschenrechtszentrum, Hamburg 1996, S. 93-115.

Tophoven, Rolf, »Fundamentalistisch begründeter Terrrorismus: Osama bin Laden als neuer Typ des Terroristen«, in: *Terrorismus als weltweites Phänomen*, hg. v. Kai Hirschmann/Peter Gerhard, Berlin 2000, S. 181-190.

Tophoven, Rolf, »Vorwort«, in: *Osama bin Laden und der internationale Terrorismus*, hg. v. Michael Pohly/Khalid Durán, München 2001, S. 7-17.
Trautner, Bernhard J., *Konstruktive Konfliktbearbeitung im Vorderen und Mittleren Orient. Ansätze der Deeskalation und Beilegung nationaler und internationaler Konflikte 1945-1995*, Münster 1997.
Tuchmann, Barbara, *Die Torheit der Regierenden: Von Troja bis Vietnam*, Frankfurt/M. 1984.
Underdal, Arild, »Explaining Compliance and Defection: Three Models«, in: *European Journal of International Relations* 4:1, 1998, S. 5-30.
United Nations (Hg.), *The Blue Helmets. A Review of United Nations Peace-keeping*, New York 1990.
Urquart, Brian, »The United Nations in the Middle East. A 50-Year Retrospective«, in: *The Middle East Journal* 49:4, 1995, S. 573-581.
Van der Pijl, Kees, *Transnational Classes and International Relations*, London 1998.
Van Evera, Stephen, *The Cult of the Offensive and the Origins of the First World War*, in: *International Security* 9:1, 1984, S. 58-107.
Varwick, Johannes/Woyke, Wichard, *Die Zukunft der NATO: Transatlantische Sicherheit im Wandel*, Opladen 2000.
Vasquez, John A., *The Power of Power Politics. From Classical Realism to Neotraditionalism*, Cambridge 1998.
Waever, Ole, »Identity, Integration and Security. Solving the Sovereignty Puzzle in E. U. Studies«, in: *Journal of International Affairs* 48:2, 1995, S. 389-431.
Waldmann, Peter, *Terrorismus. Provokation der Macht*, München 1998.
Wallander, Celeste A./Keohane, Robert O., »Risk, Threat, and Security Institutions«, in: *Imperfect Unions. Security Institutions Over Time and Space*, hg. v. Helga Haftendorn/Robert O. Keohane/Celeste A. Wallander, Oxford 1999, S. 21-47.
Wallander, Celeste A./Haftendorn, Helga/Keohane, Robert O., »Introduction«, in: *Imperfect Unions. Security Institutions Over Time and Space*, hg. v. Helga Haftendorn/Robert O. Keohane/Celeste A. Wallander, Oxford 1999, S. 1-18.
Wallerstein, Immanuel, *The Modern World System. Capitalist Agriculture and the Origins of the European World-Economy in the Sixteenth Century*, New York/London 1974.
Wallerstein, Immanuel, *The Capitalist World-Economy*, Cambridge 1979.
Walt, Stephen M., *The Origins of Alliances*, Ithaca, NY 1987.
Walt, Stephen M., »Testing Theories of Alliance Formation. The Case of Southwest Asia«, in: *International Organization* 42, 1988, S. 275-316.
Walter, Barbara F., »Designing Transitions from Civil War«, in: *Civil Wars, Insecurity and Intervention*, hg. v. Barbara F. Walter/Jack Snyder New York 1999, 38-71.

Waltz, Kenneth N., *Man, the State, and War: A Theoretical Analysis*, New York/London 1959.
Waltz, Kenneth N., »The Stability of a Bipolar World«, in: *Daedalus* 93:3, 1964, S. 881-909.
Waltz, Kenneth N., *Theory of International Politics*, New York 1979.
Waltz, Kenneth N., *The Spread of Nuclear Weapons. More May Be Better* (Adelphi Papers 171), London 1981.
Ward, Michael D./Gleditsch, Kristian S., »Democratizing for Peace«, in: *American Political Science Review* 92, 1998, S. 51-62.
Weber, Max, *Wirtschaft und Gesellschaft. Grundriß der verstehenden Soziologie*, Tübingen 1972.
Wehler, Hans-Ulrich, »Bismarcks Imperialismus 1862-1890«, in: *Imperialismus*, hg. v. Hans-Ulrich Wehler, Köln/Berlin 1970, S. 259-288.
Wehler, Hans-Ulrich, *Das Deutsche Kaiserreich 1871-1918*, Göttingen 1973.
Weiss, Thomas G., *Civil-Militarian Interactions: Intervening in Humanitarian Crises*, Lanham, MD 1999.
Wendt, Alexander, »The Agent-Structure Problem in International Relations Theory«, in: *International Organization* 41:3, 1987, S. 335-370.
Wendt, Alexander, »Anarchy is What States Make of It. The Social Construction of Power Politics«, in: *International Organization* 46:2, 1992, S. 391-425.
Wendt, Alexander, »Collective Identity Formation and the International State«, in: *American Political Science Review* 88:2, 1994, S. 384-396.
Wendt, Alexander, *Social Theory of International Politics*, Cambridge 1999.
Wettestad, Jorgen, *Designing Effective Environmental Regimes. The Key Conditions*, Cheltenham 1999.
Wilson, Woodrow, »The World must be Made Safe for Democracy«, in: *Classics of International Relations*, hg. v. John A. Vasquez, Englewood Cliffs 1990 (1917), S. 12-15.
Wolf, Klaus Dieter, *Die Neue Staatsräson – Zwischenstaatliche Kooperation als Demokratieproblem in der Weltgesellschaft*, Baden-Baden 2000.
Young, Oran R., *The Effectiveness of International Environmental Regimes. Causal Consequences and Behavioral Mechanisms*, Cambridge 1999.
Zangl, Bernhard, »Politik auf zwei Ebenen. Hypothesen zur Bildung internationaler Regime«, in: *Zeitschrift für Internationale Beziehungen* 1:2, 1994, S. 279-312.
Zangl, Bernhard, *Interessen auf zwei Ebenen. Internationale Regime in der Agrarhandels-, Währungs- und Walfangpolitik*, Baden-Baden 1999.
Zangl, Bernhard, »Bringing Courts Back In: Normdurchsetzung im GATT, in der WTO und der EG«, in: *Schweizerische Zeitschrift für Politikwissenschaft* 7:2, 2001, S. 49-80.

Zangl, Bernhard/Zürn, Michael, »Argumentatives Handeln bei internationalen Verhandlungen. Moderate Anmerkungen zur post-realistischen Debatte«, in: *Zeitschrift für Internationale Beziehungen* 3:2, 1996, S. 341-366.

Zangl, Bernhard/Zürn, Michael, »Die Auswirkungen der Globalisierung auf die Sicherheit in der OECD-Welt«, in: *Sicherheit in der unsicheren Gesellschaft*, hg. v. Ekkehard Lippert/ Andreas Prüfert/Günther Wachtler, Opladen 1997, S. 157-187.

Zangl, Bernhard/Zürn, Michael, »The Effects of Denationalisation on Security in the OECD World«, in: *Global Society* 13:2, 1999, S. 139-161.

Zürn, Michael, *Gerechte internationale Regime: Bedingungen und Restriktionen der Entstehung nicht-hegemonialer internationaler Regime am Beispiel der Weltkommunikationsordnung*, Frankfurt/M. 1987.

Zürn, Michael, *Interessen und Institutionen in der internationalen Politik. Grundlegung und Anwendungen des situationsstrukturellen Ansatzes*, Opladen 1992.

Zürn, Michael, »Das Projekt ›Komplexes Weltregieren‹ – Wozu Wissenschaft von den Internationalen Beziehungen?«, in: *Wozu Politikwissenschaft*, hg. v. Claus Leggewie, Darmstadt 1994, S. 77-88.

Zürn, Michael, »Globale Gefährdungen und internationale Kooperation«, in: *Der Bürger im Staat* 45:1, 1995, 49-56.

Zürn, Michael, »Positives Regieren jenseits des Nationalstaates. Zur Implementation internationaler Umweltregime«, in: *Zeitschrift für Internationale Beziehungen* 4:1, 1997, S. 41-63.

Zürn, Michael, *Regieren jenseits des Nationalstaates. Denationalisierung und Globalisierung als Chance*, Frankfurt/M. 1998.

Zürn, Michael, »Regieren im Zeitalter der Denationalisierung«, in: *Politik im 21. Jahrhundert*, hg. v. Claus Leggewie/Richard Münch, Frankfurt/M. 2001.

Zürn, Michael, »From Interdependence to Globalization«, in: *Handbook of International Relations*, hg. v. Walter Carlsnaes/Thomas Risse/Beth Simmons, London 2002, S. 235-254.

Zürn, Michael, »Politik in der postnationalen Konstellation. Über das Elend des methodologischen Nationalismus«, in: *Politik in einer entgrenzten Welt*, hg. v. Christine Landfried, Köln 2001, 181-203.

Zürn, Michael/Walter, Gregor/Dreher, Sabine/Beisheim, Marianne, »Postnationale Politik? Über den politischen Umgang mit den Denationalisierungs-Herausforderungen Internet, Klimawandel und Migration«, in: *Zeitschrift für Internationale Beziehungen* 7:2, 2000, S. 297-330.

Zürn, Michael/Zangl, Bernhard, »Weltpolizei oder Weltinterventionsgericht? Zur Zivilisierung der Konfliktbearbeitung«, in: *Internationale Politik* 54:8, 1999, 17-24.

# Annotierte Bibliographie
(von Achim Helmedach)

## Allgemeine Bücher zu Krieg und Frieden

Einen ersten, leicht verständlichen Einstieg in die jüngere wissenschaftliche Auseinandersetzung mit den Fragen von Krieg und Frieden liefert Volker Matthies (1994). Michael W. Doyle (1997) arbeitet die Verbindungen zwischen den klassischen Autoren politischer Theorien und den modernen Theorien über Krieg und Frieden in den internationalen Beziehungen heraus. Die neueren inhaltlichen und theoretischen Entwicklungen im Feld der Sicherheitsstudien werden in Terriff et al. (1999) dargestellt.

Raymond Arons (1962) umfangreicher Klassiker über die Logik von Krieg und Frieden *Paix et guerre entre les nations* ist vor dem Hintergrund der nuklearen Bedrohung durch den Ost-West-Konflikt entstanden und handelt unter anderem davon, ob eine Notwendigkeit der gegenseitigen Abschreckung existiert. Eine kritische Auseinandersetzung mit der Literatur der 1950er und 1960er Jahre zu diesem Thema bietet Senghaas (1969).

Einen Schwerpunkt der Forschung über Krieg und Frieden stellt die Kriegsursachenforschung dar. So analysiert Holsti (1991) anhand einer Untersuchung von 177 Kriegen seit 1648 die Ursachen von Kriegen und die Versuche, Kriege zu verhindern. Letztere leiden ihm zufolge darunter, daß zwar gelegentlich die Kriegsursachen der Vergangenheit beseitigt werden können, es jedoch nur begrenzt möglich ist, zukünftige Konfliktlinien und -ursachen zu antizipieren. Ebenfalls mit den Ursachen des Krieges setzt sich seit mehreren Jahrzehnten das »Correlates of War Project« der University of Michigan auseinander. Aus der umfangreichen Literatur, die sich mit den im Rahmen des Projektes gesammelten Daten auseinandergesetzt hat, ist der Band von Singer (1979) hervorzuheben. Eine Ergänzung dazu bietet Levys (1983) Studie über die Kriege zwischen den großen Mächten seit dem Beginn des modernen Staatensystems. Vom selben Autor stammen auch einige Überblicksaufsätze zur Kriegsursachenforschung, so etwa Levy (1998). Schließlich setzen sich in Falk/Kim (1980) Wissenschaftler aus den verschiedensten Fachrichtungen interdisziplinär mit dem Phänomen den Krieges auseinander.

Zwei von Dieter Senghaas herausgegebene Bände fragen im Gegensatz zur bisher aufgeführten Literatur nicht nach den Bedingungen des Krieges sondern nach den Bedingungen des Friedens. In Senghaas

(1995) versuchen die einzelnen Beiträge eine begriffliche Klärung abzugeben, was Frieden über die Abwesenheit des Krieges hinaus definiert. In Senghaas (1997) sollen konkrete, wirklichkeitsnahe Vorschläge gemacht werden, wie Kriege durch die Förderung des Friedens verhindert werden können. Auch Meyer (1997) sucht – in einer Mischung aus eigenen Überlegungen und Auszügen aus verschiedensten Quellen – nach Möglichkeiten, wie inner- und zwischenstaatliche Konflikte reduziert werden können.

Als allgemeine Nachschlagewerke sind die seit 1969 erscheinenden und vom Stockholm International Peace Research Institute herausgegebenen Jahrbücher (*Sipri Yearbook*) geeignet. Es werden regelmäßig die wichtigsten Ereignisse der internationalen Sicherheitspolitik zusammengefaßt.


Aron, Raymond, *Paix et guerre entre les nations*, Paris 1962 (deutsch: *Frieden und Krieg. Eine Theorie der Staatenwelt*, Frankfurt a. M. 1963).

Doyle, Michael W., *Ways of War and Peace. Realism, Liberalism, and Socialism*, New York 1997.

Falk, Richard A./Kim, Samuel S. (Hg.), *The War System. An Interdisciplinary Approach*, Boulder, CO 1980.

Holsti, Kalevi J., *Peace and War. Armed Conflicts and the International Order. 1648-1989*, Cambridge 1991.

Levy, Jack S., *War in the Modern Great Power System. 1495-1975*, Lexington, KY 1983.

Levy, Jack S., »The Causes of War and the Conditions of Peace«, in: *Annual Review of Political Science*, 1:1, 1998, S. 139-165.

Matthies, Volker, *Immer wieder Krieg? Wie eindämmen? Beenden? Verhüten? Schutz und Hilfe für die Menschen?*, Opladen 1994.

Meyer, Berthold, *Formen der Konfliktregelung. Eine Einführung mit Quellen*, Opladen 1997.

Senghaas, Dieter (Hg.), *Abschreckung und Frieden. Studien zur Kritik organisierter Friedlosigkeit*, Frankfurt a. M. 1969.

Senghaas, Dieter (Hg.), *Frieden denken. Si vis pacem, para pacem*, Frankfurt a. M. 1995.

Senghaas, Dieter (Hg.), *Frieden machen*, Frankfurt a. M. 1997.

Singer, J. David, *The Correlates of War I. Research Origins and Rationale*, New York 1979.

Stockholm International Peace Research Institute (Hg.), *Sipri Yearbook*, Stockholm 1969-1975; London 1976-1985; Oxford 1986-2001.

Terriff, Terry/Croft, Stuart/James, Lucy/Morgan, Patrick M., *Security Studies Today*, Cambridge 1999.

## Allgemeine Bücher zu den Theorien der internationalen Beziehungen

In den letzten Jahren sind vermehrt Einführungen zu den Theorien der Internationalen Beziehungen erschienen; eine besonders empfehlenswerte hat Gert Krell (2000) verfaßt. In erster Linie an Studenten gerichtet, wird der Leser mit Voraussetzungen und Theorien der internationalen Beziehungen vertraut gemacht und erhält einen Einblick in einige aktuelle Diskussionen der Disziplin. Ebenfalls als Einführung geeignet ist Baylis/Smith (1997); in dem Lehrbuch werden Theorien und Problemfelder der internationalen Beziehungen dargestellt und zugleich darauf hin befragt, inwiefern die Globalisierung Veränderungsdruck erzeugt. Hartmann (2001) bietet eine theoretische Einführung mit Schwerpunkt auf Regionen und Akteure der Weltpolitik. Weiterhin empfehlenswert sind Lehmkuhl (1997), ein *Textbook* vor allem mit etwas älteren Texten, sowie Jackson/Sørensen (1999), das konzise und autoritativ den internationalen Diskussionsstand wiedergibt. Zwei weitere Werke, die eher nicht zum Einstieg geeignet sind, sollen auch noch erwähnt werden: Menzel (2001) zielt stark auf die Entwicklung der Disziplin Internationale Beziehungen ab, und eine anspruchsvolle Darstellung der Geschichte der Internationalen Beziehungen, ihrer Forschungskonzepte und inhaltlichen Schwerpunkte bietet schließlich der Sammelband von Carlsnaes et al. (2002).


Baylis, John/Smith, Steve (Hg.), *The Globalization of World Politics. An Introduction to International Relations*, Oxford 1997.

Carlsnaes, Walter/Risse, Thomas/Simmons, Beth A. (Hg.), *Handbook of International Relations*, London 2002.

Hartmann, Jürgen, *Internationale Beziehungen*, Opladen 2001.

Jackson, Robert/Sørensen, Georg, *Introduction to International Relations*, Oxford 1999.

Krell, Gert, *Weltbilder und Weltordnung. Einführung in die Theorie der internationalen Beziehungen*, Baden-Baden 2000.

Lehmkuhl, Ursula, *Theorien Internationaler Politik. Einführung und Texte*, 2. Auflage, München 1997.

Menzel, Ulrich, *Zwischen Idealismus und Realismus. Die Lehre von den Internationalen Beziehungen*, Frankfurt a. M. 2001.

## 1. Realismus und Idealismus

Ein erster Klassiker des Idealismus stammt von Norman Angell (1910) und thematisiert die hohen Kosten und die daraus folgende Unwahrscheinlichkeit des modernen Krieges. Zur idealistischen Politik von Woodrow Wilson und zu dessen Schriften liefert Walworth (1986) einen Einstieg. In der idealistischen Tradition steht auch das Werk der beiden Völkerrechtler Clark und Sohn (1958). Sie schlagen detaillierte Maßnahmen vor, wie durch Verrechtlichung der internationalen Beziehungen und die Einrichtung supranationaler Behörden der Prozeß der Abrüstung und die friedliche Streitbeilegung vorangebracht werden sollen. Unter anderem durch dieses Buch beeinflußt sind seit den 1970er Jahren zahlreiche Veröffentlichungen aus dem »World Order Models Project« (WOMP) hervorgegangen, in denen auf empirischer und normativer Basis Vorschläge zu einem gerechteren Weltregieren gemacht werden, so etwa in Mendlovitz (1975) und Falk (1975)

E. H. Carrs (1939) *The Twenty Years' Crisis* gilt als erster Klassiker des modernen Realismus. Mit Blick auf die Zeit zwischen den zwei Weltkriegen konstatiert er ein Versagen des Idealismus als Ideologie und als Wissenschaftstheorie und fordert eine nüchterne – realistische – Auseinandersetzung mit der Wirklichkeit internationaler Politik. Diese sei nämlich vor allem durch den Faktor Macht geprägt. Der bedeutendste »klassische« Realist, Hans Morgenthau, hat in *Politics Among Nations* (1948) argumentiert, daß der Machttrieb der Staaten bereits im menschlichen Wesen angelegt und unveränderbar sei. Schließlich arbeitet Herz (1950) das Problem des Sicherheitsdilemmas in den internationalen Beziehungen in großer Klarheit heraus.

Angell, Norman, *The Great Illusion. A Study of the Relation of Military Power of Nations to Their Economic and Social Advantage*, London 1910 (deutsch: *Die große Täuschung. Eine Studie über das Verhältnis zwischen Militärmacht und Wohlstand der Völker*, Leipzig 1910).

Carr, Edward Hallett, *The Twenty Years' Crisis 1919-1939. An Introduction to the Study of International Relations*, London 1939.

Clark, Grenville/Sohn, Louis B., *World Peace Through World Law*, Cambridge, MA 1958 (deutsch: *Frieden durch ein neues Weltrecht. Die notwendige Umgestaltung der Vereinten Nationen*, Frankfurt a. M. 1961).

Falk, Richard A., *A Study of Future Worlds*, New York 1975.

Herz, John, »Idealist Internationalism and the Security Dilemma«, in: *World Politics* 2:2, 1950, 157-180 (deutsch in: John Herz, *Staatenwelt und Weltpolitik*, Hamburg 1974, S. 39-56).

Mendlovitz, Saul H. (Hg.), *On the Creation of a Just World Order*, New York 1975.
Morgenthau, Hans, *Politics Among Nations. The Struggle for Power and Peace*, New York 1948 (deutsch: *Macht und Frieden. Grundlegung einer Theorie der internationalen Politik*, Gütersloh 1963).
Walworth, Arthur, *Wilson and His Peacemakers. American Diplomacy at the Paris Peace Conference, 1919*, New York 1986.

## 2. Neorealismus

Das Standardwerk des Neorealismus stammt von Kenneth N. Waltz (1979). Zuvor hat er bereits (Waltz 1959) eine Unterscheidung der drei Einflußebenen internationaler Politik – Individuum, innerstaatliche Strukturen und internationales System – vorgenommen und argumentiert, daß auf allen Ebenen Einfluß ausgeübt werde, letztlich die internationale jedoch die wichtigste sei. In Waltz (1979) wird diese Argumentation noch zugespitzt: internationale Politik läßt sich einzig durch die Strukturen der internationalen Anarchie adäquat erklären. Mit seiner streng deduktiven Logik steht das einflußreiche Buch auch beispielhaft für die neueren realistischen Ansätze. In dieser Hinsicht herausragend ist u. a. Grieco (1990), wo in einer sehr gelungenen Fallstudie die Bedeutung relativer Gewinne als Kooperationshindernis herausgearbeitet wird. Weiterhin lesenswert – trotz scheinbarer Widerlegung durch die Geschichte – ist der Aufsatz von John J. Mearsheimer (1990), der von der wahrscheinlichen Entwicklung der Weltpolitik nach dem Ost-West-Konflikt hin zu einem instabilen Machtgefüge handelt und so auch den Anspruch des Realismus, eine »prognosefähige« Theorie mit nur wenigen erklärenden Variablen zu sein, verdeutlicht. Die Fortsetzung des Konkurrenzverhältnisses zwischen den Staaten auch im Zeitalter der Globalisierung wird von Link (1998) thematisiert. Eine ausführliche empirische und theoretische Kritik sowohl am Realismus als auch am Neorealismus findet sich in Vasquez (1998).

Grieco, Joseph M., *Cooperation Among Nations. Europe, America, and Non-Tariff Barriers to Trade*, Ithaca, NY, 1990.
Link, Werner, *Die Neuordnung der Weltpolitik. Grundprobleme globaler Politik an der Schwelle zum 21. Jahrhundert*, München 1998, 3. aktualis. Aufl. 2001.
Mearsheimer, John J., »Back to the Future. Instability in Europe After the Cold War«, in: *International Security* 15:1, 1990, S. 5-56.
Vasquez, John A., *The Power of Power Politics. From Classical Realism to Neotraditionalism*, Cambridge 1998.

Waltz, Kenneth N., *Theory of International Politics*, Reading, MA 1979.
Waltz, Kenneth N., *Man, the State and War. A Theoretical Analysis*, New York 1959.

## 3. Liberalismus und Marxismus

Die Grundlagen eines modernen »intergouvernementalen« Liberalismus in den Internationalen Beziehungen werden von Moravcsik (1997) herausgearbeitet und in Moravcsik (1998) auf den europäischen Integrationsprozeß angewendet.

E.-O. Czempiels (1986) *Friedensstrategien* stellt ein grundlegendes Werk der liberalen Friedenstheorie dar; vom gleichen Autor sei auch noch *Internationale Politik* erwähnt, welches auf einer etwas abstrakteren Ebene auf die Theoriebildung in den Internationalen Beziehungen eingeht. Dieter Senghaas (1992) argumentiert, daß Rechtsstaatlichkeit, Demokratie, Verteilungsgerechtigkeit und Toleranz wichtige Voraussetzungen eines friedlichen europäischen Zivilisierungs- und Integrationsprozesses seien. Wichtige Beiträge zur Theorie des Friedens zwischen den Demokratien sind u. a. von Doyle (1983), Russett (1993) und Rittberger (1987) verfaßt worden; der »Klassiker« stammt von Immanuel Kant (1795): *Zum ewigen Frieden. Ein philosophischer Entwurf*. Den Einfluß des moralischen Drucks, dem demokratisch gewählte Regierungen in Hinblick auf humanitäre Interventionen ausgesetzt werden, untersucht Andreas Hasenclever (2001).

Marxistische Theorien der internationalen Beziehungen sind vor allem zu Beginn des 20. Jahrhunderts durch die klassischen Vertreter des Marxismus und in den 1960er und 1970er Jahren im Zuge der Debatten um die ungleiche Entwicklung der einzelnen Weltregionen formuliert worden. In ihrem Hauptwerk *Die Akkumulation des Kapitals* vertritt Rosa Luxemburg (1913), unter Bezugnahme auf Marx' Akkumulationstheorie, die These, daß der Imperialismus eine ständige Begleiterscheinung des Kapitalismus sei: das kapitalistische System kann sich demzufolge nur dann stabilisieren, wenn ständig neue nicht-kapitalistische Märkte erschlossen werden. Demgegenüber hat Lenin (1917) argumentiert, der Imperialismus sei eine neue Stufe in der Entwicklung der kapitalistischen Weltökonomie, die sich aus der Transformation des liberalen Kapitalismus zum Monopolkapitalismus ergebe. So bestimmt nicht mehr die Konkurrenz die Ergebnisse, sondern eine Finanzoligarchie, die in der Lage ist, staatliche Politik zu bestimmen und zu nutzen, um die Weltmärkte untereinander aufzuteilen.

Vor allem in den sechziger und siebziger Jahren kam es zu einer Wiederbelebung der Imperialismusforschung einerseits mit den Dependenzansätzen, andererseits mit der Weltsystem-Analyse. Einen Überblick über die Dependenzschule bieten die Aufsätze in Senghaas (1972), in denen sich die Autoren mit den Beziehungen zwischen den Metropolen der Ersten und den Peripherien der Dritten Welt auseinandersetzen. Unter anderem argumentiert Galtung (1972) dort, daß Imperialismus eine Form der strukturellen Gewalt sei, bei der von den Zentrumsnationen Herrschaft über die Peripherienationen ausgeübt wird – jedoch unter Einschluß einiger weniger Bevölkerungsgruppen in der Peripherie. Der Begriff der strukturellen Gewalt und sein Verhältnis zum »positiven Frieden« wird ausführlicher behandelt in Galtung (1969). Bezugnehmend auf Lenins Imperialismustheorie argumentiert Wehler (1969), daß die imperialistischen Politiken der Industriestaaten seit Ende des 19. Jahrhunderts in erster Linie auf innenpolitische Gründe zurückzuführen seien und als ›Sozialimperialismus‹ gedeutet werden können. Die Weltsystemtheorie ist von Immanuel Wallerstein maßgeblich geprägt worden. Ihm zufolge wird die (ungleiche) Entwicklung der verschiedenen Weltregionen maßgeblich durch das Weltsystem der kapitalistischen Weltwirtschaft geprägt: Gewinne fließen aus der Semiperipherie und Peripherie in das Zentrum ab. Wallerstein (1974) beschreibt in *The Modern World-System* wie dieses System im Verlaufe des »langen 16. Jahrhunderts« in Europa entstanden ist und sich seitdem weltweit ausgebreitet hat.

Aktuelle Ansätze marxistisch beeinflußter Autoren beschäftigen sich verstärkt mit den Notwendigkeiten der Kooperation und Konkurrenz offener Volkswirtschaften. Hierbei wird u. a. auf die Forschung zur Regulationstheorie Bezug genommen, etwa bei Lipietz (2000) oder auch von Joachim Hirsch (1995), der beschreibt, wie sich der Staat im Zuge der Globalisierung verändert und dadurch gleichzeitig eine Veränderung des internationalen Systems notwendig macht. Eine neuere marxistische Arbeit, die sich intensiv mit den Zusammenhängen zwischen kapitalistischem System und kriegerischen Auseinandersetzungen befaßt, stammt von Siegelberg (1994).

Czempiel, Ernst-Otto, *Internationale Politik. Ein Konfliktmodell*, Paderborn 1981.

Czempiel, Ernst-Otto, *Friedensstrategien. Systemwandel durch Internationale Organisationen, Demokratisierung und Wirtschaft*, München 1986 (2. überarb. Aufl.: Opladen 1998).

Doyle, Michael, »Kant, Liberal Legacies, and Foreign Affairs«, in: *Philosophy and Foreign Affairs* 12:3/4, 1983, S. 205-235 u. 323-353.

Galtung, Johan, »Violence, Peace and Peace Research«, in: *Journal of Peace Research* 6:3, 1969, S. 167-192.

Galtung, Johan, »Eine strukturelle Theorie des Imperialismus«, in: *Imperialismus und strukturelle Gewalt. Analysen über abhängige Reproduktion*, hg. v. Dieter Senghaas, Frankfurt a. M. 1972, S. 29-104 (zunächst erschienen als: »A Structural Theory of Imperialism«, in: *Journal of Peace Research* 8:2, 1971, S. 81-118).

Hasenclever, Andreas, *Die Macht der Moral in der internationalen Politik. Militärische Interventionen westlicher Staaten in Somalia, Ruanda und Bosnien-Herzegowina*, Frankfurt a. M. 2001.

Hirsch, Joachim, *Der nationale Wettbewerbsstaat. Staat, Demokratie und Politik im globalen Kapitalismus*, Berlin 1995.

Kant, Immanuel, *Zum ewigen Frieden. Ein philosophischer Entwurf*, Königsberg 1795 (nachgedruckt u. a. in: ders., *Werke in sechs Bänden*, Band 6, Darmstadt 1964).

Lenin, Vladimir Illyich, *Der Imperialismus als höchstes Stadium des Kapitalismus*, Petrograd 1917 (nachgedruckt u. a. in: ders., *Werke*, Bd. 22, Berlin/DDR 1960, S. 191-309).

Lipietz, Alain, *Die große Transformation des 21. Jahrhunderts. Ein Entwurf der politischen Ökologie*, Münster 2000.

Luxemburg, Rosa, *Die Akkumulation des Kapitals*, Berlin 1913 (nachgedruckt u. a. in: *Rosa Luxemburg Gesammelte Werke*, Band 5, Berlin 1990, S. 6-411).

Moravcsik, Andrew, »Taking Preferences Seriously. A Liberal Theory of International Politics«, in: *International Organization* 51:4, 1997, S. 513-553.

Moravcsik, Andrew, *The Choice for Europe. Social Purpose and State Power from Messina to Maastricht*, Ithaca, NY 1998.

Rittberger, Volker, »Zur Friedensfähigkeit von Demokratien. Betrachtungen zur politischen Theorie des Friedens«, in: *Aus Politik und Zeitgeschichte* 37:44, 1987, S. 3-12.

Russett, Bruce, *Grasping the Democratic Peace. Principles for a Post-Cold War World*, Princeton, NJ 1993.

Senghaas, Dieter (Hg.), *Imperialismus und strukturelle Gewalt. Analysen über abhängige Reproduktion*, Frankfurt a. M. 1972.

Senghaas, Dieter, *Friedensprojekt Europa*, Frankfurt a. M. 1992.

Siegelberg, Jens, *Kapitalismus und Krieg. Eine Theorie des Krieges in der Weltgesellschaft*, Münster 1994.

Wallerstein, Immanuel, *The Modern World-System. Capitalist Agriculture and the Origins of the European World-Economy in the Sixteenth Century*, New York 1974 (deutsch: *Das moderne Welt-System. Kapitalistische Landwirtschaft und die Entstehung der europäischen Weltwirtschaft im 16. Jahrhundert*, Frankfurt a. M. 1986).

Wehler, Hans-Ulrich, *Bismarck und der Imperialismus*, Köln 1969.

## 4. Neoinstitutionalismus

Den Ausgangspunkt des neoinstitutionalistischen Forschungsprogramms stellt Robert Keohanes (1984) *After Hegemony* dar. Keohane zeigt, daß stabile Formen internationaler Kooperation zwischen rationalen Akteuren auch unter den Bedingungen der internationalen Anarchie zustande kommen können. Wichtige Impulse für den neuen Theoriezweig sind auch von dem von Stephen D. Krasner (1983 a) herausgegebenen Sammelband *International Regimes* ausgegangen. Unter anderem wird in dem Einleitungsbeitrag von Krasner (1983 b) die bis heute weitverbreitete »Konsensdefinition« Internationaler Regime formuliert. Eine grundlegende Kritik am Forschungsprogramm der Regimetheorie stammt von Strange (1983) und ist ebenfalls in diesem Band abgedruckt. Zürn (1992) stellt eine Erweiterung der Ideen Keohanes dar, bei der neben der in *After Hegemony* im Vordergrund stehenden Gefangendilemma-Problematik andere spieltheoretische Konfliktkonstellationen ausgemacht und Prognosen hinsichtlich der jeweiligen Kooperationswahrscheinlichkeiten erstellt werden. Eine Anwendung neoinstitutionalistischer Perspektiven findet in dem von Haftendorn et al. (1999) herausgegebenen Sammelband statt, wo der Einfluß von Institutionen auf die internationale Sicherheitspolitik herausgearbeitet wird.

An der Schnittstelle zwischen Liberalismus und Neoinstitutionalismus stehen die neueren Arbeiten zu den sogenannten Zwei-Ebenen-Spielen, grundlegend dazu ist der Beitrag von Putnam (1988). Eine Konkretisierung und die Anwendung auf verschiedene Fallstudien findet man in Evans et al. (1993). Weitere interessante Arbeiten in diesem Zusammenhang sind Zangl (1999) und Milner (1997), die beide in ihren Theorien die Verknüpfung von nationaler und internationaler Politik behandeln. Eine kritische Stoßrichtung hat die implizit auf die Zwei-Ebenen-Spiele aufbauende These von Wolf (2000), daß Staaten sich nach außen durch internationale Verträge binden, um nach innen wieder mehr Souveränität zu erlangen.

Die Entwicklung des Theoriezweigs und die Auseinandersetzung mit dem Neorealismus ist besonders anschaulich durch die Beiträge in dem Sammelband von Baldwin (1993) nachzuvollziehen. Eine ausgezeichnete Darstellung der drei konkurrierenden Theorien Realismus, Institutionalismus und Konstruktivismus findet sich in Hasenclever et al. (1997).

Baldwin, David A., *Neorealism and Neoliberalism. The Contemporary Debate*, New York 1993.
Evans, Peter B./Jacobson, Harold K./Putnam, Robert D. (Hg.), *Double-Edged Diplomacy. International Bargaining and Domestic Politics*, Berkeley, CA 1993.
Haftendorn, Helga/Keohane, Robert O./Wallander, Celeste A. (Hg.), *Imperfect Unions. Security Institutions over Time and Space*, Oxford 1999.
Hasenclever, Andreas/Mayer, Peter/Rittberger, Volker, *Theories of International Regimes*, Cambrige 1997.
Keohane, Robert, *After Hegemony. Cooperation and Discord in the World Political Economy*, Princeton, NJ 1984.
Krasner, Stephen D., *International Regimes*, Ithaca, NY 1983a.
Krasner, Stephen D., »Structural Causes and Regime Consequences: Regimes as Intervening Variables«, in: *International Regimes*, hg. v. Stephen D. Krasner, Ithaca, NY 1983b, S. 1-23.
Milner, Helen V., *Interests, Institutions, and Information. Domestic Politics and International Relations*, Princeton, NJ 1997.
Putnam, Robert D., »Diplomacy and Domestic Politics: The Logic of Two-Level-Games«, in: *International Organization* 42:3, 1988, S. 513-553.
Strange, Susan, »Cave! Hic Dragones: A Critique of Regime Analysis«, in: *International Regimes*, hg. v. Stephen D. Krasner, Ithaca, NY 1983, S. 337-354.
Wolf, Klaus-Dieter, *Die Neue Staatsräson. Zwischenstaatliche Kooperation als Demokratieproblem in der Weltgesellschaft*, Baden-Baden 2000.
Zangl, Bernhard, *Interessen auf zwei Ebenen. Internationale Regime in der Agrarhandels-, Währungs- und Walfangpolitik*, Baden-Baden 1999.
Zürn, Michael, *Interessen und Institutionen in der internationalen Politik. Grundlegung und Anwendung des situationsstrukturellen Ansatzes*, Opladen 1992.

## 5. Konstruktivismus

Es existiert inzwischen ein breites und heterogenes Angebot an IB-Literatur, die sich mit der Rolle von Ideen, Normen und Werten auseinandersetzt. Alexander Wendt (1992) hat eine inzwischen weithin bekannte Interpretation der internationalen Anarchie als Konstruktion der Staaten formuliert. Vom gleichen Autor (Wendt 1999) stammt eine umfangreiche Bestandsaufnahme konstruktivistischer Denkweise und Fortführung der Idee der sozialen Konstruktion der Staatenwelt. Zwei Sammelbände, die sich mit der empirischen Evidenz hinsichtlich der Rolle von Normen und Werten beschäftigen, sind einerseits die von Peter J. Katzenstein (1996) herausgegebene Fallstudiensammlung zur internationalen Sicherheitspolitik und andererseits der von Risse et al. (1999) herausgegebene Band, der sich mit Fallstudien zu den internationalen Menschenrechtsnormen befaßt. Fierke (1998) analysiert die veränderten Ost-West-Beziehungen und dabei insbesondere die Frage, warum plötzlich Sicherheitspolitiken auf die internationale Agenda kommen, die bisher als »unrealistisch« galten.

Dem Einfluß von Ideen transnationaler Expertengemeinschaften – den sogenannten *Epistemic Communities* – hat sich eine von Haas (1992) herausgegebene Sonderausgabe der Zeitschrift *International Organization* gewidmet. Von Haas (1990) liegt zum gleichen Thema auch eine umfangreiche Fallstudie über die internationale Umweltpolitik am Mittelmeer vor. Eine deutschsprachige Debatte über die Rolle von kommunikativen, verständigungsorientierten Prozessen in den internationalen Beziehungen hat seit 1994 auf den Seiten der *Zeitschrift für Internationale Beziehungen* stattgefunden. Ausgangspunkt war ein Aufsatz von Harald Müller (1994).

Die neogramscianische Weltordnungstheorie überträgt Gramscis Version des historischen Materialismus, die auf den Marxschen Determinismus verzichtet, auf den Bereich der internationalen Beziehungen. Dieses Konzept ist eng mit dem Namen Robert W. Cox verbunden, dessen grundlegende Aufsätze in Cox (1996) zusamengefaßt wurden. Weiterhin empfehlenswert ist eine von Stephen Gill (1993) herausgegebene Aufsatzsammlung, in der neben Cox weitere wichtige Akteure der Debatte zu Wort kommen.


Cox, Robert W., *Approaches to World Order*, Cambridge 1996.

Fierke, Karin, *Changing Games, Changing Strategies. Critical Investigations in Security*, Manchester 1998.

Gill, Stephen, *Gramsci, Historical Materialism and International Relations*, Cambridge 1993.

Haas, Peter M., *Saving the Mediterranean. The Politics of International Environmental Cooperation*, New York 1990.

Haas, Peter M. (Hg.), *Knowledge, Power and International Coordination*, International Organization, Special Issue 46:1, Cambridge, MA 1992.

Katzenstein, Peter J. (Hg.), *The Culture of National Security. Norms and Identity in World Politics*, New York 1996.

Müller, Harald, »Internationale Beziehungen als kommunikatives Handeln. Zur Kritik der utilitaristischen Handlungstheorien«, in: *Zeitschrift für Internationale Beziehungen* 1:1, 1994, S. 15-44.

Risse, Thomas/Ropp, Stephen/Sikkink, Kathryn (Hg.), *The Power of Human Rights. International Norms and Domestic Change*, Cambridge 1999.

Wendt, Alexander, »Anarchy Is What States Make of It. The Social Construction of Power Politics«, in: *International Organization* 46:2, 1992, 391-425.
Wendt, Alexander, *Social Theory of International Politics*, Cambridge 1999.

## 6. Globalisierung/Denationalisierung und Global Governance

Zur Frage, ob tatsächlich eine Globalisierung stattfindet, sind vor allem zwei Bücher empfehlenswert, die beide durch die Analyse verschiedener Sachbereiche zu dem Ergebnis kommen, daß Globalisierungprozesse zu beobachten sind, die jedoch nicht sämtliche Dimensionen staatlicher Aktivitäten gleichermaßen berühren. Es handelt sich einerseits um die sowohl theoretisch als auch empirisch angelegte Arbeit von Held et al. (1999), andererseits um die Indikatorensammlung von Beisheim et al. (1999). Als theoretische Ergänzung zum letztgenannten ist Zürn (1998) geeignet, wo eine zuversichtliche Perspektive hinsichtlich der Möglichkeiten einer internationalen und transnationalen Verregelung von »Globalisierungsproblemen« eröffnet wird. Eine ähnliche Position nimmt Goldmann (2001) ein, der jedoch in erster Linie die Herausforderungen der Globalisierung herausarbeitet und weniger auf Lösungsstrategien eingeht. Letzteren steht Rodrik (1997) skeptisch gegenüber und diskutiert vor allem die negativen Auswirkungen des internationalen Handels auf nationale Gesellschaften. Rieger/Leibfried (2001) argumentieren, daß die Öffnung der nationalen Ökonomien und damit die ökonomische Globalisierung auf bewußten Entscheidungen der Nationalstaaten basiert und es nicht ausgemacht sei, daß bei andauernden Konflikten zwischen sozial- und handelspolitischen Zielen letztere grundsätzlich den Vorzug erhalten. Daß die seit den 1970er Jahren stattfindende ökonomische Globalisierung überhaupt ein neuartiges Phänomen sei, bestreiten Hirst/Thompson (1996). Demgegenüber führt Sørensen (2001) aus, daß sich eine Ausdifferenzierung von Staaten in prämoderne, moderne und postmoderne Staaten beobachten läßt, die die Einheit des internationalen Systems in Frage stellt.

Verschiedene Autoren haben zuletzt Vorschläge zu einer *Global Governance* unterbreitet: Young (1999) verallgemeinert in *Governance in World Affairs* seine in der Vergangenheit zunächst nur auf internationale Umweltregime bezogenen und im Neoinstitutionalismus wurzelnden Überlegungen zum Regieren in den internationalen Beziehungen. Dem entgegengesetzt erstellt Rosenau (1997) eine Analyse, die ausdrücklich auf einen umfangreichen Rückgriff auf die Theorien der internationalen Beziehungen verzichtet. Er argumentiert, daß tiefgreifende Veränderungen zu »Unruhen« im internationalen System geführt haben, die nur durch neue Formen der *Global Governance* beseitigt werden können. Reinicke (1998) zeigt, daß in verschiedenen Bereichen der internationalen Wirtschaftsbeziehungen bereits effektive Regulierung stattfindet. In dem Sammelband von Held/McGrew (2000) werden sowohl zuversichtliche als auch skeptische Positionen hinsichtlich der gegenwärtigen als auch der zukünftigen Möglichkeiten internationaler *Governance* zusammengeführt. Die Frage des demokratischen Regierens in der globalisierten Welt greift Höffe (1999) auf und unterbreitet den Vorschlag einer demokratischen »Weltrepublik«. Eine kritische Bestandsaufnahme der Debatte um *Global Governance* findet in Brand et al. (2000) statt.

Für einen ersten Einblick in den Stand der Diskussion um das Regieren im Rahmen der Europäischen Union eignet sich einerseits der Sammelband von Jachtenfuchs/Kohler-Koch (1996), der wesentlich die wissenschaftliche Diskussion in Deutschland über das Regieren im europäischen Mehrebenensystem der EU beeinflußt hat, andererseits auch Scharpfs (1999) *Regieren in Europa*, welches vor allem auf die Spannungen zwischen intergouvernementaler Rechtssetzung und supranationalem europäischen Recht hinweist, was nach Scharpf zu einer Dominanz von marktschaffenden gegenüber marktbegrenzenden Regulierungen führt.


Beisheim, Marianne/Dreher, Sabine/Walter, Gregor/Zangl, Bernhard/Zürn, Michael, *Im Zeitalter der Globalisierung? Thesen und Daten zur gesellschaftlichen und politischen Denationalisierung*, Baden-Baden 1999.

Brand, Ulrich/Brunnengräber, Achim/Schrader, Lutz/Stock, Christian/Wahl, Peter, *Global Governance. Alternativen zur neoliberalen Globalisierung*, Münster 2000.

Goldmann, Kjell, *Transforming the European Nation-State. Dynamics of Internationalization*, London 2001.

Held, David/McGrew, Anthony (Hg.), *The Global Transformations Reader. An Introduction to the Globalization Debate*, Cambridge 2000.

Held, David/McGrew, Anthony/Goldblatt, David/Perraton, Jonathan, *Global Transformations. Politics, Economics, and Culture*, Stanford, CA 1999.

Hirst, Paul/Thompson, Grahame, *Globalization in Question. The International Economy and the Possibilities of Governance*, Cambridge 1996.

Höffe, Otfried, *Demokratie im Zeitalter der Globalisierung*, München 1999.

Jachtenfuchs, Markus/Kohler-Koch, Beate, *Europäische Integration*, Opladen 1996.
Reinicke, Wolfgang H., *Global Public Policy. Governing Without Government?*, Washington, DC 1998.
Rieger, Elmar/Leibfried, Stephan, *Grundlagen der Globalisierung. Perspektiven des Wohlfahrtsstaates*, Frankfurt a. M. 2001.
Rodrik Dani, *Has Globalization Gone Too Far?*, Washington, DC 1997 (deutsch: *Grenzen der Globalisierung. Ökonomische Integration und soziale Desintegration*, Frankfurt a. M. 2000).
Rosenau, James N., *Along the Domestic-Foreign Frontier. Exploring Governance in a Turbulent World*, Cambridge 1997.
Scharpf, Fritz W., *Regieren in Europa. Effektiv und demokratisch?*, Frankfurt a. M. 1999.
Sørensen, Georg, *Changes in Statehood. The Transformation of International Relations*, Basingstoke 2001.
Young, Oran R., *Governance in World Affairs*, Ithaca, NY 1999.
Zürn, Michael, *Regieren jenseits des Nationalstaates. Globalisierung und Denationalisierung als Chance*, Frankfurt a. M. 1998.

## 7. Wandel von Sicherheitsproblemen

Bereits frühzeitig hat Martin van Creveld (1991) die These aufgestellt, daß Kriege zukünftig nach anderen Mustern, mit anderen Akteuren und mit Schwerpunkt auf anderen Ressourcen ablaufen werden als bisher. Ebenso wird von Kaldor (1999) argumentiert, daß die Frage zwischenstaatlicher Sicherheitsprobleme derzeit abnimmt, andere Sicherheitsprobleme hingegen zunehmen, welche Formen »kosmopolitischer Herrschaft« erforderlich machen. Wie weitreichend der Trend hin zu einer erneuten »Entstaatlichung« der Kriege ist, wird bei Münkler (2002) diskutiert.

Jean/Rufin (1996) gehen der Frage nach, wie die »Ökonomie der Bürgerkriege« aussieht, wie also die neuen Kriege finanziert werden, in denen verstärkt nicht-staatliche Akteure – ohne die Möglichkeit der Steuererhebung – agieren. Einen umfassenden Überblick über die Entwicklung des Terrorismus und einen Ausblick auf neuere Entwicklungen bietet Laqueur (1999). In dem Sammelband von Hirschmann/Gerhard (2000) werden die verschiedenen Ausprägungen des modernen Terrorismus analysiert, während Waldmann (1998) vor allem die Ziele von Terroristen beleuchtet.

Creveld, Martin van, *The Transformation of Warfare*, London 1991 (deutsch: *Die Zukunft des Krieges*, München 1998).

Hirschmann, Kai/Gerhard, Peter, *Terrorismus als weltweites Phänomen*, Berlin 2000.

Jean, François/Rufin, Jean-Christophe (Hg.), *Economie des guerres civiles*, Paris 1996 (deutsch: *Ökonomie der Bürgerkriege*, Hamburg 1999).

Kaldor, Mary, *New and Old Wars. Organized Violence in a Global Era*, Cambridge 1999 (deutsch: *Neue und alte Kriege. Organisierte Gewalt im Zeitalter der Globalisierung*, Frankfurt a. M. 2000).

Laqueur, Walter, *The New Terrorism. Fanaticism and the Arms of Mass Destruction*, Oxford 1999 (deutsch: *Die globale Bedrohung. Neue Gefahren des Terrorismus*, München 2001).

Münkler, Herfried, *Die neuen Kriege*, Reinbek bei Hamburg 2002.

Waldmann, Peter, *Terrorismus. Provokation der Macht*, München 1998.

## 8. Wandel der internationalen Sicherheitspolitik

Als Einführung zu den verschiedenen Tätigkeitsbereichen und Organen der Vereinten Nationen ist der von Taylor/Groom (2000) herausgegebene Band geeignet. Weitere einführende Darstellungen zu den Aufgaben und Handlungsressoucen der Vereinten Nationen stellen Rittberger et al. (1997), Rittberger/Zangl (2003), Roberts/Kingsbury (1988) und Gareis/Varwick 2002 dar.

Enstehung und Wandel der Doktrin humanitärer Interventionen werden von Abiew (1999) dargestellt. Das Für und Wider humanitärer Interventionen wird in einem Sammelband von Brunkhorst (1998) sowohl aus normativer als auch aus empirischer Sicht diskutiert; eine ähnliche Diskussion findet sich in Debiel/Nuscheler (1996). Einen theoretischen Rahmen zur Kosten-Nutzen Abwägung militärischer Interventionen entwickelt Thomas G. Weiss (1999) in *Civil-Militarian Interactions* und wendet diesen auf fünf Fälle aus den 1990er Jahren an. Pape (1997) untersucht ebenfalls die Interventionen der 1990er Jahre und kommt hinsichtlich der Möglichkeiten effektiver Problemlösungen zu einem eher skeptischen Urteil, genauso wie die Beiträge in Mayall (1996). Eine Diskussion aus völkerrechtlicher Sicht findet sich in Lailach (1998).

Abiew, Francis Kofi, *The Evolution of the Doctrine and Practice of Humanitarian Intervention*, Den Haag 1999.

Brunkhorst, Hauke, *Einmischung erwünscht? Menschenrechte und bewaffnete Intervention*, Frankfurt a. M. 1998.

Debiel, Tobias/Nuscheler, Franz (Hg.), *Der neue Interventionismus. Humanitäre Einmischung zwischen Anspruch und Wirklichkeit*, Bonn 1996.

Gareis, Sven-Bernhard/Varwick, Johannes, *Die Vereinten Nationen. Aufgaben, Instrumente und Reformen*, Opladen 2002.
Lailach, Martin, *Die Wahrung des Weltfriedens und der internationalen Sicherheit als Aufgabe des Sicherheitsrates der Vereinten Nationen*, Berlin 1998.
Mayall, James (Hg.), *The New Interventionism, 1991-1994. United Nations Experience in Cambodia, Former Yugoslavia, and Somalia*, Cambridge 1996.
Pape, Matthias, *Humanitäre Intervention. Zur Bedeutung der Menschenrechte in den Vereinten Nationen*, Baden-Baden 1997.
Rittberger, Volker/Mogler, Martin/Zangl, Bernhard, *Vereinte Nationen und Weltordnung. Zivilisierung der internationalen Politik?*, Opladen 1997.
Rittberger, Volker/Zangl, Bernhard, *Internationale Organisationen. Politik und Geschichte*, Opladen 2003.
Roberts, Adam/Kingsbury, Benedict (Hg.), *United Nations, Divided World. The UN's Roles in International Relations*, 2. erw. Aufl., Oxford 1993.
Taylor, Paul/Groom, A. J. R. (Hg.), *The United Nations at the Millenium. The Principal Organs*, London 2000.
Weiss, Thomas G., *Civil-Militarian Interactions. Intervening in Humanitarian Crises*, Lanham, MD 1999.

## 9. Ressourcen und Legitimierungsprozesse

Die Frage, ob die Nationalstaaten heute weniger souverän sind als in früheren Zeiten, wird von Krasner (1999) verneint. Ihm zufolge sind die Staaten niemals komplett unabhängig voneinander und somit souverän gewesen, da die Norm der Souveränität seit dem Westfälischen Frieden immer gewissen Einschränkungen unterlag. Diese Position wird prinzipiell auch in den Beiträgen in dem Sammelband von Lyons/Mastanduno (1995) eingenommen, in denen diskutiert wird, ob die Staaten bereits ihre Souveränität an internationale Institutionen verloren haben. Jedoch wird hier der Schluß gezogen, daß die Einschränkungen heute teilweise eine andere Qualität besitzen als früher. Knieper (1991) argumentiert, daß der Begriff der nationalen Souveränität im Zuge einer wirtschaftlichen Denationalisierung an Bedeutung verliert, da sich parallel dazu die Rechtsverhältnisse zwischen den Staaten verändern. Eine Zerlegung des traditionellen, einheitlichen Souveränitätsbegriffs in verschiedene Dimensionen fordert Keohane (2003). Ihm zufolge macht es mit Blick etwa auf humanitäre Interventionen oder auch auf souveränitätseinschränkende Institutionen wie die EU oder die WTO keinen Sinn mehr, Souveränität als einheitliche Konstante zu betrachten. Im Prinzip ist dies auch der Blickwinkel von Chayes/Chayes (1995) in *The New Sovereignty.* Diese sprechen vor allem der externen Souveränität eine Funktion als Ressource der Anerkennung von Nationalstaaten in den internationalen Beziehungen zu.

Den Einfluß von Medien und breiten Öffentlichkeiten auf die außenpolitischen Entscheidungen von Staaten analysiert Strobel (1997). Die Medien können demzufolge zwar Interventionen nicht erzwingen oder verhindern, sie sind aber teilweise in der Lage, die öffentliche Meinung in eine bestimmte Richtung zu beeinflussen. Ein ähnliches Zusammenspiel von Medien und Öffentlichkeiten sieht auch Hasenclever (2001) in seinem bereits genannten Buch. Audie Klotz (1995) schließlich zeichnet am Beispiel der Sanktionen gegen das südafrikanische Apartheidregime nach, wie transnationale Menschenrechtsorganisationen ebenfalls politische Entscheidungen der internationalen Staatengemeinschaft beeinflussen können.


Chayes, Abram/Chayes, Antonia Handler, *The New Sovereignty. Compliance with International Regulatory Agreements*, Cambridge, MA 1995.

Keohane, Robert O., »Political Authority after Intervention: Gradations in Sovereignty«, in: *Humanitarian Intervention: Principles, Institutions and Change*, hg. v. Jeff Holzgrefe/Robert O. Keohane, Cambridge 2003.

Klotz, Audie, *Norms in International Relations. The Struggle Against Apartheid*, Ithaca, NY 1995.

Knieper, Rolf, *Nationale Souveränität. Versuch über Ende und Anfang einer Weltordnung*, Frankfurt a. M. 1991.

Krasner, Stephen D., *Sovereignty. Organized Hypocrisy*, Princeton, NJ 1999.

Lyons, Gene M./Mastanduno, Michael (Hg.), *Beyond Westphalia. State Sovereignty and International Intervention*, Baltimore, MD 1995.

Strobel, Warren P., *Late-Breaking Foreign Policy. The News Media's Influence on Peace Operations*, Washington, DC 1997.

**Neue Sozialwissenschaftliche Bibliothek**
**Herausgegeben von Josef Esser**

Die rasanten Veränderungen unter dem Vorzeichen der Globalisierung hinterlassen bei vielen Menschen das Gefühl, sie lebten in unübersichtlichen Zeiten. Deshalb sind heute die Sozialwissenschaften besonders herausgefordert. Es besteht ein Bedarf an Aufklärung über die gesellschaftlichen Vorgänge in der unmittelbaren Umgebung wie auf der anderen Seite des Globus. Gleichzeitig müssen sich die Sozialwissenschaften fragen, wie sie ihre Theorien und Methoden ändern müssen, um Analyse, Interpretation und Erklärung bereitstellen zu können. Auf beide Momente – die Notwendigkeit gesellschaftlicher Analyse und die unabdingbare Veränderung der Untersuchungsverfahren – reagiert die *Neue Sozialwissenschaftliche Bibliothek*. Ziel dieses gesellschaftspolitisch wie wissenschaftlich anregenden Projekts ist es, erstens, eine neue Übersichtlichkeit zu erreichen, indem die sozialwissenschaftlichen Erkenntnisse über Wirtschaft, Gesellschaft, Politik und Kultur solide und kritisch-reflexiv geordnet, aufgearbeitet und verständlich dargeboten werden; zweitens, die Frage zu beantworten, inwieweit bisher für gesichert gehaltene Erkenntnisse reinterpretiert, verworfen oder von neuen Erklärungsmodellen abgelöst werden sollten, und drittens eine für alle benutz- und lesbare »Enzyklopädie« zu bieten.

**Weitere geplante Titel:**

Hartmut Häußermann/Walter Siebel: Stadt, Metropole, Region
Ronald Czada: Entgrenzte Wirtschaft und sozialer Staat
Hans-Peter Müller: Klassen, Geschlecht, Lebensstile
Claus Offe: Die vielen Gesichter der Macht
Ursula Apitzsch: Die rätselhafte Ethnizität
Fritz Sack: Kontrolle in der Sicherheitsgemeinschaft
Karin Knorr Cetina: Wissensgesellschaft
Ulrich Menzel: Hegemonie in der Weltgesellschaft
Georg Simonis: Entwicklung der Unterentwicklung
Wilhelm Heitmeyer: Individuum und Gesellschaft
Josef Esser: Die Moderne im Kapitalismus
Wolfgang Fach: Die Suche nach dem Politischen

**edition suhrkamp**
**»Kultur und Konflikt«**

Unter dem Titel »Kultur und Konflikt« ist 1994 eine Publikationsreihe des Forschungsschwerpunktes in der *edition suhrkamp* eröffnet worden, die von Wilhelm Heitmeyer, Günter Albrecht, Otto Backes und Rainer Dollase herausgegeben wird.

**Das Gewalt-Dilemma.** Gesellschaftliche Reaktionen auf fremdenfeindliche Gewalt und Rechtsextremismus. Herausgegeben von Wilhelm Heitmeyer. es 1905. 464 Seiten

**Die bedrängte Toleranz.** Ethnisch-kulturelle Konflikte, religiöse Differenzen und die Gefahren politisierter Gewalt. Herausgegeben von Wilhelm Heitmeyer und Rainer Dollase in Zusammenarbeit mit Johannes Vossen. es 1979. 507 Seiten

**Bundesrepublik Deutschland: Auf dem Weg von der Konsens- zur Konfliktgesellschaft.** Herausgegeben von Wilhelm Heitmeyer. Zwei Bände in Kassette. es 2004 und es 2034. 1138 Seiten

**Verlockender Fundamentalismus.** Türkische Jugendliche in Deutschland. Von Wilhelm Heitmeyer, Jochen Müller und Helmut Schröder. es 1767. 277 Seiten

**Die Krise der Städte.** Analysen zu den Folgen desintegrativer Stadtentwicklung für das ethnisch-kulturelle Zusammenleben. Herausgegeben von Wilhelm Heitmeyer, Rainer Dollase und Otto Backes. es 2036. 470 Seiten

NF 316/1/11.00

**Die Bindung der Unverbindlichkeit.** Mediatisierte Kommunikation in modernen Gesellschaften. Von Uwe Sander. es 2042. 297 Seiten

**Politisierte Religion.** Ursachen und Erscheinungsformen des modernen Fundamentalismus. Herausgegeben von Heiner Bielefeldt und Wilhelm Heitmeyer. es 2073. 494 Seiten

**Schattenseiten der Globalisierung.** Rechtsradikalismus, Rechtspopulismus und separatistischer Regionalismus in westlichen Demokratien. Herausgegeben von Dieter Loch und Wilhelm Heitmeyer. es 2093. 544 Seiten

NF 316/2/11.00

## Geschichte und Politik
## in der edition suhrkamp
## Eine Auswahl

**Hannah Arendt revisited.** »Eichmann in Jerusalem« und die Folgen. Herausgegeben von Gary Smith. es 2135. 320 Seiten

**Stephen Bronner.** Augenblicke der Entscheidung. Übersetzt von Petra Willim. es 1981. 247 Seiten

**Marie-Janine Calic.** Der Krieg in Bosnien-Hercegovina. Ursachen – Konfliktstrukturen – Internationale Lösungsversuche. es 1943. 256 Seiten

**Lorraine Daston.** Vom Nutzen und Nachteil der Historie für die Wissenschaften. es 2199. 80 Seiten

**Kurt Eisner.** Zwischen Kapitalismus und Kommunismus. Herausgegeben und mit einer biographischen Einführung versehen von Freya Eisner. Mit Abbildungen. es 1982. 311 Seiten

**Europa im Krieg.** Die Debatte über den Krieg im ehemaligen Jugoslawien. es 1809. 157 Seiten

**Richard J. Evans.** Im Schatten Hitlers? Historikerstreit und Vergangenheitsbewältigung in der Bundesrepublik. Übersetzt von Jürgen Blasius. es 1637. 283 Seiten

**Fluchtpunkt Europa.** Migration und Multikultur. Herausgegeben von Martina Fischer. es 2062. 248 Seiten

NF 315/1/11.00

**Juan Goytisolo**
- Ein algerisches Tagebuch. Übersetzt von Thomas Brovot. Mit Abbidungen. es 1941. 120 Seiten
- Landschaften eines Krieges: Tschetschenien. Übersetzt von Thomas Brovot. es 1768. 110 Seiten
- Notizen aus Sarajewo. Mit zahlreichen Abbildungen. Übersetzt von Maralde Meyer-Minnemann. es 1899. 140 Seiten
- Weder Krieg noch Frieden. Palästina und Israel heute. Übersetzt von Thomas Brovot. Mit Fotos. es 1966. 108 Seiten

**Ludolf Herbst.** Das nationalsozialistische Deutschland. Herausgegeben von Hans-Ulrich Wehler. 1933-1945. Die Entfesselung der Gewalt: Rassismus und Krieg. NHB. es 1285. 495 Seiten

**Alfred Herzka.** Kuba. Abschied vom Kommandanten? es 2061. 258 Seiten

**Die Hexen der Neuzeit.** Studien zur Sozialgeschichte eines kulturellen Deutungsmusters. Herausgegeben von Claudia Honegger. Mit 15 Abbildungen. es 743. 393 Seiten

**Wolfgang Hoffmann-Riem**
- Kriminalpolitik ist Gesellschaftspolitik, es 2154. 240 Seiten
- Modernisierung von Recht und Justiz. Eine Herausforderung des Gewährleistungsstaates. es 2188. 368 Seiten

**Dick Howard.** Die Grundlegung der amerikanischen Demokratie. Übersetzt von Ulrich Rödel. es 2148. 450 Seiten

**Konrad H. Jarausch.** Die unverhoffte Einheit. 1989-1990. es 1877. 416 Seiten

NF 315/2/11.00

**Judentum im deutschen Sprachraum.** Herausgegeben von Karl E. Grözinger. es 1613. 435 Seiten

**Ketzer, Zauberer, Hexen.** Die Anfänge der europäischen Hexenverfolgungen. Herausgegeben von Andreas Blauert. es 1577. 285 Seiten

**Ekkehart Krippendorff.** Kritik der Außenpolitik. es 2139. 240 Seiten

**Kritisches Wörterbuch der Französischen Revolution.** Herausgegeben von François Furet und Mona Ozouf. Zwei Bände. es 1522. 1712 Seiten

**André Leroi-Gourhan.** Die Religionen der Vorgeschichte. Paläolithikum. Übersetzt von Michael Bischoff. Mit Abbildungen. es 1073. 171 Seiten

**Christian Meier.** Die Ohnmacht des allmächtigen Diktators Caesar. Drei biographische Skizzen. es 1038. 287 Seiten

**Oskar Negt/Alexander Kluge.** Geschichte und Eigensinn. Drei Bände. Mit zahlreichen Abbildungen. es 1700. 1249 Seiten

**»Niemand zeugt für den Zeugen«.** Erinnerungskultur und historische Verantwortung nach der Shoa. Herausgegeben von Ulrich Baer. es 2141. 278 Seiten

**Frank Niess.** Die europäische Idee – aus dem Geist des Widerstands. es 2160. 260 Seiten

**Ostdeutsche Biographien.** Lebenswelt im Umbruch. Herausgegeben von Rainer Zoll unter Mitarbeit von Thomas Rausch. es 2078. 416 Seiten

NF 315/3/11.00

**Politik ohne Projekt?** Nachdenken über Deutschland. Herausgegeben von Siegfried Unseld. es 1812. 494 Seiten

**Schattenseiten der Globalisierung.** Rechtsradikalismus, Rechtspopulismus und separatistischer Regionalismus in westlichen Demokratien. Herausgegeben von Dietmar Loch und Wilhelm Heitmeyer. es 2093. 544 Seiten

**Bernhard Schlink.** Heimat als Utopie. es-Sonderdruck. 48 Seiten

**Alessandro Silij.** Verbrechen, Politik, Demokratie in Italien. Übersetzt von Ulrich Hausmann. es 1911. 389 Seiten

**Der Spanische Bürgerkrieg.** Eine Bestandsaufnahme von Manuel Tuñón de Lara, Julio Aróstegui, Angel Viñas, Gabriel Cardona, Joseph M. Bricall. es 1401. 708 Seiten

**Standort Europa.** Europäische Sozialpolitik. Herausgegeben von Stephan Leibfried und Paul Pierson. es 2021. 400 Seiten

**Dietrich Staritz.** Geschichte der DDR. 1949-1989. Aktualisierte Neuausgabe. NHB. es 1260. 350 Seiten

**Hans-Peter Ullmann.** Das Deutsche Kaiserreich 1871-1918. NHB. es 1546. 308 Seiten

**Paul Veyne.** Foucault: Die Revolutionierung der Geschichte. Übersetzt von Gustav Roßler. es 1702. 84 Seiten

**Vom Ewigen Frieden und vom Wohlstand der Nationen.** Dieter Senghaas zum 60. Geburtstag. Herausgegeben von Ulrich Menzel. es 2173. 640 Seiten

NF 315/4/11.00

**Von der Risikogesellschaft zur Chancengesellschaft.** Herausgegeben von Erwin Teufel. es 2209. 300 Seiten

**Was hält die moderne Gesellschaft zusammen?** Herausgegeben von Erwin Teufel. es 1977. 340 Seiten

**Der Zusammenbruch der DDR.** Soziologische Analysen. Herausgegeben von Hans Joas und Martin Kohli. es 1777. 325 Seiten

*Eine kleine Geschichte ...*

**Eine kleine Geschichte Brasiliens.** Von Walther L. Bernecker, Horst Pietschmann und Rüdiger Zoller. es 2150. 368 Seiten

**Kleine Geschichte Haitis.** Von Walther L. Bernecker. Unter Mitarbeit von Sören Brinkmann und Patrick Ernst. Mit Abbildungen. es 1994. 220 Seiten

**Eine kleine Geschichte Polens.** Von Rudolf Jaworski, Christian Lübke. Michael G. Müller. es 2179. 384 Seiten

**Eine kleine Geschichte der Schweiz.** Der Bundesstaat und seine Traditionen. Von Manfred Hettling, Mario König, Martin Schaffner, Andreas Suter, Jakob Tanner. es 2079. 322 Seiten

**Eine kleine Geschichte Ungarns.** Von Holger Fischer und Konrad Gündisch. es 2114. 302 Seiten

NF 315/5/11.00

## Neue Historische Bibliothek in der edition suhrkamp

»Hans-Ulrich Wehlers fast aus dem Nichts entstandene ›Neue Historische Bibliothek‹ ist nicht nur ein forschungsinternes, sondern auch ein kulturelles Ereignis.«
*Frankfurter Allgemeine Zeitung*

**Werner Abelshauser.** Wirtschaftsgeschichte der Bundesrepublik Deutschland 1945-1980. es 1241. 187 Seiten

**Peter Alter.** Nationalismus. es 1250. 179 Seiten

**Helmut Berding.** Moderner Antisemitismus in Deutschland. es 1257. 295 Seiten

**Walther L. Bernecker.** Sozialgeschichte Spaniens im 19. und 20. Jahrhundert. es 1540. 377 Seiten

**Manfred Botzenhart.** Reform, Restauration, Krise. Deutschland 1789-1847. es 1252. 172 Seiten

**Johannes Burkhardt.** Der Dreißigjährige Krieg 1618-1648. es 1542. 308 Seiten

**Francis L. Carsten.** Geschichte der preußischen Junker. es 1273. 224 Seiten

**Horst Dippel.** Die Amerikanische Revolution 1763-1787. es 1263. 133 Seiten

**Christof Dipper.** Deutschland 1648-1789. es 1253. 339 Seiten

NF 317/1/11.00

NF 317/2/11.00

**Dieter Langewiesche.** Deutscher Liberalismus.
es 1286. 381 Seiten

**Detlef Lehnert.** Sozialdemokratie zwischen Protestbewegung und Regierungspartei 1848-1983. es 1248. 261 Seiten

**Karl-Egon Lönne.** Politischer Katholizismus im 19. und 20. Jahrhundert. es 1264. 339 Seiten

**Peter Marschalck.** Bevölkerungsgeschichte Deutschlands im 19. und 20. Jahrhundert. es 1244. 203 Seiten

**Michael Mitterauer.** Sozialgeschichte der Jugend.
es 1278. 276 Seiten

**Horst Möller.** Vernunft und Kritik. Deutsche Aufklärung im 17. und 18. Jahrhundert. es 1269. 354 Seiten

**Eckart Pankoke.** Die Arbeitsfrage. Arbeitsmoral, Beschäftigungskrisen und Wohlfahrtspolitik im Industriezeitalter.
es 1538. 346 Seiten

**Detlev J. K. Peukert.** Die Weimarer Republik.
es 1282. 313 Seiten

**Jürgen Reulecke.** Geschichte der Urbanisierung in Deutschland. es 1249. 232 Seiten

**Klaus Schönhoven.** Die deutschen Gewerkschaften.
es 1287. 290 Seiten

**Hans-Christoph Schröder.** Die Revolutionen Englands im 17. Jahrhundert. es 1279. 290 Seiten

NF 317/3/11.00

**Winfried Schulze.** Deutsche Geschichte im 16. Jahrhundert. es 1268. 312 Seiten

**Reinhard Sieder.** Sozialgeschichte der Familie. es 1276. 360 Seiten

**Wolfram Siemann**
- Die deutsche Revolution von 1848/49. es 1266. 256 Seiten
- Gesellschaft im Aufbruch. Deutschland 1849-1871. es 1537. 355 Seiten

**Dietrich Staritz.** Geschichte der DDR 1949-1989. es 1260. 350 Seiten

**Dietrich Thränhardt.** Geschichte der Bundesrepublik Deutschland. 1949-1989. es 1267. 387 Seiten

**Hans-Peter Ullmann.** Das Deutsche Kaiserreich 1871-1918. es 1546. 308 Seiten

**Hans-Ulrich Wehler.** Grundzüge der amerikanischen Außenpolitik 1750-1900. Von den englischen Küstenkolonien zur amerikanischen Weltmacht. es 1254. 222 Seiten

**Albert Wirz.** Sklaverei und kapitalistisches Weltsystem. es 1256. 256 Seiten

**Gilbert Ziebura.** Weltwirtschaft und Weltpolitik 1922/24-1931. Zwischen Rekonstruktion und Zusammenbruch. es 1261. 230 Seiten

**Personen, Ereignisse, Soziale Bewegungen.** Gesamtregister zur ›Modernen Deutschen Geschichte‹. Redaktion: Bernd Holtwick und Claus Kröger. es 1280. 160 Seiten

NF 317/4/11.00